중국시의 세계

거울속의 꽃 물속의 달

鏡花水月

최일의 지음

신아사

책을 펴내며

외로움과 고독은 인간이란 존재의 본질이자 필수 조건이다. 우리는 언제 어디서든 외로움에 직면해야 한다. 그래서 우리는 어두운 밤바다에 홀로 배를 띄울 수밖에 없다.

마음이 살아 있는 사람은 늘 마음을 아파하며 살아간다. 누구보다 예민한 시인은 마음이 아파 울면서 시를 쓴다. 시는 슬픔의 정화이자 결정체라고 할 수 있다.

시는 머리로 쓰는 게 아니라 가슴으로 쓴다. 만 권의 책을 읽고서 다시 만 리의 길을 걸어보지 않았다면 그 시는 결코 읽는 이의 마음을 감동으로 물들일 수 없다.

이 책은 평소 필자의 마음을 붉게 물들였던 한시들을 중심으로 성찰과 사색을 보탠 내용들을 정리하여 엮은 것이다. 필자가 강릉원주대학교에서 다년 간 운영해온 '중국의 시와 문화'란 교양강좌는 이런 내용에 대한 정리가 한층 더 체계적이 되도록 하는 데 도움을 주었다. 이 책은 또한 필자의 다른 책 ≪중국시론의 해석과 전망≫의 자매편으로서, 시와 시론을 씨줄과 날줄로 삼아 한시를 좀 더 깊고 풍부하게 이해해보고자 하는 차원에서 기획되었다.

산다는 것은 우리에게 너무나 중요한 문제이기에 필자는 우리의 보편적이고 일반적인 삶에 관심이 많다. 한시라는 외국문학을 전공하면서 필자는 그 안에서 중국인들의 삶과 문화를 읽어내는 한편으로, 나아가 보편적인 인간들의 삶을 읽어내는데 주력하고 있다. 이 책이 담고자 하는 내용 역시 삶의 구체적인 양상과 본질에 대한 성찰과 깨달음이 가장 큰 부분을 이루고 있다. 이 책에서는 한시 외에도 우리나라 현대 시인들의 시를 자주 인용하고 있는데, 그 이유 역시 나라는 다르지만 삶을 노래한 것은 하나라고 본 데 있다.

이 책은 먼저 중국 시인들에게 민감한 시간의식을 살펴보았다. 중국 시인들은 시간에 민감한데 그 시간은 엄격하고 정확한 시각관념이 아니라 유한한 인생에 대한 비애 관념이다. 때문에 어떤 시인들은 이를 해소하기 위해 술을 찾고, 어떤 시인들은 현실의 생에 대한 강한 의지와 집착을 드러내는가 하면, 어떤 시인들은 여러 경로를 거쳐 마침내 초월과 달관에 이르기도 한다.

시간의식은 시인들에게 계절의 변화에 대한 예민한 감수성을 지니게 하였다. 특히 떨어지는 꽃과 조락하는 낙엽은 시인에게 많은 성찰의 동기를 부여한다. 그래서 지나는 봄을 안타까워하고 떠나는 가을을 슬퍼하는 석춘비추(惜春悲秋)의 정서는 시간의식과 함께 한시의 내면을 수미일관 관통하는 주제이자 정신이 되었다.

자연산수는 시인들이 닮고 배우고자 하는 교과서였고 스승이었다. 그렇기에 그들은 자연산수에 대한 무한한 애정과 열망을 시에 담아냈다. 그런 과정에서 자연산수는 갖가지 상징의 옷을 입게 되었다. 물은 그저 흘러가는 물이 아니라 그 너머로 흐르는 시간, 그리고 인생의 시간으로 비유되어 관조되었고, 또한 만물을 윤택하게 하면서도 한없이 낮은 데로 흘러가는 모습을 통해 상선약수(上善若水)의 이치를 터득하는 대상이 되기도 하였다. 또한 꽃들도 갖가지 뜻으로 유비되는데, 매란국죽은 사군자로 추앙받고, 복사꽃은 아리따운 아가씨로, 연꽃은 사랑을 표현하는 대상으로, 원추리꽃은 자애로운 모정, 버드나무는 석별의 정을 나누는 대상으로 비유되었다.

또 자연산수를 온전히 시에 담으려는 열망은 시에 여러 가지 표현수법을 고안하게 만들었다. 시화일률처럼 시 속에 온전한 하나의 화면을 구성하는 기법이 강구되어 시정화의(詩情畫意)가 넘치는 시들이 많다. 또 시 속에 자연의 거대한 공간을 담기 위해 하늘에 달을 두고 땅에 샘물을 설정하는 등 공간을 확장시키는 방법도 한 예이다. 또한 앞뒤 두 구 간에 품사, 성분, 평측 등이 서로 짝을 이루도록 하는 대구(對句)라는 수법을 중시함으로써 두 구의 대조와 긴장으로 인해 짧은 시구임에도 불구하고 많은 뜻을 내포하고 거대한 공간과 유장한 시간이 담겨지도록 할 수 있었다.

시와 철학적 사유는 떼려야 뗄 수 없는 관계 속에 있다. 유가들은 시에 표현하는 감정은 직설적이지도, 원망하지도, 또한 아주 비통해하지도 않는 적절한 감정이어야 한다고 하면서 온유돈후(溫柔敦厚)를 주장하고 그런 시를 썼다. 도가들은 무위(無爲)의 도에 대한 믿음을 통해 달관을 노래하고 세속의 명리에서 초월하고자 하는 그런 시를 썼다. 선사들은 만물의 참모습인 본성을 깨달아 그 깨달음의 자리를 여러 가지 비유를 통해 우회적으로 드러내고자 하였는데, 대부분 공적(空寂)과 고요·무심 등의 분위기와 정신이 담긴 시들이었다.

한시를 문자 텍스트에만 의존해서 읽는다면 무미건조하고 딱딱함을 피할 수 없는 것이 사실이다. 여기에 시청각상의 보조 자료가 필요한 이유가 있다. 그런데 중국의 그림이나 음악 등은 저마다 신화나 역사, 문학 등에서 모티브를 얻어 창작한 것들이 대부분이어서 한시와 함께 논의할 수 있는 것들이 아주 많다. 필자는 그림이나 음악과 관련이 있는 한시를 다수 뽑아 감상하면서 여기에 그림이나 음악과 관련된 이야기를 곁들여 함으로써 한시를 읽는 데 도움이 되게 하였다.

소수와 상수를 아우르는 소상(瀟湘) 지역은 중국에서도 가장 시적 정취가 풍부하게 담긴 고장이다. 신화전설이 서려 있는가 하면 역대로 다수의 문인들이 그곳에 좌천되어 많은 일화와 문학적 성취를 남기는 것이다. 송대에 <소상팔경도> 그림이 나오면서는 급기야 소상을 팔경으로 규정하고 그와 관련하여 많은 제화시가 지어지고 다양한 문화현상을 낳기에 이르는데, 이런 문화현상은 우리나라에도 많은 영향을 준다.

이어서 한시에 담겨 있는 미의식을 간략하게 조망하고자 하였다. 한시의 미의식은 사유적인 측면에서 보자면 크게 유가의 선(善)을 강조하는 인격미(人格美)와 도가의 미(美)를 강조하는 자연미(自然美)로 나눌 수 있으며, 언어적인 측면에서 보자면 행간의 울림을 강조하는 함축미(含蓄美)를 들 수 있다.

마지막으로 부록에서는 중국 문인들이 남긴 선시(禪詩)를 다수 수록하였다. 문인들이 의도적으로 쓴 선시가 아니더라도 선적인 경지를 노래한 시들이 의외로 많다. 아마도 그들의 정신세계에 선이 미친 영향이 크기 때문일 것이다. 이런 시들을 감상하노라면 오욕과 칠정으로 들끓고 있는 마음을 살짝 내려놓고, 나의 본래 참모습을 고요와 침묵 속에서 성찰할 수 있지 않을까 생각되어 부록에 수록하였다.

첩첩한 산중에 시냇물도 끊기고 거의 막다른 길에 들어선 듯 보이는 절망적인 곳에 문득 버드나무 우거지고 꽃들이 활짝 피어 있는 마을이 다시 펼쳐져 있다. "산중수진무의로(山重水盡疑無路), 유암화명우일촌(柳暗花明又一村.)"(육유(陸游), <유산서촌(游山西村)>)

길이 끝나는 곳에서 또 새로 길이 시작될 거라는 믿음이 미망(迷妄) 속을 여전히 헤매고 있는 필자를 그나마 여기까지 이끌어왔는지도 모르겠다. 그러나 천성이 워낙 유약하여 스스로를 채찍질하길 게을리 했고 생각과 언어의 날도 잘 벼리지 못 했다. 그래도 시간이 지나니 조그마한 성과물이나마 쌓였기에 용기를 내어 세상에 내놓고자 한다.

이 책을 집필하기 위해 많은 분들의 책을 참조하였지만 일일이 밝히지 못했으니 모쪼록 너그러운 마음으로 이해해주시길 바란다. 그리고 시 번역이나 논리 전개에서 아무래도 많은 오류가 있을 거라 예상되는데 동도 제현들의 애정 어린 질정과 충고를 겸허히 기다리고자 한다.

이 조그만 책을 내는 데도 많은 분들의 도움이 있었다. 이 책이 빛을 볼 수 있도록 기회를 허락해주신 신아사의 정현걸 사장님과 한규갑 상무님, 김금란 실장님께 깊은 감사의 말씀을 드린다.

가족들의 지지와 성원은 언제나 나를 존재케 하는 큰 힘이 되어준다. 매주 일산과 강릉을 오가며 가정을 소홀히 하는 나를 묵묵히 지원해주고 있는 아내에게 고맙고, 나를 세상에 존재하게 해주신 어머님과 지금은 고인이 되신 선친께 머리 숙여 깊은 감사를 드리며 이 책을 바친다.

저자 최일의 삼가 씀

목차

제4장 봄, 꽃과 한시

제5장 가을, 달과 한시

제6장 겨울, 눈과 한시

제7장 온유돈후(溫柔敦厚), 사랑과 한시

제8장 무위(無爲), 달관과 한시

제9장 자연산수와 한시

중국시의 세계

거울속의 꽃, 물속의 달 鏡花水月

제1장
삶과 한시

1.1. 한시를 만난다는 것

미국 시인 로버트 프로스트는 '시는 슬픔의 결정체, 정치는 불만의 결정체'라고 하였다. 시의 가장 큰 역할이자 본질은 시인의 정서와 회포를 표현하는 서정(抒情)의 기능에 있다고 할 수 있다. 만남과 이별에 따른 희노애락의 정서가 예술적인 언어로 표현됨으로써 다시 독자의 정서를 환기시켜주게 되는 것이다.

시는 시인의 개인적 정서를 표현한 것이지만 그것은 인간의 보편적 정서와 맞닿아 있기에 같은 처지에 있는 독자를 위로해 줄 수 있다. 지쳐 있는 사람, 마음 아파하고 있는 사람, 상처 입은 사람들을 시는 위로하며 상처를 감싸주고 눈물을 닦아준다. 시인 도종환은 "내가 울면서 쓰지 않은 시는 남들도 울면서 읽어주지 않는다."고 한 것은 바로 시의 서정 기능과 감동 역량을 함께 지적한 것이라고 할 수 있다.

시는 사회현실을 있는 그대로 진실하게 반영하고 또한 어떤 정신을 표방함으로써 사회를 변화시키는 힘으로 작용할 수도 있다. 짧은 시 구절 한 마디가 어떤 웅변보다 더 큰 힘을 발휘할 때가 있는 것이다.

시는 또한 때로는 삶의 본질과 진실을 파악한 깨달음을 글로 표현하기에 독자로 하여금 삶의 근본에 대하여 성찰하게 하기도 한다. 인간의 근원적 고독과 외로움, 상처와 숙명 등을 짧은 언어로 대면하게 하는 역할은 오직

시만이 담당할 수 있는 것일지도 모른다.

21세기 한국의 독자에게 한시를 만난다는 것은 과연 어떤 의미를 주는 것일까? 한시는 중국인들에 의하여 지금은 사어가 된 글투로 장구한 세월동안 수많은 사람들에 의하여 지어진 문학형식이다. 그러나 한시가 우리에게 낯설지 않고 익숙한 것은 아마도 우리의 고려·조선조의 지식인들도 많이 지었던 문학형식으로서 우리나라에도 많은 한시가 전해오기 때문이 아닐까 싶다. 우리에게 낯설지는 않지만 그러나 그다지 친숙하다고는 할 수 없는 한시를 현대의 독자들에게 소개하고자 할 때 한시의 몇 가지 특성을 먼저 얘기하지 않을 수 없다.

첫째, 한시 역시 주로 인간의 보편적 정서를 표현한다. 한시는 중국의 시대와 문화를 배경으로 한 시인의 개성이 녹아든 결과물이다. 그런데 그들의 사랑과 기쁨, 아픔 등은 그들만의 것이면서 동시에 우리들의 것이 될 수도 있다. 우리도 살다보면 기쁜 일, 슬픈 일, 온갖 일들을 만나게 되기 때문이며, 그 결과 외국인의 시로서 한시라고 할지라도 그것은 여전히 우리 인간의 본원적인 보편적 정서에 호소하게 되는 것이다. 따라서 우리가 한시를 읽을 때 해독의 난해함이 물론 있긴 하지만 여전히 현대시를 읽는 것과 동일한 감동을 받을 수 있으리라고 생각한다.

둘째, 한시는 삶에 대한 깨달음에로 인도한다. 삶이란 과연 무엇이며, 어떻게 살아야 현명한 것일까? 어떻게 하면 내가 주인이 되어 살아가는 주체적 삶을 살 수 있을까? 인생사는 새옹지마(塞翁之馬)처럼 어쩌면 하나를 얻으면 하나를 잃는 일득일실(一得一失)이 순리일지도 모른다. 이기는 자가 있으면 지는 자가 반드시 있기 마련이다. 성공이 있으면 실패가 있기 마련이다. 만남이 있으면 헤어짐이 있기 마련이다. 한시에는 삶을 생각하게 하고 삶에 안식과 휴식을 주며, 인생의 뒤돌아보기를 가능케 하는 그 무엇이 존재한다. 진정 우리 삶을 깨달음에로 인도하는 그 무엇이 한시에는 있다는 것이다.

셋째, 한시는 동양인의 원형질로서 보편적인 정신과 만나게 한다. 지난 20세기 약 백 년 동안 우리의 제반 사회 문화가 서구 문화에 경도되었던 것이 사실이다. 그럼에도 불구하고 지워지지 않았고, 앞으로도 지워질 수 없는 한국인의 그 무엇이 바로 한국인의 민족적 특성이요, 개성일 것이다. 그런데 한국인의 민족적 특성과 개성의 본질은 역사적, 사상적 상호 교섭의 결과 동양, 특히 중국의 그것과 많은 부분 맥이 닿아 있음을 부인할 수 없다. 우리가 이 시대에 한시를 읽고자 하는 이유도 곧 우리 한국인의 원형질로서 동양인에게 공통적인 정신을 되새겨보자는 데 있다.

넷째, 한시는 인문학적 사유를 가능하게 한다. 현대 대학교육은 실무와 실용 교육 위주로 가고 있다. 이에 비해 삶과 관련하여 진지하게 고민하는, 문학을 포함한 인문학은 홀대받고 있는 실정이다. 물론 컴퓨터나 영어·중국어 회화 그리고 실무교육은 우리가 생활을 잘 하게 하는 방편인 것은 사실이다. 그러나 자아의 주체적인 반성과 발전을 도모한다든지, 새로운 삶의 길을 모색하고자 할 때 이런 교육은 역부족일 수밖에 없다. 자동차가 있다고 하자. 차체 구조를 알고 부품을 교체하고 고장을 수리할 줄 알며, 교통법규를 익히고 운전 면허증을 취득하는 것에 대한 교육도 필요하지만 정작 왜 자동차를 타야 하는가? 자동차가 나와 주변사람과의 관계에 미친 영향은 없는가? 주변 환경에 미치는 영향은 없는가? 그리고 자동차로 먼 길을 빨리 달렸지만 정작 그 길을 다 보고 많은 걸 얻었는가? 등등과 같은 이런 주체적인 반성과 새로운 삶의 길을 모색하고자 할 때 인문학적 사유가 필요한데, 바로 여기에 오늘 우리가 한시를 읽는 이유가 존재한다고 말할 수 있다.

오늘 우리가 한시를 만나기 위해서는 우리에게 마음 준비와 공부가 필요하다.

먼저, 뜸을 들이는 여유가 필요하다. 중국의 어느 시인은 "산문은 밥이요, 시는 술이다"라고 했는데, 뜸을 들이는 여유는 물론이요 심지어는 이를 발효시킬 때까지 기다리는 여유도 필요하다. 디지털 시대, 인터넷으로 전 세계의 정보와 지식이 안방의 개인 컴퓨터로 연결되어 있어 수시로 접속이 가능하고, 자동차와 패스트 푸드가 대세를 이루고 있는 시대다. 이런 시대에 한시를 읽기 위해서는 반드시 정신없고 바쁜 마음을 차분히 고르는 여유, 곧 뜸 들이고 다시 발효되길 기다리는 여유를 지닐 필요가 있다.

다음으로 욕망과 시비로 분주한 마음을 잠시 내려놓아야 한다. 잠시나마 세상에 맞서는 날카롭고 뜨거운 마음을 내려놓고 시비를 분별하고자 하는 강한 집착도 내려놓고 세상 주변과 사람들을 있는 그대로 볼 수 있도록 마음을 비울 필요가 있는 것이다. 그런 마음자리라면 한시는 언제든 찾아올 준비가 되어 있을 것이다. 지금 우리 눈에 들어오는 저 북극성의 빛은 틀림없이 현재 존재하는 것인가? 1,100년 전에 쏘아졌던 빛이 지금 당도하여 이제야 우리 눈에 감지된 거라면 우리가 그토록 신봉하는 우리의 눈과 귀 등의 감관에 인지된 것이 모두 진실이라고 주장할 수 있을까? 그러니 따지고 드는 분별심(分別心)과 시비지심(是非之心)을 잠시 내려놓을 일이다.

또 하나의 사물과 현상을 놓고도 다양한 시각이 존재할 수 있다는 사실을 인정해야 한다. 청춘 남녀들에게 낭만을 가져다주는 낙엽은 청소부 아저씨에게도 역시 그냥 낙엽일까, 아니면 치워야 하는 쓰레기일까? 우리가 지금 헛되이 보내고 있는 오늘은 어제 죽어가던 이가 그토록 간절히 바라던 내일일 수도 있다. 절대적인 관점이란 존재하지 않고 오직 상대적인 관점만 존재한다는 사실도 받아들여야 한다. 오리의 다리가 짧다고 이어주면 그에게는 불행하고, 학의 다리가 너무 길다고 잘라주면 그에게는 불행하다. 사람의 마음은 너른 바다를 품을 수 있을 듯하다가도 때로는 바늘 하나 꽂을 자리도 없다. 새삼 마음을 넓게 가지는 것이 매우 필요함을 느낀다.

마지막으로, 마음 문을 열고 과감하게 그리워하고 사랑하는 일을 두려워하지 말아야 한다. 인간이기 때문에 그리움은 우리가 지닌 숙명이다. 그런데 그리움은 외로움으로 이어져 우리들의 나약한 모습을 적나라하게 드러낼 수도 있기에 많은 사람들이 섣불리 누군가를 그리워하길 두려워한다. 또한 우리가 누군가를 사랑하기로 한 것은 기꺼이 그에게서 상처를 받을 수도 있다고 용기를 내는 것과 다를 바 없기에 많은 사람이 쿨한 사랑이란 미명하에 진실하고 절절한 사랑을 두려워한다. 그러나 사랑이 있기에 시가 있고, 노래가 있고, 그리고 눈물이 있다. 사람도 사랑이 없으면 사람으로 존재할 수 없다. 때문에 한시를 읽는 시간에는 걱정과 두려움일랑 잠시 내려놓고 누군가를 그리워하고 사랑할 줄 아는 마음을 지닌다면 한시는 어느새 그의 가슴에 찾아와 가슴을 붉게 물들여놓고 떨리게 만들 것이다.

1.2. 삶의 본질과 한시

시는 궁극적으로 삶의 본질을 정면으로 지향한다. 그렇기에 시인의 눈은 때로는 X-ray 광선과도 같이 사물과 현상을 투시하고 꿰뚫는다. 본질이란 흔히 이면에 숨겨지고 감춰져서 찾기 어려우며, '유한한 인간의 목숨'이란 말처럼 떠올리고 싶지 않은, 미사여구가 필요 없는 불편한 진실과도 같다.

중국의 철학이나 종교의 전통은 고대 그리스나 유대 기독교와 달리 초월적인 존재나 원리를 가정하지 않는다. 중국의 철학 사상가들은 자연과 인간 세상에 공통의 원리들이 관철되어 있다고 가정했고, 자연을 탐구함으로써 인간을 이해하고자 하였다. 그들에게 자연은 문자 없는 교과서였고 스승이었다.

한시의 시인들은 자연에 섭리가 관통하고 있다고 믿고 이를 통해서 인생의 이치를 노래하려고 하였다. 다시 말해서 자연의 이치를 안다면, 자연이란 커튼 뒤에 숨겨진 비의(秘意)를 알 수 있다면 인생의 이치를 확연하게 알 수 있고 나아가 한시의 큰 특징을 이해할 수가 있는 것이다.

1.2.1. 상처와 고통

인간이 상처와 고통을 당하는 것은 인간이기에 불가피하게 겪어야 하는 숙명이요 본질이다. 이문재 시인은 <농담>에서 "종소리를 더 멀리 보내기 위하여, 종은 더 아파야 한다"고 하면서 종의 숙명을 이야기하였듯이 인간도 이 세상에 태어나면 아픔을 겪을 수밖에 없다. 그런데 상처와 고통이 오직 인간을 괴롭히기 위해서만 예비된 것은 결코 아니다. 우리가 앞에 놓인 상처와 고통을 적극적으로 극복하고자 할 때 지금보다 더욱 단련되고 성숙된 우리 자신을 발견할 수 있게 되는 것이다.

우리는 상처와 고통을 극복해가는 여러 가지 자연의 유비(類比)들을 통하여 우리 역시 왜 이것들을 극복해야 하는지, 그리고 어떻게 하면 극복할 수 있는지, 극복하면 어떤 결과가 있는지 등의 해답을 찾을 수 있다.

원예사들은 꽃나무를 꺾어 꺾꽂이할 때 모래밭에다 한다. 그것은 기름진 땅에다 꺾꽂이를 하면 뿌리가 나지 않고 죽어버리기 때문이다. 기름진 땅에서는 영양소의 공급이 풍부해 스스로 뿌리를 내려 살아남으려는 자생능력이 퇴화되고 만다. 그러나 모래판에 꽂으면 영양소의 공급이 부족하기 때문에 스스로 뿌리를 내려 부지런히 영양소를 찾아 나선다. 결국 어떤 환경에서든지 살아갈 수 있는 식물의 자생력을 촉발시키기 위한 하나의 수단인 것이다. 목숨을 잃지 않고 스스로의 힘으로 살아가게 하려면 이렇게 무엇인가 부족하게 만들어야 비로소 그 노력이 촉발된다.

나무는 또한 바람에 시달려야 튼튼해진다. 어린 이식목을 지주로 계속 붙들어 매 놓을 경우 나무에 불리한 결과를 가져온다. 지상부가 자연적으로 흔들리지 않으면 뿌리발달이 상대적으로 적어지고, 나무 위쪽과 아래쪽의 굵기가 비슷해짐으로써 바람에 대한 저항성이 약해진다. 이렇듯 자연풍파를 경험하지 못한 나무는 홀로 설 능력을 갖지 못하게 된다. 마치 엄마의 품 속에서 자라는 아이가 독립심을 갖는 게 더딘 원리와 같다.

적송은 나이테가 좁고 붉다. 험한 환경에서 자라야 적송처럼 나이테가 좁고 강도가 단단하다. 나이테가 넓으면 쉽게 자란 나무여서 곧 속이 무르고 쉽게 터져서 쓸모가 없게 된다.

올해 먼저 꽃을 피우는 나무는 지난 해 상처를 받은 나무이다. 그리고 상처가 많을수록 꽃들은 더 향기롭고 소나무는 송진의 향을 더 강렬하게 내뿜는다.

배추도 봄에 비닐하우스에서 재배한 하우스배추보다 한겨울에 남쪽 바닷가에서 재배한 월동배추가 당도가 높고 맛도 아주 좋다. 그것 또한 겨울이라는 혹독한 시련기를 이겨낸 까닭이다.

진주는 조개가 모래알 같은 자극물에 의해 상처가 생겼을 때, 그에 대한 내부 반응에 의하여 만들어진다. 상처 회복에 필요한 온갖 성분이 상처 입은 부분으로 급히 보내지고, 오랜 시간 동안 상처를 치유하다가 마지막으로 얻어지는 게 바로 진주다. 상처 입은 조개가 그 상처를 아물게 하기 위해 노력하는 과정 속에서 영롱한 진주가 만들어지는 것이다.

생태를 바닷가에서 말리면 마른 장작처럼 딱딱한 북어가 되어버린다. 그러나 덕장에 걸어 차가운 바람을 맞으며 말린 황태는 부드러운 육질과 고소한 맛을 지닌다. 혹독한 시련을 거치고 이겨내었기 때문이다.

우리 인간의 삶이 큰 안목에서 본다면 하루살이와 다를 게 뭐가 있겠는가? 그런데 하루만 살 수 있는 하루살이에게 불행히도 하루 종일 비가 온다면 그는 삶을 포기하겠는가? 아니다, 그래도 살아보아야 할 것이다.

우리는 별을 보려면 어둠이 꼭 필요하다는 사실을 잘 알고 있다. 그 누구도 밤을 맞이하지 않고서는 별을 바라볼 수 없다. 그 누구도 밤을 지나지 않고서는 새벽에 다다를 수 없다. 꽃은 아침에 피어나기 위해서 밤에 준비한다. 밤의 어둠이 없다면 꽃은 피어나지 못 할 것이다.

≪맹자·고자·하(孟子·告子·下)≫에서 "하늘이 장차 이 사람에게 큰 임무를 맡기고자 할 적에는, 반드시 먼저 그의 마음을 고통스럽게 만들고, 뼈와 근육을 수고롭게 쓰도록 만들고, 몸과 피부가 굶주림으로 고통스럽도록 하며, 몸에 가진 것이 하나도 없게 만들며, 뭔 일을 하고자 하면 항상 목표와 어그러지게 만드는데, 그 까닭은 마음가짐을 변화시키고 인내하는 성격으로 만들어 평소라면 감히 할 수 없었던 능력까지 더 하여 수련하기 때문이다.(天將降大任於是人也, 必先苦其心志, 勞其筋骨, 餓其體膚, 空乏其身, 行拂亂其所爲, 所以動心忍性, 曾益其所不能.)"고 하였고, 청대 증국번(曾國藩)은 "정신은 쓰면 쓸수록 솟아나기에 몸이 약하다고 지나치게 아끼려 해서는 안 되며, 지혜는 고통에 처할수록 밝아지는 법이니 닥친 상황이 어렵다고 하여도 갑자기 꺾이거나 좌절해서는 안 된다.(精神愈用而愈出, 不可因身體素弱, 過於保惜. 智慧愈苦而愈明, 不可因境遇偶拂, 遽爾摧沮.)"고 하였다. 기독교 성경에도 "하느님께서 사랑하는 자를 채찍으로 단련시킨다"는 얘기가 있다. 또 어떤 이는 "신은 우리를 사랑하기에 넘어뜨린다. 그리고 다시 일어서는 방법을 배우게 한다"고 하였다.

고통과 시련은 인간의 삶의 존재 근거이자 본질로서 해가 떠서 지는 것만큼이나 불가피한 것이다. 그런데 다행히도 역경은 우리가 이전에 보지 못 했던 것들을 보게 해준다. 우리가 본래 갖지 못 했던 능력을 새로이 갖추게 하기도 한다. 우리는 고통의 시간을 잘 견뎌야 하니, 바로 그 인내의 시간이 우리를 더욱 성숙하도록 만드는 가장 좋은 시련의 기간[時間是最好的考驗]이기 때문이다. 바람만 불어오면 낮게 머리 숙이는 저 풀도 실은 갖은 고통과 시련을 견뎌낸 강인한 존재[風一吹便低俯的草, 其實是飽經風霜, 通過無數次考驗的堅韌的草]임을 알아야 한다.

백석 시인은 <흰 바람벽이 있어>에서 "하늘이 세상을 내일 적에 그가 가장 귀해하고 사랑하는 것들은 모두, 가난하고 외롭고 높고 쓸쓸하니 그리고 언제나 넘치는 사랑과, 슬픔 속에서 살도록 만드신 것이다"고 하였고, 무명씨는 "오래된 누이의 화상을 보니 알겠다, 향기가 배어나는 사람의 가슴속엔 커다란 상처 하나 있다는 것, 잘 익은 상처에선 꽃향기가 난다"고 노래한 것도 다 같은 맥락 속에 있다고 할 수 있다.

1.2.2. 고독과 그리움

인간의 의식 깊숙한 곳에는 근원적으로 고독이 존재한다. 때문에 근원적인 고독은 삶의 본질이다.

신경림 시인은 <갈대>에서 근원적인 고독에 대해 성찰하였다. "언제부터인가 갈대는 속으로, 조용히 울고 있었다. 그런 어느 밤이었을 것이다. 갈대는, 그의 온몸이 흔들리고 있는 것을 알았다. 바람도 달빛도 아닌 것. 갈대는 저를 흔드는 것이 제 조용한 울음인 것을, 까맣게 몰랐다. ─ 산다는 것은 속으로 이렇게, 조용히 울고 있는 것이라는 것을, 그는 몰랐다." 삶의 근원적인 비애를 갈대의 울음으로 형상화한 시로서, 갈대로 표상 되고 있는 존재의 실상은 이렇듯 허무·비애와 고독을 근본적으로 동반한다는 말이다.

인간은 어머니의 자궁에서 홀로 세상으로 내보내진 결과 외로움과 그리움을 근원적으로 느끼게 되었다고 한다. 종교적으로는 피조물인 인간으로서 신의 영원한 본향을 그리워해야 할 숙명이 있기에 외롭다고도 한다.

누군가를 깊이 사랑해도 사람이라면 어쩔 수 없이 느껴지는 고독감이 있다. 유시화 시인은 "그대가 곁에 있어도, 나는 그대가 그립다."고 하였는데, 이것은 누군가를 진정으로 사랑하지 않았기 때문에 그런 것이 아니라 아마도 아무리 사랑한다고 해도 인간이기에 근원적으로 느껴야 하는 고독감 때문에 그런 것이 아니겠나 하고 생각해본다.

고독은 그리움을 잉태한다. 고은 시인은 <화엄경>에서 "그리움 없이 어찌 이 세계에, 한 송이 꽃을 피울 수 있으랴. 그리움 없이 어찌 이 세계에, 한 송이 꽃을 지울 수 있으랴, 그리움 없이 그리움 없이, 어찌 내게서, 찾아 나설 분 있겠는가" 반문하였고, 엄기원 시인은 <그리움을 말로 하라면>에서 "우리에게 그리움이 있다는 건, 살아 있음이다. 그리움을 말로는 할 수 없지, 그건 마음으로 새겨 둘 뿐이다. 그리움은 눈으로 오는 것, 그리움이 사무치면, 눈물이 된다. 그런 뒤에 마음 속, 아름다운 꽃으로 피어난다. 그리움을 말로 하라면, 오직 한 마디, 사랑한다는 말, 달리는 표현할 길이 없다"고 하였다. 하나같이 고독으로 느끼는 그리움을 인간의 존재 근거로 삼고 있다.

"그리움은 발이 없어 밀물처럼 밀려오는가?"(≪그림과 책≫) 허기처럼 찾아오는 그리움, 아, 그래서 생은 늘 그리움으로 더 빛나는 것은 아닐까?

1.2.3. 덧없음

와각지쟁(蝸角之爭)이란 고사성어가 있다. 달팽이 뿔 위에 있는 두 나라가 전쟁을 한다는 뜻으로 사소한 일로 쓸데없이 다툼을 이르는 말이다. 광대무변한 우주의 경지에서 본다면 인간인 우리도 역시 달팽이 뿔 위에서 아웅다웅 다투며 사는 존재나 다를 바 없다.

이 세상 모든 것은 변(變)한다. 오직 변하지 않는[不變] 사실은 바로 이 세상 모든 것은 변한다는 사실뿐이다. 이 세상에 영원한 것은 없기에 모든 존재의 본질은 허망한 것이다. 그래서 우리 눈에 보이는 "물질은 실재가 아닌[色卽是空]" 것이다. 허망한 현실을 직시할 줄 알아야 세상을 보는 눈을 넓힐 수 있다. 옳으니 그르니 하는 것은 본래 실상이 없어[諸法無常], 결국에는 다 부질없는 것[諸行無常]이 되고 만다.

우리는 우리의 눈과 귀로 보고 듣는 것을 믿는 경향이 있다. 그러나 지금 내가 보고 듣는 현실을 100% 다 믿을 수는 없다는 것에 인생의 슬픔이 존재한다. 버스 안에서 문득 차창 밖을 보았을 때 먼 산야가 움직이는 것을 본다. 그러나 착시(錯視) 현상에 불과하다. 너무나 커서, 또는 너무나 작아서 우리가 들을 수 있는 가청 범위를 벗어나는 소리를 우리는 듣지 못 한다. 전자현미경으로밖에 볼 수 없는 세균, 바이러스들이 우리 주변에 득실거리지만 우리는 보지 못 한다. 심지어 우리가 지금 느끼는 아픔도 거짓일 수 있다. 다리 자른 환자가 발끝이 아픈 것처럼 계속 느끼는 환각 같은 고통, 곧 이른바 'phantom limb pain', 환지통(幻肢痛)이 그것이다.

모든 존재하는 것은 조만간에 사라질 허망한 것이며, 우리의 감각기관도 믿을 수 없다는 사실을 인정한다면 우리가 두 발을 딛고 있는 이 세계도 과연 실제 존재하는 세상인가 반문해볼 수 있다. 지금 내가 살고 있는 세계는 진짜 존재하는 현실인가? 아니면 내가 지금 꿈꾸고 있는 꿈속의 세상인가?

어느 날 장자(莊子)가 나비가 되는 꿈을 꾸다가 잠에서 깨었다. 문득 자신이 꿈속에서 나비가 되었던 것인지, 나비가 꿈속에서 자기가 된 것인지 알 수 없었다. 이것이 유명한 장자의 '호접몽(蝴蝶夢)'이다. 여기서 장자가 일깨우고자 한 것은 무엇일까? 내 인생의 주역이라 여기며 살고 있는 나는 진짜 나인가? 누군가가 나라는 인간으로 살아가는 꿈을 꾸고 있는 것은 아닐까? 그리고 또 다른 누군가 꾸는 꿈속의 나는 또 다시 또 다른 꿈을 꾸며 살아가고 있는 것은 아닐까? 모든 존재의 본질이 허망한 것임을 깨닫는다면, 그리고 심지어 나란 존재는 누군가 한바탕 꾸고 있는 꿈속의 존재일 수도 있다는 사실을 인정한다면, 우리는 비로소 마음을 비우고 겸허해질 수 있을 것이다.

그런데도 인간은 항상 탐욕과 분노, 어리석음, 곧 삼독(三毒) 속에서 생활한다. 기독교 성경에 자주 나오는 목자와 양은 사실 인간을 매우 적절하게 비유한 것이다. 양들은 자기가 가던 길로만 가려고 하고, 넘어지면 사람이 일으켜주기 전에는 절대 일어날 수 없다고 한다. 한 번은 깻묵을 보관하던 창고에 불이 났는데 양떼들이 깻묵 타는 고소한 냄새를 맡고 달려와 불타고 있는 깻묵더미 앞으로 자꾸만 뛰어드는 일도 있었다고 한다. 이런 양들의 완고함과 우둔함은 바로 우리 인간에게서 흔히 발견되는 모습이기도 하다. 고령탁 선사(古靈卓禪師)는 인간의 우둔함을 벌에 유비하여 묘사하였다.

空門不肯出,	텅빈 문으로 나가려 하지 않고,
投窓也大癡.	창문을 뚫으려는 저 큰 어리석음이여!
百年鑽故紙,	백 년 동안 묵은 종이 뚫는다 해도,
何日出頭時.	언제 나갈 날 있으랴!

1.3. 길 없는 길

나는 누구이며 지금 어디에 있고 어디로 가고 있는가? 산다는 건 곧 길을 걷는 것과도 같기에 시인들은 자주 길에 대해서 노래한다.

윤동주 시인은 <서시(序詩)>에서 "죽는 날까지 하늘을 우러러, 한 점 부끄럼이 없기를, 잎새에 이는 바람에도, 나는 괴로워했다, 별을 노래하는 마음으로, 모든 죽어 가는 것을 사랑해야지, 그리고 나한테 주어진 길을, 걸어가야겠다. 오늘밤에도 별이 바람에 스치운다"고 하면서 운명적으로 주어진 길을 걷겠다고 하였다.

정호승 시인은 길이 끝나는 곳에서도 길을 만드는 <봄길>을 노래했다.

길이 끝나는 곳에서도
길이 있다.
길이 끝나는 곳에서도

길이 되는 사람이 있다.
스스로 봄길이 되어
끝없이 걸어가는 사람이 있다.
강물은 흐르다가 멈추고
새들은 날아가 돌아오지 않고
하늘과 땅 사이의 모든 꽃잎은 흩어져도
보라
사랑이 끝난 곳에서도
사랑으로 남아 있는 사람이 있다.
스스로 사랑이 되어
한없이 봄길을 걸어가는 사람이 있다.

그런가 하면 이준관 시인은 넉넉한 품을 지닌 <구부러진 길>을 걷고자 했다. "… 구부러진 길은 산을 품고 마을을 품고, 구불구불 간다. 그 구부러진 길처럼 살아온 사람이, 나는 또한 좋다. 반듯한 길 쉽게 살아온 사람보다, 흙투성이 감자처럼 울퉁불퉁 살아온 사람의, 구불구불 구부러진 삶이 좋다. 구부러진 주름살에 가족을 품고, 이웃을 품고 가는 구부러진 길 같은 사람이 좋다."

이문구 시인이 <고갯길>에서 "고갯길은 힘이 들어, 하지만 고개턱을 넘을 적마다, 보이는 것이 새로우니까, 먼저 넘고 봐야 해, 넘고 나면 넘은 만큼, 눈이 높아지고, 가슴이 넓어져서, 넘을 만하니까 말야" 하며 고갯길을 노래했는가 하면, 반대로 김영길 시인은 <하산>에서 "남들은 정상에 오르기 위해, 산을 오른다 하지만, 나는 내려가기 위해, 산을 오른다. … '응, 산은 내려오기 위해, 오르는 거야.' 이 말을 제대로 이해하기까지, 또 얼마나 많은 산을, 내려와야 하는가. 난 또 얼마나 낮아져야 하는가" 하며 내려가는 길에 대해서 노래하였다.

그러나 삶에는 또한 길이 없다. 아니 길은 있으나 정해진 길은 없다는 것이다. 우리는 바로 없는 길을 만들어가며 걸어가야 한다. 그것이 인생이다. 다만 막다른 곳에 도달하면 또 소통할 수 있는 길이 열릴 것이고[窮則通], 모든 일들이 궁극에 도달하면 다시 되돌아가기 마련[物極必反]인 이치에 대한 믿음을 갖고 묵묵히 걸어야 한다.

지리산에 오르는 길은 여러 갈래가 있다. 구례 화엄사, 노고단, 백무동, 피아골, 뱀사골, 칠선 계곡, 중산리 등 대략 12개 코스 정도 있지만 제각기 올라가는 맛은 다르다. 그러나 모두 정상인 천왕봉에 올라 운무와 일출의 장관을 맞이하게 된다. 각자 처해진 인연, 즉 지리산에 도착하여 출발하는 장소와 산세 풍광에 대한 호오에 따라 오르는 길은 달랐지만 추구하는 궁극적인 목표는 같은 것이다.

수십 년 한 직업에 종사하면 그들이 뱉는 말은 모두 선이요 진리다. 일자무식 대장장이, 농부, 옹기장이라고 할지라도 말이다. 마치 어느 곳을 파든 시간의 차이만 있을 뿐 지하를 층층이 흐르는 수맥을 만날 수 있는 것과도 같다.

이렇게 길 없는 길을 걷고자 노력할 때, 길은 문득 우리에게 다가온다. 길은 가까이, 내 마음에 있었던 것이다. 파랑새를 찾아 열심히 돌아다녔지만 찾지 못 하다가 집에 돌아오니 바로 집에 파랑새가 있었다는 것은 바로 이 점을 잘 은유해주는 얘기라 할 수 있다. 그러나 그가 길 없는 길을 찾아 헤매지 않았더라면 그는 과연 집에서도 파랑새를 찾아낼 수 있었을까? 오대(五代) 때 지근(志勤) 스님의 오도송(悟道頌)인 <꽃을 보고 도를 깨친 게송(見花悟道偈>) 역시 이 사실을 잘 갈파하였다.

三十年來尋劍客,	30년 동안이나 검을 찾던 나그네,
幾回落葉又抽枝.	몇 번이나 낙엽 지고 또 가지에 싹이 돋았던가.
自從一見桃花後,	복숭아꽃 한 번 본 뒤로부터는,
直至如今更不疑.	지금까지 다시는 의심치 않네.

1.4. 오늘 이 순간

어린 시절 즐겁게 놀 때나 청년이 되어 애인과 휴일을 함께 보낼 때는 시간이 쏜살 같이 흐른다. 아인슈타인은 "상냥한 여자와 함께 보내는 2시간은 2분처럼 짧게 가고, 뜨거운 난로 위에서 보내는 2분은 2시간처럼 길게 간다"고도 하였다. 그런데도 우리는 왜 청소년시절은 너무 천천히 간다고 느꼈고, 그에 비해 나이가 들수록 시간은 쏜살같이 흐른다고 느끼는 것일까? 즐겁고 흥미로운 일을 할 때면 우리는 몸이 보내는 시간 신호에 주의를 기울이지 못 하며, 동시에 당시의 경험들이 기억 속에 차곡차곡 쌓이게 된다. 이에 비해 세상에 대해 아는 게 많아질수록 경험하는 일들에 흥미를 느끼지 못하게 되며, 동시에 우리의 기억 속에 자리 잡지 못 하고 빨리 잊혀지기 때문이다.

이처럼 시간의 물리적인 길이는 젊어서나 나이가 들어서나 동일할 텐데도 불구하고 우리가 다르게 느끼는 것은 역시 마음먹기에 달려 있다고 할 수 있다. 그래서 ≪모모≫에서도 말했다. "한 시간은 한없이 계속되는 영겁과 같을 수도 있고, 한 순간의 찰나와 같을 수도 있다. 한 시간 동안 우리가 무슨 일을 겪었는가에 달려 있다. 시간은 삶이며, 삶은 우리 마음속에 있는 것이니까."

아침이면 피었다가 한낮이면 지는 나팔꽃도 자기의 삶을 한껏 구가한다. 우리를 둘러싼 환경이 우리의 선택 범위를 넘어서 있다고 할지라도 그 환경을 대하는 태도는 우리의 몫인 것이다. 주어진 환경이 어떠하든 환경의 주인이 되어 적극적인 삶을 살아갈 수 있는 것이다. 호두를 쪼개어 그 안을 들여다보라. 호두 속살은 껍질 속 구석구석, 틈새마다 꽉 채워져 있다. 껍질 때문에 크기나 모양은 스스로 정할 수 없지만 그 한계 속에서도 최대로 성장한 것이다. 우리도 호두처럼 주어진 삶의 자리에서 최대한 피어날 수 있다.

우리가 우리의 삶을 주체적으로 살기로 했을 때, 그리고 최대한으로 꽃피우고자 했을 때 우리는 지금 이 순간을 장악해야 한다. 지금 이 순간이야말로 내 생애의 전부일 수 있기 때문이다. 내일을 알 수 없는 우리 인간에게 오늘 이 순간 외에 또 다른 삶이 또 있다고 어떻게 감히 얘기할 수 있겠는가? 그러니 카르페 디엠(Carpe diem)! 오늘 이 순간을 붙잡고 오늘 현재를 사는 것이 가장 현명한 일이고 행복의 비결이 되는 것이다. 구상 시인 역시 "지금 앉은 자리가 바로 꽃자리니라" 하였고, 정현종 시인도 "모든 순간이 다 꽃봉오리인 것을!"이라고 찬미하였다.

어떻게 하면 모든 순간을 다 꽃봉오리로 만들 수 있을까?

첫째, 자기 걸음걸이로 걸어야 한다. 자벌레 척확(尺蠖)은 항상 자로 잰 듯이 자기 몸의 크기만큼만 전진한다. 대신 온몸을 굽혔다 펴면서 정성을 다하여 걷는다. 우보천리(牛步千里), 소걸음으로 천 리를 간다고 하였다. 천천히, 그렇지만 꾸준히 걸어야 한다.

때로는 자기가 등에 진 짐이 남보다 더 무거울 수도 있다. 기독교식으로 얘기하자면 자기가 진 십자가가 남보다 더 길 수도 있다. 그러나 넓은 계곡을 건너야 할 때면 오히려 긴 십자가를 다리 놓아 쉽게 건널 수도 있다는 사실을 명심해야 한다. 자기가 진 짐이 더 무겁다고 탓할 필요 없이 오직 자기만의 걸음걸이로 꾸준히 걸을 때 우리는 매 순간을 꽃봉오리로 만들 수 있을 것이다.

둘째, 집중하고 몰입해야 한다. 사자박토(獅子搏兎), 사자는 토끼 한 마리를 잡을 때에도 전심전력을 다한다. 햇빛은 하나의 초점으로 모아질 때 종이를 태운다. 한 방울의 물이 계속 집중될 때 바위를 뚫는다. 닭도 알을 품을 때는 결코 다른 생각을 하지 않는다. 물레질하는 사람들은 말한다. "물레질이 그냥 되는 게 아니고 10년 이상은 해야 제대로 좀 하지. 물레질 할 때는 정신통일이 안 되면 안 되거든. 집중해야 영적인 게 나오거든. 그 힘이 그럴 때 발산되는 거야." 행복 역시 바로 몰입에 있다.

몰입하기 위해서는 또한 모든 것에 불성(佛性)이 있다고 생각하면서 정성(誠)과 공경(敬)의 자세로 섬겨야 한다. 현재, 그리고 내 앞에 있는 대상과 나를 일치 시켜라. 대상에 대한 애정을 품고 언제든지 감동할 수 있는 자세를 견지하라. 나아가 살아 있음 자체가 행복인 줄 알고 감사하고 만족할 줄 안다면 몰입은 저절로 이루어질 것이다.

제2장
의경(意境), 함축미와 한시

우리는 흔히 깊은 산이라 하면 나무가 우거지고 나뭇잎들이 무성한 여름산을 연상하기 쉽다. 그러나 눈 쌓인 겨울산을 화가들은 골산(骨山)이라 하면서 오히려 더 좋아한다. 그 이유는 나무들 사이로 깊은 골과 비탈들이 다 드러나 보여서 비로소 깊은 산의 속을 훤히 들여다 볼 수 있기 때문이다. 텅 비어서 오히려 많은 것을 담고 표현할 수 있는 것이다. 텅 빈 충만이란 말의 역설이면서 오묘한 의미를 새삼 느낄 수 있다. 그래서 우리나라 안준철 시인은 "잎 다 떨구고 비로소, 숲이 되어 서 있는 나무들, 잎 진 자리마다, 무한 허공이 달려 있다. 깊어진다는 것은, 홀로 무성해지는 것이 아니라, 저렇듯, 제 잎을 지워, 멀리 있는 것들을 보여 주는 것이리"(<깊어진다는 것은>)라고 노래한 것이다.

버리고 버려서 오히려 깊어지고 무성해지는 이치를 한시는 매우 소중하게 여긴다. 시란 본래 침묵과 여백으로 숨기고 감추기 마련이다. 한시 역시 말없음으로 오히려 더 많은 말을 하게 하려는 장치, 즉 함축적인 표현으로 행간을 통해 많은 뜻을 말하고자 하는 함축미의 창조에 시의 성패가 달려 있다고 간주하고 있다.

2.1. 시인의 마음과 경물을 한 데 융합하다(情景交融)

중국 고전시론 중에는 주변 경물[景]과 시인의 마음[情]을 서로 어우러지게 하여 창작구상을 진행해야 한다는 이론들이 아주 많다.

자연 앞에 서면 자연은 시인에게 말을 걸어온다. 그러면 유협(劉勰)이 말한 것처럼 "시인의 정신은 경물과 함께 노닐기(神與物游)"(≪문심조룡(文心雕龍)≫) 시작하며, 그 결과 "산에 오르면 마음이 산에 가득차고, 바다를 보면 생각이 바다에 넘실대기(登山則情滿於山, 觀海則意溢滿於海)"(≪문심조룡·신사(文心雕龍·神思)≫)에 이른다. 진대(晉代) 육기(陸機) 역시 "마음은 밝아지며 더욱 선명해지고, 경물은 빛나며 감정을 향해 다가온다.(情曈曨而彌鮮, 物昭晣而互進)"(≪문부(文賦)≫)고 하여 경물과 시인 감정의 상호 소통 과정을 설명하였다.

상호 소통의 결과 자연 경물은 시인의 마음으로 들어오고 시인은 이를 잘 다듬어 언어로 표현하기 위하여 드디어 창작 구상에 진입하기에 이른다. 이윽고 시인에 의해 자연 경물은 새로운 옷을 입고 태어나며 시인 역시 그 시로 자신의 마음을 대변하게 함으로써 시를 통해 새로 태어나게 된다. 그래서 소식(蘇軾)이 "내 예전에 경산에서 손님 노릇한 적 있었더니, 오늘 적는 시속엔 산색이 넘쳐난다.(我昔嘗爲徑山客, 至今詩筆餘山色.)"(<송연사귀경산(送淵師歸徑山)>)고 하였다. 청대(淸代) 원제(原濟)의 다음 말은 이런 일련의 과정을 더욱 확연하게 잘 설명해 주고 있다.

> 산천이 나에게 그를 대신해 말하라 하니, 산천은 나에 의해서 새로이 태어나고, 나는 산천에 의해서 새롭게 거듭나는구나(山川使予代山川而言也, 山川脫胎于予也, 予脫胎于山川也.) (≪석도화어록(石濤畫語錄)·산천장(山川章)≫)

시인의 마음과 자연의 경물을 융합시키는 방식에는 두 가지가 있을 수 있다.

첫째는 '경중정(景中情)' 또는 '이정입경(以情入景)'의 방식으로서, 경 속에 정을 담는 수법이다. 시인이 어떤 경물을 접하고서 문득 그 경물의 세계[物境]에 대한 느낌과 깨달음이 찾아왔을 때, 이 경물의 세계에다 시인의 마음과 정서를 담아내는 방식이다. 이백의 <자야오가(子夜吳歌)>는 이런 방식을 잘 보여주는 시이다.

長安一片月, 장안의 조각달,
萬戶搗衣聲. 집집마다 다듬이 소리.
秋風吹不盡, 가을바람 불어 그치지 않으니,
總是玉關情. 언제나 옥문관으로 떠나신 임 생각.

홀로 빈방을 지키며 멀리 변방인 옥문관으로 수자리 살러 간 임을 그리는 화자의 수심을 그린 이 시는, 먼저 조각달, 다듬이 소리, 가을바람 등의 경물에 대해 강렬한 느낌이 있었고 다시 여기에 화자의 수심과 외로움을 얹어 놓는 방식을 취하고 있다. 경 속에 정을 담았다고 할 수 있다.

맹호연(孟浩然)의 시 <추등만산기장오(秋登萬山寄張五)>시 역시 동일한 방식으로 정경을 융합시키고 있다.

相望始登高, 높은 산을 올려보며 오르기 시작하니,
心隨雁飛滅. 생각들이 나는 기러기를 따라 사라져갔다.
愁因薄暮起, 저물 무렵이 되니 근심이 일어났지만,
興是淸秋發. 흥취는 이 맑은 가을에 이미 피어났다.

높은 곳에 오르고, 기러기 날아가며, 저물 무렵이 되고, 맑은 가을이 시작된 경물의 세계를 뒤따르며, 시인의 마음속에서는 번잡한 생각들이 사라져 갔고, 수심이 다시 일어났지만 흥취가 이미 피어오른 상황을 묘사하고 있다.

경을 뒤따라가며 정이 생겨났으니 경에다 정을 얹어 놓았다고 할 수 있다.

둘째는 '경중정(情中景)' 또는 '이경입정(以景入情)'의 방식으로서, 정 속에 경을 담는 수법이다. 특히 이 수법은 시인이 먼저 강렬한 감정을 지닌 상태에서 다시 경물의 세계를 접촉함으로써 경물 역시 시인의 정서를 띠게 되는 방식이다. 두보의 <등악양루(登岳陽樓)>시를 보자.

親朋無一字,	친지와 벗들에게선 소식 한 자 없고,
老病有孤舟.	늙고 병든 몸에 쪽배만 있다.
戎馬關山北,	고향 북쪽은 아직도 전쟁 중이니,
憑軒涕泗流.	난간에 기대어 눈물 콧물 흘린다.

당시 전란 속에서 유랑하던 시인 자신의 고단한 신세를 그렸는데, 친척들에게서는 소식이 없는 외로움, 눈물 콧물 흘리는 슬픔이라는 정 속에 쪽배와 전쟁터라는 경을 담아냈다.

지금까지 논의한 두 가지 정경 융합의 방식을 종합하면, 여전히 시인 자신이 주체가 되어 경물을 바라보는[以我觀物] 방식을 취한 것으로서 시 속에 시인의 마음이 드러나 있는 경계, 곧 유아지경(有我之境)이라고 할 수 있다.

그런데 정경 융합의 방식을 취하였으되 마치 시인이 경물로 변하여 경물을 바라보는 [以物觀物] 방식을 취함으로써 시 속에 전혀 시인의 마음이 드러나 있지 않는 경계, 곧 무아지경(無我之境)이 있다.

이러한 무아지경은 정과 경이 "묘하게 합치되어 경계가 없는(妙合無垠)" 물아일체의 상태로서 장자가 말한 이른바 "만물이 나와 하나가 되는(萬物與我爲一)" 경지를 시적으로 구현한 것이라고도 볼 수 있다.

이런 무아지경 경계의 심미관조 방식은 시인이 곧 경물로 변하여 경물을 바라보는 이물관물(以物觀物)의 방식이어야 하는데, 그것을 위해서는 경물의 세계가 본래 고유하게 지니고 있는 정취와 분위기 등을 세밀하게 체득할 필요가 있다. 그런데 경물 고유의 정취와 분위기는 오랜 세월 사람들에게 계속 사용되어 오면서 공인이 되어 일정한 객관적 상징성을 띠고 있는 경우가 많다. 절개와 지조를 상징하는 '松柏(송백)', 유유자적을 상징하는 '白雲(백운)', 은사의 고고함을 상징하는 '孤雲(고운)', 친구에 대한 그리움을 상징하는 '停雲(정운)', 이별 장소를 상징하는 '南浦(남포)' 사랑과 총애를 잃었음을 상징하는 '秋扇(추선)', 수심을 억누르고 있음을 상징하는 '依欄(의란)' 등이 그 좋은 예이다.

특히 추위를 이기고 제일 먼저 꽃을 피우는 매화, 비와 이슬을 마시며 사람이 있건 없건 향내를 발하는[不以無人不芳] 향란(香蘭), 서리 내려도 꼿꼿하게 꽃을 피우는 추국(秋菊), 꼿꼿하면서도 속을 비워 도를 체득한 듯한[竹心空, 空以體道] 공죽(空竹) 등 사군자는 특유의 정취와 분위기를 지닌 것으로 인식되어 시인들의 애호를 받았다.

도연명은 <음주(飮酒)>시에서 "동쪽 울타리 아래서 국화 따노라니, 한가로이 남산이 바라보이네(采菊東籬下, 悠然見南山)"라고 한 시구는 역대 비평가들에 의해 물아일체의 무아지경을 이루었다고 평가받고 있다. 국화를 따다가 문득 고개를 들었는데, 그때 저 멀리서 한가로이 남산이 눈에 들어온다. 내가 주체가 되어 남산을 의도적으로 바라보고자 한 이아관물의 관찰이 아니라, 국화를 따다가 그저 무심하게 눈을 들었는데 내 눈에 남산이 자연스럽게 들어온 것으로 이물관물의 관조가 이루어졌고, 나와 풍경인 남산이 분별이 없이 하나가 되는 물아일체의 경지가 이루어졌다.

2.2. 의경이란 이미지 외에 또 다른 정취와 세계를 담아내는 함축미

명대(明代) 이래로 정과 경을 어우러지게 하는 이론, 즉 정경교융(情景交融)론은 점차적으로 의경(意境) 또는 경계(境界)란 개념이 구체화되면서 또한 함축미를 형성시키는 필수적인 전제로 거론되기 시작하였다.

근대(近代)의 왕국유(王國維)는 더욱 두드러지게 정경교융론으로써 의경, 곧 함축미 형성의 전제를 설명하였다.

그는 "문학 중에는 두 개의 원형적인 내용이 있으니 하나는 경이고 하나는 정이다. 전자는 자연과 인생·사실 묘사를 위주로 하고 후자는 이러한 사실에 대한 우리의 정신태도이다. 때문에 전자는 객관적이고 후자는 주관적이다.(文學中有二原質焉, 曰景曰情. 前者以描寫自然及人生事實爲主, 後者則吾人對此種事實之精神態度也. 故前者客觀的, 後者主觀的也.)"고 하여 시를 포함한 문학은 정과 경이라는 두 요소에 의해 구성될 수밖에 없으며, 경이 객관적·지식적이라면 정은 주관적·감정적인 것이라고 명확히 규정하였다. 때문에 그는 "진실한 경물과 진실한 감정을 능히 묘사해 낸 작품을 경계가 있다고 하며, 그렇지 않으면 경계가 없다고 한다.(故能寫眞景物眞感情者謂之有境界, 否則謂之無境界也."(≪인간사화(人間詞話)≫제6칙)고 하기도 하였다.

한시의 함축미를 가리키는 개념으로서 이른바 의경(意境)은 이처럼 반드시 정·경의 융합이 시 속에서 이루어져야 한다. 우리는 류시화 시인의 <소금인형>을 통해서 이를 잘 설명할 수도 있다. "바다의 깊이를 재기 위해 바다로 내려간 소금인형처럼, 당신의 깊이를 재기 위해 당신의 피 속으로 뛰어든 나는, 소금인형처럼 흔적도 없이 녹아버렸네"라고 했을 때, 소금인형이 바로 시인의 정이라면 바다는 주변의 경이다. 소금인형이 완전히 흔적도 없이 바다에 녹았으나 바닷물에는 남아 있듯이, 시인은 감정을 주변의 경물에 물들이고 포개어서 감정은 하나도 보이지 않되 경물이 감정을 행간에 드러내게 할 수 있어야 비로소 의경, 즉 함축미는 형성되었다고 말할 수 있는 것이다.

함축미 형성의 전제가 정·경의 융합이라면, 함축미로써 의경의 개념을 규정하는 명제는 '경생우상외(境生于象外)'이다. 곧, 의경이 지니는 함축미는 언어로 표현된 이미지의 밖에서 행간의 울림을 통해 드러내는 또 다른 정취이자 분위기, 세계라고 할 수 있다.

'경생우상외'라는 개념을 지닌 의경은 행간으로 많은 뜻을 함축하고 깊은 울림을 주는 함축미를 지녀서, 우리의 상상 속에서 무형으로 존재하는 광활하고 심원한 정취와 세계를 느끼게끔 해야 하며, '언유진이의무궁(言有盡而意無窮)', 즉 말은 이미 다 끝났지만 행간으로 울리는 뜻은 끝이 없이 나오는 예술적 효과를 창출할 수 있어야 한다. 그래서 많은 이론가들이 "말 한마디로 수많은 뜻을 밝힐 수 있고, 앉아서도 상상의 나래를 펼쳐 수많은 경물을 구사할 수 있다.(片言可以明百意, 坐馳可以役萬景.)"(유우석(劉禹錫), ≪동씨무릉집기(董氏武陵集紀)≫)고 하였고, "묘사하기 어려운 경물을 마치 눈앞에 있는 듯 형상화하고, 다함없는 뜻을 담아 언외에 드러낸다.(狀難寫之景如在目前, 含不盡之意見于言外.)"(구양수(歐陽修), ≪육일시화(六一詩話)≫)고 하였던 것이다.

의경의 함축미 또는 여백미의 특징에 대해 구체적인 작품을 실례로 들어 설명한 글을 살펴보자.

> 엄유(嚴維)의 "버드나무 못에 봄물 넓고, 꽃둔덕엔 석양이 더디다."와 같은 시는 시절의 모습이 융화되어 무르익었으니 마치 눈앞에 있는 것 같지 아니한가? 또 온정균(溫庭筠)의 "닭 우는 초가 주막의 달, 사람 발자국 있는 판교 위의 서리."와

> 가도(賈島)의 "괴이한 새 광야에서 울고, 지는 해 나그네를 두렵게 한다."와 같은 시는 길에서의 괴로움과 나그네의 시름·그리움이 언외에 드러나 있지 아니한가?(若嚴維"柳塘春水漫, 花塢夕陽遲", 則天容時態, 融和駘蕩, 豈不如在目前乎? 又若溫庭筠"鷄聲茅店月, 人迹板橋霜", 賈島"怪禽啼曠野, 落日恐行人", 則道路辛苦, 羈愁旅思, 豈不見于言外乎?) (구양수(歐陽修), ≪육일시화(六一詩話)≫)

엄유(嚴維)의 시에 나오는 버드나무못·봄물·꽃둔덕·석양 등의 구체적인 경물들은 시절의 모습이 무르익은 의경을, 온정균(溫庭筠)의 시에 나오는 닭울음·초가주막·달빛·인적·판교·서리 등의 물상들은 나그네가 새벽녘 서리를 밟으며 황량한 시골길을 재촉하는 한 폭의 생동한 정경을, 가도(賈島)의 시에 나오는 괴금·광야·지는 해·행인 등의 물상들은 여정의 어려움과 나그네의 시름이란 의경을 창조하였다.

여기 나오는 경물들은 하나의 이미지들을 구성한다. 그런데 이런 경물 이미지들이 함축미를 지닌 까닭은 이미지 자체가 전형성을 지녀서 여러 가지 의미를 동시에 함축하고 있기 때문이다. 우리나라 사람이라면 많은 산 중에서도 '금강산'이란 이미지를 떠올리면 곧 '남북통일'과 '이산가족의 아픔과 그리움'을 쉽게 떠올리게 되며, '진달래'란 이미지를 떠올리면 곧 '붉은 봄꽃'과 '가난과 이별의 정한(情恨)' 등을 쉽게 떠올리게 되는 것도 동일한 이유에서 비롯된 것이다. 때문에 주변 경물의 이미지를 선택할 때 좀더 많은 함축미를 지니게 하려면 전형적이고 상징성이 풍부한 경물을 선택할 수밖에 없을 것이고, 바로 이런 시인의 안목과 기교를 우리는 앞으로 많은 한시들을 감상하며 살피게 될 것이다.

결국 의경이라는 함축미는 시인이 주변의 전형적이고 상징적인 경물을 선택한 다음 여기에 자신의 감정을 포개어 예술적인 이미지를 창조함으로써 그 이미지가 행간의 울림을 통해 만들어내는 정취이자 분위기, 세계임을 알 수 있다. 이렇게 의경은 본래 매우 함축적인 것이기에 독자 역시 상상력을 충분히 발휘하여야만 감상해낼 수 있으니, 의경은 곧 작가와 독자가 공동으로 참여하여 창조해내는 것이라고도 말할 수 있겠다.

2.3. 의경의 함축미를 지닌 실제 시의 예

함축미를 지닌 시는 감춰지고 드러나지 말아야 한다. 오직 침묵 속에서 전해져야 한다. 때문에 직설적으로 드러나는 것을 꺼려하는 것으로, 기세등등한 호방함도 만약 읽고 나면 즉시 음미할 꺼리가 사라진다면 그 역시 좋은 시라고 할 수 없다. 은근하지 못 하고 너무 드러나기 때문이다. 바로 이런 '상외(象外)', 즉 이미지 밖에 행간으로 드러나는 함축미를 통해 좌사와 혜강의 시를 비교한 글이 있다.

> 송기(宋祁)는 "좌사(左思)의 '천 길 산마루에서 옷자락을 털고, 만 리 강물에 발을 씻노라.'라는 시구는 혜강(嵇康)의 '손으로 오현금을 타며, 눈으로 돌아가는 기러기를 전송한다.'라는 시구만 못 하지 않다." 고 했다. 내 생각에는 좌사의 말은 호방(豪放)하기는 하지만 그러나 다른 사람이 이를 수 있다. 그에 비해 혜강의 말의 절묘함은 '상외(象外)'에 있다. "못가에 봄풀 돋아나고", "맑은 햇살 능히 사람을 즐겁게 하네."라는 육조인의 시와 사조·하손 등의 아름다운 시구에는 이런 '상외'의 부류가 많으니 독자들은 마땅히 '정신으로 이해(神會)'하여야 한다. 그러면 그것이 가리키는 바를 거의 만날 수 있을 것이다.(宋京文云 : "左太冲'振衣千仞岡, 濯足萬里流'不減嵇叔夜'手揮五絃, 目送歸鴻.' " 愚案左語豪矣, 然他人可到, 嵇語妙在象外, 六朝人詩, 如'池塘生春草', '淸暉能娛人'及謝朓·何遜等佳句, 多此類. 讀者當以神會, 庶幾遇之.) (≪고부우정잡록(古夫于亭雜錄)≫)

기러기는 흔히 고향 소식을 전해주고 전해오는 우체부와 같은 존재로 상징된다. 때문에 기러기를 보는 시인의 마음은 그리움으로 점철되기 마련이다. 말하지 않고 눈으로 그리움을 기러기에 부탁하여 보내는 시인의 마음이 행간을 통해서 진하게 울려온다. 바로 여기에 좌사의 시가 혜강 시보다 뛰어난 점이 존재한다. 좌사의 시가 너무 드러나 있다면 혜강의 시는 은근하다. 그러면서 '상외', 곧 기러기라는 이미지 밖으로 의미가 확장되고 있다. 이처럼 혜강의 시가 절묘한 것은 이미지의 구체적인 형상 밖, 상상 속의 세계로 독자를 이끌고 가기 때문이라고 할 수 있다.

함축미는 주로 하나의 자연 경물 이미지에 의해서 두드러지게 표현된다. 그 이미지는 독자를 또 다른 정취와 세계로 인도하는 매개체 역할을 한다.

우리나라에서 국경과 전방 지역은 휴전선에 있고 청년들이 입대해서 전방으로 간다면 바로 이 휴전선 근처로 배치 받는 것을 의미한다. 자기 아들이, 남자친구가 전방으로 배치되면 눈물, 콧물 다 뿌리는 것이 부모나 연인이 된 사람들이 공통적으로 보이는 행태들이다. 그런데 중국 당대(唐代)에는 이러한 전방으로 가는 마지막 관문이 바로 지금의 감숙성(甘肅省) 돈황(敦煌)에 있는 옥문관(玉門關)과 옥문관 남쪽에 있는 양관(陽關)이었다. 이 관문들을 넘어서면 황량한 사막이 이어지고 급기야 흉노족과 대치하고 있는 살벌한 전방이 나오는 것이다. 이런 양관을 넘어가야 하는 친구를 안타깝게 전송하고 있는 시가 바로 왕유(王維)의 <송원이사안서(送元二使安西)>이다.

渭城朝雨浥輕塵,	위성에 아침 비가 촉촉이 먼지 적시니,
客舍靑靑柳色新.	객사의 버들 빛 푸르고 푸르구나.
勸君更盡一杯酒,	그대에게 술 한 잔 다시 권하노니,
西出陽關無故人.	서쪽으로 양관을 나서면 친한 벗도 없으리니.

시인은 친구에게 오직 송별주를 한 잔 더 마시라고 권하고 있을 뿐이다. 그의 속내는 전혀 드러내지 않고 침묵으로 감추고 있다. 그러나 도리어 멀리 변방으로 나가는 친구에 대한 무한한 감개와 안타까운 마음, 언제 만날지

기약이 없는 현실 등이 아주 잘 표현되었다고 할 수 있다. 이것은 전방지역으로 가는 관문으로서 양관이라는 전형적인 이미지를 설정하여 독자들로 하여금 황량한 변방의 세계를 떠올리게 할 수 있었기 때문에 가능해진 것이다. 이 세계는 시 속에 묘사된 실경(實境)이 아니라 상상 속에 다가가는 세계인 허경(虛境)이기도 하다. 그만큼 송별주 한 잔과 양관이란 이미지에는 많은 의미가 함축되어 있다고 할 수 있다. 역시 말없음으로 말하고 있다.

맑고 텅 비어 있는 것들은 그 투명함으로 인해 오히려 더 많은 세계를 담고 있을 수 있다. 고요하고 맑은 강물은 모든 것을 다 비추고 담을 수 있다. 잘 익어 살이 꽉 들어찬 감의 빛깔은 투명하여 오히려 속을 볼 수 있을 듯하다. 여기에 의경의 함축미가 담겨 있음은 자명한 사실이다.

한편, 가려져서 아예 보이지 않음으로 인해서 몽롱미(朦朧美)를 이루는 것들도 역시 함축미를 구성한다고 할 수 있다. 안 보이기 때문에 도리어 상상 속으로 더 많은 세계를 담아낼 수 있는 것이다. 자욱한 안개, 깊은 구름, 노을과 달무리 등도 또한 몽롱미와 함축미를 지닌 대표적이고 전형적인 이미지들이다. 가도(賈島)의 <심은자불우(尋隱者不遇)>를 보자.

松下問童子,	소나무 아래서 동자에게 물었더니,
言師採藥去.	스승님께서는 약초 캐러 가셨다 한다.
只在此山中,	지금 이 산 속에 계시련만,
雲深不知處.	구름이 깊어 계신 곳을 모르겠구나.

이 산 속에 계시련만 시야를 가리고 있는 자욱한 구름 때문에 어디 계신지를 알 수 없다고 한다. 이 시는 한 폭의 동양화를 연상하게 한다. 어떤 사람이 동자에게 묻고 있고, 그 동자는 손을 가리키고 있는데 그곳은 구름이 자욱한 산 속이다. 그러니 이 시는 독자의 감상을 눈에 보이는 구름에서 끝나게 하지 않고 상상 속에서 구름 밖의 세계로 들어가도록 인도하고 있는

것이다. 때문에 구름 밖의 세계는 고매한 은사, 그리고 그 은사를 찾았으나 만나지 못 한 시인의 안타까움과 연모의 정 등이 모두 포함되어 있다고 할 수 있다.

사람들이 드나들지 않는 나루터의 적막감을 그림으로 묘사한다면 어떻게 그릴 수 있을까? 빈 배에 거미줄이 쳐져 있다든지, 학 한 마리가 배 위에서 졸고 있는 그림을 그릴 수도 있을 것이다. 이런 시적 정취를 함축적으로 묘사하고 있는 시가 바로 위응물(韋應物)의 <저주서간(滁州西澗)>이다.

獨憐幽草澗邊生, 　　인적 없는 시냇가에 핀 꽃이 홀로 예쁜데,
上有黃鸝深樹鳴. 　　그 위로 깊은 숲에선 꾀꼬리가 울고 있네.
春潮帶雨晚來急, 　　비를 머금은 봄 조수 저녁 되자 더 빠른데,
野渡無人舟自橫. 　　들판 나루터엔 인적 없이 배만 가로 놓여 있네.

이 시는 가로 놓여 있는 배를 통해서 적막감과 한가로움을 잘 표현하고 있다. 인적 없는 시냇가에 예쁜 꽃은 홀로 피고, 그 위의 깊은 숲에선 꾀꼬리가 신나게 울고 있다. 초목과 조수는 누가 알아주지 않아도 이렇게 자신의 본성을 따라 피고 노래할 뿐이다. 여기에 자연의 순리가 담겨 있다. 그런데 세찬 밀물이 흐르는 나루터에는 인적 없이 배만 가로놓여 있는데, 텅 빈 나룻배는 마치 사람의 마음을 잘 이해라도 하는 양, 고요하고 한가로운 시인의 심정에 잘 조응하고 있다. 정과 경이 잘 포개어져 어우러지고 있는 모습이다.

이 시는 특히 마지막 시구에 의경이 잘 표현되어 있다. 화공들은 이 시구의 의경을 표현하기 위해 몇 마리의 참새들이 나룻배의 덮개를 안팎으로 자유롭게 드나드는 장면으로 묘사하곤 하였다.

왕사정(王士禎)의 <강산(江山)>시의 함축미를 살펴보자.

吳頭楚尾路如何,	오나라의 첫머리, 초나라가 끝나는 길은 어떠한가,
煙雨秋深暗白波.	안개비에 가을은 깊어가고 물결은 희끄무레하다.
晩趁寒潮渡江去,	저물녘 차가운 조수 좇아 강을 건너자니,
滿林黃葉雁聲多.	온 숲의 누런 잎 사이로 기러기 소리 많다.

안개비 내리는 깊은 가을의 저물녘, 불어난 조수를 타고 강을 건넌다. 강을 사이에 두고 건너편 숲속에는 누런 잎들이 가득한데 그 사이로 수많은 기러기들이 소리를 낸다. 이 시는 표면상 시인의 어떠한 주관적 정서도 표백되어 있지 않고 그저 여로의 가을 경물만을 묘사하고 있는 듯이 보인다. 그러나 안개비, 깊은 가을, 희끄무레한 물결, 저물녘, 차가운 조수, 숲 가득한 누런 잎, 수많은 기러기 소리 등의 경물들이 모두 나그네의 수심의 정서가 기탁된 것이다. 주객을 초월하여 시인이 경물의 입장이 되어 경물을 바라보는 이물관물의 관조방식을 취하였고, 정감을 완전히 녹여 경물에 스며들게[融情入景] 하는 정경 융합의 방식을 취하였다. 말하지 않아도 행간을 통해, 침묵을 통해 나그네의 우수가 담담하게 흘러나옴을 알 수 있으니 함축미의 절정을 이룬 절창이라고 하겠다.

제3장
시간, 물과 한시

함축미, 즉 의경(意境)이 중국 한시에서 가장 비중을 많이 두는 심미비평 용어이자 표현방법이라고 한다면 자연산수와 시간은 한시의 영원한 주제이자 소재라고 할 수 있다.

자연산수를 인생의 교과서이자 스승으로 여겼던 고대 중국인들은 자연산수에서 삶의 지혜를 발견하고 자연에 경도되어 찬미하곤 하였다. 그들은 특히 스스로 자신을 맑게 정화시키고 만물을 윤택하게 하면서도 항상 낮은 곳으로 흐르는 겸손의 미덕을 지닌 물에서 배우고 닮으려고 하였기에 '상선약수(上善若水)'라는 위대한 명제를 도출할 수 있었다.

그런데 자연산수는 영원무한성을 지닌 데 반해 인간의 인생은 유한할 수밖에 없는 운명에 그들은 다시 주목하게 되고, 시간과 인생에 대한 예민한 인식을 갖게 되며 나아가 비애의 정서를 숙명처럼 지니게 된다. 그들은 끊임없이 흐르는 강물을 바라보며 부단히 흘러가는 시간을 인식하게 되었고, 나아가 시간 너머로 사라져가는 유한한 인생을 떠올리며 비애의 정서를 강렬하게 환기시키기도 하고, 또 다른 한편으로 유한한 인생이기 때문에 더욱 더 나은 인생을 살 수 있도록 열심히 노력하겠다[自强不息]는 의지를 불태우기도 하니 이런 인식을 총체적으로 보여주는 명제가 바로 공자의 '서자여사부(逝者如斯夫)'이다.

3.1. 시간과 한시

3.1.1. 시간에 민감한 중국시인

시간은 은유적 모델을 필요로 하는 지적 개념이다. 시간 자체는 구체적 실체를 갖지 않으므로 시간을 개념화하기 위해서는 구체적인 이미지가 필요하다. 때문에 우리의 시간에 대한 인식은 은유를 활용한 결과 가능해진 것이라고 할 수 있다.

시간을 개념화하는 데 사용된 은유들은 중국과 서방세계 간에 사유 체계의 차이를 보여 준다. 뉴턴은 기하학의 직선을 이용해 시간의 개념을 유추했는데, 이 모델에서 절대 시간의 순간들은 직선상의 계속된 점들의 연속으로 유추되고 이해되었다. 또 유대의 기독교 전통에서는 죽을 수밖에 없는 한정된 운명의 세계는 신에 의해 어느 특정한 시간에 창조되었으며, 이 세계는 미래의 어느 날 종말을 맞는다고 한다. 이 구조에서는 끝없이 영원한 신의 시간과 죽을 수밖에 없는 한정된 운명의 제한된 시간이란 두 종류의 시간이 대조를 이룬다.

시간에 대한 중국인의 생각은 흔히 원(圓)의 형태로 묘사된다. 원의 개념은 직선과는 반대로 반복되는 형태를 강조한다. 즉 순환의 원리가 강조되는 것인데, 되돌아오는 것은 도의 움직임[反者道之動]이라든지, 사물이 극단에 이르면 반드시 돌아오기 마련[物極必反]이라는 명제들이 이런 관념을 잘 보여준다.

중국 시인들은 특히 흐르는 시간에 매우 민감하고 예리하다. 이는 물론 과거·현재·미래를 구체적으로 따지는 등의 시제를 명확하게 한다는 의미와는 다르다.

空山不見人,　　　　　　텅 빈 산에 사람 보이지 않고,
但聞人語響.　　　　　　다만 사람 말소리만 들린다.

위의 시는 왕유(王維)의 <녹채(鹿柴)>인데, 유 주어, 시제, 사람 숫자 등은 불분명하게 처리되고 오직 보편적 상황만이 부각되어 있다. 한시에서는 텅 빈 산에 사람이 보이지 않는다고 했는데 그렇다면 아무도 없는 현장의 모습을 누가, 어떻게 알 수 있단 말인가, 하는 등의 질문은 오히려 어색하기만 하다. 영국 시인 워즈워드가 "I wandered as a cloud.(나는 한 조각 구름처럼 방황했노라)"라고 했다면 중국 시인은 아마도 "wander as cloud(구름처럼 방황하노라)", 즉 "徘徊如浮雲(배회여부운)"이라고 하지 않을까 싶다.

중국 시인들은 봄이 지나감을 슬퍼하고 가을이 옴을 한탄하거나, 젊음이 지나고 늙음이 가까워짐을 구슬퍼하는 시들이 너무 많다. 중국 시인에게 시간은 가장 보편적인 동기이자 주제가 되었다. 한시에서 시간 의식은 일종의 생명 의식이기도 하였다.

물론 영국 시인 Antol Marvel은 <To His Coy Mistress>시에서 "Time's winged chariot(시간이란 날개 달린 전차)"라고 했듯이, 서양인들도 시간에 민감하긴 하지만 그러나 중국시인들처럼 그렇게 보편적으로 시간에 사로잡혀 있지는 않다. 현대시에 익숙한 독자들에겐 중국 시인의 예민한 시간감은 감상적인 자기 번뇌에 불과할지도 모른다.

그런데 중국인들은 영혼 불멸이나 부활 등에 대한 확신을 갖지 못했다는 것을 상기해보자. 중국인들의 사상의 주춧돌이었던 유가와 도가사상의 특징을 살펴보면, 유가는 생명의 사후 문제에 대해서는 언급한 적이 거의 없고, 도가는 자연의 무궁한 변천 속으로 돌아가는 것을 추구했다. 유가에서 중시한 조상에 대한 제사는 종교적 의식이었다기보다는 조상 추모[愼終追遠]의 외적인 표현이었고 도덕적 의무로서 실행한 것으로 생명의 사후에 대한 신념에 적용할 수 있는 성격의 것은 아니었다. 훗날 유입된 불교에서는 번뇌의 해탈을 강조하며, 해탈을 얻을 때까지 생사를 반복한다는 윤회 사상이 있기는 하다.

때문에 도교나 불교에서 위로를 찾을 수 없거나, 인간은 모두 죽는다는 숙명에 자신을 조용히 내맡길 수밖에 없던 중국 시인들은 시간이 흘러감을 슬퍼할 수밖엔 없었다. 게다가 중국인의 농경 생활 경험은 시간에 대해 매우 예민한 인식을 갖게 하는 추가적인 이유가 되기도 했다. "백 년도 살지 못하면서, 늘 천 년의 근심을 품고 있다.(生年不滿百, 常懷千歲憂)"(≪고시십구수(古詩十九首)≫)는 시구는 중국인의 시간의식이 압축된 정화라고 할 수 있다.

다음 한무제(漢武帝)의 <추풍사(秋風辭)> 역시 시간의식을 보여주는 좋은 예이다.

秋風起兮白雲飛,	가을바람이 일어남이여, 흰구름 날도다.
草木黃落兮雁南歸.	나뭇잎이 누렇게 떨어짐이여, 기러기가 남쪽으로 돌아가도다.
蘭有秀兮菊有芳,	난초가 빼어남이여, 국화는 향기롭구나.
懷佳人兮不能忘.	어여쁜 사람을 생각함이여, 잊을 수 없구나.
泛樓船兮濟汾河,	이층배를 띄움이여, 분하를 건너는구나.
橫中流兮揚素波.	강복판을 가로지름이여, 흰 물결을 날리노라.
簫鼓鳴兮發棹歌,	퉁소와 북소리 울림이여, 뱃노래를 부르노라.
歡樂極兮哀情多.	환락이 지극함이여, 슬픈 정도 많도다.
少壯幾時兮奈老何?	젊은 날이 얼마리요, 늙어 감을 어찌하랴.

가을, 가인에 대한 그리움에 배를 띄웠다. 강을 가로지르며 뱃노래를 신나게 부르니 기쁨과 즐거움이 지극해졌지만 도리어 까닭 없이 스멀스멀 슬픈 심사가 가슴 밑바닥에서 복받쳐 오른다. 왜일까? 그것은 세월과 시간이

흐름으로 인한 슬픔이고 탄식이다. 슬픔이 많은 사람에게 기쁨의 순간은 그리 오래 가지 못 하고 항상 짧게 끝나기 마련이다. 어쩌면 중국 시인에게 즐거움은 이미 슬픔을 예비하고 있는, 또는 전제하고 있는 즐거움일지도 모른다. 위 시인의 뱃놀이의 즐거움도 결국 시간의식으로 인한 슬픔으로 귀결되고 있다.

이청조(李淸照)의 <완계사(浣溪沙)> 역시 시간의 흐름에 대한 슬픔을 사변적으로 노래하였다.

樓上晴天碧四垂,	누각 위 맑은 하늘은 온통 파랗고,
樓前芳草接天涯.	누각 앞 향기로운 풀은 하늘 끝까지 이어져있다.
勸君莫上最高梯!	그대여 권하노니 사닥다리 제일 높은 곳까지는 오르지 말기를!
新竹已成堂下竹,	새 죽순은 벌써 마루 앞에 대나무가 되었고,
落花都入燕巢泥.	떨어진 꽃은 모두 진흙 제비집에 날아 들어갔는데,
忍聽林表杜鵑啼?	어이 들으랴, 나무 위에 두견새 우는 소리를!

지평선 저 끝까지 이어진 잡초가 더부룩이 자랐음은 봄이 지나고 있을 암시한다. 그것은 동시에 문맥상으로 초사 중의 "왕손은 떠나 돌아오지 아니하고, 방초는 돋아 우거졌도다.(王孫遊兮不歸, 芳草生兮萋萋)"라는 구절을 연상시킴으로써 떠나간 임을 오래도록 기다렸음을 뜻한다. 이것은 바로 그 다음에 화자가 스스로에게 멀리 내다보려고 사닥다리 제일 높은 곳까지 올라가지는 말라고 권한 이유가 된다. 왜냐하면 먼 지평선에서 바라볼 수 있는 것은 오직 무성한 수풀뿐이요, 떠나간 임의 자취는 보이지 않기 때문이다.

죽순이 자라 대나무가 되었고, 꽃들이 떨어져 제비집으로 날아들었고, 두견새가 울어댄다는 표현은 곧 지나가는 봄에 대한 암시이다. 이 모든 것은 화자의 젊음과 아름다움도 함께 사라져가고 있음을 암시하는 것이다.

두견새는 옛날 촉(蜀)나라 망제(望帝)가 대신의 아내와 사랑에 빠졌다가 죽은 뒤에 이 새로 변했다는 전설 때문에 불행한 사랑을 연상시킨다. 그리고 이 두견새는 '불여귀(不如歸)' 하며 운다고 여겨지는데, 이 때문에 두견새의 울음은 곧 화자를 두고 떠나간 임이 어서 돌아오는 게 나을 거란 하소연이 되기도 한다.

3.1.2. 시간의식을 표현하는 구체적 이미지

시인들이 시간의식을 표현하기 위해 선택한 이미지들에는 '白髮(백발)', '朝露(아침이슬)', '落花(낙화)', '野草(들풀)', '流水(유수)', '月(달)' 등이 있다.

백발을 통해 인생이 흘러감을 탄식한 대표적인 시가 바로 이백(李白)의 <추포가(秋浦歌)>(17수 중 제3수)이다. 추포는 지금의 안휘성(安徽省) 귀지현(貴池縣)에 있는 양자강 연안을 가리킨다.

白髮三千丈,	흰머리가 삼천 장이라,
緣愁似個長.	수심으로 이렇게 길어졌겠지.
不知明鏡裏,	알 수 없구나, 거울 속의 너,
何處得秋霜.	어디서 가을서리를 맞았는가?

백발 삼천 장을 지금의 수치로 환산하면 약 10킬로미터에 해당한다고 할 수 있다. 항간에는 실제 사람의 백발이 아닌 추포의 흰 물결을 백발에 비유하여 삼천 장이라고 표현했다는 설도 있다. 그런데 아래 구의 수심과 연결하자면 매우 과장적이긴 하지만 사람의 백발로 보는 것이 더욱 시적이라고 하겠다. 수심으로 길어진 백발, 어디서 무슨 일로 인하여 가을 서리를 맞았기에 그토록 하얗게 변했는가? 수심이 온통 인생의 시간과 이로 인한 신체의 변화로 향해 있다.

이백은 수심의 크기를 과장하기 위해서 백발을 삼천 장으로 묘사하였다. 그의 시는 종종 과장적인 수법을 대담하게 사용하여 형상적이고 생동한 특징을 잘 보여준다. “칼을 뽑아 물을 베어도 물은 다시 흐르고, 술잔 들어 시름 풀려 해도 수심은 또 쌓이네(抽刀斷水水更流, 擧杯銷愁愁更愁)”(<선주사조루전별교서숙운(宣州謝脁樓餞別校書叔雲)>)는 풀 길 없는 수심을 비유적으로 잘 묘사하였고, “삼천 척을 곧장 날아 떨어지니, 하늘에서 쏟아지는 은하수이련가?(飛流直下三千尺, 疑是銀河落九天)”(<망여산폭포(望廬山瀑布)>) 역시 폭포의 길이를 과장적으로 묘사하여 생동감을 더해주고 있다.

우리는 짧고 덧없는 인생을 얘기할 때 흔히 아침이슬로 비유하곤 하는데, 한시에서도 이점은 마찬가지다. 조식(曹植)은 “사람이 태어나 한 세상을 살아도, 떠남은 마치 아침이슬이 말라버림과도 같구나(人生處一世, 去若朝露晞.)”(<증백마왕표(贈白馬王彪)>고 하였는데, 말라버릴 아침이슬과도 같다는 비유는 참으로 탁월하여 우리를 잠시 성찰하게 하고 겸허하게 하는 명구라고 하지 않을 수 없다. 완적(阮籍) 역시 “젊음은 시간 따라 흘러갔으니, 아침이슬 되어 해 뜨길 기다리노라(壯年以時逝, 朝露待太陽.)” (<영회(詠懷)> 제32수)라고 하였다. 해가 뜨면 금방 말라 사라져버릴 아침이슬 같은 신세, 여기에 슬픔과 탄식이 놓여 있다.

봄은 청춘이다. 봄의 정화는 봄꽃이다. 그런데 봄꽃이 진다는 것은 곧 청춘이 사라져감을 의미한다. 그렇기에 낙화는 인생의식을 보여주는 전형적인 이미지가 된다. 이하(李賀)는 “하물며 젊음은 날마다 장차 저물어가고 있음에랴! 복사꽃은 어지러이 붉은 비처럼 떨어지는구나(況是靑春日將暮, 桃花亂落如紅雨)”(<장진주(將進酒)>) 하며 붉은 비처럼 떨어지는 복사꽃에 사라져가는 젊음을 빗대고 있다. 두보(杜甫)의 <강남봉이구년(江南逢李龜年)>이란 시는 우리에게 꽃 지는 시절에 대한 여러 가지 감상을 제공한다.

岐王宅裏尋常見, 기왕 댁에서 늘상 보았고,
崔九堂前幾度聞. 최구의 집에선 몇 번이나 들었던가.
正是江南好風景, 강남은 지금 좋은 경치가 한창인데,
落花時節又逢君. 꽃 지는 때 또 그대를 만났구나.

여기서 '落花時節(낙화시절)', 곧 '꽃 지는 때'는 몇 가지 의미를 다층적으로 지니고 있다. 첫 번째 의미는 이구년과 상봉한 때를 가리킨다. 이구년은 원래 일류 음악가여서 왕공과 귀족의 집안을 드나들었지만 그러나 지금은 떠도는 신세가 된 유랑 예술인이다. 따라서 두 번째 의미는 이구년의 불행한 신세를 암시적으로 가리킨다. 그런데 영락한 이구년을 보고 있는 시선은 곧 그와 다를 바 없는 두보 자신의 신세를 보고 있는 것이기도 하다. 결국 세 번째 의미는 두보 자신의 불행한 신세를 암시적으로 가리키고 있다. 또 당나라는 안사의 난을 겪고서 예전의 성세를 구가하던 기상과 번영은 파괴되어 쇠락의 길을 걷기 시작하였다. 이처럼 몰락의 길을 걷기 시작한 당나라의 상황이 또한 '꽃 지는 때'와도 비슷하니 이것이 네 번째 의미라고 할 수 있다.

한시에 나오는 들풀의 이미지는 주로 가을바람과 서리에 시들어가는 풀을 가리킨다. 완적은 "맑은 이슬은 못가의 난초를 덮었고, 엉긴 서리는 들풀을 적셨다. 아침에는 미소년이었더니 저물자 추한 늙은이 되었구나.(淸露被皐蘭, 凝霜霑野草. 朝爲美少年, 夕暮成醜老.)"(<영회(詠懷)> 제4수)라고 하였다. 아침[朝]과 저녁[暮]이란 하루의 시간을 이용하여 인생 전체를 비유하였고, 이슬 내린 못가의 난초와 서리에 적신 들풀로 시들어가는 인생을 잘 유비하고 있다.

달은 어제도 뜨고 오늘도 떠오르며 여전하건만 그 달을 바라보는 사람은 항상 다르다. 여기에 우리의 비애가 존재한다. 이백은 "지금 사람은 옛 달을 보지 못했지만, 지금 달은 일찍이 옛 사람을 비췄었지.(今人不見古時月, 今月曾經照古人.)"(<파주문월(把酒問月)>)라고 회고하였다. 달과 사람의 시간성을 비교하고 있는데, 이로부터 느껴지는 존재의 슬픔은 자못 크다고 하지 않을 수 없다.

3.1.3. 공간 경험의 시간화

시간과 공간은 모두 인류가 자신과 세계의 관계를 인식하는 데 사용하는 가장 근원적인 범주이다. 우리는 중국 산수시에 많은 영향을 준 도가철학 가운데서 시간과 공간에 관한 인식 태도를 찾을 수 있다.

노자(老子)의 "천지는 영원하다(天長地久)"는 천지라는 우주자연을 영원이라는 시간관념으로 바라보고 있다. 장자(莊子) 역시 "실제로 있으면서도 어느 곳에 있는지를 모르는 것이 상하 사방의 공간이다. 한없이 길면서도 처음과 끝이 없는 것이 무궁한 시간이다(有實而無乎處者, 宇也. 有長而無本剽者, 宙也.)"고 하여 공간과 시간을 동시에 거론하고 있다. 이처럼 도가에서는 시간과 공간이 융합되어 하나로 관통하고 있다는 이른바 '시공융관(時空融貫)'의 관점을 지니고 있고, 이런 관점이 한시에도 많은 영향을 미치고 있다.

산수시란 공간경험을 표현하는 예술형식으로서, 노래의 대상은 자연경물이다. 시인들은 친히 자연경물을 목도하고 그러한 경험으로부터 모종의 미적 경험을 얻게 된다. 높이 치솟은 바위, 짙은 먹장구름 속에 숨어 있는 천둥과 번개, 불 뿜는 화산, 모든 것을 날려버리는 태풍, 끝없는 바다와 거친 파도, 거대한 폭포. 이러한 대상들은 인간으로 하여금 대부분 전율스런 기쁨과 환희를 느끼면서 숭고하고 장엄한 미의식, 곧 숭고미(崇高美)를 느끼게 한다.

그런데 중국 시인들은 우주자연 공간의 영속적인 모습과는 대조적인 인생의 무상함을 슬퍼한다. 인간의 운명이란 덧없고 무상한 것이나 자연의 모습은 영원하고 불변한다는 대조로부터 한시에는 비극적인 감정이 깃들게 된다. 웅장하고 광활한 공간을 대할 때 공간에 대한 인상을 표현하지 않고, 인생은 짧고 우주자연은 영원하다는 진리를 반추하면서 어찌 할 수 없는 감상을 토로하게 되는 것이다.

이처럼 공간 경험을 시간화시키는 것은 웅장한 공간에 대한 경험으로부터 사람이 과연 눈앞의 자연 경물들을 완전히 하나의 깨달음 속에 담아 표현할 수 있을까 하는 의문을 던지고 감탄해 마지않는 서양 시인들과는 다른 중국 시인들의 특징적인 모습이다. 그래서 서양문학의 숭고미가 전율스런[terrible] 기쁨과 열락을 동반한 공간적인 대상으로부터 온다면, 중국시는 두려움에 찬 비애를 동반한 시간 의식으로부터 온다. 전자를 적극적인 공간 숭고라 한다면 후자는 소극적인 시간 숭고라 할 수 있다.

이백은 "천지자연은 만물이 쉬어가는 여관이요, 시간은 영원토록 지나가는 손님이다.(天地者, 萬物之逆旅, 光陰者, 百代之過客.)"고 하였다. '천지(天地)'라는 우주자연과 인간을 포함한 '만물(萬物)'을 '광음(光陰)'이라는 시간과 연결시켜, 하나는 영원하고 하나는 찰나라는 상호 대조적인 시각을 보여주고 있다.

진자앙(陳子昂)이 "천지의 유구함을 생각하며, 홀로 슬퍼 눈물 흘린다"(念天地之悠悠, 獨愴然而流下.)라고 한 말 역시 이백의 공간관념과 유사하다. 시인은 공간인 '천지(天地)'로부터 즉시 시간인 '유구함[悠悠]'으로 시선을 돌리고 있는 것을 보면 시간관념으로 공간경험을 해석하는 중국 산수시의 전형적인 방식이라고 할 수 있다.

송대의 소식(蘇軾) 역시 "우리네 삶이 잠깐임을 슬퍼하고, 장강의 무궁함을 부러워하도다.(哀吾生之須臾, 羨長江之無窮.)"(<적벽부(赤壁賦)>)하여 전형적인 공간경험의 시간화 방식을 통해 장강을 무궁함으로, 우리 인생을 찰나의 시간으로 해석하고 있다.

자연산수를 소재로 한 산수시의 공간 역정은 이처럼 형식상 독특한 시간화의 경로에 따라 표현된다. 장엄한 천지자연이란 공간을 보고 그 공간 자체에 매료되는 것이 아니라 공간 너머로 흐르는 시간을 인식한다. 즉 시간관념으로 공간경험을 해석하는 것이다. 그런데 이런 시간관념은 대부분 영원한 천지자연에 비해 우리 인생은 찰나와 같다는 식으로 대비되고 있다. 최종적으로 산수시에 비애의 정서가 환기되면서 슬픔이 모락모락 피어오르는 이유가 된다.

인간의 부단한 향상심을 표현하는 데 자주 인용되는 왕지환(王之渙)의 <등관작루(登鸛雀樓)>시를 통해 시공의 관념을 살펴보자.

白日依山盡,	해는 산 너머로 지고
黃河入海流.	황하는 바다로 흘러 들어간다.
欲窮千里目,	천 리 밖까지 다 보려고,
更上一層樓.	누각을 한 층 더 오른다.

지는 해와 흐르는 강물을 대조적으로 잘 조화시킨 이 시는 낙조가 비낀 천고 강산의 절경을 잘 묘사하였고 심오한 철리적 내용을 음미하도록 하고 있다.

시인은 광활한 공간을 대면하여 먼저 상하, 좌우로 죽 둘러보고 있다. 동시에 면면하게 이어지고 있는 공간에 대한 시선을 확장시킬 목적으로 시간화를 시도하고 있다. 이러한 시간화는 순서에 따라 점진적으로 진행되고 있다.

첫 구는 해가 '盡(진)'자를 통해 산너머로 지는 순간적인 광경을 묘사하여 시인의 시야에 있던 물상이 점차 시선 밖으로 사라지는 동태적 시간과정을 표현했다. 둘째 구는 '流(유)' 자 속에 담겨 있는 동작의 시간적 특징을 통해 공간이 끝이 없이 펼쳐져 있음을 묘사하고 있다. 특히 '유'자가 지닌 면면한 공간성과 계속적인 시간성은 '진'자가 지닌, 이미 끝났다든지, 소멸하여 더 이상 존재하지 않는다는 등의 뜻을 부정하고 배제함으로써, 지는 해 역시 흐르는 강물과 마찬가지로 장구한 시간성을 지니고 있음을 엿볼 수 있다.

이러한 표현방식은 한시에서 매우 흔한 예인데, 이백의 "외로운 돛단배 먼 그림자 푸른 하늘에서 사라지고, 오직 장강만이 하늘가에서 흐르고 있네.(孤帆遠影碧空盡, 唯見長江天際流)"라는 시도 마찬가지다. '流水(유수)'는 중국 산수시에서 가장 흔히 출현하는 이미지로서, 자연은 변화하면서도 상구하게 지속된다는 측면에서 공간의 시간화를 묘사하는 데 많이 사용된다.

후반부 셋째, 넷째 구 역시 시간화를 위한 또 다른 행동 표현이다. 누각을 한 층 더 오르는 것은 자연의 웅장한 경관을 가능한 한 최대로 시야에 들여놓기 위해서이다. 우리들이 눈을 통해 감지한 것은 원칙적으로 우리가 충분히 도달할 수 있는 범위 내에 있다고 생각하는 경향이 있다고 현상학자들은 해석한다. 우리 눈길이 미친 곳은 우리 능력의 범주 내에 있으며, 우리가 지각을 통해 경험한 것이 바로 그 시점에서의 진리이자 가치라고 그들은 보고 있다. 그렇다면, 시인이 누각을 한 층 더 오르는 행동을 한 것은 육안으로 목도한 것에 도달할 수 있다는 시인의 확신을 드러낸 것이며 나아가 드넓은 공간을 시간적으로 극복할 수 있다는 자신감의 표현이라고 할 수도 있겠다.

3.1.4. 시간의 운행 방향

법정 스님은 "시간은 오는 것이 아니라 가는 것"이라고 표현한 바 있다. 시간은 과연 가는 것일까? 아니면 오는 것일까? 중국 시인들은 시간의 운행 방향을 어떻게 보았을까?

한시에서 동태적 시간관념을 표현하기 위해 주로 사용하는 시어는 '過(지나다)', '度(보내다)', '流(흐르다)' 등이 있다. "세월이 다 지나는데도, 공명을 아직 세우지 못했음을 탄식하노라(嘆年光過盡, 功名未立)"(유극장(劉克莊), <심원춘(沁園春)>) "답답하니 세월은 흘러간다(鬱鬱流年度)"(두보(杜甫), <우(雨)>) "흐르는 세월은 쉽사리 사람을 떠나갔지만, 앵두는 붉게, 파초는 푸르게 만들었구나(流光容易把人抛, 紅了櫻桃, 綠了芭蕉)"(장첩(蔣捷), <일전매(一剪梅)>) 이런 동태적 시간관념을 표시하는 시어는 시간의 이미지를 은유를 통해 비유하는 언어 관념과 밀접한 관련이 있다.

시간을 공간 속에서 운동하는 실체로 간주하게 되면 반드시 그것에 움직이는 방향을 부여해 줘야 한다. 여기에는 '去(떠나다)', '往(가다)', '來(오다)' 등의 동사가 많이 쓰인다.

'去(떠나다)'는 시간이 시적 자아가 있는 곳으로부터 다른 곳으로 향해 가서 시적 자아에게서 멀어져 간 것을 의미한다. "술 앞에 두고 노래하니, 인생은 얼마나 되나? 아침이슬에 비유되니, 떠나간 날들은 씁쓸하게도 많기만 하다.(對酒當歌, 人生幾何? 譬如朝露, 去日苦多.)"(조조(曹操), <단가행(短歌行)>) "나를 버리고 떠나간 것은, 어제의 날들이라 머물게 할 수 없다.(棄我去者, 昨日之日不可留.)"(이백(李白), <선주사조루전별교서숙운(宣州謝脁樓餞別校書叔雲)>)

'往(가다)'은 '去(떠나다)'와 같이 대략 시간이 과거를 향해 운행함을 의미하지만 출발점은 엄격한 제한을 받지는 않는다. "봄꽃 가을달은 언제나 끝이 날까, 지난 일을 얼마나 알리오?(春花秋月何時了, 往事知多少?)"(이후주(李後主), <우미인(虞美人)>)

'來(오다)'는 시간이 다른 곳에서 출발하여 시적자아에게로 향해 오고 있음을 뜻한다. 시간은 원천으로부터 쉬지 않고 흘러와서 다시 과거를 향해 흘러간다. "즐기는 일은 때에 맞춰서 해야 하니, 어찌 여기로 흘러오기만을

기다릴 수 있겠나?(爲樂當及時, 何能待來玆.)"(≪고시십구수(古詩十九首)≫)

이 시어들은 또한 함께 쓰여 동태적인 시간관념이 어떻게 대비적으로 쓰이는가를 한눈에 알 수 있게도 한다. "떠난 해(=작년) 오늘 밤에 꽃그늘 아래서 함께 취했었지. 오는 해(=내년)에도 꽃 앞에서 또한 올해처럼 떠난 해(=작년)를 회상하겠지.(去年今夜, 同醉花陰下. 來歲花前, 還似今年憶去年.)"(여본중(呂本中), <감자목란화(減字木蘭花)>)

시간의 이미지가 동태적으로 공간을 이동하는 실체로 비유되는 상황에서 일부 방위사들은 시적 자아의 위치와 방향을 분명하게 지적해준다.

'前(전)'은 시적 자아가 대면하고 있는 방향을 표현할 뿐만 아니라 비교적 먼 옛날의 시간을 가리키기도 한다. 따라서 과거의 시간은 시적 자아의 앞쪽에 있는 것으로 인식되고 비유되었음을 알 수 있다. 또한 '전'과 완전히 상반된 의미로 사용되는 시어가 '後(후)'이다. 시적 자아의 뒤쪽, 곧 등 뒤를 가리키며 미래의 시간들을 의미한다.

"예전의 일들을 깊이 생각하니, 마치 꿈속인 듯, 슬며시 눈물방울 떨어진다.(沈思前事, 似夢裏, 淚暗滴.)"(주방언(周邦彦), <난능왕(蘭陵王)>) "천추만세에 길이 전할 그 이름, 쓸쓸하니 죽은 뒤의 일일런가!"(千秋萬世名, 寂寞身後事) (두보(杜甫), <몽이백(夢李白)> 제2수) "앞으로 옛사람 보이지 않고, 뒤로 미래의 사람 보이지 않네(前不見古人, 後不見來者.)"(진자앙(陳子昂), <등유주대가(登幽州臺歌)>) 이 시들에서 시적 자아의 앞에는 아득한 과거가 펼쳐져 있고, 등 뒤에는 헤아리기 어려운 미지의 미래가 놓여 있다.

이제 동태적인 시간관념을 종합하면, 시간의 운행 방향은 미래에서 출발하여 현재로 다가왔다가(來) 다시 과거를 향해 흘러간다(去 또는 往)고 할 수 있다. 그리고 시적 자아는 눈앞에(前)에 과거를 두고 과거를 향해 시선을 보내고 있으며, 미래의 시간은 시적 자아의 등 뒤(後)에서 다가오고 있음을 알 수 있다.

來　　　　　　　　　　往(去)

미래 ——————→ 현 재 ——————→ 과거

後(등뒤) — 시적 자아의 시선 — 前(눈앞)

3.1.5. 술과 한시

일반인들은 한시 하면 흔히 술과 달을 많이 연상하곤 한다. 그만큼 달 아래서 술잔을 기울이는 시가 많아서 한시가 술과 밀접하게 관련이 있다는 인상을 강하게 주었다고 할 수 있다. 게다가 일반적으로 남자들은 술에 너그러워서 "취중에야 비로소 진담을 나눌 수 있다(醉中眞談)"고 생각하거나, "친구를 만나면 천 잔을 마셔도 적다(酒逢知己千杯少)"고 여길 정도이다.

전제 군주시대에 지식인의 위상은 항상 한계를 지녔다. 그들은 군주의 정치적 판단에 따라 정치의 역정이 좌우될 수밖에 없었기에 사회적 불만과 근심, 생활에 대한 불안을 해소할 탈출구가 필요하였다.

게다가 한 대(漢代) 이후 유가의 이념이 지식인 사회에 보편적인 이념으로 자리 잡으면서, 천성적으로 자유분방하고 풍류를 즐길 줄 아는 사람들에게 유가의 예법은 항상 구속과 질곡으로 작용해왔다.

중국 시인들이 즐겨 사용하는 '취했노라'라는 말은 암담한 현실과 개인적 번뇌로부터 탈출하는 상징적인 언설로써 사용되어 왔다. 물론 술에 의한 도취가 향락적, 쾌락적인 측면이 없지는 않지만, 그러나 다수 시인들에게 있어서 그것은 유쾌함이나 향락, 연회 기분 등을 결코 암시하지는 않았다.

시인들의 인생 무상에 대한 자각은 그들에게 술을 찾게 하였고, 술은 그들로 하여금 영원한 순환 속에 있는 자연과 하나가 되게 하였다. 곧 술은 사람들을 초월적인 경지로 이끌어 저절로 초연해지게 하였고, "자연 그대로 내버려 두어 자득하게 함으로써 상대와 나의 분별을 잊고 하나가 되는(任眞自得, 物我兩忘)" 경지에 이르게 해주는 방편이 된 것이다.

진(晉)의 죽림칠현(竹林七賢)은 사마(司馬)씨 정권으로부터 당할지도 모를 화를 피하기 위해 죽림에 묻혀 술로 취생몽사하며 청담(淸談)을 즐긴 인물들이다. 그 중에서도 유령(劉伶)은 더욱 술로 유명하다. 술의 덕을 예찬한 그의 <주덕송(酒德頌)>을 보자.

> 대인선생이 있었으니, 천지의 영원한 시간을 하루아침으로 삼고, 만 년을 순간으로 삼으며, 해와 달을 빗장과 창문으로 삼고, 천지 사방의 끝을 뜰이나 길거리로 삼았다. 다니는 데 일정한 길이 없었고, 거처하는 데 정해진 집이 없이, 하늘을 장막으로 삼고 땅을 자리로 삼으며, 마음이 가는 대로 내달렸다. 머물러 있을 때는 크고 작은 술잔을 잡았고, 움직일 때는 술통과 술병을 들었는데, 오직 술에만 힘쓸 뿐이었으니 어찌 그 나머지 일들을 알았겠는가?(有大人先生者, 以天地爲一朝, 萬期爲須臾, 日月爲扃牖, 八荒爲庭衢. 行無轍迹, 居無室廬, 幕天席地, 縱意所如. 止則操卮執觚, 動則挈榼提壺, 唯酒是務, 焉知其餘?)

이 글은 자연의 대도를 얻은 대인 선생의 흉금과 스케일을 잘 말해주고 있다. 하늘을 장막으로 삼고 땅을 자리로 삼는 사람의 경지를 어떻게 쉽사리 짐작이나 할 수 있겠는가? 마치 가의(賈誼)가 “천지를 용광로로 삼고 조물주의 솜씨를 기교로 삼았네. 또 음양의 세월을 숯으로 삼고 만물을 제련할 쇠붙이로 삼았네(天地爲爐兮造化爲工, 陰陽爲炭兮萬物爲銅.)”(<복조부(鵩鳥賦)>)라고 한 시인의 거대한 포부를 연상하게 한다.

그런데 이런 대인 선생의 손에는 언제나 술잔과 술병이 떠날 날이 없었으니 곧 술은 온갖 구속으로부터 초탈하게 하여 정신을 드넓은 세계로 노닐게 하는 효과가 있음을 알 수 있다. 실제 유령은 수레를 탈 때 언제나 술병을 들고 탔으며, 수레 뒤에는 삽을 맨 사람을 동행하게 하여 자기가 술을 마시다 죽거들랑 언제든지 바로 묻어달라고 하였다. 또 부인이 그가 술을 너무 많이 마셔 못 견딘 나머지 술을 끊으라고 하자, 알았다고 하고는 천지신명께 축원을 드려야 하니 술과 고기를 먼저 준비하라고 했다. 그런데 천지신명에게 기원할 때는 자신은 술이 없으면 살지 못 하겠고, 아녀자의 말이란 본래 들을 게 못 된다고 하면서 결국 다시 술을 마셨다는 기담이 전해지기도 한다.

중국문학사에서 술과 떼려야 뗄 수 없는 관계를 지닌 시인이 바로 이백이다.

이백은 이상에 대한 열망을 지녔고 이것을 또 낭만주의적인 예술 수법으로 시에 잘 표현하여 정신과 예술이 하나로 결합된 낭만주의 시인이 되었다. 이백의 사상은 유교와 도교, 협객의 정신이 한 데 얽혀 유기적인 통일체를 이루었다. 유교의 사상을 갖고 "창생을 구제하고(濟蒼生)", "나라를 안정시키며(安社稷)", "백성을 편안하게(安黎元)" 하려고 하였다. 그러면서도 한편으로 만사를 아랑곳하지 않고 세상 밖에 우뚝 서려는 도교 사상을 갖고 있어 절대적 자유를 추구하였고 세상의 거의 모든 것을 멸시하였다. 또한 협객의 정신이 있었기 때문에 제 몸을 아끼지 않고 무력으로 법에 도전하는 행동을 많이 하기도 하였다.

이백의 <춘일취기언지(春日醉起言志)>시를 감상해 보자.

處世若大夢,	세상 사는 일은 큰 꿈을 꾸는 것과 같으니,
胡爲勞其生.	어찌 그 삶을 수고롭게 하랴!
所以終日醉,	그래서 종일 취해,
頹然臥前楹.	즐거운 듯 앞기둥 곁에서 자네.
覺來盼庭前,	깨어나 뜰 앞을 바라보니,
一鳥花間鳴.	새 한 마리 꽃 사이에서 울고 있네.
借問此何時,	묻노니 지금이 어느 때인가?
春風語流鶯.	봄바람에 꾀꼬리가 말을 하네.
感之欲嘆息,	느낌 있어 탄식하려다,
對酒還自傾.	술을 앞에 두고 다시 혼자 기울이네.
浩歌待明月,	크게 노래 부르며 달 밝길 기다리는데,
曲盡已忘情.	노래 끝나면서 이미 모든 걸 잊었네.

세상을 산다는 것은 한바탕 꿈이라고도 할 수 있으니 아등바등 애쓰며 살 필요가 뭐 있겠는가? 그래서 종일토록 취한 채 되는 대로 기둥 곁에서 잠이 들기도 한다. 뜰 앞에는 오직 새들만 울고 있는데, 지금이 얼마쯤이나 됐느냐고 하니 꾀꼬리가 대답을 한다. 나오는 탄식에 다시 술잔을 기울이며 호탕하게 노래 부른다. 노래가 끝난 뒤에는 이제 세상에 대한 생각은 모두 내려놓고 다 잊기로 하였다. 술은 이처럼 시인에게 좋은 탈출구가 되어주고 현실을 잊게 하는 도구가 되어주기도 한다.

이어서 이백의 <월하독작(月下獨酌)> (其二) 시를 감상해 보자.

天若不愛酒,	하늘이 술을 좋아하지 않았으면,
酒星不在天.	하늘에는 주성이 없었을 게다.
地若不愛酒,	땅이 술을 좋아하지 않았으면,
地應無酒泉.	땅에는 응당 주천이 없었으리라.
天地旣愛酒,	하늘과 땅도 이미 술을 좋아했거늘,
愛酒不愧天.	내가 술을 좋아하는 것은 하늘에 부끄럽지 않다.
已聞淸比聖,	청주는 성인에 비유한다는 걸 이미 들었는데,
復道濁如賢.	탁주를 현인과 같다고 또 말하기도 한다.
聖賢旣已飮,	나는 청주와 탁주를 이미 마셨으니
何必求神仙?	어찌 구태여 신선을 찾을 건가?
三杯通大道,	석 잔이면 대도에 통하고,
一斗合自然.	한 말이면 자연과 하나가 된다.
俱得醉中趣,	취중의 흥취를 모두 얻었으면,
勿謂醒者傳.	깨어 있는 이에게 전하지는 말라.

이 시는 가히 음주의 극치를 표현했다고 할 수 있다. 특히 성현을 청주와 탁주에 빗대 말한 것이 재미있다. 위(魏)나라에서 한때 금주령이 내리자 몰래 술을 사 마시며 탁주를 현자로, 청주를 성인으로 부른 것이 그 유래라 한다. 술 한 잔으로 대도와 소통하고 자연과 하나 될 수 있다는 말은 과연 어떤 경지를 말하는 것일까? 깨어 있는 자에게는 취중의 흥취를 전해주지 말

라 했기에 술에 취해보지만, 이미 취하면 인사불성이 되어 대도와 소통되고 자연과 하나 되는 경지를 따지는 일은 이미 머리 속에서 말끔히 사라지는 것을 어찌 하랴!

3.2. 물과 한시

3.2.1. 시간과 물

시간 자체는 구체적 실체를 갖지 않으므로 시간을 개념화하기 위해서는 어떤 종류의 이미지나 모델이 필요하다. "한 번 흘러간 강물이 다시는 되돌아오지 않듯이 시간은 한 번 지나가면 그뿐이다"는 말은 시간을 흐르는 강물로 비유한 것이고, "지나간 1분은 세상의 돈을 다 주어도 사지 못 한다"는 것은 시간을 돈의 가치로 환산한 것이고, "인생은 두루마리 화장지와 같아서 끝으로 갈수록 더 빨리 없어진다"는 것은 닳아 없어지는 물체로 비유한 예이다.

헤라클리투스가 "똑같은 강물에 두 번 들어갈 수 없다"고 하였듯이 흔히 강물의 이미지는 흘러가는 시간을 암시할 때가 많다. 고대 중국인들 역시 시간의 개념을 강물로 은유하고 있는데, 자연적으로 솟아나서 끊임없이 흘러가는 물이 연속성과 무상성(無常性)이라는 시간의 관념을 잘 설명해주고 있기 때문일 것이다.

공자 역시 강가에 서서 "지나가는 것은 아마 이와 같은 것이다. 밤낮으로 멈추지 않는구나.(逝者如斯夫, 不舍晝夜)"(≪논어(論語)·자한(子罕)≫)라고 하였다. 그가 본 것은 1차적으로는 흐르는 강물이지만, 2차적으로는 그 강물 너머로 흐르는 시간을 본 것이고, 3차적으로는 시간과 함께 흘러가는 인생을 본 것이다. 중국 문헌에서 흔히 '서(逝)'자가 죽음이나 죽어 가는 것을 의미하는 완곡한 표현이란 것을 상기한다면 이 점을 더욱 잘 알 수 있다.

강물은 끊임없이 흘러가서는 다시 돌아오지 않는다. 돌아오지 않는 강물은 다시 만회할 수 없는 우리들의 시간이기도 하다. 이백의 <장진주(將進酒)>는 이러한 강물과 시간을 잘 유비하고 있는 시이다.

君不見,	그대는 보지 못 했나,
黃河之水天上來,	황하의 물이 하늘에서 쏟아져,
奔流到海不復回.	세차게 흘러 바다에 이르면 다시 돌아오지 않음을.
君不見,	그대는 보지 못 했나,
高堂明鏡悲白髮,	고대 광실 거울 앞 슬픈 백발은,
朝如青絲暮成雪.	아침에 파란 실 같다가 저녁에 눈이 되었음을.

이백은 낭만적인 시인이자 과장법의 시인이기도 하다. 황하의 물이 하늘에서 쏟아졌다고 과정적으로 묘사하고 있는데, 그 흐르는 기세가 걷잡을 수 없이 빠른 것을 암시하고 있다. 마치 아침에는 파란 실처럼 윤기 나던 머리가 저녁 되자 벌써 하얗게 세어버린 것처럼 말이다. 그런데 그렇게 빠르게 흘러간 강물은 다시 돌아오지 않는다. 이것이 화자를 슬프게 하는 결정적인 요인으로 다시 돌아올 수 없는 청춘에 대한 안타까움이 진하게 배어있다. 그렇기에 "우리의 날들은 왜 한 번 떠나면 다시 돌아오지 않는가?(我們的日子爲什麽一去不復返?)"라는 탄식이 절로 나올 수밖에 없는 것이다.

끊임없이 흘러가는 강물은 혼자서만 흘러가지 않는다. 우리 모두의 청춘을 다 가져가는데, 거기에는 풍류스러웠던 인물들도 예외일 수가 없다. 소식의 <낭도사(浪淘沙)·적벽회고(赤壁懷古)>를 보자.

大江東去,	큰 강은 동으로 흐르며,
浪淘盡千古風流人物.	물결이 천고의 풍류 인물들을 다 씻어가 버렸네.

故壘西邊人道是,	옛 성벽 서편은 사람들이 말하는,
三國周郎赤,	삼국시대 주유(周瑜)의 적벽,
亂石崩雲,	어지러운 바위들은 구름 위로 솟아 있고,
驚濤裂岸,	간담을 서늘하게 하는 파도는 언덕을 찢어버릴 듯,
卷起千堆雪.	천 무더기 눈거품을 말아 올린다.
江山如畵,	그림 같은 강산에,
昔日多少豪傑.	옛날 영웅호걸들은 그 얼마나 되었던가?

대문호인 소식의 문학은 호방하고 거침이 없다. 적벽(赤壁)은 제갈량(諸葛亮)이 결성한 촉오(蜀吳)의 동맹군이 조조(曹操)의 백만 대군을 대파한 곳이다. 적벽에는 바위들이 어지럽게 구름 위로 솟아 있는데, 동으로 흘러가는 강물이 일으키는 파도는 마치 강 언덕을 찢어버릴 듯 세차게 흘러서 간담을 서늘하게 한다. 마치 강물이 다 씻어 가버린 듯 그 옛날의 수많았던 풍류 인물들은 모두 떠나가고 지금은 없다. 호탕하게 흐르는 강물, 바위들이 높이 솟은 절벽, 영웅호걸 등의 묘사가 남성적인 호방한 느낌을 주면서 읽는 이의 흉금을 넓혀주고 있지만, 다만 밑바닥을 흐르는 정서는 인생의 무상함에 대한 한없는 비애이기에 결국 읽는 이의 정서를 가라앉게 만든다.

소식은 또한 흐르는 강물을 주제로 우리에게 좋은 성찰의 소재를 제공하였다. 그가 또 적벽에서 노래한 <적벽부(赤壁賦)>를 감상해 보자.

그대는 물과 달을 아시오? 물은 이처럼 끊임없이 흘러가지만 일찍이 아예 가버린 적은 없으며, 찼다 기우는 저 달은 끝내 소멸도 더 자라는 것도 아니요. 변화한다는 측면에서 보자면, 천지는 일찍이 한 순간의 짧은 시간도 될 수 없소. 변화하지 않는다는 측면에서 보자면, 만물과 나는 모두 다함이 없이 무궁무진할진대 또 무엇을 부러워하겠소?(客亦知夫水與月乎? 逝者如斯, 而未嘗往也, 盈虛者如彼, 而卒莫消長也. 蓋將自其變者而觀之, 則天地曾不能以一瞬; 自其不變者而觀之, 則物與我皆無盡也, 而又何羨乎?)

강물과 달을 보자. 강물은 끊임없이 흘러가고 달은 끊임없이 찼다가 기운다. 이 세상 만물은 이처럼 한 순간도 쉬지 않고 계속 변화[變]한다. 오직 변하지 않는 것이 하나 있으니 그것이 무얼까? 바로 이 세상 모든 것은 다 변한다는 사실만은 변하지 않는[不變] 진리이다.

그런데 변하지 않는 것은 또 있다. 오직 우리가 사물을 바라보는 관점을 바꾸기만 하면 된다. 다양한 사고를 할 수 있는 가능성만 열어놓는다면 얼마든지 찾아낼 수 있다.

강물은 끊임없이 흘러간다지만 그러나 아예 다 흘러가버려서 말라버리는 것이 아니라 또 다른 물들이 그 자리를 채우며 계속 흘러간다. 또한 찼다 기우는 저 달도 완전히 소멸되는 것도 아니고 더 커지지도 않을 뿐이다. 강물과 달은 자연의 순환의 원리 안에 존재함으로써 영원성을 유지할 수 있는 것이다. 만약에 사람들도 유한한 인생을 바라보는 관점을 바꿔서 우리의 인생 역시 자연의 순환의 원리 속에 놓여 있다고 간주한다면 우리 역시 무궁무진하게 영원함을 유지할 수 있지 않을까? 만물의 변화의 규칙은 영원한 순환의 원리에 놓여 있다는 명제를 우리가 깨닫고 여기에 우리를 맡긴다면 우리 역시 영원할 수가 있게 되는 것이다.

우리는 소식의 <적벽부>를 통해서 시간에 대한 새로운 관점 하나를 얻을 수 있었다. 자연의 순환의 원리에 우리를 맡긴다면 영원성을 유지할 수 있다는 점이다. 그런데 이것 외에도 우리가 이 글에서 얻은 값진 수확은 바로 동일한 사물에도 다양한 관점이 존재할 수 있다는 사실이다.

모든 사물은 양면성을 지니고 있어서 음(陰)이 있는가 하면 양(陽)도 있다. 정설(定說)이 있는가 하면 역설(逆說)도 있어서 때로는 역설 속에 진리가 담겨 있을 때가 많다. 물질이라는 측면만을 놓고 보자면 부자들은 아무런 근심이 없을 것 같지만 "천석꾼에겐 천 가지 근심이 있고, 만석꾼에겐 만 가지 근심이 있는" 것 역시 사실이다. 또 인간의 일은 항상 잘 나갈 수는 없고, 좋은 일이 있는가 하면 또 나쁜 일이 뒤따라오는 일이 태반이다. 그래서 "인간의 일은 하나를 얻었으면 하나를 잃는 것[人間事一得一失]"도 빈번하게 벌어진다. 때문에 잘 나가고 있을 때 혹시 상황이 어려울 때를 대비할 필요가 있어서 "편안하게 지낼 적에 위태로울 때를 생각하라[居安思危]"고 주의를 주었거니와 최고 높은 지위에 있을 때는 이제 오직 아래로 내려올 일, 그래서 후회할 일만 남았으니[亢龍有悔] 신중하고 또 신중해야 한다고 경계했던 것이다.

사물이 양면성을 지니고 있듯이 사물을 바라보는 내 생각도 바꿀 수 있다. 즉 사물을 나에게 맞춰 바꾸려고 하는 것이 아니라 내 생각을 그 사물에 맞춰 바꿀 필요가 때로는 있다는 것이다. 우리가 인생을 살아가면서 어려운 상황을 만난다면, 나와 잘 맞지 않는 사람을 만난다면, 그리고 그 상황들은 쉽게 바뀔 수 있는 성격의 것들이 아니라면 우리는 어떻게 할 것인가? 상황을 바꿀 수 없다면 내 생각을 바꿔야 할 것이다. 이 피할 수 없는 상황을 반드시 내가 마주쳐야 하고 살아가야 한다면 그저 불평불만만 하고 있을 게 아니라 내 생각을 바꿔서 오히려 그 상황을 즐길 수도 있는 것이다. 지금 내가 어렵고 힘든 상황에 직면해 있다고 하더라도 왜 나한테만 이런 불행이 벌어지고 있나 하고 불평하지 말고, 도리어 지금 상황을 견뎌내고 이겨낸다면 이런 일을 겪지 않은 사람들은 볼 수도, 경험할 수도 없는 인생의 숨은 비의(秘意)를 엿볼 수 있는 절호의 기회라고 생각한다면 그 상황을 적극적으로 해쳐나갈 수 있을 것이다. 맹자는 하늘이 큰 일을 맡길 때는 반드시 그 사람을 어렵게 만든다고 하였거니와 기독교에서도 신은 사랑하는 자를 견책하신다고 한 얘기들을 잘 새겨서 이제는 적극적으로 우리의 생각을 바꿔보도록 하자.

한편 동일한 창랑(滄浪)의 강물이라도 인용하는 사람에 따라서 그 비유 대상이 다를 수 있다는 것은 상당히 흥미롭다.

본래 <유자가(孺子歌)>에서 "창랑의 물이 맑거든 내 갓끈을 씻을 수 있고, 창랑의 물이 흐리거들랑 내 발을 씻을 수 있는 것이라네(滄浪之水淸兮 可以濯我纓 滄浪之水濁兮 可以濯我足)"라고 한 것은 강물이 깨끗할 때와 흐릴 때 씻을 수 있는 대상을 구분하여 지적한 것이다.

그런데 공자는 사람들이 "강물에 갓끈을 씻을지, 아니면 발을 씻을지는 물 스스로가 그렇게 되도록 초래한 것(淸斯濯纓, 濁斯濯足矣. 自取之也.)"(≪맹자(孟子)·이루상(離婁上)≫) 이라고 <유자가>를 다시 해석하였다. 강물 스스로가 어떤 상태에 있느냐에 따라 그에 상응하는 대접을 받는다는 것이다. 이 말은 곧 내가 정직한 사람인지, 아니면 거짓된 사람인지에 따라 다른 사람들도 그에 맞게 나를 대우한다는 뜻으로 <유자가>를 해석한 것이라 할 수 있다. 여기서 공자는 창랑의 강물을 곧 사람의 개인적인 인격 정도를 비유하는 것으로 보았다고 할 수 있다.

그런데 굴원(屈原)의 <어부사(漁父辭)>는 <유자가>의 노래를 공자와는 조금 다른 관점에서 인용하고 해석한다. 공자가 말한 창랑 강물의 청탁이 사람의 인격 정도를 비유한 것이라면, <어부사>에서 강물의 청탁은 시대적 상황과 추이를 가리키는 것으로 해석되고 있다.

> 굴원이 말했다. "온 세상이 다 혼탁한데 나만 유독 깨끗하고, 뭇 사람이 다 취했는데 나만 홀로 깨어 있어서 이 때문에 쫓겨났습니다." 그러자 어부가 말했다. "성인은 사물에 얽매이지 않고, 능히 세상과 더불어 변화해갑니다. 세상 사람들이 다 혼탁하다면 어째서 진흙을 휘저어 흙탕물을 튕기지 않으시나요? 뭇 사람이 다 취했다면 어째서 찌끼라도 배불리 먹고 묽은 술이라도 마시지 않나요? 무엇 때문에 깊이 생각하고 고매하게 행동하여 자신을 내쫓기게 만들었나요?" 그러자 굴원이 말했다. "내 듣기로, 새로 머리 감은 자는 반드시 갓을 털어 쓰고, 새로 멱감은 자는 반드시 옷을 털어 입는답니다. 어떻게 깨끗한 몸으로 더러운 사물의 영향을 받을 수 있겠습니까? 차라리 상강에 가서 강물 고기의 배속에 내 몸을 장사지낼지언정 어떻게 희디흰 깨끗한 몸으로 세속의 더러운 티끌을 뒤집어 쓸 수 있겠습니까?"

그러자 어부가 빙그레 웃으며 뱃전을 두드리며 다음과 같이 노래하며 떠나더라. "창랑의 물이 맑거든 내 갓끈을 씻을 수 있고, 창랑의 물이 흐리거들랑 내 발을 씻을 수 있는 것이라네."(屈原曰, "擧世皆濁我獨淸, 衆人皆醉我獨醒, 是以見放." 漁父曰, "聖人不凝滯於物, 而能與世推移. 世人皆濁, 何不淈其泥而揚其波. 衆人皆醉, 何不餔其糟而歠其釃. 何故深思高擧, 自令放爲." 屈原曰, "吾聞之, 新沐者必彈冠, 新浴者必振衣. 安能以身之察察, 受物之汶汶者乎. 寧赴湘流, 葬於江魚之腹中. 安能以皓皓之白, 而蒙世俗之塵埃乎." 漁父莞爾而笑, 鼓枻而去. 歌曰, "滄浪之水淸兮, 可以濯吾纓, 滄浪之水濁兮, 可以濯吾足.")

굴원은 초나라의 충신이었다. 그는 왕에게 제나라와 연합하여 진나라에 대항하자는 연제항진(聯齊抗秦)의 정책을 건의하며 수시로 충간(忠諫)을 하였지만 그러나 왕은 간신배들에게 놀아나서 결국 굴원의 말을 듣지 않고 오히려 그를 내쫓아버린다. 애국시인 굴원은 상심을 이기지 못 하고 결국은 멱라수(汨羅水)에 몸을 던진다. 그래서 후대 사람들은 이 날을 기념하여 매년 음력 5월 5일을 단오(端午)로 정하고 종자(粽子)를 먹거나 창포(菖蒲)로 머리를 감았고, 또 강에 나가 용선(龍船) 경주를 벌이기도 하였다.

이 글은 시대적 상황과 그에 따른 처세방식에 있어서 굴원과 어부의 차이점을 극명하게 보여주고 있기에 우리에게 주는 교훈은 자못 크다고 할 수 있다.

굴원은 내 몸이 깨끗한데 어떻게 더러운 강물에 몸을 담글 수 있느냐고 반문하면서 명분과 원칙 지향의 태도를 보이고 있다. 이에 비해 어부는 강물이 맑으면 갓끈을 씻고, 흐리면 발을 씻으면 된다고 하면서, 세상의 돌아가는 상황이 어떠하든 거기에 맞추어 순응하며 살아가면 된다는 실리 지향의 태도를 보이고 있다.

이런 명분 지향과 실리 지향이란 차이점이 존재하는가 하면 이들에게는 공통점도 존재한다. 이 두 사람은 모두 사회의 부조리는 이미 대세에 의한 것이기에 그것에 맞서 싸울 수는 없는 불가항력적이란 것을 암묵적으로 인정하고 체념으로 받아들이고 있다는 것이다. 그렇기에 명분 지향의 굴원조차도 이런 대세에 저항하기 보다는 그저 자신을 멱라수에 던져 자살하는 방법을 택할 수밖에 없었던 것이리라. 어쩌면 전제군주시대를 살았던 지식인들의 숙명이자 한계였을지도 모르겠다.

3.2.2. 물의 이미지

우리들은 은유 속에서 생각하며, 우리의 일상적인 생각 속에서의 실제에 대한 인식은 은유 구조의 구체적 이미지에 근거한다.(라코프와 존슨, ≪은유 속의 생활≫)

언어가 실상을 지시하는 기능은 완전하다고 할 수 없기에 흔히 철학자나 시인들, 또는 종교인들은 구체적인 이미지를 통한 비유를 통해 그들의 개념과 이치를 설명하고자 하였다. "부자가 천국으로 들어가는 것은 낙타가 바늘귀 구멍으로 들어가는 것보다 더 어렵다."와 같은 성경의 명제는 매우 탁월한 비유로 이루어져 우리로 하여금 논리적인 개념 언어로 설명하는 것보다 더욱더 천국에 들어가기 어려운 실상을 잘 말해주고 있다.

우리나라의 현대 시인들 역시 "분수처럼 흩어지는 푸른 종소리"(김광균, <외인촌>)라든지, "징소리같이 퍼지는 달빛 아래, 검은 산을 헐고, 드리움 넘쳐 내 앞에 피는 꽃, 달맞이꽃"(김용택, <달맞이꽃>) 등으로 이미지를 통한 멋진 비유를 하고 있고, 심지어 일반인들도 "빠알간 능금처럼 잘 익은 어느 가을 오후", "허기처럼 찾아오는 그리움" 등과 같은 표현은 일상생활에서 자유롭게 구사하고 있다.

중국인들은 추상적·논리적인 사유보다는 이미지의 비유를 통한 구체적·직관적인 사유를 하는 데 익숙하다. 그들은 추상적인 개념에 대해서 언제나 구체적인 이미지를 들어서 비유하곤 했는데, 예를 들어 공자는 '인'에 대해 '애인(愛人)', '극기복례(克己復禮)' 등 쉬운 말로 정의하였고, 장자는 '입신(入神)의 경지'를 백정인 포정이 소의 근육을 가를 때 지극한 경지에 이르는 과정, 수레를 만드는 윤편이 바퀴살을 깎는 과정 등을 통해 설명하였다. 그런데 이런 이미지적인 사유는 비유와 함축을 통해 많은 상상을 가능하게 하여 논리적으로 규명하는 것보다 더 많은 것들을 전달할 수 있는 반면에 정확한 전달을 방해함으로써 애매모호함에 빠지게 할 가능성도 존재한다.

한편 자연은 중국인에게 인간의 삶을 이해하는 스승이자 교과서 역할을 하였다는 점을 앞 장에서 이미 말한 적이 있다. 자연은 인간이 스스로를 이해할 수 있게 하는 모범적인 모델 역할을 하였던 것이다.

자연과 인간 세상에 공통의 원리들이 관철되어 있다고 가정했고, 자연을 탐구함으로써 인간을 이해하고자 하였던 중국의 사상가들은 물의 본질적인 모습과 흐름의 원리를 성찰하며 삶의 원리까지도 이해해보려 노력하였다. 물의 원리와 인간 행위의 원리를 동일시하는 것은 동일한 이치가 자연세계와 인간 세계를 합리적으로 지배한다는 가정에서 출발한다. 중국 철학자들은 우주론적 원리들이 자연과 인간 행위의 저변에 깔려 있다고 가정하였기 때문에 물과 자연 현상을 탐구함으로써 자연계에 관한 원리, 생명의 근본 원리들을 끌어내려 했고, 이러한 원리들을 다시 현상 세계뿐만 아니라 인간 사회에도 적용하였던 것이다.

노자는 물을 통해서 인간의 최고선이 어떤 것인지를 성찰해내었다.

> 최고의 선(善)은 물과 같다. 물은 선하여 만물을 이롭게 하지만 다투지 않고, 만인이 싫어하는 곳에 거처하는 것이다. 때문에 물은 도에 가깝다.(上善若水. 水善利萬物而不爭, 處衆人之所惡, 故幾于道.)(≪노자(老子)≫)

노자는 이처럼 물을 도(道), 곧 최고선의 개념을 설명하기 위한 모델로 사용하면서 만물을 이롭게 하면서도 자기 공로를 내세우지 않고, 도리어 남들은 가려고 하지 않는 낮은 곳을 찾아 머무는 물의 이미지를 차용하였다.

물은 또한 앞에 장애물을 만나면 항상 피해 흐르면서 결코 다투지 않고 저항을 최소화하는 길을 따른다. 물은 이처럼 부드럽고 겸손하여 천하에 이보다 더 약한 것이 있을까 여겨질 정도이지만 그러나 물은 가장 단단한 돌도 뚫고 닳게 할 수 있다.

천하에서 제일 부드러우면서도 가장 단단한 것까지 뚫어버리는 물의 속성에서 노자는 무위(無爲)의 철학적 개념을 이끌어낸다. "천하에 가장 부드러우면서 천하에 가장 단단한 것을 통과한다. 아무 것도 갖지 않았으면서도 틈새가 없는 곳으로 들어간다. 이 때문에 나는 무위의 유익함을 알게 되었다.(天下之至柔, 馳騁天下之至堅. 無有入於無間. 吾是以知無爲之有益.)"(≪노자≫)

물은 의지도 없고 그리고 인위적인 행동도 없지만, 스스로 아래로 흘러 땅속에 스며들면서 만물을 윤택하게 한다. 그리고 더러운 불순물이 혼합되어도 고요함 속에서 모두 걸러내어 이윽고 스스로를 맑게 한다. 때문에 도가사상가들이 보면 그들이 도의 개념을 대신 설명한 '무위(無爲)'는 물이 하는 그 무엇임이 더욱 명백해진다.

때문에 통치자들 역시 물을 모방하여 정치를 할 필요가 있다. 물은 의식적으로 행동하지 않지만 스스로 맑게 하고 식물에게 자양분을 공급하여 스스로 자라게 하니, 성인 통치자 역시 의식적으로 행동하지 않아도 그의 백성들은 변화할 것이다. 그래서 노자는 통치자들에게 주문한다. "나는 아무 것도 하지 않으나 백성들은 스스로 변한다. 내가 고요함을 좋아하면 백성들은 스스로 바르게 행동할 것이다.(我無爲而民自化, 我好靜而民自正.)"(≪노자≫)

물은 고요할 때에 불순물들을 침전시킴으로써 자신을 비우고 그럼으로써 스스로 맑아져서 모든 것을 비칠 수 있는 능력을 지니고 있다. "물이 고요할 때에는 사람의 수염과 눈썹을 또렷하게 비춘다. … 비어 있고[虛] 고요하며[靜], 평안하고[恬] 담담하며[淡], 조용하고[寂] 특색이 없으며[漠], 인위적으로 행함이 없는[無爲] 것은, 천지자연의 근본 척도이고 도와 덕의 지극한 부분이다.(水靜則明燭鬚眉, … 聖人之心靜乎! 天地之鑑也, 萬物之鏡也. 夫虛靜恬淡寂漠無爲者, 天地之本, 而道德之至.)"(≪장자(莊子)≫) 때문에 물의 능력인 비움[虛]과 고요함[靜] 등은 도가에서 마음의 개념을 묘사하는 데 매우 중요한 용어들이 되었고, 나아가 중국문학에서도 창작 전의 구상단계에서 자연을 관찰하고 시상을 얻는 데 매우 절실한 심미 관조방식으로 여겨지기도 하였다.

맹자는 또한 인정(仁政)을 베푸는 통치자에게로 백성의 충성심이 움직이는 것은 물이 아래로 흐르듯 자발적인 것이며, 막을 수 없는 자연 질서의 한 부분이라고 하였다.

살아 있지 않은 어떤 것이 스스로 흘러갈 수 있다는 점은 중국인들에게 물의 가장 매혹적인 특성 중 하나였다. 물이 스스로 아래로 흘러간다는 것은 사상가들에게 많은 점을 일깨워주었다. 노자 역시 이 점을 간과하지 않았는데, 그는 백성들이 성인에게 이끌리는 것은 바로 낮은 위치에 처하는 성인의 겸손함 때문이라고 하였다. "강과 바다가 많은 계곡물을 다 받아들여 왕이 될 수 있는 까닭은 아래로 흐르기를 잘 하기 때문이다. 이 점이 계곡물의 왕이 될 수 있는 이유이다. 때문에 성인은 남을 높이고자 겸손하게 낮춰 말하고, 남을 앞세우고자 자신은 뒤로 한다.(江海所以能爲百谷王者, 以其善下之, 故能爲百谷王. 是以聖人欲上人, 以其言下之, 欲先人, 以其身後之.)"(≪노자≫)

물이 저절로 아래로 흘러가는 것을 가지고 맹자는 본성에 비유한다. 인간의 본성이 선도 악도 아닌 중립적 상태라고 주장하는 고자(告子)의 주장을 반박하며 맹자는 인간의 본성이 선하다고 주장했다. "물은 확실히 동쪽이나 서쪽으로 나뉘어 있지 않다. 그렇지만 위나 아래로 나누어지지 않던가? 인간의 본성의 선함은 마치 물이 아래로 흘러가는 것과 같다. 사람은 선하지 않은 사람이 없고, 물은 아래로 흐르지 않는 물이 없다.(水信無分於東西, 無分於上下乎? 人性之善也, 猶水之就下也. 人無有不善, 水無有不下.)"(≪맹자·고자(告子)·상(上)≫그런데 맹자와 고자 두 사상가의 공통점은 모두 인간의 본성을 물의 이미지에 비유하고 있다는 점이다.

눈이 녹아 불어난 봄물은 넓게 펼쳐지는가 하면 가을물, 추수(秋水)는 맑고 투명하다. 그래서 추수는 밝고 고요한 거울 표면, 밝게 빛나는 여인의 눈빛, 맑고 명랑한 사람의 기질 등을 비유할 때 쓰이기도 한다.

수없이 오가는 인걸들이 어떻게 노래하든 산천은 의구했고, 이별과 고통의 눈물을 쏟아도 강물은 무심히 유장하게 흘렀다. 그러기에 강변은 흐르는 강물 너머, 흐르는 시간을 관조하는 곳이 되곤 했다.

우리나라 조선조 때 용산의 서쪽 마포 가에 추수정(秋水亭)이라는 정자가 있었다고 한다. 정약용은 <추수정기(秋水亭記)>라는 글을 남기기기도 하였다. 정자를 추수정이라고 부른 이유를 이 글에서 추측할 수 있다. "사물을 좋아하고 싫어하는 것은 내 마음에 달렸다. 풍류를 즐기는 사람은 봄날 버드나무와 꽃이 아름답게 필 때 기녀와 악대를 거느리고 여기 와서 놀 것이다. 또 장사치와 같이 이익만을 추구하는 사람은 절인 물고기 냄새를 꽃향기처럼 생각할 것이니, 어느 겨를에 이 정자에 올라 가을 강물을 생각하겠는가. 오로지 맑은 선비라야 추수(秋水)의 좋음을 알게 될 것이다." 어떤 마음을 가지고 있느냐에 따라 좋아하는 사물과 경치가 다른 법이다. 그런데 맑은 추수는 오직 마음이 맑은 선비만이 좋아하게 될 것이라는 얘기다.

압구정(狎鷗亭)은 멸시와 영광의 나날을 다 보낸 한명회(韓明澮)가 절경이 한눈에 내다보이는 언덕배기에 지은 정자다. 아마도 자신은 오가다 사라지는 갈매기 같다고 느꼈을지도 모른다.

그런데 이 압구정에 70년대 들어 대단위 아파트 단지가 조성되었다. 압구정동은 강을 북쪽에 끼고 있는데, 건설회사들은 남향이어야만 아파트가 분양된다는 계명을 지켜 강변 아파트들은 모두 강을 등지게 되었다. 이리하여 입주자들은 서로 다른 인테리어 업체를 불러 망치를 들고 고쳐 대니 한강 쪽으로 크고 작은 창들이 제멋대로 등장하게 되었다 한다.

아파트는 도시 풍경뿐만 아니라 거실 풍경도 바꿔 놓았다. 동양화는 일반적으로 옛 건축양식에 맞추어 위아래로 긴 족자 형태이며 먹빛의 수묵화가 주를 이룬다. 그런데 아파트 거실에는 상하, 좌우로 널찍한 화폭과 환한 색의 그림이 어울렸다. 게다가 화랑에 들러 그림을 사는 사람은 대체로 부유층인데 이들이 압구정동 아파트에 살고 있으니, 청담동 화랑가에는 동양화를 찾기가 쉽지 않다 한다.

그런데 이처럼 전망이 좋아서 인기 높았던 터라 주로 부유층들이 많이 살았던 한강변 아파트는 뜻밖에도 거주자들의 이사 비율이 높다는 보도가 있었다. 처음에는 한강변에서 탁 트인 전망을 즐기며 제법 좋았을 것이다. 그러나 쉼 없이 흐르는 강물, 그 너머로 흐르는 시간을 시시각각 느껴야 한다면 그 또한 고통스러운 일일 게 틀림없다. 그러니 강물을 바라보면서 느껴야 하는 중압감을 더 이상 견디지 못 하고 이사를 갈 수밖에 없었을 것이라고 추측할 수 있다.

제4장
봄, 꽃과 한시

한시에서 계절의 변화와 순환은 주된 주제가 된다. 계절 중에서도 봄과 가을은 특히 한시에 많이 오르내린다. 그런데 이 봄과 가을을 소재로 한 시들의 주요 정취는 석춘(惜春)과 상추(傷秋)이다. 즉, 떠나가는 봄을 안타까워하고, 다시 찾아온 가을에 가슴 아파하는 것이다. 그 이유는 앞 장에서 이미 얘기한 바 있듯이 시간에 민감한 시인들이 계절의 변화를 남다르게 보았으며, 또한 인생이란 유한하다는 시간관념을 통해 갈마드는 봄과 가을을 감상하고 성찰하였기 때문이다.

김용택 시인 역시 "꽃 피는 봄과 낙엽 지는 이때가 가장 좋다"고 한 것을 보면 계절에 대한 생각들은 어느 나라 시인할 것 없이 모두에게 보편적인 것 같기도 하다.

4.1. 봄, 소생과 희망

봄은 만물이 겨우내 움츠렸다가 오랜 잠에서 깨어나는 계절이다. 봄이 되면 이 대지에는 소리 없는 아우성들이 넘쳐난다. 명대(明代) 심호(沈顥)는 봄산을 "마치 경사가 난 듯하다(山于春如慶)"고 하기도 하였다. 또 봄에 만물이 대지를 뚫고 소생하는 것을 빗대어 "4월은 잔인한 달"이라고 묘사한 사람도 있다.

봄이 오는 것은 자연의 순리이다. 이를 우리 인생사에 대입해보자. 인생은 고해(苦海)라고도 하고, 인생살이는 산 넘어 산으로 비유되기도 한다. 결국 산을 넘는 과정의 연속이 바로 인생이라고 정의할 수 있겠다. 이렇게 지난한 과정의 연속이 우리네 인생이긴 하지만 그렇다고 우리에게 겨울만 있는 것은 아니다. 우리의 삶이 판에 박은 듯이 언제나 겨울이라고 한다면 삶의 보람이나 사는 재미가 없을 지도 모른다. 겨울이 가면 봄이 오듯 그렇게 우리 인생사도 고통의 순간이 지나면 기쁘고 행복한 시간이 찾아오는 것이다. 아니 어쩌면 봄이 온다는 희망이 있기 때문에 우리는 고통을 견디고 극복할 수 있는 것인지도 모른다.

봄과 봄비, 그리고 만물의 소생과 시인의 희망을 한 데 잘 엮어 놓은 두보의 <춘야희우(春夜喜雨)>를 감상해 보자.

好雨知時節,	좋은 비 시절을 아니,
當春乃發生.	봄이 되자 마침내 만물이 소생한다.
隨風潛入夜,	바람을 따라 밤에 조용히 스며들어,
潤物細無聲.	가늘게 소리도 없이 만물을 윤택하게 한다.
野徑雲俱黑,	들길엔 구름이 온통 칠흑 같고,
江船火獨明.	강배의 불빛만이 홀로 밝다.
曉看紅濕處,	새벽녘 붉게 젖은 곳을 보니
花重錦官城.	금관성엔 꽃이 짙어졌으리.

이 시는 시인이 성도(成都)의 초당(草堂)에 기거할 적에 지은 것이다. 이 시기를 중심으로 약 3년 동안이 두보의 생애 중 가장 평온했던 기간이기도 하다.

이 시는 봄비를 매개로 하여 꽃이 짙어지기까지의 진행과정을 묘사하면서 만물의 소생에 대해 서술하고 있다.

먼저 봄비가 자연의 운행 질서를 이해나 하는 듯이 때마침 내려주어 만물을 발육시키고 소생시켜 준다고 하고 있다. 자연의 질서에 따라 자연스럽게 내리는, 그래서 보통 사람이라면 무감각하게 지나쳐버릴 봄비에 대한 시인의 감각이 남달리 예민함을 알 수 있다. 우리는 여기서 시인이 사물의 정황[物情]을 세밀하게 체득함으로써 사물의 정황과 시인의 감정[我情]이 한 데 어우러져 포개어지는 '정경교융(情景交融)'이 이루어졌음을 알 수 있다. 정경교융은 의경의 함축미를 형성하는 전제가 됨을 이미 우리는 앞 장에서 살핀 바 있다.

밤중에 바람을 따라 내린 봄비는 조용조용히 대지와 만물에 스며드는데 만물에 생기를 불어넣어 주면서도 워낙 가느다란 가랑비라서 소리조차 들을 수 없었다. 밤(夜)－조용조용히 스며듦(潛入)－가느다람(細)－소리가 없음(無聲) 등의 네 가지 장치를 두어, 만물을 소생시키는 봄비의 위대한 역할이 보이지도 들리지도 않는다고 함으로써 인위와 공로를 내세우지 않으면서도 만물을 원활하게 운행시키는 자연의 무위의 도를 깨닫게 하고 있다.

봄비가 내리는 밤의 정경은 어떠한가? 비가 내리니 하늘에 구름이 끼어 있지 않을 수 없는 것은 아주 당연하다. 그런데 시인은 칠흑같이 어두운 구름이 끼어 있는 밤의 정경과 강배의 붉은 불빛을 대조시킴으로써 색채가 선명하게 대비되도록 하고 있다.

금관성(錦官城)은 사천(四川)성에 있는 성도(成都)의 별칭이다. 시인이 사는 초당 근처의 꽃들이 밤비에 젖어 새벽녘에 붉게 피어 있는 것을 보니 성도의 꽃들도 더욱 붉게 짙어지며 만발해져 있으리라. 그런데 여기서 '重(중)'은 '진하다' 내지는 '짙다'고 풀어 꽃이 빗물을 머금어 더욱 짙어졌다고 해석할 수도 있고, '겹치다' 내지는 '중첩하다'로 풀어 꽃이 빗물 받아 더욱 무성해졌다고 해석할 수도 있으며, '무겁다'로 풀어 꽃송이들이 무성하여 그 무게에 꽃가지가 눌려서 아래로 쳐져 있다고 해석할 수도 있다. 모두 꽃이 무성해졌을 것이라는 뜻은 한 가지이다.

그런데 이 시에서 중요한 시안(詩眼)은 '曉看(효간)'에 있다. 시인은 봄비에 의해서 만물이 소생하길 밤을 새가며 새벽녘까지 기다린 것이다. 봄비는 시인에게 마치 다가올 미래의 희망처럼 인식되어 봄비에 그런 소망을 담아 보고픈 심정이었을 수도 있다.

종합하면, 이 시에서 봄비는 만물을 소생시키는 매개체이다. 동시에 이 봄비는 자연의 순환 질서를 알아서 때맞춰 저절로 내릴 줄 아는 존재이기도 하다. 차면 기울고, 기울면 다시 차는 것이 자연의 순리이다. 따라서 이런 자연의 질서에 따르자면, 전란으로 인해 처자식과 떨어져 암울하고 고통스럽게 지내야 했던 시인이지만 이제는 초당에 안주하면서 평화롭고 희망 가득한 생활을 영위할 수도 있는 것이다. 시인의 마음속에 내리는 이 봄비는 바로 희망의 전령이기도 한 것이다.

꽃이 핀다는 것은 새로운 세상이 열리는 것을 의미한다. 그렇기에 봄은 희망을 상징하게 되는 것이다. 김종해 시인의 <그대 앞에 봄이 있다>는 잔잔한 감동으로 다가오는 한 편의 희망가이다.

> 우리 살아가는 일 속에
> 파도치는 날 바람 부는 날이
> 어디 한 두 번이랴
> 그런 날은 조용히 닻을 내리고
> 오늘 일을 잠시라도
> 낮은 곳에 묻어 두어야 한다
> 우리 사랑하는 일 또한 그 같아서
> 파도치는 날 바람 부는 날은
> 높은 파도를 타지 않고
> 낮게, 낮게 밀물져야 한다
> 사랑하는 이여
> 상처받지 않은 사랑이 어디 있으랴
> 추운 겨울 다 지내고
> 꽃필 차례가 바로 그대 앞에 있다

사막을 지나려면 타이어에 압축된 공기를 일부 빼야 빠지지 않고 건너갈 수 있다. 혹시 기어가 있는 자전거를 몰아본 적이 있는가? 오르막길을 오를 땐 어떻게 기어를 조절해야 하는가? 그저 작은 바퀴를 조금씩 굴리면서 큰 바퀴가 돌아가도록 해야 한다. 조심스레, 조금씩, 낮은 자세로 쉼 없이 가다 보면 드디어 우리 앞에 봄날이 오게 되고, 우리 스스로가 이제는 꽃을 피울 차례가 되는 것이다. 그러니 풀 죽지 말고, 잠시 인내하면서 희망가를 노래해야 하지 않겠는가?

봄날의 정취가 맑고 밝듯이 우리의 삶도 봄날과 같은 날이 계속되기를 바라는 것은 인지상정이다. 그러나 "시간은 우리를 위해 기다려주지 않는다.(歲月不待人)"(도연명, <잡시(雜詩)> 其一) 또 "세월은 우리를 위해 연장해 주지도 않는다.(歲不我延)"(주희(朱熹), <권학문(勸學文)>)

여기, 봄과 봄비 그리고 낙화를 아쉬워하는 시인의 심사를 잘 표현하고 있는 맹호연(孟浩然)의 <춘효(春曉)>를 감상해 보자.

春眠不覺曉,	봄잠에 날 밝은 줄 몰랐더니,
處處聞啼鳥.	곳곳에서 새소리 들려온다.
夜來風雨聲,	밤새 몰아친 비바람 소리,
花落知多少?	떨어진 꽃들이 얼마나 되는지 아는가?

이 시는 봄날 새벽녘을 묘사한 시로서, 시어가 평이하면서도 단조롭게 느껴지지 않는 수준작이다.

시의 전반부는 다소간 명랑한 느낌을 주고 있다. 곳곳의 새소리에서 밝고 상쾌하며 따뜻한 봄날의 정취를 맛볼 수 있다. 그런데 갑자기 시인은 간밤에 몰아쳤던 비바람 소리에 생각이 미쳤다. 비바람에서 이윽고 시인의 심상은 꽃으로 전이된다. 맨 마지막 구는 '꽃들이 많이 떨어졌으리라'로 풀이할 수도 있겠다. 비바람으로 인해 많이 떨어졌을 꽃들을 생각하며 봄날의 정취가 사라져 감을 아쉬워하고 있는 대목이다. 우리의 시야를 좀더 확대하면 이는 또한 시인의 삶에 봄날과 같은 열정과 젊음이 점차 사라져 가고 있음을 아쉬워하는 내용이라고도 볼 수 있겠다.

두보의 <절구(絕句)>시는 봄날의 정경을 선명한 색채 대비를 통해 잘 묘사하고 있는 시이다.

江碧鳥逾白,	강물 푸르니 새는 더욱 희고,
山青花欲燃.	산이 푸르니 꽃은 타오려는 듯 붉다.
今春看又過,	금년 봄도 또 지나가는 게 보이는데,
何日是歸年.	어느 때나 고향에 돌아가려나.

푸른 강물과 하얀 물새, 푸른 산과 타오르려는 듯 붉은 꽃이 절묘하게 대비되며 절정의 봄날 분위기를 한층 고조시키고 있다. 그런데 시인의 눈은 흐드러지게 핀 꽃에만 머물지는 않는다. 다시 그 너머로 지나가고 있는 봄을 생각하고, 문득 다시 고향에 생각이 미친다. 나는 언제나 가족 곁으로 돌아갈 수 있을 것인가? 시인의 탄식 소리가 귓가에 아련히 들려오는 듯하다.

시들어가는 봄날, 임과의 아름다운 만남은 기약 없이 막막한 상황을 잘 묘사한 당대 여류시인 설도(薛涛)의 <춘망사(春望詞)> 4수 중 제3수를 보자.

風花日將老,	바람에 꽃잎은 날로 시드는데,
佳期猶渺渺.	아름다운 만남은 여전히 막막하다.
不結同心人,	한 마음인 사람은 맺지 못 하고,
空結同心草.	부질없이 한 마음 풀잎만 맺고 있네.

봄날은 하염없이 깊어만 가는데 마음을 같이 나누는 임과는 맺어지지 못하고 부질없이 풀잎만 맺고 있는 가련한 신세를 탄식하고 있다. 한편, 이 시는 김소월 시인의 스승인 안서 김억(1895~1950)에 의해 번역되어 가곡 <동

심초>의 가사가 되기도 하였다. "꽃잎은 하염없이 바람에 지고, 만날 날은 아득타 기약이 없네. 무어라 맘과 맘은 맺지 못하고, 한갓되이 풀잎만 맺으려는가!" 번역문임에도 불구하고 또 다른 한 편의 시처럼 서정성이 탁월하고 우리말 리듬도 매끄러움을 알 수 있다.

4.2. 봄, 이별의 시작

봄은 사람들에게 한 해의 시작이기도 하다. 개개인의 일상사에서도 그러할 것이고, 한 나라의 살림 즉 정치사에서도 그러할 것이다. 지난 겨울에 일들을 일단락 짓고 장기간 동면에 들어갔다가 이제 따뜻한 봄이 되어 다시 새로운 삶을 찾아 분주하게 한 해를 시작하는 것이다. 고대 사회에서 새로운 삶을 찾아 떠나간다는 것은 곧 장기간의 출타, 언제 돌아올지도 모르는 그런 외유가 되기 쉽다. 때문에 가족 간, 연인 간의 단합은 깨지고 긴긴 이별이 시작되는 것이다. 삶을 위해서는 어쩔 수 없는 과정이기도 하다. "만남은 헤어짐을 기약한다(會者定離)"고 하지 않았던가! 그런데 생각해 보라. 별리(別離)가 어찌 말처럼 그리 쉽겠는가? 이상은(李商隱)이 "서로 만날 때도 힘들었는데, 헤어지기도 힘든 것이구나(相見時難別亦難)"라고 한 것이 다 이유가 있다고 할 수 있다.

이제 만물이 소생하는 봄날에 임을 떠나보내야 하는 상황을 이별 눈물로 잘 형상화한 우리나라 고려(高麗) 시인 정지상(鄭知常)의 <송우인(送友人)>을 감상해 보자.

雨歇長堤草色多,	비 갠 긴 언덕엔 풀빛이 푸르른데,
送君南浦動悲歌.	임 보내는 남포에서 슬픈 노래 울먹이네.

大同江水何時盡,	대동강 물이야 어느 때 마를거나,
別淚年年添綠波.	해마다 이별 눈물 강물을 더하는 것을.

이 시는 서정성이 매우 풍부한 시이다. 어지간한 한문학적 소양이 아니고서는 한자라는 외국어로써 자신의 정서를 이같이 아름답게 엮어내기 힘들었을 테고, 또한 근체시의 율격에 맞도록 평측과 압운을 구성해내지도 못했을 것이다. 우리 선조 지식인의 심후한 한문학적 소양을 충분히 가늠할 수 있는 시라고 할 수 있겠다.

시의 전반부는 봄이 온 대자연의 활기찬 모습과 임을 보내야 하는 화자의 슬픔의 세계가 극명하게 대조되어 이별의 슬픔이 더욱 가중되고 있다. 막 봄비가 그친 대동강의 긴 언덕은 마치 새색시처럼 청순한 모습이다. 화자 자신은 비 갠 언덕에서 임과 함께 있기를 바라지만 이제 불가능한 현실이 되었다. 그런데 풀빛은 도리어 갈수록 푸르러져가니 화자의 마음은 더욱 슬퍼만 간다. 남포는 이제 임을 떠나보내야 하는 장소가 된 것이다.

후반부에서, 화자는 자신의 슬픔을 직설적으로 또는 격정적으로 토로하거나 하소연하지 않고 자신의 심적 세계와는 거리가 먼 듯한 대동강 물을 갑자기 끌어들이며 어느 때나 마를거나 하고 까닭 없이 영문 모를 소리를 내뱉는다. 이런 일종의 딴전 피우기는 구성상 시상의 전환[轉]과 관련되어 분위기를 반전시키는 역할을 하며, 동시에 절제의 미학이 발휘된 것이기도 하다. 이렇게 갑작스런 시상 전환에 의해 독자가 의아해 하고 있을 때 화자는 "해마다 이별 눈물 강물을 더하는 것을"이라고 하며 이유를 밝힌다. 그제서야 이별의 슬픔으로 흘린 눈물이 대동강물을 더할 만큼 슬픔의 정도가 크다는 사실을 깨닫게 하고 있다.

그런데 이 시의 시상 전개를 보면, 봄비 개임 – 풀빛 푸르름 – 임을 보냄 – 슬픈 노래 울먹임 – 어느 때 마를거나 – 강물을 더함 등의 서술구들이 이별에 대한 슬픔을 가중시키는 장치가 되고 있음을 알 수 있다. 또한 이러한 슬픔은 화자와 자연 경물 간의 세계가 서로 대조되는 방식으로 드러나 있는데, 다만 감정의 무절제한 토로나 하소연이 아닌 고도의 함축적인 수사법으로 독자의 의중을 피해가며 그 심경을 적절히 표현하고 있다. 우리는 여기서 이 시가 고도의 서정성과 예술성을 지녔다고 평가할 수 있다.

위 시에서 '送君南浦(송군남포)'를 어떤 사람들은 '남포로 임을 보내며'라고 번역하기도 하는데 이는 명백한 오역이다. 아마도 우리나라 지명에 남포(南浦)란 곳이 있어서 이런 오역을 유발시켰을 것이라 생각된다.

'南浦(남포)'는 특정 지명이 아닌 일반적인 처소어로서 남녘 포구를 가리킨다. 이 가운데 '浦(포)'라는 말은 큰 강물과 그 지류가 서로 분기되는 곳을 말한다. 대동강은 옛날 '西京(서경, 지금의 평양)'의 중요한 수로 역할을 하여 서해나 남해, 멀리는 중국을 여행할 때 중요한 교통로가 되었다. 그런데 큰 배는 물이 얕은 서경까지 올라올 수 없으므로 작은 배를 타고 큰 배가 닿는 곳까지 가서 갈아타야 하니 그곳이 바로 '포'였다.

그런데 동서남북의 네 포구 중에서도 왜 유독 남녘에 있는 포구가 그렇게 시인의 입에 자주 이별의 장소로 애용되었을까?

굴원(屈原)이 <구가(九歌)·하백(河伯)>에서 "그대와 손을 잡고 동쪽으로 갔다가, 사랑하는 임을 남포에서 보내네(子交手兮東行, 送美人兮南浦.)"라고 한 이후부터 '남포'는 이별의 정서로 물들게 되었다. 후대 시인들도 송별을 묘사할 때마다 '남포'를 활용하곤 하였다. 육조(六朝)시대 강엄(江淹) 역시 "봄풀은 푸른빛, 봄물은 파란 물결, 그대를 남포에서 보내니, 이 슬픔을 어찌할거나(春草碧色, 春水綠波, 送君南浦, 傷如之何.)" (<별부(別賦)>)라고 하여 '남포'를 이별의 장소로 선택하였다.

이렇게 '남포'처럼 시에서 여러 차례 일정한 상황에 사용되면서 본래의 뜻 이외의 다른 뜻이 부가되고 장기간 고착화되면서 풍부한 시적인 감정과 운미를 지니게 된 시어를 이른바 정운의(情韻義)라고 한다. 새로운 상징적 의미라고도 풀 수 있겠다. 예컨대, 한시에서 '憑欄(빙란)'·'의란(倚欄)'은 '난간에 기대다'는 뜻 외에도 '그리움', 또는 '수심을 억누르다'는 뜻을 상징적으로 지니게 된 것이 그 예이다.

한국의 현대 시인 이수복(李壽福)의 <봄비>는 정지상의 <송우인>에서 시상을 차용한 듯 한데 두 시는 여러모로 좋은 대조를 이루고 있기에 함께 살펴보고자 한다.

이 비 그치면
내마음 강나루 긴 언덕에
서러운 풀빛이 짙어오것다.

푸르른 보리밭길
맑은 하늘에
종달새만 무어라고 지껄이것다.

이 비 그치면
시새워 벙글어질 고운 꽃밭 속
처녀애들 짝하여 새로이 서고

임 앞에 타오르는
향연(香煙)과 같이
땅에서 또 아지랑이 타오르것다.

이 시의 첫 구절을 보면 "이 비 그치면, 강나루 긴 언덕에, 풀빛이 짙어오것다"는 곧 <송우인>의 첫 구인 "雨歇長堤草色多(우헐장제초색다)"를 그대로 차용한 것이고, 다만 그 사이에 '내마음'과 '서러운'을 추가함으로써 원시와는 색다른 분위기와 정취를 연출하고 있다.

이 시는 봄에 피어나는 새 생명과 자연을 노래한 것 같지만 기실 '서러운 풀빛이 짙어 옴' – '종달새만 무어라고 지껄임' – '처녀애들 짝하여 섬' – '또 아지랑이 타오름' 등의 서술구들이 모두 '임 앞에 타오르는 향연'을 둘러싼 장치들로서 '향연'의 슬픔을 가중시키고 있다.

작중 화자는 봄이 타오르는 들판에 서 있는데, 거기에는 서러운 풀빛이 짙어 오고 종달새가 무심히 지껄이고 처녀애들이 짝지어 서서 봄을 즐긴다. 그리고 온 대지에는 아지랑이 타오르며 새 생명을 구가하고 있지만, 화자는 죽어 돌아오지 않는 임의 무덤에 꿇어앉아 향불을 피우고 있다. 타인의 즐겁고 희망찬 일도 슬픈 일 있는 사람에게는 더더욱 슬픈 일로 받아들여지는 것이다.

<봄비>의 임의 죽음은 <송우인>의 이별과 동일한 의미선상에 있긴 하지만, <송우인>의 무대가 가시적이고 구체적이라면 <봄비>는 '내마음', '서러운' 등의 비가시적 세계에서 출발하여 구체적 장소를 설정하지 않고 봄이면 어디서나 볼 수 있는 보편성을 띠고 있다.

어느 작품이 주제의식이나 표현기교에서 더 뛰어나다고 단언하긴 어렵지만 한 편의 시가 구체적으로 발언하고자 하는 내용의 일관성을 중심으로 살필 것 같으면 <송우인>이 한결 낫다고 평가할 수 있겠다. 사실 <봄비>의 제2행 '내마음 강나루'는, 제1련의 시적 분위기를 최고조로 살려 주는 뛰어난 표현기교인 것만은 분명하나 시적 소재가 되는 장소를 비가시적 세계로 추상화함으로써 제2련부터 시작되는 가시적 세계와 균형이 맞지 않아 일관성을 잃고 있다. 또한 <봄비>의 총화는 제1련에 집중되어 있어 나머지 세 연들이 다소 뒷받침을 해주지 못 하고 있지 않나 하는 생각도 든다.

그에 비하면 <송인>은 이별이라는 보다 선명한 주제를 뛰어난 서정성으로 뒷받침하며 처음부터 끝까지 흐트러지지 않는 구조를 보이고 있다. 시상 전개 역시 전반부 제1구 와 제2구에서 봄과 이별로 선명하게 대조를 이루었는가 하면, 제3구에서 극적인 반전과 전환을 시작하며 제4구에 이별 슬픔의 극치를 과장적으로 묘사하고 있기에 하나의 압축된 이별 드라마를 보는 듯한 착각을 불러일으킬 정도이다.

4.3. 꽃나무와 상징

봄은 휘휘 늘어진 수양버들과 흩날리는 버들솜이 매우 인상적인 때이다. 그런데 버드나무와 버들솜은 한시에서 이별의 정을 매개해주는 역할을 하기도 한다. 이 때 버드나무는 주로 강가의 다리 근처에 있기 마련인데, 이처럼 강과 다리 역시 한시에서 이별을 형상화하는 중요한 장치가 되기도 한다. 강이란 존재는 나와 그(그녀)의 이별을 구획하는 거대한 장애물인 것이며, 그 강에 놓인 다리는 그(그녀)가 돌아올 기약 없이 떠나가는 통로가 되는 것이다.

한 해의 시작인 봄, 저마다 제 갈 길을 나서는 이 때, 버드나무가 이별을 상징하게 된 까닭은 과연 무엇일까? 휘휘 늘어진 버드나무의 겉모습이 마치 떠나보내는 사람의 슬픔처럼 그렇게 비비 꼬이며 늘어져서일까? 아니면 바람에 너울거리는 모습이 마치 잘 가라고 손짓하는 모습과 같아서일까? 그렇기에 유우석(劉禹錫)은 늘어진 버드나무의 모습을 보고 "바람에 나부끼는 가느다란 버들가지는 소매 들어 흔드는 것인가!(弱柳從風疑擧袂)"(<억강남(憶江南)>) 하고 영탄하기도 하였다.

그런데 한시에서 버드나무는 주로 '折柳(절류)', 즉 버드나무가지를 꺾어 주는 행위를 통해 이별을 아쉬워하는 상징물로 활용되곤 한다. 그렇다면 우리는 버드나무의 상징적인 의미를 '절류'의 행위를 통해서 유추해볼 수 있다.

첫째, 버드나무는 떠나는 이의 평안과 무사 귀환을 기원한다.

버드나무는 빨리 자랄 뿐만 아니라 번식도 잘 한다고 한다. 때문에 꺾꽂이를 통한 번식이 가능하다고 한다. 여기서 버드나무에게 '강인한 생명력'이라는 상징이 생겨났고 버드나무의 꽃말이 되기도 하였다.

여행을 떠나는 사람에게 버드나무 가지를 꺾어 선물하는 풍습도, 원래는 이러한 버드나무의 억센 생명력을 빌려 여행하는 사람의 평안과 무사 귀환을 기원하는 일종의 주술이었던 셈이다. 따라서 송별 시 버드나무가지를 꺾어 선물하는 것은 여행자가 목적지까지 아무 탈 없이 잘 가고, 그곳에서 건강하게 지내기를 바라고, 나아가 여행자가 빨리 돌아오기를 기원하는 주술적인 신앙이 담기게 되었다.

둘째, 버드나무는 이별을 매우 안타까워하는 석별의 정을 뜻하기도 한다.

버드나무의 '柳(유; liu)'는 머무르다는 뜻의 '留(유; liu)'의 발음과 동음이의어이기 때문에 여행자에게 "제발 떠나지 말고 계속 머물러주세요"라고 하면서 이별을 아쉬워하고 안타까워하는 석별(惜別)의 정을 상징하는 뜻이 된 것이다. 그래서 버드나무 그 자체를 묘사하였거나 또는 버드나무가지를 꺾어주는 행위를 묘사한 것은 모두 이별의 아쉬움을 상징적으로 드러내고 있는 시어라고 할 수 있다.

버드나무와 절류 관련 시들을 연이어 감상해 보자.

<절양류(折楊柳)>

맹교(孟郊)

楊柳多短枝,	버드나무에 짧아진 가지가 많고,
短枝多別離.	짧아진 가지에는 이별이 많다.
贈遠累攀折,	먼 길 떠나는 이에게 주려고 하도 꺾으니,
柔條安得垂.	부드럽고 가느다란 가지를 어찌 드리울 수 있으랴!

<자야사시가(子夜四時歌)·춘가(春歌)>

곽진(郭震)

陌頭楊柳枝,	길 위의 수양버들가지,
已被春風吹.	벌써 봄바람에 휘날린다.
妾心正斷絕,	첩의 마음은 한창 애가 끊어지는데,
君懷那得知.	임의 속내를 어찌 알 수 있으리오!

<화연수재양류(和練秀才楊柳)>

양거원(楊巨源)

水邊楊柳綠煙絲,	물가 버드나무의 가늘고 긴 푸른 가지,
立馬煩君折一枝.	말 세우고 그대에게 가지 하나 꺾어 달라 부탁한다.
惟有春風最相惜,	오직 봄바람만이 내 맘을 가장 안타까워하여,
殷勤更向手中吹.	손에 든 버들가지에 은근히 다시 불어온다.

버들솜을 '楊花(양화)', '柳絮(유서)' 등으로 부르는데, 한시는 물론이요 완약(婉約)한 서정을 중심적인 주제 내용으로 하고 있는 사(詞)라는 장르에서도 많이 등장하고 있다. 봄날 펄펄 휘날리는 버들솜은 근심이 가득차 어수선한 시인의 마음을 상징하거나, 또는 어지러운 시인의 마음을 더욱 갈피를 못 잡게 만드는 상징물로 활용하고 있는 것 같다.

당대(唐代) 황보송(皇甫松)은 "복숭아꽃 버들솜이 강성에 가득하다(桃花柳絮滿江城)"(<몽강남(夢江南)>)고 하였고, 오대(五代) 풍연사(馮延巳)는 "어지러운 봄 근심 마치 버들 솜과 같다(撩亂春愁如柳絮)"(<작답지(鵲踏枝)>)고 하였고, 송대(宋代) 안수(晏殊)는 "봄바람은 버들 솜을 멎게 할 줄 모른다(春風不解禁楊花)"(<답사행(踏莎行)>)고 하였다.

송별의 의식은 대개 강가에서, 또는 강에 놓인 다리 앞에서 행해지는데, 아마도 이곳들이 다른 곳으로 떠나보내는 마지막 지점이자 더 이상 전송할 수 없는 장애물이기 때문일 것이다. 특히 파교(灞橋)는 장안(長安) 동쪽의 파

수(灞水)에 놓인 다리로서 사람들은 이별할 때 이 다리에 이르러 버들가지를 꺾어주며 송별의 뜻을 전했다고 한다.

강가나 다리 앞에 버드나무가 서 있고 버들솜이 휘날리며 이별의 정서를 환기시켜 주는 시들을 연이어 감상해 보자.

<회상별고인(淮上別故人)>

정곡(鄭谷)

揚子江頭楊柳春, 양자강 머리 버드나무에 봄이 드니,
楊花愁殺渡江人. 버들솜이 강을 건널 사람을 시름겹게 한다.
數聲風笛離亭晩, 바람결에 몇 마디 피리소리 떠나가는 정자에 해 저무는데,
君向瀟湘我向秦. 그대는 소상으로 나는 진으로 흩어져 간다.

<송우인동귀(送友人東歸)>

대숙륜(戴叔倫)

萬里楊柳色, 만 리에 펼쳐진 푸른 버들 빛,
出關送故人. 관문을 나서며 친한 벗을 보낸다.
輕煙拂流水, 가벼운 안개는 흐르는 물 스치고,
落日照行塵. 지는 햇빛은 일어나는 먼지 비춘다.
積夢江湖闊, 드넓은 강호에 대한 꿈은 쌓여만 가는데,
憶家兄弟貧. 가난한 형제들 있는 집이 두고두고 생각난다.
徘徊灞亭上, 파교 정자 위를 배회하면서,
不語自傷春. 아무 말 없이 혼자 봄을 슬퍼한다.

그런데 한시에 왜 버드나무가 많이 노래되었는지에 대해 우리나라의 어느 조경학자는 자신의 전공지식에 근거하여 우리나라에서 버드나무가 잘 자라고 주변에서 흔히 볼 수 있기 때문이라고 해석하기도 하였다. 그렇다면 버드나무가 일반적으로 자라지 않는 중국의 남방 지역 출신 시인들은 왜 또 버드나무를 자주 노래하였을까? 이런 해석은 한시의 의미구조와 전통적인 표현수법을 잘 이해하지 못 한 데서 온 것이다.

학자들은 흔히 심후한 전공지식에 기초하여 자신의 소신과 신념을 강하게 주장한다. 그런데 위의 조경학자의 경우처럼 학자들 역시 오류를 범하기 쉬운데 그 오류 유형을 크게 두 가지로 나누어 생각해볼 수 있다.

첫째, 자신의 학문 영역을 맹신함으로써 자기의 논리를 다른 학문 영역에로 확대하고 과장하는 논리 비약 내지는 자가당착의 오류를 범하기 쉽다. 그래서 본인이 연구하는 주제는 항상 선하고 의미가 있다고 생각하며 이를 확대 포장한다. 가령 도연명이나 이백 같은 위대한 시인은 항상 훌륭한 면모를 지녀야 하기에 좋은 측면에서만 시를 해석하고자 할 뿐, 그들이 젊은 시절 현실에 집착하고 야망과 포부를 지녔다는 사실을 적나라하게 드러내면서 시를 연구하는 학자들은 많지 않다. 또한 일부 국내 학자들은 허난설헌의 시가 매우 우수한 것을 강조하고자 한 나머지 그녀에게 진보주의자로서의 색채를 덧씌워 그녀가 자유분방한 사랑을 노래한 것은 진보적 관념과 저항성을 표출한 것이라고 확대 해석하는 경우도 있다. 친숙하고 익숙한 것에 구속되어 자기 지식이나 경험 및 논리가 쉽게 확대 포장되고 다시 그의 잘못된 신념체계를 이룬다. 학자들이 흔히 소신이라고 하는 것은 논리의 비약이나 억지에 불과할 때가 있다는 사실을 간과하지 말아야 한다.

둘째, 학자들은 연구 특성상 항상 현상을 개괄하고 이를 아우를 수 있는 표현과 용어로 범칭을 해야 할 때가 많은데 그 과정에서 또한 오류를 범하기 쉽다. 개괄하고 범칭을 했을 때 현상을 쉽고 명료하게 분석할 수 있는 장점이 있는가 하면, 그 개괄이나 범칭에 들지 않는, 성격이 전혀 다른 개념과 범주들까지 무분별하게 포함시킬 때가 많은 것이다. 가령, 우리나라 각 지역을 범칭하고 개괄하는 예도 여기에 해당한다. 충청도 양반은 옷을, 전라도 양반은 음식을, 경상도 양반은 집을 가장 중시한다고 한다. 또 지역 주민을 비하할 때도 경상도 문댕이, 전라도 깽깽이, 충청도 멍청이, 강원도 감자바우 등으로 한꺼번에 싸잡아 폄하하는 예도 여기에 해당한다. 이외에도 서울대생과 지방대생이라든지, 여자가 어떻고 남자가 어떻다라든지, 최씨와 강씨는 어떻다라든지 하는 경우도 마찬가지다. 그런데 원하든 원하지 않든 간에 일단 부정적 개념의 범주에 들어가면 그 사람은 억울할 수밖에 없다. 우리가 황색을 살색이라 불렀을 때, 백인과 흑인은 사람의 범주에 들지 않게 된다. 테러리스트인 무슬림이라고 하면 대다수 아랍인들이 억울할 테고, 씻지 않는 더러운 중국인이라고 하면 자주 씻는 중국인들은 억울할 수밖에 없다.

일반인들이 범하는 오류는 단순한 언어생활에서 많이 찾을 수 있다. '혈혈단신(孑孑單身)'을 '홀홀단신'이라고 하고, '풍비박산(風飛雹散)'을 '풍지박산'이라고 하고, '주야장천(晝夜長川)'을 '주구장창'이라고 말하는 것은 요즘 우리나라 사람들이 흔히 범하는 오류에 속한다고 할 수 있다.

한편 본래는 오류에 해당하였으나 오랜 시간 많은 사람들이 그렇게 사용함으로써 이제는 굳어진 말로 와전(訛傳)되는 사례들도 제법 있다. 신데렐라의 유리 구두는 원래 오역에 해당하였으나 지금은 오히려 신데렐라가 신는 환상적인 신발을 가리키는 것으로 굳어져 있다. 원래 '호열랄(虎列剌)'이었던 것이 '랄(剌)'자가 '자(刺)'자와 비슷한 바람에 잘못 쓰이면서 지금은 '호열자(虎列刺)'로 굳어졌고, 원래는 '몌별(袂別)'이었으나 소매를 뜻하는 '몌(袂)'자가 너무 어려워 비슷한 모양을 지녔으면서 뜻도 비슷한 '결(訣)'자를 찾아내서 지금은 '결별(訣別)'이라고 말하는 것도 같은 예라고 할 수 있다.

사람들은 꽃을 대할 때 흔히 자신의 눈으로 꽃을 감상하기 마련이다. 꽃은 저마다 자신의 본성에 맞게 피는 데도 말이다. 이처럼 사람이 자신이 지닌 덕성에 근거하여 자연 경물을 품평하는 관점을 '비덕(比德)'이라 한다. 추위를 이기고 피는 매화의 절개, 은은한 향기를 발산하는 난초의 우아함, 서리를 맞고 피는 국화의 은자의 지조, 꼿꼿한 모습을 항상 유지하는 대나무의 기상 등이 사람의 인격과 이상을 대표할 수 있기에 그들을 사군자(四君

子)라 부르는 것도 같은 맥락이라 할 수 있다.

사람들은 또한 꽃에도 인간의 성별을 부여하여 젠더(gender) 관념을 보태기도 한다. 가령 모란꽃이 탐스럽기에 모란의 이름을 부를 때 수컷을 뜻하는 '모(牡)'자를 쓰기도 하였고, 또한 복사꽃이 탐스러우면서도 분홍빛 꽃색깔이 요염하여 아리따운 여성을 상징하게 한 것도 그 좋은 예라고 할 수 있다.

매화는 "추위를 이기고 홀로 피기에(凌寒獨自開)" 사람들로부터 우아한 정취와 고상한 절개[雅致高節]를 지닌 것으로 평가 받는다. 우리나라 시소시인 안민영은 "빙자옥질(氷姿玉質)이여 눈 속의 네로구나, 가만이 향기 노아 황혼월(黃昏月)을 기약하니, 아마도 아치고절(雅致高節)은 너 뿐인가 하노라!"(<매화사>)라고 매화를 노래하였다.

또한 '一葉秋(일엽추)'가 낙엽 하나 떨어지면서 비로소 가을이 완연해짐을 알리는 표지가 되듯이, '一枝春(일지춘)'은 곧 가지 하나에 피어난 매화꽃으로 봄이 시작되었음을 알리는 표지가 된다.

육조(六朝)시대 육개(陸凱)가 장강 북쪽에 사는 친구 범엽(范曄)에게 일찍 꽃 피우는 강남 지방의 매화나무 가지 하나를 보내며 "강남에서 가진 것이라곤 없어, 에오라지 봄이 담긴 매화가지 하나 보내네(江南無所有, 聊贈一枝春)"라고 한 말에서 '일지춘'은 유래하였다.

우리나라에서 매화향은 이른 봄인 3월말 경에 맡을 수 있다. 매화향은 봄의 라일락이나 치자나무의 향기처럼 강렬하지 않고 은은하다. 그렇다면 이런 은은한 향기[暗香]를 어떻게 음미할 수 있을까? 바로 달빛 밝은 밤에, 그것도 살랑살랑 바람에 실려 올 때 비로소 향기를 제대로 음미할 수 있다. 우리나라에서도 매화는 많은 시인묵객들의 사랑을 듬뿍 받아왔지만 매화향에 대한 인상을 조지훈 시인만큼 정확하게 표현한 시인도 많지 않다. 그의 <매화>시를 읽어보자.

매화꽃 다 진 밤에
호젓이 달이 밝다.
구부러진 가지 하나
영창에 비춰나니
아리따운 사람을
멀리 보내고
빈 방에 내 홀로
눈을 감아라.
비단 옷 감기듯이
사늘한 바람결에
떠도는 맑은 향기.

달 밝은 밤, '일지춘'과 같은 매화나무가지 하나가 영창에 살짝 비친다. 임이 떠나간 빈 방에서 홀로 눈을 감는다. 서늘한 바람결에 맑은 매화의 향기가 은은하게 실려 온다. 매화의 암향이 적막한 시인의 가슴과 정신을 휘감으며 적셔준다.

중국에서 매화를 노래한 이로 가장 유명한 시인은 북송 초기의 유명한 은일시인인 임포(林逋, 967~1028)를 들 수 있다. 그는 후대인들에 의해 화정(和靖)선생으로 불리기도 하였는데, 성품이 고고하고 청빈하여 세상의 영화와 명예를 좇지 않았다. 40여 세에 이르러 항주의 서호에 있는 고산(孤山)에 초가집을 짓고 은거하면서 나룻배를 타고 서호 주변의 여러 절들을 돌아다니며 고승들과 왕래하기도 하였다. 손님들이 집에 올 때마다 시동에게 학을 날리게 하였는데, 임포는 학을 보면 꼭 노를 저어 돌아왔다고 한다.

임포는 평생 벼슬하지도, 장가를 가지도 않았고 오직 매화를 가꾸고 학을 기르는 일만을 좋아하면서 스스로 "매화를 아내로, 학을 아들로 삼는다(以梅爲妻, 以鶴爲子)"고 하였다. 그래서 사람들은 그를 '매처학자(梅妻鶴子)'로 부르기도 하였다. 그는 시를 지어도 적어놓지를 않았는데 주변 사람들이 대신 기록해두어 후세에 약 300여 수가 전해지고 있다. 그의 <소원산매(山園小梅)>시를 감상해 보자.

衆芳搖落獨暄妍,	꽃들은 다 시들어 있는데 홀로 밝고 예쁜 모습으로,
占盡風情向小園.	온갖 풍채를 다 지닌 채 작은 동산을 향해 서있네.
疏影橫斜水淸淺,	성긴 그림자는 얕고 맑은 강물에 가로로 비껴 있고,
暗香浮動月黃昏.	은은한 향기는 황혼녘 달밤에 떠다닌다.
霜禽欲下先偷眼,	해오라기는 내려앉으려 먼저 슬며시 바라보고,
粉蝶如知合斷魂.	흰나비는 마치 지각이 있는 듯 끊어진 넋들을 모으고 있다.
幸有微吟可相狎,	다행히도 작은 소리로 읊조리며 허물없이 대할 수 있는 네가 있으니,
不須檀板共金樽.	모름지기 박자판을 치며 금술잔과 함께할 필요가 없구나.

육유(陸游)의 <조매(早梅)> 역시 매화를 노래한 시 중 수준작이라 칠 수 있다.

一樹寒梅白玉條,	백옥 같은 가지를 뻗은 한 그루 한매,
迥臨村路傍溪橋.	멀리 마을길을 향해서 시내 다리의 곁에 서있네.
不知近水花先發,	가까운 시냇가에 매화꽃이 먼저 핀 줄도 모르고,
疑是經冬雪未消.	겨울이 지났어도 눈이 아직 녹지 않은 거라 의심하네.

복숭아꽃은 아리따운 미녀의 얼굴을 상징한다. 아마도 분홍빛으로 빛나는 복숭아꽃의 요염한 모습이 미녀의 얼굴을 연상시키기 때문일 것이다.

당나라 때에 진사에 낙제한 최호(崔護)가 낙담하여 집으로 돌아오던 중에 어느 마을에서 아리따운 아가씨에게 물을 얻어먹는다. 그 아리따운 아가씨를 기억하며 다음해에 그곳으로 다시 찾아갔지만 아가씨는 없고 복숭아꽃만 흩날리고 있자 <제도성남장(題都城南莊)>이란 시를 남긴다.

去年今日此門中,　　지난해 오늘 이 문 안에서,
人面桃花相映紅.　　그 사람 얼굴과 복숭아꽃 서로 붉게 비추고 있었지.
人面不知何處去,　　그 사람 얼굴은 어디로 가버렸는지 모르겠다,
桃花依舊笑春風.　　복숭아꽃은 예전처럼 봄바람에 웃고 있는데.

어제 나에게 꿈결처럼 다가왔던 그녀, 복사꽃처럼 아름다웠던 분홍빛 그녀는 도대체 어디로 갔을까? 그녀가 내 마음속에 던져놓은 파문은 커져만 가는데 봄은 속절없이 또 다시 찾아왔다. 올봄에도 나는 하릴없이 그 집 앞을 서성인다. 그리움인가, 아쉬움인가?

당나라 최호의 <제도성남장>이 천년을 사이에 두고 마치 우리나라에 다시 재생이라도 된 것처럼 강인호의 <봄 안부>를 반갑게 만난다. 오늘 밤, 우리가 쳐다보는 저 북극성의 별빛이 천 년 전에 발산된 것처럼 그렇게 천 년 전의 사랑이 멀리서 손짓하며 다가온 듯 착각을 일으키게 한다. 이 시에서의 살구꽃은 실제 꽃의 모습이라든지 시적 이미지 측면에서도 복사꽃으로 보아도 무방하리라.

당신 없이도 또 봄날이어서
살구꽃 분홍빛 저리 환합니다
언젠가 당신에게도 찾아갔을
분홍빛 오늘은 내 가슴에 듭니다
머잖아 저 분홍빛 차차 엷어져서는
어느 날 푸른빛 속으로 사라지겠지요
당신 가슴속에 스며들었을 내 추억도
이제 다 스러지고 말았을지 모르는데
살구꽃 환한 나무 아래서 당신 생각입니다
앞으로 몇 번이나 저 분홍빛이 그대와 나
우리 가슴속에 찾아와 머물다 갈 건지요
잘 지내 주어요 더 이상 내가 그대 안의
분홍빛 아니어도 그대의 봄 아름답기를

가슴 한복판에 스며들어 번져가는 사랑의 감정을 빛깔로 친다면 복사꽃의 분홍빛에 가깝지 않을까? 그녀가 당신의 가슴을 분홍빛으로 물들였듯이, 당신도 누군가의 마음 깊숙한 곳을 찾아가 그렇게 물들인 적이 있었을 게다. 이제 그녀는 떠났지만 나는 여전히 살구꽃 아래서 그녀 생각에 잠겨서 그녀의 봄이 찬란하기만을 빌어준다. 사랑은 떠났어도 내 마음 속 사랑은 아직도 여전하다.

사랑이 쿨(cool)할 수 있을까? 이별을 할 때도 상대방에게 부담 주지 않고 아무렇지도 않은 듯 깨끗하게, 훌훌 먼지 털어버리듯 그렇게 헤어질 수 있는 것인가? 쿨한 사랑에는 과연 진심과 진정이 담겨 있는 것일까? 사랑하고서 아픈 적이 없다면, 사랑을 통해 상처를 받은 적이 없다면 그것을 진정한 사랑이라 할 수 있는가? '사랑한 만큼 아픈가 봐요'란 노래가사가 있듯이 아픔이 싫어서 사랑하길 두려워하는 사람도 있다. 상처를 감당할 용기가 없는 사람은 사랑을 할 수 없을 것이다. 나이를 먹었다는 것은 실제 신체 나이와 무관하게 사랑의 상처를 감당할 용기가 없는 자들에게 해당하는 말이 아닐까 생각된다.

송대 주돈이(周敦頤)는 연꽃을 사랑한 사람이다. 그는 <애련설(愛蓮說)>에서 꽃 중에서도 국화를 은자[隱逸者]로, 모란꽃을 부자[富貴者]로 비유하는 한편 연꽃을 군자[君子者]로 추켜세우기도 하였다.

연꽃에는 여느 꽃과 다른 특별함이 있다. 물에서 피어나지만 절대 물에 잠기는 일 없고, "진흙에서 피어나지만 결코 더럽혀지지 않으며(出污泥而不染)", "모든 더러운 것들을 멀리하는(離諸染污)" 꽃이다. 연꽃의 잎은 자신이 감당할 만한 빗방울만 싣고 있다가 그 이상이 되면 미련 없이 비워 버린다. 이처럼 연꽃이 지닌 무욕과 순수의 모습은 불교가 지향하는 정신을 닮았기에 불교를 상징하는 꽃으로 여겨지게 되었다.

그런데 중국 민속에 전해지는 연꽃에 얽힌 꽃말은 대략 남녀의 애정과 화목을 뜻한다. 그 이유는 무엇일까? 버드나무의 경우처럼 우리는 다시 중국 문화의 주요한 특징 가운데 하나인 동음이의어에 의한 비유를 떠올려야 한다.

연꽃인 '蓮(연; lian)'의 발음이 사랑한다는 뜻인 '憐(연; lian)' 또는 '戀(연; lian)'의 발음과 같음으로 인해서 연꽃이 남녀의 애정을 상징하게 된 것이다. 나아가 연꽃씨인 연밥을 뜻하는 '蓮子(연자)'를 던지는 것은 또한 동음이의어로서 당신을 사랑한다는 뜻인 '憐子(연자)'를 연상시켜서 결국 사랑을 고백하는 것을 가리키게 되었다. 또한 연뿌리를 뜻하는 '藕(우; ou)는 동음이의어로서 배우자나 짝을 뜻하는 '偶(우; ou)'를 상징하게 되었다.

한편 연밥을 따던 젊은 남녀들은 마음에 드는 상대가 탄 배에 연밥을 던져서 자신의 마음을 전달하곤 하였는데, 이로부터 연밥을 딴다는 뜻의 '採蓮'(채련)은 또한 동음이의어로서 연인을 선택한다는 뜻인 '採憐(채련)'을 상징하는 뜻이 되었다. 때문에 강남 지방의 연밥 따기 노래는 실은 연밥 따기를 핑계 삼아 연인을 구하던 젊은 남녀의 사랑노래라고 할 수 있다. 악부(樂府) 시 중에 <강남(江南)>시를 감상해 보자.

江南可採蓮,	강남에서 연밥을 딸 만합니다,
蓮葉何田田.	연잎은 어찌나 많이 떠 있던지요.
魚戱蓮葉間,	물고기는 연잎 사이에서 놀고,
魚戱蓮葉東.	물고기는 연잎 동쪽에서 놉니다.

이 시는 연꽃의 중의적 의미를 모르고 얼핏 보면 그저 연밥 따러간 호수의 모습을 단순하게 묘사한 것처럼 보인다. 그러나 앞에서 살핀 것처럼 연밥을 딴다는 것은 연인을 골라 사랑할 만하다는 것을 우회적으로 가리키고 있는 말이다. 따라서 연밥 따는 노래인 <채련곡>은 젊은 남녀간의 구애와 사랑을 표현한 민간 가요라고 할 수 있다. <채련곡>은 아주 오랜 옛날부터 노

래되기 시작하여 시인들마다 남녀간의 애정을 노래할 때면 으레 연밥 따는 노래를 빌어 표현하였다. 그로부터 연밥을 딴다는 채련은 남녀간의 애정을 상징적으로 표현하는 단순하면서 형식적인 시어로 굳어지게 되었다.

우리나라에서는 조선조에 여류시인 허난설헌(許蘭雪軒)이 <채련곡(採蓮曲)>을 노래하였다.

秋淨長湖碧玉流,	고요한 가을 긴 호수는 벽옥처럼 흐르고,
蓮花深處繫蘭舟.	연꽃 핀 깊은 곳에 거룻배를 매놓았다.
逢郎隔水投蓮子,	물 건너로 임을 보았기에 연밥을 던졌는데,
或被人知半日羞.	혹시 남이 봤을까 한참을 부끄러워하였네.

이 시는 남성에 대한 사랑을 노골적으로 드러냈기에 허난설헌이 얼마나 자유분방하며 과감한 사고를 지녔는지 알 수 있다는 평가를 받는 시다. 심지어 이와 같은 적극적인 구애표현은 신분과 제도를 뛰어넘은 저항적 사랑을 표현한 것이라고 해석하기도 한다.

그러나 위와 같은 허난설헌의 시에 대한 해석은 약간 오류가 있다고 생각된다. 위에서 이미 설명하였듯이 전통적으로 해음(諧音), 즉 동음이자(同音異字)를 빌려 상징적 의미를 연상시키는 방식에 따라 연밥 따기는 곧 연인을 선택한다는 뜻을 가리키게 되었고, 그로 인해서 '채련'은 중국의 전통 시에서 사랑을 찾는 연인을 표현하고자 하면 으레 사용해왔던 매우 일반적이고 전형적인 소재가 되었다. 때문에 허난설헌도 중국 시가의 전통적인 표현방식에 매우 익숙해지면서 이런 표현법을 그냥 원용하여 무심코 사용했을 뿐, 봉건시대의 남녀 의식을 뛰어넘을 정도로 진보적이고 자유분방한 사고를 표방한 것이라고 해석할 수는 없지 않을까 생각된다.

원추리, 곧 훤초(萱草)는 근심 걱정을 잊게 한다고 하여 망우초(忘憂草)라고도 하였다. 그래서 집안에 심어 두면 사랑하는 남편을 그리워하는 쓸쓸함을 덜고 마음 편히 지낼 수 있다고 믿었고, 또한 정월 대보름에 원추리로 나물을 해 먹으면 일 년 동안 근심을 없게 해준다고 여기기도 하였고, 산소 앞에 심으면 자손들이 걱정이 없다 해서 산소에도 심기도 하였다. 한편 실제 과학적으로 볼 때, 원추리를 먹으면 환각 작용이 있어서 근심을 잊게 한다는 설도 있다.

한편 원추리는 자식을 생각하는 어머니의 자애로운 모정을 상징하기도 한다. 당나라 태종(太宗) 이세민(李世民)의 어머니 두(竇)부인은 원정 나간 아들을 그리워하며 밤새 잠을 이루지 못 하였는데, 이에 근심을 잊게 한다는 원추리를 그녀에게 먹였지만 효과가 없이 세상을 떠났다. 이세민은 후에 돌아와 원추리를 뒤뜰에 심고 어머니를 그리워했다고 한다. 나중에 원추리가 자모(慈母), 곧 멀리 길 떠난 자식의 무사를 비는 어머니라는 상징적 의미를 띠게 된 것은 바로 이 당 태종의 전설과 관계가 있다. 오늘날 중국에서는 어머니날[母親節]에 선물로 카네이션 대신 원추리 다발을 선물하며, 모친 생신에는 수훤도(壽萱圖) 족자를 선물하기도 한다. 당나라 맹교(孟郊)의 <유자시(游子詩)>를 감상해보자.

萱草生堂階,	원추리는 고향집 섬돌에 피어있겠지,
游子行天涯.	나그네 되어 머나먼 곳을 떠도는데.
慈親倚堂門,	자애로우신 어머니는 집 문에 기대어 계시겠지,
不見萱草花.	여기는 원추리도 보이지 않는데.

수심에 잠겨 먼 길 떠난 아들을 기다리며 문 앞에 서 있을 어머니, 그곳에는 어머니를 뜻하는 원추리꽃도 피어있을 것이다. 나는 나그네로 하늘끝을 배회하고 있다. 고향에 돌아갈 날은 기약조차 없다. 원추리라도 피어 있으면 어머니를 그리는 이 마음을 달랠 수 있으련만 이곳에서는 원추리조차 찾아볼 수 없다. 아, 보고 싶은 나의 어머니!

4.4. 꽃은 본성대로 피건만 사람은 자기 마음을 매달아 본다

한 그루 나무, 한 송이 조그만 꽃 속에도 우주의 신비가 깃들어 있다. 나무는 자라나려고 애쓰지 않으며 꽃은 꽃을 피우려 애쓰지 않는다. 그냥 자라나고 꽃을 피울 뿐이다. 물고기는 헤엄치려 애쓰지 않고 그냥 헤엄쳐 다닌다. 새들은 날아다니려 애쓰지 않고 그냥 날아다닌다. 모두 자기들의 본성을 따라 자연스럽게 자라고 움직인다.

꽃은 타고난 대로, 생긴 대로 핀다. 제비꽃은 제비꽃답게 피고, 진달래는 진달래답게 핀다. 꽃들은 남을 부러워하지도 시기하지도 않는다. 있는 그대로 자신을 한껏 꽃피우다가 떠날 시간이 되면 아무 말 없이 떠나간다. 자연 본성대로 피고 지는 꽃의 모습을 담백하게 묘사하고 있는 시가 왕유의 <신이오(辛夷塢)>이다.

木末芙蓉花,	나뭇가지 끝의 목련 꽃,
山中發紅萼.	산 속에서 붉은 봉오리 터트린다.
澗戶寂無人,	냇가 오두막은 적막하니 인적 없는데,
紛紛開且落.	어지러이 피었다가 다시 진다.

자연의 것들은 가야할 때가 언제인가를 스스로 알고 떠난다. 이처럼 꽃은 저절로 피었다 진다. 냇가 오두막에는 적막하니 사람의 흔적조차 없다. 사람 같으면 누가 보아주지 않는데 열심히 무슨 일을 할 필요가 있겠느냐고 생각하기 마련인데, 꽃들은 그렇지 않다. 누가 보아주지 않아도, 누가 알아주지 않아도 분분히 피었다가 진다. 있는 그대로, 생긴 그대로의 모습. 여기

에 여여(如如)한, 한결 같은 진리가 담겨 있다. 그러니 자기 본성을 찾을 일이다.

그러나 사람들은 꽃과 달라서 항상 남의 시선을 의식한다. 그리고 그들로부터 인정받기를 갈망한다. 또한 남의 평가에 익숙해진 터라 남을 평가하는 데도 주저하지 않는다. 저기 길가에서 자기 본성에 맞게 피고 지는 꽃에도 사람들은 자기 관점을 매달아 평가한다. 기쁘면 기쁜 대로, 슬프면 슬픈 대로 꽃을 보고 대한다.

두보는 "시절을 슬퍼하니 꽃에도 눈물을 흘린다(感時花濺淚)"(<춘망(春望)>)고 하였다. 나라는 전란으로 피폐해지고 가족들은 뿔뿔이 흩어진 이 때를 생각하니, 꽃을 보면 응당 기쁘고 좋아야 하련만 그런 꽃을 보고도 눈물이 나오는 것이다.

우리나라 진제스님은 선시에서 "떨어지는 꽃은 뜻이 있어서 흐르는 물을 따라가나, 흐르는 물은 정이 없어 떨어진 꽃을 보내기만 한다(落花有意隨流水, 流水無情送落花)"고 노래하였다. 지는 꽃은 정을 지녔으나 흐르는 강물에게는 정이 없다. 지는 꽃이 강물을 따라가는 이유는 강물과 함께 하려는 정이 있기 때문인데, 강물은 무심하여 그저 꽃을 흘려보낼 뿐이다. 어디 꽃에 정이 있겠는가마는 사람의 눈으로 정을 매달아 떠내려가는 꽃에 담았기 때문이다.

조선조 김시습 시인은 "안개 낀 깊은 골짝 인적은 없는데, 이따금 산꽃 있어 나를 향해 피었구나(深深煙壑無人迹, 時有山花向我開)"라고 하였다. 산꽃이 시인을 향해 피었다고 시인이 산꽃과 일체를 이루었다고 보기는 어렵다. 도리어 적막한 산골짜기에서 지독한 고독감에 떨다가 교감을 나눌 수 있는 대상이라곤 오직 산꽃밖에 없었기에 산꽃을 향해 마음을 보낸 것이고, 급기야 산꽃이 나를 향해 피었다고 간주하고 싶었던 것이리라.

박해림 시인은 꽃이 피고 지는 일상이 항상 아픔을 수반한다고 보았다.

"봄날, 아프게 꽃이 피고 있다, 오늘, 네가 지고 있다, … , 아파, 아파 … 하며, 몸의 일부가 네게서 떠날 때, 꽃잎도 그냥 지는 것이 아니라는 걸 알았다(<봄날, 지다>) 지는 꽃의 모습에서 아픔을 읽는다면 그래도 이해는 되지만, 피고 있는 꽃의 모습에서도 아픔을 읽는 시인의 예민한 감수성은 뛰어나기도 하거니와 동시에 우리는 시인의 이러한 감수성은 그의 내면을 온통 아픔이 뒤덮은 뒤에야 가능했던 것이 아닐까 유추해본다.

화려한 꽃은 인생을 유비하여 우리를 일깨워 줄 때도 많다. 흔히 "열흘 붉은 꽃 없다(花無十日紅)"이라 하여 청춘의 시간은 매우 짧음을 비유한다. "좋은 꽃은 항상 피지 않고, 좋은 경치는 늘 있는 게 아니다(好花不常開, 好景不常在)"라는 말 역시 비슷한 맥락에서 나온 말이다. 이 말들이 과연 청년 시절은 짧으니 젊음을 맘껏 즐기라는 말일지, 아니면 그런 시절을 아껴서 열심히 노력하라는 말일지, 어느 것을 선택하느냐는 우리들 각자에게 달려 있다. 내 인생은 누가 대신 살아주지 않는다. 그리고 내 인생은 단 한 번이다.

제5장
가을, 달과 한시

5.1. 가을과 쓸쓸함

봄은 풍류객을 만들지만 가을은 시인을 만든다. 우리나라 시인 도종환은 "버리고 떠나야 할 것이, 무엇인지 아는 순간부터, 나무는 가장 아름답게 불탄다."(<단풍 드는 날>)고 하였다. 사계절은 나고[生], 자라고[長], 변화하고[化], 거둬들이고[收], 저장하며[藏] 변화한다. 그런데 가을은 수확의 계절이면서 조락의 계절이기도 하니, 얻음과 잃음을 동시에 경험하게 하며 자연의 순리를 체험하게 하는 계절인 것이다. 여담이지만, 봄에 출가(出家)하는 사람보다 가을에 출가한 사람이 스님으로 남는 경우가 훨씬 많다고 한다. 가을은 그만큼 사람들에게 자신의 존재에 대한 심각한 성찰의 계기를 마련해 주기 때문이 아닐까 생각한다.

가을의 시작은 천고마비(天高馬肥)로부터 온다. ≪한서(漢書)·흉노전(匈奴傳)≫에 따르면, 흉노는 가을이 되어 말이 살찌고 활이 팽팽하게 되면 국경을 넘어 쳐들어온다고 한다. 당대 두심언(杜審言)은 "가을은 높고 변방의 말이 살쪄있다(秋高塞馬肥)"(<증소미도(贈蘇味道)>)고 하였고, 잠참(岑參)은 "흉노 땅에 풀이 누래지고 말이 마침 살찌니, 금산 서쪽에서 연기가 오르고 먼지가 날린다.(匈奴草黃馬正肥, 金山西見煙塵飛.)"(<주마천행봉송봉대부출사서정(走馬川行奉送封大夫出師西征)>)고 하였다. 따라서 천고마비는 가을에 날씨가 좋아지고 군마가 살찌기 시작하니 흉노족이 침입해오기 좋은 계절이란 뜻이었는데, 이 말이 어느새 가을을 찬미하는 말로 둔갑하게 된 것이다.

가을은 수확의 계절이다. 너른 들판에 황금물결이 출렁인다. 잘 익은 사과는 수줍어하며 빠알간 살결을 은근히 자랑한다. 모든 것이 풍요로워지는 때이다. 싱그러운 가을을 느낄 수 있는 왕유의 <산거추명(山居秋暝)>시를 감상해 보자.

空山新雨後,	빈 산에 새로 비가 내린 뒤,
天氣晩來秋.	저녁이 되자 날씨는 가을이다.
明月松間照,	밝은 달은 솔 사이로 비추고,
淸泉石上流.	맑은 샘물은 바위 위로 흐른다.
竹喧歸浣女,	대숲이 떠들썩하니 빨래하던 여인 돌아와서이고,
蓮動下漁舟.	연 잎 흔들리니 고깃배가 내려가서이다.
隨意春芳歇,	자연의 섭리대로 봄풀은 시들었지만
王孫自可留.	젊은 공자께선 그런대로 머물 만은 하지.

가을 기운이 완연해지는 상황에서 싱그러운 자연을 노래하고 있는 이 시는 막 초가을을 맞이하고 있는 산 중에서의 생활을 수채화처럼 담담하게 그려내고 있다.

셋째 구와 넷째 구는 한시에서의 전형적인 묘사 방식인 공간 확장의 수법을 통하여 드넓은 자연 공간을 드러내주고 있다. 하늘에는 밝은 달이 떠 있고, 땅 위에는 맑은 샘물이 흐르고 있다. 당연히 그 사이로 사람이 있다. 상하, 좌우로 확장된 공간에서 천지인(天地人)이 서로 조화를 이루고 있는 평화로운 모습이다.

자연의 섭리대로 계절은 순환하며 그에 따라 화려하고 향기로웠던 봄풀도 이미 시들어버렸다. 그러나 초가을 달밤, 맑은 숲과 대숲, 연잎과 고깃배 등의 경물이 엮어낸 세계는 맑고 싱그러워서 결코 봄날의 정취에 뒤지지 않는다. 그러니 귀족의 자제이면서, 젊은 청년에 대한 존칭어이기도 한 왕손에게 그런대로 이곳에서 지낼 만하지 않은가 하고 권하고 있다. 초가을에 보이는 시인의 정서는 이처럼 그런대로 쓸쓸하지 않고 맑기만 하다.

봄날의 햇살이 찬란하다면 여름 햇살은 눈이 부시고, 가을 햇살이 눈이 시리다면 겨울 햇살은 음울하다. 이처럼 가을이 오면 우리는 햇살의 색깔도 각도도 달라져 있고 부딪치는 바람의 촉감도 달라졌음을 느끼게 된다.

능금처럼 잘 익은 어느 가을 오후에 들에 나가 바람을 맞아 보라. 그러면 알 것이다. 갑자기 무엇을 두고 온 듯 허전한 마음이 일고, 또 불현듯 어딘가 이름 모르는 곳으로 떠나 헤매고 싶은 마음이 찾아들 것이다. 추남(秋男)이라면 이런 가을이 오면 진저리를 친다. 짝 하나가 옆에 있다는 것은 이 가을에 어울리지 않는 그림이다. 세상에 있는 온갖 쓸쓸함을 모두 내 가슴으로 맞이하고 싶어지는 때다. 누가 가을은 독서의 계절이라고 했는가? 무더운 여름, 차량으로 온 산하가 몸살을 앓는 피서철의 대열에서 이탈하여 물에 발 담그고 읽어야 할 것이 책이고, 추운 겨울 아랫목에 배를 깔고 읽게 되는 것이 책이다. 그렇지 않은가?

가을이 점차 무르익어 가면서 온 산하는 붉은 물감이 칠해지기 시작한다. 나무는 힘이 버거운 듯 마지막 정열의 울음을 토하고 하나 둘 옷을 벗기 시작한다. 서리 맞아 화려한 봄꽃보다 더 붉어진 잎새[霜葉紅於二月花]들은 만산홍엽(滿山紅葉)을 이루다가 이제 하나둘씩 조락하기 시작하는 것이다. 황금의 들녘도 어느덧 앙상한 벼포기만이 남고 잿빛 바탕을 드러낸다. 이것이 가을의 실루엣이다.

차면 기우는 것이 자연의 법칙이고 인간의 세상살이이다.

가을은 중국 시인에게도 역시 쓸쓸함으로 곧잘 다가온다. 감수성이 풍부한 시인에게 계절의 변화는 민감하게 포착되기 때문이다. 특히 가을처럼 많은 변화의 족적을 남기는 계절에는 말이다.

그런데 고대 봉건 사회에서 중국은 행역이 잦아서 고향을 떠나 있는 사람이 많았다. 생각해 보라, 만리장성을 쌓으러 사방에서 몰려오는 백성의 행렬을, 그리고 한족의 입장에서 보았을 때 이른바 동이(東夷)·서융(西戎)·남만(南蠻)·북적(北狄) 등의 오랑캐 무리와 수많은 전쟁을 치루기 위해 저 멀리 국경지대로 징발되어 군역을 나가는 백성의 행렬을 말이다. 그러니 나그네들이 많을 수밖에 없다.

게다가 교통수단이 오늘날처럼 발달돼 있지 않은 상황에서 자신들이 소위 '지대물박(地大物博)'이라고 말하고 있듯이 땅덩어리가 넓다 보니까 한 번 길 떠나면 언제 돌아올지 모르는 나그네들도 이 무리에 더해지게 된다.

나그네에게 쓸쓸함과 외로움은 필연적일 터인데, 게다가 쓸쓸한 계절로서 가을은 그들에게 더욱 감당하기 어려운 계절로 작용하는 것이 아닐까 싶다. 한국 조선조 시인인 김삿갓에게도 가을은 "산 깊고 밤 깊어지니 나그네의 수심도 깊어지는구나(山深夜深客愁深)"라는 탄식으로 다가오고 있다.

두보의 <등고(登高)>시는 그가 56세이던 시기에 지은 시로서 7언 율시 중 최고봉으로 꼽히는 시이다. 중국에서는 음력 9월 9일, 즉 중양절날이면 친지와 더불어 높은 산에 올라 술을 마시고, 아녀자들은 수유(茱萸)를 머리에 꽂는 풍습이 있었다. 이 시의 가장 압권으로 보이는 부분만 살펴보자.

無邊落木蕭蕭下,	끝없는 숲에 낙엽은 쓸쓸히 떨어지고,
不盡長江滾滾來.	다함없는 장강은 도도히 흐른다.

이 시는 조락하는 계절 가을의 쓸쓸함을 느끼게 한다. 쓸쓸한 가을에, 고향에서 만 리나 떨어진 거리, 즉 삼천 리 한반도의 세 배 이상 멀리 떨어진 타향에서 나그네로 떠도는 시인에겐 정말 쓸쓸해서 죽고 못 살 지경이다. 게다가 몸은 늙고 병들어 예전 같지 않다. 가을과 나그네, 쓸쓸함 이 세 가지는

좋은 시상의 연결고리가 되어 주고 있다.

가을과 나그네, 쓸쓸함을 연결시킨 또 하나의 탁월한 7언 절구 한 수가 있다. 장계(張繼)의 <풍교야박(楓橋夜泊)>이다.

月落烏啼霜滿天,	달 지고 까마귀 울며 서리는 하늘에 가득한데,
江楓漁火對愁眠.	강가의 단풍나무 고기잡이배의 불을 근심에 잠 못 이루며 마주하고 있네.
姑蘇城外寒山寺,	고소성 밖 한산사에서,
夜半鐘聲到客船.	한밤중 종소리가 나그네 배에 들려오는구나.

이 시는 떠돌이 나그네가 타향에서 불면의 밤을 보내는 정경을 묘사한 시이다. 풍교(楓橋)는 지금 강소성(江蘇省) 소주시(蘇州市)에 있다. 시는 시작부터 정경이 어두컴컴하고 음산하며 마음이 시리기까지 한다. 마치 귀기(鬼氣)가 서린 듯하다. 강 언덕에 심어진 단풍나무들, 그리고 고기잡이를 위해 켜 놓은 배의 불빛만이 시름겨워 잠 못 이루는 나그네를 마주하고 있을 뿐이다. 그런데 잠을 못 이루고 있는 이 때, 고소성 밖에 있는 한산사에서 치는 종소리가 적막을 깨듯 밀려들어온다.

이 시는 또한 역대로 후인들에게 많은 좋은 토론거리를 제공해주기도 하였다. 첫 구에서 '상만천'은 불합리하고 '상만지(霜滿地)'라고 해야 옳다고 주장하는 사람이 있었다. 서리가 하늘에 가득한 모습을 눈으로는 볼 수 없으니 서리가 땅에 가득하다로 묘사해야 한다는 것이다. 그러나 이렇게 되면 사실을 기술하는 것이지 시적인 묘사가 될 수 없다.

또 '강풍'을 강 언덕의 단풍나무로 해석하지 않고 어떤 일본인은 '강교(江橋)'와 '풍교(楓橋)'로 해석하기도 하였다. 그러나 이것은 틀린 해석이다. 이 시가 하도 유명하기 때문에 후에 호사가들이 강교와 풍교를 고소성에 건설한 것이라고 한다. 다만 시가 지어졌던 당시에도 풍교(楓橋)만은 있었다는 역사기록이 전해진다.

또 과연 한밤중에 소주에서는 종을 치는가에 관한 논쟁이 벌어지기도 하였다. 이에 대해 엽소온(葉少蘊)은 ≪석림시화(石林詩話)≫에서 정확히 고증을 한 적이 있다. "'고소성 밖 한산사에서, 한밤중 종소리가 나그네 배에 들려오는구나.' 이 시는 당대의 장계가 고소성의 서풍사에 대해 쓴 시이다. 구양수 선생께서는 일찍이 한밤중에는 종을 치는 때가 아닌데도 종을 친다고 말한 점을 이 시의 흠으로 여긴 적이 있었다. 아마도 선생께서 오나라땅에 가보신 적이 없었기 때문에 그렇게 말씀하신 것 같은데, 지금 이 지역에 있는 절들은 실제로 한밤중에 종을 친다.(姑蘇城外寒山寺, 夜半鐘聲到客船. 此唐張繼題姑蘇城西楓寺詩也. 歐公嘗病其夜半非打鐘時, 蓋公未嘗至吳中, 今吳中寺實半夜打鐘.)"

더욱 재밌는 사실은 이 시가 중국의 대학 입학고사 물리과목시험에도 출제되었다는 사실이다. 문제는 다음과 같았다. "왜 한산사의 종소리가 한밤중에는 객선에까지 이르는데, 대낮에는 이르지 않는가? 원인이 어디에 있는가?(何以寒山寺的鐘聲, 夜半傳到客船, 白天傳不到客船來, 原因何在?)" 정확한 답안은 다음과 같았다. "대낮에는 공기가 더워져서 소리의 파장이 위로 전해지기 때문에 대낮에는 한산사의 종소리를 객선에서 들을 수 없다. 그러나 밤중에는 공기가 차가워져서 소리의 파장이 아래로 전해지기 때문에 강위에서도 종소리를 들을 수 있는 것이다.(因爲白天空氣熱, 聲波往上傳, 所以白天時寒山寺的鐘聲在客船聽不到, 夜間空氣冷, 聲波往下傳, 所以江上可以聽到鐘聲.)"

가을밤에 느낀, 독서하는 지식인의 허무감과 고독감을 노래한 탁월한 시로 또 이하(李賀)의 <추래(秋來)>시를 들 수 있다.

桐風驚心壯士苦,	오동나무 바람에 놀라 장부의 마음 괴로운데,
衰燈絡緯啼寒素.	희미한 등잔불빛에 베짱이는 울면서 싸늘한 베를 짠다.
誰看青簡一編書,	누가 푸른 대쪽으로 엮은 이 시집을 읽어서,
不遣花蟲粉空蠹.	좀벌레에게 먹혀 가루되어 없어지지 않게 해줄까?

동풍(桐風)은 가을바람을 의미한다. 낙위(絡緯)는 베짱이의 일종이다. 한소(寒素)를 소추(素秋)의 뜻으로 풀면 '가을에 울다'는 뜻이 되고, 또는 빈한(貧寒)의 뜻으로 풀면 '빈곤을 동정해 울다'는 뜻으로 풀 수도 있다. 청간(靑簡)은 서책의 뜻으로서 푸른 대나무 조각을 불에 쬐어 기름을 제거한 다음 여기에다 글을 쓴 데서 유래하였다. 역사서를 뜻하는 청사(靑史)란 말도 바로 여기서 똑같이 유래되어 나온 말이다. 화충(花蟲)은 종이를 갉아먹는 좀을 가리킨다.

큰 포부를 지닌 장부의 마음이 오동나무에 부는 바람에도 놀라니 그 얼마나 고통스러운지 짐작된다. "어지러운 세상을 생각하니 아름다운 꽃을 보아도 눈물이 난다(感時花濺淚)"던 두보와 같은 심정을 여기서 다시 한 번 느낄 수 있다.

이하는 회재불우(懷才不遇)한 시인이었다. 그는 당시 피휘(避諱) 제도로 인한 희생자였다. 그의 부친의 이름이 진숙(晋肅)이었는데, 주변 사람들이 부친의 이름을 피휘해야 마땅하기 때문에 발음이 비슷한 진사(進士)시험에 응시해서는 안 된다고 주장하는 바람에 과거에 응시할 수 없게 되었던 것이다.

열심히 공부해도 제대로 뜻을 펼쳐볼 수 없는 시인의 허무감이 이 시의 전편에 고르게 스며있다. 불현듯 찾아온 가을에 놀라며 시인은 자신의 시를 훗날 누가 읽어주기나 할 수 있을지 근심에 잠긴다. 처량한 가을밤이다.

가을의 처량한 심사를 청각적 이미지로 더욱 북돋워주는 소리가 바로 원숭이의 울음소리이다. 처연하게 울어대는 원숭이 울음소리가 시인의 심금을 애절하게 울렸는지 한시에 자주 활용되면서 시인들에게 하나의 고정된 심상을 제공하게 되었다. 이백의 <조발백제성(早發白帝城)>시가 그 좋은 예이다.

朝辭白帝彩雲間,	아침에 오색구름 속 백제성과 작별하였더니,
千里江陵一日還.	천 리 강릉을 하루 만에 돌아왔다.
兩岸猿聲啼不住,	양언덕의 원숭이들 쉴 새 없이 울어 재끼더니,
輕舟已過萬重山.	가벼운 배는 층층의 수많은 산들을 벌써 지났다.

강릉은 지금의 호북성 강릉현을 가리킨다. 명승지로 유명한 장강 삼협(三峽)에 있는 백제성에서 강릉까지 천이백 리 길을 물길을 따라 내려오면 아침에 출발하여 해질녘까지는 도착할 수 있다고 하니 물살이 얼마나 센지를 짐작할 수 있다. 또한 이 가운데 글싸기가 설백 리나 된나 하니 협곡 양 언덕에 펼쳐질 절경을 가히 짐작할 수 있다.

그런데 장강 삼협 양 언덕에는 원숭이가 꽤 많이 살았던 모양이다. 그래서 이백은 강릉으로 돌아오는 길이 물살이 빨라 양 언덕에 층층이 펼쳐진 수많은 산들을 순식간에 지나쳤다고 경탄하는 동시에 양 언덕에서 쉴 새 없이 울어 재꼈던, 그래서 나그네의 심금을 처연하게 울렸던 원숭이 소리에 대해서도 깊은 인상을 받았음을 술회하고 있다.

우리나라에는 원숭이가 원래 없었음에도 불구하고 원숭이 울음소리를 시에 활용하는 것은 우리나라 시인들에게도 그대로 계승된다. 송강 정철은 <장진주사(將進酒辭)> 마지막 구절에서 "하물며 무덤 우해 잰납이 파람 불 제야 뉘우찬달 엇디리"라 하여 잰납이 파람, 즉 원숭이 울음소리를 시적 소재로 활용하고 있다.

그런데 후대 연구자 중에는, 원숭이를 본 일도 없는 정철이 시에 인용한 것은 당시 조선의 지식인들이 모든 것을 자기 정서에 내맡기지 못하는 불안감, 뭔가 남모를 유식한 끼가 있어야 차원이 높다고 생각하는 일종의 자신감의 상실증이라고 비판하는 사람도 있다.

얼핏 보면 매우 타당하고 적절한 비판이라고 할 수 있다. 그러나 조선 지식인의 현실적인 상황과 정서를 먼저 정확하게 생각해야 할 것이다. 오늘날

학생들이 취업의 필수 소양인 영어 실력을 인정받기 위해 토플이나 TOEIC에서 높은 점수를 획득하려고 하듯이, 당시 지식인들에게 한문학 지식은 반드시 갖추어야 할 필수 소양이었음을 우리는 먼저 상기해야 한다. 때문에 그들에게 한시에 자주 나오는 이미지들은 굳이 직접 체험을 하지 않았어도 그들의 마음속에 선명하게 각인될 수밖에 없는 것이다. 우리가 뉴욕을 가보지 않았어도 맨하탄의 거리를 선명하게 떠올릴 수 있고, 파리를 가보지 않았어도 에펠탑을 생생하게 기억해낼 수 있듯이 말이다. 그러니 한시에 자주 나오는 원숭이 울음소리는 이미 보통명사처럼 인식되어 설사 원숭이를 본 일이 없더라도 비애와 애절함을 드러내고자 할 때 으레 활용하는 이미지가 될 수 있었던 것이다.

이처럼 고전문학을 감상할 때는, 현재의 상황과 기준에 비추어 정확하지 못 한 부분이 있다 하더라도 반드시 당시의 문화적 상황을 자세히 이해하여 비평의 눈금을 조절할 필요가 있다고 생각한다. 그렇지 않고 무조건적으로 21세기적인 시각으로 고전들을 재단하려 든다면 남아날 문화유산이 얼마 없을 거라는 생각이 든다.

우리나라 강릉 출신의 시인인 허균(許筠)의 <억감호(憶鑑湖)>시를 또 보자.

我家住在鑑湖西,	나의 집은 경포호 서쪽에 있으니,
千巖萬壑如會稽.	수많은 바위와 골짜기가 회계산과 같구나.
愛觀魚鳥放山澤,	거리낌 없는 산새와 못가 물고기를 즐겨 보면서,
笑遺名利同筌蹄.	명리를 통발과 올무 같다 비웃으며 버리노라.

회계산은 지금의 절강성(浙江省) 소흥현(紹興縣) 동남쪽에 있는 산인데, 하(夏)나라 우(禹)왕이 이곳에서 제후들을 소집하였기에 붙여진 이름으로, 월왕(越王) 구천(句踐)이 바로 이곳에서 오왕(吳王) 부차(夫差)와 싸우다 패전한 바람에 설욕하기 위해 절치부심한 곳이기도 하다.

정철에게 원숭이를 본 일도 없는 사람이 어떻게 '잰납이 파람'이란 말을 쓸 수 있느냐고 비판한다면, 위에서 회계산의 '천암만학'을 거론한 허균도 비판받아야 한다. 그도 당연히 회계산을 가본 일이 없기에 그 산의 형상을 모를 텐데도 시에 '천암만학'하다고 썼기 때문이다. 아마도 중국의 많은 시문을 통해 묘사된 회계산의 이미지를 그대로 인용한 것이라 생각된다.

한편 허균이 첫 구에서 '아가주재(我家住在)'라는 표현을 썼는데, 이런 표현법은 현대 중국어에도 여전히 사용하고 있는 매우 현대어적인 구어투의 표현이다. 아마도 그가 선진(先秦) 시기 경전에 나오는 문어투의 글보다는 명청(明清)대 당시의 구어투의 글을 쓰기를 선호하였기에 이런 표현을 쓰지 않았겠는가 추측해보면서 동시에 그가 선진 시기 유가 경전은 물론이요 당시 글도 참으로 많이 읽었을 것이라 짐작해본다.

5.2. 달과 고향, 그리움

음력(陰曆)과 양력(陽曆)이란 월력의 형태에서 알 수 있듯이 문화형태에 있어서 동양은 달을, 서양은 해를 중심으로 생성되었다고 할 수 있으니 그만큼 우리나라와 중국은 달을 숭상해왔다고 할 수 있다. 우리 민속에서 임신한 여자가 꾸는 태몽 중 최고는 달, 곧 월정(月精)을 삼키는 것이었다. 그만큼 달에서 사랑과 신앙에 가까운 원력(願力)을 읽을 수 있는 것이다. 또한 보름달은 보름달대로 좋고, 초승달도 미인의 아미로 비유되고 있다.

유가와 도가 모두 일월(日月)의 운동과 사계의 순환에서 영감을 얻었음을 상기해보자. 동양인들은 차고 기우는 달에서도 삶의 이치를 배운 것이다. ≪주역(周易)≫의 계사전(繫辭傳)·하(下)에서는 "추위가 가면 더위가 오고, 더위가 가면 추위가 온다(寒往則暑來, 暑往則寒來)"라고 하였고, 단사(彖

辭)·풍괘(豊卦)에서는 "해가 중천에 뜨면 기울고, 달은 차면 기운다(日中則昃, 月盈則食.)"고 하였다. 또 노자의 ≪도덕경(道德經)≫에서도 "원래의 상태로 되돌아가는 것은 도의 움직임이다.(反者, 道之動.)"라고 하였다. 자연계나 인간사 모두 극단에 이르게 되면 되돌아오려는 반동이 생기게 마련이다. 이러한 진리는 우리 동양인의 역사관이나 인생관에도 영향을 미치게 되었다.

영달해 있을 때도 항상 "중천에 있는 용은 후회할 일이 남아 있다(亢龍有悔)"고 하였고, 또 "편안하게 지낼 때 위태로울 때를 생각하라(居安思危)"고 하며 근신하고 겸손해하는 것을 잊지 않았다. 한편 극도의 위기에 처했을 때도 "어둠이 가고 곧 동이 틀 테지(黎明將至)"라고 하면서 희망을 잃지 않았다. 겨울 속에 입춘(立春)이 들어 있는 것도 어쩌면 겨울이 너무 춥고 길어 힘들고 배고픈 사람들에게 곧 봄이 온다는 희망을 알려주기 위한 것이 아니겠는가!

때문에 우리는 "너무 지나치면 부족한 것이나 마찬가지(過猶不及)"라는 중용(中庸)의 행동철학을 몸에 지니게 되었다. 현대 산업사회를 살며 창의와 개성을 중시하는 우리에겐 굉장히 소극적이고 기회주의적인 처세관으로 보일지 모르겠지만 그러나 삶의 중요한 이치로 작용함은 예나 지금이나 마찬가지다.

불교에서 달은 흔히 진리로서 우리의 본성과 참모습을 가리키기도 한다. 달은 수많은 강물에 비치지만[月印千江] 모두 하나이듯이 불성도 하나[佛性如一]인 것이다. 다만 어떤 달빛은 맑은 강물에 떨어져 깨끗하게 비치기도 하고, 또 혼탁한 물에 떨어져 아예 비치지 않기도 한다. 우리의 본성도 이와 같아서 모두 하나이지만 맘속에 덕지덕지 낀 때로 인해서 보이지 않을 뿐이다.

달은 그리움의 중개자가 되기도 한다. 남조(南朝) 민가인 <자야사시가(子夜四時歌)> 중 <추가(秋歌)>는 밝은 달에 임 그리는 마음을 싣고 있다.

秋風入窓裏,	가을바람 창문 안으로 들어오니,
羅帳起飄揚.	비단 장막이 펄럭인다.
仰頭看明月,	머리 들어 밝은 달 바라보며,
寄情千里光.	천 리 달빛에 마음을 띄워 보낸다.

창문 틈새로 가을바람 들어와 비단 장막이 펄럭일 정도로 차갑고 스산한 날씨이다. 그런데 여전히 혼자인 나는 창문 밖으로 환하게 빛을 뿌리는 달을 쳐다본다. 이 달은 분명 임 계신 그곳에서도 빛나고 있겠지? 천 리 밖이라 할지라도 그곳과 이곳을 하나로 이어주는 달빛에 내 그리운 마음을 띄운다. 보고 싶은 임이시여, 어서 돌아오소서.

또한 달은 사람들에게 스스로 찾아와 복잡하고 처연한 심사를 어루만져 주기도 한다. 왕유의 <죽리관(竹里館)>이란 시를 보자.

獨坐幽篁裏,	그윽한 대나무 숲속에 홀로 앉아,
彈琴復長嘯.	금을 타다가 또 길게 소리 내어 읊조린다.
深林人不知,	숲이 깊어 아무도 알지 못하는데,
明月來相照.	밝은 달이 찾아와 나를 비춘다.

깊은 숲 속에서 홀로 금을 타며 시를 길게 읊조리고 있는 시인에게 달이 찾아온다고 묘사하고 있다. 이 시는 왕유가 본래 능숙하게 구사하였던 공간 확대 수법이 잘 드러나 있다. 하늘의 밝은 달, 지상의 깊은 숲, 그리고 시인 등이 하나가 되는 조화로운 모습과 더불어 공간이 한없이 확장된 모습을 읽을 수 있다.

달을 우정 교감의 대상으로 보고 있는 것은 이백의 <월하독작(月下獨酌)·기일(其一)> 시 역시 마찬가지다.

花間一壺酒,	꽃 사이에서 술 한 병을,
獨酌無相親.	벗도 없이 홀로 마신다.

擧杯邀明月,	잔 들어 밝은 달을 맞이하니,
對影成三人.	마주한 그림자와 셋이 되었다.
月旣不解飮,	달은 원래 술을 모르고,
影徒隨我身.	그림자는 내 몸을 따르기만 할 뿐.
暫伴月將影,	잠시 달과 그림자를 벗 삼으니,
行樂須及春.	즐기는 일은 때마침 춘삼월에 해야 하네.
我歌月徘徊,	내가 노래하면 달은 서성거리고,
我舞影零亂.	내가 춤추면 그림자는 비틀거린다.
醒時同交歡,	깨었을 때는 함께 즐겼는데,
醉後各分散.	취한 뒤에는 각자 흩어졌다.
永結無情游,	영원히 희비를 떠난 사귐을 맺고자,
相期邈雲漢.	멀리 은하에서 다시 만날 것을 기약한다.

즐기기에 알맞은 꽃피는 봄이 때마침 찾아왔다. 꽃 사이에 섰지만 친한 이 하나 없다. 할 수 없이 술잔을 들어 달을 초청하니 내 그림자랑 셋이 되었다. 노래하고 춤추며 함께 즐겼지만 그러나 일단 취하고 나면 모두 각자 흩어져서 제 갈 길로 떠날 뿐이다. 어디서 세상의 희비와 명리를 떠나 영원히 사귈 수 있는 교우 관계를 맺을 수 있을까? 그저 저 멀리 은하수에서 만나 영원한 사귐의 관계를 맺자고 기약할 뿐이다.

세월이 흘러가는 아픔과 슬픔은 인간이면 누구에게나 찾아온다. 때문에 화창한 봄날은 술을 들면서 맘껏 즐기고 아픔일랑 잊어야 한다. 우리 인생에서 술에 의한 도취가 없으면 어떻게 그 많은 슬픔을 잊고 달랠 수가 있겠는가! 그리고 저 멀리 하늘에서 환하게 떠 있는 달에게도 내 슬픔을 하소연해 볼 일이다. 그리하여 시인은 잔을 들어 적극적으로 달을 초청한다. 왕유가 "밝은 달이 찾아와 나를 비춘다(明月來相照)"(<죽리관(竹里館)>)고 하여, 달이 주체가 되어 스스로 시인에게 찾아왔다고 말한 것과는 완전히 반대의 입장이 되어 묘사하고 있다.

청대 원매(袁枚)의 ≪수원시화(隨園詩話)≫에는 <기외(寄外)>시의 시구

일부가 수록되어 있다. "가장 다정한 건 하늘가의 달이라, 두 곳에서의 이별 근심을 항상 알고 있으니.(多情最是天邊月, 兩地離愁總得知.)" 이제 하늘에 뜬 달은 다정한 감정을 지니고서 헤어진 연인들의 그리운 마음을 언제나 이해하고 위로해주는 존재가 되기도 한다.

우리나라 수수께끼 중에는 "밤새도록 노자 안 들고 가는 것은?"이란 수수께끼가 있다. 답은 달이다. 이처럼 고개를 넘고 강을 건너도 달은 언제나 거기 있고 또 언제나 따라오게 마련이다. 가람 이병기(李秉岐)의 시조 <고향길에>의 초장(初章)을 보면 이러한 달이 잘 묘사되어 있다. "소낫녘 드는 바람 시원도 하온지고, 나를 따라 저 달은 물에 비쳐 보이다가, 내 또한 산을 넘으니 산 넘어서 보이더라."

고향을 찾아가는 길에서 보는 달 속에는 어머니의 얼굴이 겹치고, 그녀를 만나러 가는 길목에서 바라보는 달 속에는 연인의 얼굴이 겹쳐 뜬다. 그러니 달은 어디고 떠서 내가 생각하는 사람의 얼굴을 함께 비춰 준다. 강릉의 경포호수에는 다섯 개의 달이 뜬다고 한다. 하늘에 뜬 달과 호수 위에 뜬 달, 술잔에 뜬 달, 그리고 마주한 연인의 두 눈동자 위에 비친 달 등이 그것이다.

제6장
눈과 한시

6.1. 겨울과 눈

온 천지를 순결로 수놓는 눈, 시름 젖은 어깨를 토닥거리며 내리는 눈, 먼 곳의 여인의 옷 벗는 소리처럼 내리는 눈. 눈은 한 가지 색깔과 표정만 갖고 있는 게 아니다. 상황에 따라, 장소에 따라, 눈은 다양한 느낌으로 다가온다.

우리나라 원통법수(圓通法秀, 1027~1090) 선사는 눈 내릴 때 세 종류의 납자(衲子)가 있다고 했다. 가장 못난 승려는 화롯가에 둘러앉아 먹고 떠들면서 놀고, 중간쯤 되는 승려는 먹을 갈아 붓을 들고 시를 지으며, 가장 우수한 승려는 승당 안에서 좌선을 한다고 했다.

그런데 사족으로 덧붙인다면 이들 세 부류에 들지 않는 스님도 있는 법이다. 대중을 시봉하기 위하여 후원에서 살림하는 원주스님은 눈치우고 길 뚫을 일부터 걱정할 것이다. 전방을 지키고 있는 군인에게 하염없이 내리는 눈은 낭만적인 감상의 대상이겠는가? 아니면 하루 종일 힘들게 치워야만 할 고역의 대상이겠는가? 마찬가지로 낙엽은 가을의 애수를 느끼게 하는 진객이지만 그러나 청소부 아저씨에게도 낭만으로 다가올 수 있을까? 이처럼 각자 보는 입장에 따라 대상에 대한 평가의 시선도 모두 다른 법이다. 그러니 눈이라고 예외일 수 있겠는가?

눈은 온 세상을 하얗게 뒤덮는다. 표면적으로만 보자면 마치 온 세상에 고요와 평화가 찾아온 듯하다. 그러나 눈을 대하는 사람들의 마음은 저마다 다를 수밖에 없다. <자야사시가(子夜四時歌)>의 <동가(冬歌)>를 감상해 보자.

淵水厚三尺,	못물은 석 자나 얼었고,
素雪覆千里.	흰 눈이 천 리를 덮었네.
我心如松柏,	내 마음은 송백 같은데,
君情復何似?	임의 마음은 또 어떠하실까?

못 물이나 석 자 두께로 얼었고 눈이 천 리를 뒤덮은 엄혹한 겨울이다. 한여름에는 잎을 무성하게 달았던 모든 나무들도 벌써 다 잎이 떨어지고 이제는 눈에 뒤덮여 있다. 세상의 정리 역시 이와 같아서 잘 나갈 때 주변에 있던 그 많은 사람들이 이제 엄혹한 시절이 찾아오면 다 떠나가고 마음을 거둬들이는 것이다. 그런데 오직 소나무와 측백나무만은 추운 겨울에도 여전히 푸른 본래의 모습을 변치 않고 유지하고 있다. 그래서 세상이 추워진 뒤에야 소나무와 측백나무가 더디 시든다는 사실을 깨닫게 된다.[歲寒然後松柏後彫] 이처럼 추위가 찾아왔어도 언제나 송백처럼 푸른 것이 바로 내 마음인데, 내 곁을 떠나 있는 임의 마음은 또 어떠하실까? 벌써 잎을 다 떨어뜨리고 어느새 나를 향한 마음을 거둬들인 것은 아니실까?

눈은 실생활적인 측면에서 보자면 분명 추위와 불편을 초래하는 존재이다. 게다가 눈 녹은 길은 질척거려 통행조차 불편하게 만든다. 수자리 살러 나간 병사의 노래인 ≪시경·소아·채미(詩經·小雅·采薇)≫의 제6장을 살펴보자.

昔我往矣,	옛날 내가 수자리 갈 적에는,
揚柳依依.	수양버들이 한들거렸다.
今我來思,	이제 내가 돌아가려니,
雨雪霏霏.	함박눈이 펄펄 내린다.

行道遲遲, 가는 길은 길고도 멀어,
載渴載飢. 목마르고 허기가 진다.
我心傷悲, 내 마음 서글퍼지는데,
莫知我哀. 내 슬픔 알아주는 이 없다.

이 시는 변방으로 부역을 나간 사람이 수자리를 끝낸 뒤, 이윽고 고향으로 돌아가려 할 때의 수고로움을 노래한 것이다. 이때는 수자리를 나가면 보통 두 해를 살다 오는데, 늦봄에 떠났다가 다음해 겨울 초기에 고향으로 돌아갈 수 있다. 떠날 때는 수양버들이 한들거리는 화창한 봄이었다. 그런데 이제 집으로 돌아가려고 하는 때는 함박눈이 펄펄 내리는 추운 겨울이다. 게다가 집으로 가는 길은 멀고도 험하니 목이 마르고 허기도 질 수밖에 없다. 이런 서글픈 마음을 그 뉘라서 알아주랴! 아랫사람들의 힘든 노고와 비통한 마음을 윗사람이라면 응당 알아서 잘 살펴줄 수 있어야 한다는 것을 우회적으로 표현하고 있다고 볼 수도 있다.

삼국시대 위(魏)나라 조조(曹操)는 원소의 조카 고간(高幹)이 반기를 들자 업성[鄴城, 하북성 임장현(臨漳縣)]에서 토벌군을 일으켜 태항산(太行山)을 넘으면서 <고한행(苦寒行)>을 쓴다.

北上太行山, 북으로 태항산을 넘는데,
艱哉何巍巍. 어찌나 험하고 가팔라 오르기 어렵던지!
羊腸坂詰屈, 구불구불 고갯길에서,
車輪爲之摧. 수레바퀴가 부서진다.
樹木何蕭瑟, 나무들은 어찌나 쏴쏴하던지,
北風聲正悲. 북풍 소리는 정말이지 슬펐다.
熊羆對我蹲, 곰과 큰곰은 나를 향하여 웅크리고 있고,
虎豹夾路啼. 호랑이와 표범은 길을 막고 으르렁댄다.
谿谷少人民, 인가도 없는 골짜기엔,
雪落何霏霏. 눈송이가 어찌나 펑펑 쏟아지던지!

延頸長歎息,　　멀리 돌아보며 장탄식하노니,
遠行多所懷.　　먼 원정길에 감회가 깊다.
我心何怫鬱,　　내 마음 어찌나 속상하고 답답하던지,
思欲一東歸.　　온통 동쪽 고향으로 돌아가고픈 생각뿐이다.
水深橋梁絕,　　강물은 깊고 다리는 끊겨,
中路正徘徊.　　행군은 중도에서 한창 헤맨다.
迷惑失故路,　　옛길을 잃고 헤매다가,
薄暮無宿棲.　　땅거미는 지는데 잘 곳은 없다.
行行日已遠,　　가고 또 가서 벌써 날마다 멀어지는데,
人馬同時飢　　사람과 말이 동시에 굶주려 있다.
擔囊行取薪,　　자루를 짊어지고 땔감을 주우러 가고,
斧冰持作糜.　　얼음에 도끼질하여 가져다 죽을 끓인다.
悲彼東山詩,　　슬픈 저 동산의 노래가,
悠悠使我哀.　　멀리서 나를 슬프게 한다.

이 시는 추운 겨울날을 무릅쓰고 전쟁터에 나간 병사들의 괴로움을 노래한 시로서, 질박한 표현 속에 거침없는 정열과 기백이 담겨 있는 조조 시의 특징을 잘 표현한 시이기도 하다. 험하고 가파른 태항산을 넘는다. 북풍은 쏴쏴 불어대고, 함박눈은 펄펄 쏟아진다. 행군할수록 날마다 고향과는 멀어지니 온통 고향 생각뿐이다. 거기에다 굶주림까지 찾아온다. 그러니 주공(周公)이 멀리 동쪽으로 원정을 갔던 일을 노래한 ≪시경·빈풍·동산(詩經·豳風·東山)≫의 시가 더욱 사람의 애를 끊어지게 만든다.

당대 잠참(岑參)의 <주마천행봉송봉대부출사서정(走馬川行奉送封大夫出師西征)>시는 가을에도 눈발이 날리는 변방지역의 웅장하고 기이한 풍광을 잘 묘사함으로써 변방 전사들의 영웅스러운 기개가 두드러지도록 표현한 시이다.

君不見,　　그대는 보지 못했는가,
走馬川雪海邊,　　주마천이 설해 가로 흐르고,

平沙莽莽黃入天! 평활한 사막은 아득하니 누렇게 하늘에 닿아 있는 것을!
輪臺九月風夜吼, 윤대의 구월, 밤에 바람이 노호하니,
一川碎石大如斗, 온 강에 말처럼 큰 부서진 돌들,
隨風滿地石亂走. 광풍 따라 여기저기 마구 뒹군다.
匈奴草黃馬正肥, 흉노 땅의 풀은 누레지고 말은 마침 살찌니,
金山西見煙塵飛, 금산 서쪽에 연기 오르고 먼지 날리는데,
漢家大將西出師. 봉상청 대장군이 서역으로 출정한다.
將軍金甲夜不脫, 장군은 쇠 갑옷을 밤에도 벗지 않고,
半夜軍行戈相撥, 한밤중에 행군하니 창들이 서로 부딪치며 퉁기는데,
風頭如刀面如割. 바람이 칼로 베는 듯 얼굴에 부딪쳐온다.
馬毛帶雪汗氣蒸, 말털에 닿은 눈은 땀 열기에 김이 올랐다가,
五花連錢旋作冰, 오화와 연전의 무늬 위에서 또 즉시 얼어붙고,
幕中草檄硯水凝. 군영에서 격문을 기초하려니 벼루의 먹물이 얼어있다.
虜騎聞之應膽懾, 오랑캐 기병은 소문 듣고 간담이 서늘해서,
料知短兵不敢接, 백병전에 감히 맞설 수 없으리라 예상되니,
車師西門佇獻捷. 정주(庭州) 서문에서 바쳐질 전리품과 포로를 기다리리라.

시 제목에 행(行)이 붙은 것은 한시의 한 체재로서 노래하는 악곡(樂曲)을 뜻한다. 한위(漢魏) 이래로 악부시(樂府詩)는 가(歌)나 행(行)을 제목으로 삼은 작품들이 많은데, 이 둘 사이에 엄격한 차이가 있는 것은 아니어서 후에는 가행체(歌行體)로 합쳐 부르기도 하였다. 이 시는 출정하는 당군(唐軍)을 전송하는 일종의 송행시(送行詩)이다.

주마천(走馬川)은 강이름으로서 윤대(輪臺) 서쪽에 있던 백양하(白楊河), 지금의 마납사하(瑪納斯河)로 추측되기도 한다. 설해(雪海)는 천산산맥(天山山脈) 부근에 있는 지역 이름이다. 금산(金山)은 알타이 산맥을 가리킨다.

시 전체에 정서가 격앙되어 있고 호탕한 기개가 넘친다. 첫머리 여섯 구는 시각과 청각을 통해 서북 지역 대사막의 기이한 풍광을 묘사하고 있다. 대사막은 망망하니 끝이 없이 펼쳐져 곧장 하늘 끝에 닿아 있는 듯 하고, 휘몰아치는 광풍은 말처럼 큰 돌들을 불어 어지러이 흩어 놓는다. 흩날리는 모

래와 돌 등의 자연 환경을 과장적으로 묘사함으로써 고통스러운 자연 환경조차도 전사들의 전진을 가로막을 수 없을 정도로 당의 군사는 용맹하고 기개가 있다는 사실을 드러내고 있다. 이어서, 당의 군사는 바람과 눈이 몰아치는 혹한에도 불구하고 치밀하게 전쟁을 맞이할 준비를 하고 있는 광경을 묘사하고 있다. 장군은 쇠 갑옷을 밤에도 벗지 않는다고 했으니 언제라도 행군하고 전투할 준비가 되어 있다는 사실과 더불어 전장에서의 엄청난 긴장과 고통을 알 수 있다. 계속하여, 야간 행군을 강행하는 일사불란한 군내 대오를 묘사하였고 격문을 기초하는 데 사용되는 먹물도 얼어있을 정도의 혹독한 추위를 묘사하고 있다. 마지막으로, 아군의 위용과 투지를 전해 들은 적군은 간담이 서늘해져서 감히 맞서지 못 할 것이기에 아군은 대승을 거둘 것이라 예상하며 미리 승전을 축하하고 있다. 이 시는 매 세 구마다 환운하고 있어서 음조가 낭랑하고 힘 있으며 긴박한 절주로 시 전체에 긴박감을 더해주고 있다.

잠참 변새시의 대표작으로서 인구에 가장 많이 회자되는 <백설가송무판관귀경(白雪歌送武判官歸京)> 시를 이어서 감상해 보자.

北風卷地白草折,	북풍이 대지를 말듯이 휘몰아치니 백초 꺾이고,
胡天八月卽飛雪.	변방 하늘엔 팔월 되자 벌써 눈이 휘날리네.
忽如一夜春風來,	홀연히 한 밤새 봄바람 불어 와,
千樹萬樹梨花開.	천만 그루 나무에 배꽃이 피어난 듯하네.
散入珠簾濕羅幕,	어지러이 주렴 안으로 날아들어 장막을 적시니,
狐裘不暖錦衾薄.	여우 갖옷도 따뜻하지 않고 비단 이불은 얇기만 하네.
將軍角弓不得控,	장군은 뿔 활시위를 당길 수 없고,
都護鐵衣冷難着.	도호는 쇠 갑옷 차가와 입기 어렵네.
瀚海闌干百丈冰,	대사막엔 백 장 되는 얼음이 어지러이 널려 있고,
愁雲慘淡萬里凝.	시름겨운 구름은 참담히 만 리에 엉겨 있네.
中軍置酒飮歸客,	중군에서 술을 내어 돌아가는 객에게 마시게 할 적,
胡琴琵琶與羌笛.	깡깡이와 비파에 오랑캐 피리소리 어우러지네.

紛紛暮雪下轅門,	저녁 눈이 어지러이 군문에 내리고,
風掣紅旗凍不翻.	바람 몰아쳐도 붉은 깃발은 얼어서 펄럭이지 않네.
輪臺東門送君去,	윤대의 동문에서 그대를 보내는데,
去時雪滿天山路.	떠날 때는 천산 길에 눈이 가득 쌓였으리라.
山回路轉不見君,	산과 길은 구비 돌아 그대 보이지 않고,
雪上空留馬行處.	눈 위엔 부질없이 말 발자국만 남아 있네.

이 시는 가행체(歌行體)의 송별시(送別詩)로서 가을에도 눈이 쏟아지는 변방의 이국적인 풍광이 잘 묘사되어 있는데, 한편으로 그런 극도로 열악한 환경에서 생활해야 하는 시인의 고통을 잘 읽을 수 있다.

이 시는 크게 세 부분으로 나누어 살필 수 있다. 전반부 열 구는 설경(雪景)과 전장에서의 혹한을 묘사하고 있다. 시인은 첫머리부터 독자에게 이상하고 기이한 감각을 던져준다. 땅위의 풀들이 땅을 말아 올리는 북풍에 불어 넘어지고 가을 하늘에 뜻밖에도 눈이 내린다. 이러한 현상은 변방 지역에서는 정상적인 일일지라도 중원에서 파견된 시인의 시각으로 보자면 매우 기이할 수밖에 없다. 시 가운데 '풍권초절(風卷草折)'이나 '팔월비설(八月飛雪)' 등은 구체적인 경물을 빌어 묘사한 혹한인데 비해, '호구불난(狐裘不暖)'이나 '금금박(錦衾薄)', '각궁부득공(角弓不得控)'이나 '철의냉난착(鐵衣冷難着)' 등은 시인의 주관적인 느낌으로 감지한 혹한이다. 모두 기이함을 구현한 말들이라 하겠다.

그런데 이 시 가운데서도 가장 출중하다고 평가되는 구절은 제3·4구로서 기이하고 특출한 상상을 발휘하고 있다. 나무에 가득 쌓인 눈을 마치 밤새 홀연 봄바람이 불어와 천만 그루 나무에 배꽃이 핀 것 같다고 묘사함으로써 가혹한 추위 속에서 오히려 따스한 봄날의 느낌이 배어나오도록 하고 있다.

중반부 네 구는 송별연을 베푸는 광경을, 후반부 네 구는 객을 전송하는 것을 서술하고 있다. 특히나 송별 뒤에 눈 위에 부질없이 남아 있는 말 발자국을 묘사하여 이별의 한스러운 정을 돋보이게 하고 있다.

6.2. 적멸(寂滅)과 눈

차고 시린 눈이 내려 온 세상을 하얗게 뒤덮는다. 눈은 우리를 화로변으로 이끌어 정담을 나누게 하고, 또 잠시나마 순수와 순결에 대한 생각을 일깨우기도 한다. 때로는 화초와 나무들을 꽁꽁 얼려서 그들로 하여금 시련 속에서 꽃을 피울 준비를 하도록 채근하기도 한다. 우리나라 어느 시인은 "한겨울 추위에 꽁꽁 얼어 보지 않은 푸나무들은, 제 피워 낼 꽃의 형상을 기억하지 못하기" 때문에 눈이 내려서 "잠든 푸나무 위에 내려앉아 꽃의 기억들을 일깨워 줍니다."(복효근, <눈이 내리는 까닭>)라고 노래하기도 하였다.

눈은 본래 지닌 추위라는 속성과 하얗게 뒤덮는 특징 때문에 기존에 존재하던 것들과의 단절과 소멸을 의미하기도 한다. 당대 유종원(柳宗元)의 <강설(江雪)>은 우리에게 이런 느낌을 가장 잘 전달해주는 시이다.

千山鳥飛絕,	온 산에 새들 날지 않고,
萬徑人蹤滅.	온 길에 인적이 끊겼다.
孤舟蓑笠翁,	외로운 조각배에 도롱이 삿갓 쓴 늙은이,
獨釣寒江雪.	눈 내리는 차가운 강에서 홀로 낚시질한다.

수많은 산과 길들은 우리가 흔히 보는 주변 광경이다. 그리고 새가 날고 사람의 발자취가 보이는 것은 생명체가 매일 일상을 영위하는 평범한 현상에 불과하다. 그런데 이 시의 핵심[詩眼]은 끊기고 소멸되었다는 뜻의 '절

(絕)'과 '멸(滅)' 두 글자에 있다. 세상의 평범하고 일상적인 광경과 현상들이 이 두 글자에 의해 갑자기 끝없는 정적과 절대적인 침묵의 세계로 들어가 버리도록 만들만큼 힘이 서려 있다. 이것은 모두 온 산과 길을 하얗게 뒤덮은 차가운 눈으로 말미암아서이다. 이로부터 세상 모든 것이 다 공허하고 적막한 공적(空寂)의 경계가 시 속에 구현되었다. 이런 경계는 곧 시인의 심경이 기탁된 것이라고 할 수 있다. 차가운 눈을 맞으면서 무심히 강에 낚싯대를 드리운 늙은이의 모습은 바로 시인이 구현하고 싶은 인물 형상일지도 모른다.

송대 소식의 <화자유민지회구(和子由澠池懷舊)>는 한시 중에서도 철학적 사유를 가장 많이 담고 있는 시로 꼽히고 있다.

人生到處知何似, 사람이 살면서 지나온 길 무엇과 닮았는지 아시는가?
應似飛鴻踏雪泥. 날던 기러기 눈 녹은 진흙땅을 밟는 것과 같다네.
泥上偶然留指爪, 진 땅 위에 우연히 발자국 남겼지만,
鴻飛哪復計東西. 기러기 날아가고 나면 어떻게 다시 방향을 가늠할 수 있던가!

老僧已死成新塔, 노승은 이미 죽어 새로운 사리탑이 섰고,
壞壁無由見舊題. 담벼락 무너져 지난날에 쓴 시 볼 길 없네.
往日崎嶇還記否, 지난 날 험난했던 길 아직 기억하시는가?
路長人困蹇驢嘶. 길은 먼데 사람은 지쳤고 절룩이던 노새는 울부짖던 것을!

민지(澠池)는 지금의 하남성 낙양 서쪽에 있던 현 이름이다. 소식 형제는 1056년 과거를 보러 상경하다가 이곳을 지났는데, 이제 5년 뒤인 1061년에 소식이 섬서성에 부임하면서 이곳을 다시 지나게 되자 감회가 일어 쓴 시이다.

엄우(嚴羽)가 "좋은 대구(對句)를 얻기는 쉽지만 좋은 결구(結句)를 얻기는 어렵고, 좋은 발구(發句)를 얻기는 더욱 어렵다"고 말한 적이 있는데, 이 시는 맨 처음 시작하는 발구가 탁월하여 마치 처음에 모든 정화를 다 쏟아낸

듯하다.

우리가 살아온 인생의 흔적은 무엇과 같은가? 마치 눈 녹은 진흙땅에 찍힌 기러기 발자국 같다. 우연히 발자국을 조금 남기긴 하였지만 그러나 기러기가 일단 날아가 버리면 어디로 날아갔는지 알 수 없듯이, 사람도 죽고 나면 그의 자취를 찾을 길이 없는 것이다.

노승은 이미 죽어 사리탑이 들어섰고, 동생이랑 함께 담벼락에 썼던 시들도 남아 있지 않다. 나름대로 살았던 자취를 많이 남기려들 애쓰지만 그것마저도 결국에는 머잖아 햇빛과 세월에 사라질 허무한 것들이다. 이처럼 인생은 허망한 것이다. 인생무상이다. 그러니 아등바등 탐욕에 사로잡혀 현세에 많은 재화를 소유하고, 또 많은 업적을 남겨 사람들에게 인정을 받는 것이 대단할 게 없는 것이다. 다시 한 번 우리의 삶을 겸허히 성찰하고 반성하게 하는 시이다. 운명을 편안히 받아들이면서 인생을 달관할 필요가 있다.

이제 우리의 지난날[往日]을 돌이켜 생각해보자. 우리가 가던 길은 정말 험난하고 멀었다. 그래서 사람도 지쳤고 노새도 절룩이며 고통에 울부짖었다. 누구나 지난날을 회상하면 힘들었고 고생스러웠다. 그래서 B. 애트킨슨은 말했다. "매 시기에서의 지나간 시절은 하나의 신화였다. 그 시절이 좋다고 생각한 사람은 아무도 없다. 왜냐하면, 각 시대는 그 시대를 거쳐 살아온 사람에게 견딜 수 없을 만하게 생각되는 위기로 이루어져 있기 때문이다." (≪대양일주≫) 이제, 지난날을 돌이켜 생각해보면 그 시기는 견딜 만했었다는 것을 새삼 깨닫는다. 동시에 지난날의 고생과 경험은 지금 나의 눈과 마음을 키우는 데 큰 공헌을 하였다. 그리고 다시 성숙한 눈으로 보니, 모든 것이 다 허망한 일이었고 그렇게 아등바등할 살 필요가 없었다는 사실을 깨닫게 된다. 달관의 눈으로 인생은 무상하다는 진리를 너그러이 받아들일 수 있게 된 것이다.

청허휴정(淸虛休靜, 1520~1604) 선사의 <답설(踏雪)>이라는 선시가 있다.

청허휴정은 묘향산(일명 서산)에서 오래도록 머물렀기에 서산대사라는 이름으로 우리에게 더 잘 알려진 스님이다. 이 시가 유명해진 결정적인 원인은 백범 김구 선생이 이 시를 좌우명으로 삼았기 때문이다. 누구든지 자신이 살아가는 삶의 방식을 다시 한 번 되돌아보게 만들어주는 명시이다.

踏雪夜中去,	한밤중에 눈을 밟으며 가더라도,
不須胡亂行.	거칠고 어지럽게 걸어서는 안 된다.
今日我行績,	오늘 내가 다닌 발자취가,
遂作後人程.	마침내 뒷사람들의 이정표가 되리니.

첫째 구는 "踏雪野中去(눈을 밟으며 들판을 가더라도)"로 되어 있는 판본도 있다고 한다. 그런데 한밤중에 눈길을 걸을 때는 눈에 잘 보이지 않기에 우리는 대충 아무렇게나 걷기 쉬운데 그럴 때조차도 신중하게 걸어야 한다는 것이니, 아무래도 한낮에 넓은 들판을 걷는다고 말하는 것보다는 우리에게 주는 경각심과 각오가 더 깊고 비장하다고 할 수 있겠다.

눈이 내리면 발자국이 남는다. 우리는 그냥 우리가 갈 길만 서둘러 가면 될 뿐이다. 뒷사람까지 걱정하면서 걸을 필요는 없는 것이다. 그러나 선각자는 눈길을 걸으면서도 뒷사람을 위해 남는 발자국까지 걱정하며 걸어야 한다. 따를 것인가, 말 것인가 하는 판단은 뒷사람의 몫이겠지만 그러나 여하튼 이정표는 그들에게 좋은 참고 사항이 될 것이다. 설사 선각자가 아닐지라도 우리의 발자취는 깨끗이, 그리고 바르게 남기는 것이 우리 스스로를 위해서도 매우 필요하다고 할 수 있다. 인생은 행복과 불행으로 판단되는 것이 아니라 하나의 의미(significance)로 규정되는 것이기 때문에, 자신의 인생이 의미가 있게 하기 위해서는 스스로 길을 바르게 걸을 필요가 있다. 그리고 나고 든 자리를 반듯하고 깨끗하게 남겨두어야 한다.

그런데 우리가 명심해야 할 점이 있다. 우리는 같은 물에 발을 두 번 담글 수 없듯이 인생을 두 번 살 수 없다. 그리고 우리가 걷는 길은 항상 길 없는 길로서, 정답이 없고 또한 두 번 되풀이될 수 없는 길이다. 설사 앞사람의 발자국을 따라 똑같이 그대로 걷는다고 할지라도 그것은 같은 길이 아니라 뒷사람이 새로 걷는 길일뿐이다. 남이 이미 걸었던 길 중에는 내가 따를 수 있는 모범적인 길이 분명 있겠지만, 그러나 그것은 결코 완전히 나의 길과 동일한 길이 될 수 없기에 언제나 내가 스스로 주인이 되어 개척하면서 길을 걸어야 한다는 것을 명심해야 한다.

또 다른 우리나라의 한시를 감상해 보자. 이 가운데 제3, 4행은 ≪어우야담(於于野談)≫에도 실려 있는데, ≪세조실록≫을 편찬하는 데 간여한 채수(蔡壽)와 손자인 무일(無逸)이 주고받았던 대구라고 한다. 아마도 이 대구 위에 누군가가 두 행을 덧붙여 넣은 것으로 보인다.

昨夜初雪薄,	어제 밤에 첫눈이 엷게 내려,
今朝後庭素.	오늘 아침 뒤뜰이 하얗다.
狗走梅花落	개가 달려가니 매화가 떨어져 있고
鷄行竹葉成	닭이 걸어가니 대잎이 피어나 있다.

이 시의 묘미는 역시 채수와 손자 간에 주고받았다고 전해지는 제3, 4행의 대구에 있다. 강아지가 달려가느라 흰 눈 위에 찍힌 발자국을 떨어진 매화에 비유하였고, 닭이 걸어가면서 찍힌 발자국을 대나무 잎이 피어나 있는 것으로 비유한 묘사법이 익살스러우면서도 생동적이기까지 하여 그 의미가 더욱 서정적으로 되살아난다. 이렇게 흥취가 있고 생동적인 시를 중시한 시론이 바로 청대 원매(袁枚)가 주장했던 성령설(性靈說)이기도 하다.

제7장
온유돈후(溫柔敦厚), 사랑과 한시

7.1. 애정표현에 대한 두 가지 관점

주(周)나라로부터 청말(清末)까지 중국고전시론이 발전해 온 역사는 기본적으로 유가(儒家) 철학을 토대로 한 정교(政教)·효용론과 도가(道家)·불가(佛家) 철학을 기초로 한 운미(韻味)·함축론의 대립과 융합 속에서 발전해 온 역사라고 할 수 있다.

유가사상을 기반으로 한 정교·효용론은 어떻게 해서 성립되었는가?

유가 학설은 '수기치인(修己治人)'의 도, 즉 자기를 수양하고 남을 다스리는 방법을 중시하기에 정치·윤리 사상이 중심이 된다. 그래서 유가학설은 정치·교화라는 정교(政教)의 입장에서 출발하여, 문학이 스스로 효용성을 지녀서 정치·교화를 위해서 이바지할 것을 주장하면서 정교·효용을 중심으로 하는 문학이론을 세우게 되었다.

시가 지닌 정교상의 효용 가치로 유가는 네 가지 분야를 들었으니 그것이 바로 흥(興)·관(觀)·군(群)·원(怨)이다. "시는 사람에게 감흥을 자아내게 하고, 사물을 관찰할 수 있게 하며, 무리와 어울리게 하며, 정치를 완곡하게 원망할 수 있게 한다.(詩可以興, 可以觀, 可以群, 可以怨.)"(≪논어(論語)≫)

≪모시(毛詩)·서(序)≫에서는 좀 더 폭넓게 시의 효용가치를 규정하였다. "정치의 득실을 바로잡고 천지와 귀신을 감동시키는 데는 시보다 더 영향력을 지닌 수단이 없다. 선왕은 시로써 부부의 도를 잘 지키게 하고, 효도와

공경심을 완성하였고, 인륜을 두텁게 하였고, 교화를 아름답게 했으며, 풍속을 좋은 방향으로 바꾸었다.(正得失, 動天地, 感鬼神, 莫近於詩. 先王以是經夫婦, 成孝敬, 厚人倫, 美教化, 移風俗.)"

이처럼 시가 현실의 정치교화를 위해 봉사할 수 있는 효용성을 지녀야한다는 생각은 후대로 갈수록 면면히 계승되고 더욱 강화되기도 하였다. 문학은 반드시 유가의 윤리 도덕을 담아야 한다고 주장하는 '문이재도(文以載道)'론[송(宋), 주돈이(周敦頤), ≪통서(通書)·문사(文辭)≫], 시도(詩道)는 "성성을 다스리고, 인륜과 사물의 당연한 도리를 잘 해내게 하고, 귀신을 감동시킬 수 있어야 한다.(詩之爲道, 可以理性情, 善倫物, 感鬼神.)"[청(淸), 심덕잠(沈德潛),≪설시수어(說詩晬語)≫ 권상(卷上)] 는 등의 이론이 그것이다.

그렇다면 이러한 유가의 정교·효용론의 입장에서 볼 때, 문학작품에 드러내야 하는 감정은 어떠해야 할까?

그들은 "≪시경≫에 묘사된 사람들의 됨됨이는 모두 따뜻하고 부드러우면서 너그럽고 중후하였다(其爲人也, 溫柔敦厚)"(≪예기(禮記)·경해(經解)≫)고 하면서 이것이 바로 ≪시경≫이 가르쳐 준 교훈이라고 간주하였다. 다시 말해서 그들은 온유돈후를 시교(詩教)론으로 내세운 것이다. 이것은 나중에 유가사상을 따르는 수많은 후대 시인들의 창작상 강령이자 교조가 되었다. 이렇게 사람됨이 온유하고 돈후하게 묘사하는 것이 ≪시경≫시가 주는 가르침이라고 하였을 때, 과연 시작품에 어떻게 감정을 표현해야만 온유돈후하게 사람됨을 표현한 것이라 할 수 있을까?

이 점에 대해 ≪모시·서≫가 우리에게 해답을 주고 있다. 바로 "감정을 표현하되 예의에서 멈춰야 한다(發乎情, 止乎禮義)"는 이론이다. 다시 말해서 유가의 예의에 딱 들어맞도록 감정이 표현되어야지 지나쳐서는 안 된다는 주장이다. 공자 역시 이러한 관점과 동일한 맥락에서 시에 표현되는 감정의 정도에 대해서 언급하였다. "<관저>시는 즐거워하되 음탕하지 않으며, 슬펴하되 비통해 하지는 않는다.(關雎, 樂而不淫, 哀而不傷)"(≪논어(論語)·팔일(八佾)≫) 이것은 모두 시에 표현되는 감정의 과격함을 배격하고 그 드러냄이 절제 있고 조화를 이루어 중화미(中和美)를 달성할 것을 주장한 것이다.

문학의 생명은 서정, 즉 감정의 표현에 있다. 때문에 이러한 '온유돈후'론과 '발호정, 지호예의'론, '낙이불음, 애이불상'론 등 일련의 감정에 대한 제한과 조절을 강조하는 이론이 비록 유가사상이 주류를 이루는 중국이라는 특수한 상황에서 시단에서 강세를 보인 것이 사실이긴 하지만 그렇다고 반발을 사지 않았던 것은 아니다. 이런 주류 시단에 대항한 이들은 주로 '천지자연의 이치를 보존하고 인간의 욕망을 없애야 한다(存天理, 滅人欲)'고 주장하는 도학자(道學者)들을 위선자로 규정하고 문학에서도 진실한 감정을 자연스럽게 표현할 것을 주장하는 사람들이었다. 이들을 앞서 규정한 정교·효용론자들과 대비시켜 진정(眞情)·표현론자들이라고 규정할 수 있겠다.

진정·표현론자들의 주장의 근원 역시 ≪모시·서≫에서 "가슴 속 감정을 노래한다(吟詠情性)"고 언급한 데서 시작된다. 그리하여 송대 엄우(嚴羽) 등도 계속하여 "시란 감정을 노래하는 것이다(詩者, 吟詠情性也)"(≪창랑시화(滄浪詩話)·시변(詩辨)≫)고 주장하기에 이른다.

'음영정성'론에 기반을 둔 진정·표현론자들은 그렇다면 감정을 어떻게 표현하는 것이 적절하다고 보았을까?

여기에 대한 이론을 주창한 대표적인 시론가가 바로 진(晉)대 육기(陸機)이다. 그는 ≪문부(文賦)≫에서 "시는 감정으로 말미암아 지어진다(詩緣情)"는 이론을 주장하기에 이른다. 다시 말해서 시는 순전히 진실한 감정에 의존해야지 여기에 어떤 제약을 덧붙이는 것이 아니라는 말이다. 뒤를 이어 계속 진정·표현론을 계승하는 시론가들이 나오기 시작했는데, 그 가운데서도 명대 공안파(公安派) 원굉도(袁宏道)는 아주 대표적인 인물이다. 원굉도는 "상투적인 격식에 구속되지 않고, 오직 성령을 표현한다.(不拘格套, 獨抒性靈)"고 하였다. 청대 원매(袁枚) 역시 "시는 성령을 표현하는 것(詩寫性靈)"이라고 주장하였다. 여기서 원굉도나 원매가 말하는 성령(性靈)의 주된 함의는 바로 진실한 감정을 의미한다.

이처럼 정교·효용론자들과 진정·표현론자들 간에 시에 감정을 어떻게 표현할 것인가와 관련된 관점은 매우 큰 차이가 있다고 말할 수 있다. 주된 차이는 바로 하나는 감정을 온유돈후하게 조절해야 한다는 것이고, 하나는 감정에 제약을 두지 말고 진실하게 표현할 수 있어야 한다는 것이다. 특히 시에 남녀 간의 감정을 표현하는 문제라면 이 두 이론 관점들 간의 차이는 더욱 극명하게 나뉜다고 할 수 있다.

7.2. ≪시경(詩經)≫과 애정시

중국 한시에도 애정시(愛情詩)들은 많다. 중국 최초의 시집이자 민간가요집인 ≪시경(詩經)≫은 애정시로 가득 차 있다. 우리가 ≪시경≫에 애정시가 많은 이유를 살피자면 주나라 사회의 특징에 대해서 먼저 살피지 않을 수 없다.

중국고대사는 기사(記事)가 간략할 뿐만 아니라 대다수가 통치자 및 귀족 활동에 관한 것이 중심을 이루고 있으며 평민들의 사적에 대한 기록은 그리 많지 못하다. 때문에 수천 년이 지난 현재 중국 고대사회사를 연구한다는 것은 참으로 쉽지가 않다. 고대 사료를 통해서 고대사회사를 연구하고자 할 때 현존하는 ≪시경≫을 통해 연구하는 것도 매우 의미 있는 일이다. ≪시경≫은 주대 시가의 총집(總集)으로서, 이 삼백 여 편의 시에는 귀족뿐만 아니라 평민들의 노래도 대량으로 수록되어 있기 때문이다.

≪시경≫을 통해 주대 사회의 남녀 관계를 보면 두 가지 특징을 찾을 수 있다.

첫째, 남존여비(男尊女卑)의 불평등이 존재했음을 알 수 있다. 주대는 부권(父權) 흥성시대였기 때문에 종법(宗法) 사회제도가 실시되었고, 남성의 권력이 더욱 제고되었으며 여성의 지위는 점차 하락되었다. 여성은 남성의 부속물로 변해 버렸으며 임의로 사회활동을 하지 못하고 규방을 지켜야만 했다. 이처럼 불평등한 사례는 ≪시경≫소남(召南)의 <초충(草蟲)>시에서도 찾아 볼 수 있다. 이 시는 한 여인이 출가하는 길에서 남편 될 사람을 아직 만나보지 못한 상황이라 장차 남편 될 사람에게서 기쁨을 얻을 수 있을지 노심초사하다가, 결국 남편을 만난 뒤에 그가 기뻐하자 그녀의 마음도 비로소 안정되었다고 하고 있다.

둘째, 남녀 간의 혼인이 자유스럽지 못 하였음을 알 수 있다. 고대의 혼인은 반드시 부모의 명을 따라야만 했고 개인의 자유가 허용되지 않았다. 이와 같은 규정을 어길 시에는 사회의 엄격한 지탄을 받았으니, ≪시경≫ 용풍(鄘風)의 <체동(蝃蝀)>편은 바로 남녀 간의 자유연애를 꾸짖은 시이다. 이 같은 분위기 속에서 성정이 강직한 여성은 수절을 택하고 혼자 살았다. 용풍(鄘風)의 <백주(柏舟)>시는 무명의 한 여인이 혼인에 저지를 당하자 종신토록 출가하지 않겠다는 결연한 뜻을 밝히고 있다.

한편 남녀계급이 극도로 불평등하게 된 주대 사회에서는 여성이 남성으로부터 버림을 받는 사례가 부단히 발생하였다. 패풍(邶風)의 <곡풍(谷風)>은 남편에게 버림받은 여인이 자신의 비통함과 절망의 심정을 토로한 것으로서 여인의 용모가 쇠하자 쫓겨나게 되었음을 말하고 있다. 이밖에도 신방(新房)놀이의 풍속을 보여주는 당풍(唐風)의 <주무(綢繆)>시편이 있고, 아들을 낳고자 하는 풍속을 보여주는 주남(周南)의 <부이(芣苢)>시가 있는데, 부인들이 질경이를 캐며 아들을 얻기를 원하고 있다.

그럼 ≪시경≫ 속에 묘사된 여성과 연인들의 모습을 살펴보자.

≪시경≫의 국풍은 대부분 서정시이고, 그 중 3분의 1이 남녀 간의 사랑 또는 혼인 관계가 주류를 이룬다. 예로부터 정경(正經)이라 불리는 <주남(周南)>·<소남(召南)> 속에도 사랑이나 임에 대한 그리움을 노래한 여러 편의 시들이 있다. 정경이 이러하니 음탕한 노래의 대명사처럼 불리는 정풍(鄭風)은 말할 것도 없고, 변풍(變風)이라 간주된 13국풍의 시들에도 사랑의 노래가 많다. 당시의 여성들은 종법 예교의 속박을 받아서 사랑과 혼인에 자주권이 없었기에 괴로워하며 탄식하였다. 이 시들은 남녀 간의 애정시인 동시에 여성이라는 중대한 사회적 문제를 제기한 것으로 보는 관점도 있다.

먼저 ≪시경≫제1수인 <관저(關雎)>시를 감상해 보자.

關關雎鳩, 구욱구욱 우는 물수리,
在河之洲. 황하의 모래섬에 있도다.
窈窕淑女, 아리따운 숙녀는,
君子好逑. 군자의 좋은 짝이로다.

參差荇菜, 들쭉날쭉한 마름나물을,
左右流之. 좌우로 물길 따라 취하도다.
窈窕淑女, 아리따운 숙녀를,
寤寐求之. 자나 깨나 구하도다.
求之不得, 구하여도 얻지 못 하는지라,
寤寐思服. 자나 깨나 생각하고 그리워한다.
悠哉悠哉, 아득하고 아득해라,
輾轉反側. 잠 못 들고 뒤척이네.

參差荇菜, 들쭉날쭉한 마름나물을,
左右采之, 좌우로 취하여 가리도다.
窈窕淑女, 아리따운 숙녀를,

琴瑟友之.	금과 비파로 친히 하도다.
參差荇菜,	들쭉날쭉한 마름나물을,
左右芼之,	좌우로 삶아 올리도다.
窈窕淑女,	아리따운 숙녀를,
鐘鼓樂之.	종과 북으로 즐겁게 하도다.

이 서정 가요인 <관저> 편의 정조가 대표하고 있는, 서정성 풍부한 고대의 민요집인 ≪시경≫은 내용이 충후하여 사람의 심성을 수양하게 함으로써 윤리·도덕과 정치·외교 등에 폭넓게 활용할 수 있는 경전으로 간주되어 왔기에 수천 년 동안 중국뿐만 아니라 동아시아에서 바이블처럼 읽혀왔다.

이처럼 ≪시경≫을 경전의 위치로 격상시킨 사람이 바로 공자이다. 그는 ≪논어(論語)·위정(爲政)≫에서 "≪시경≫ 3백 편을 한 마디 말로 요약하면 마음에 간사함이 없다.(詩三百, 一言以蔽之, 曰'思無邪')"고 하였다.

제1장의 네 구는 일종의 수사법으로서 '흥(興)'에 속한다. '흥'이란 주제와는 관련이 없는 듯한 다른 사물을 먼저 제시하여 본격적으로 노래할 주제를 떠올리게 하는 역할을 한다. 물수리새는 태어나면서 정해진 짝이 있어서 서로 난잡하게 놀아나지 않고 항상 짝과 같이 놀며 정이 두터우면서도 분별이 있다고 한다. 그래서 부부간에 서로 더불어 화락하면서도 공경하는 것이 마치 정이 두터우면서도 분별이 있는 물수리새와 같음을 비유적으로 연상하게 만들고 있다.

공자는 "<관저>는 즐거워하되 음탕하지 않고, 슬퍼하되 비통해하지 않는다.(關雎, 樂而不淫, 哀而不傷)"고 하였다. 이 시를 지은 자의 성정이 올바르고 이 시의 소리가락이 조화로움을 얻었음을 말한 것이다. 이 시에서 후비(后妃)의 성정이 올바름을 볼 수 있으며 '오매(寤寐)·반측(反側)'처럼 슬퍼하였고, '금슬(琴瑟)·종고(鐘鼓)'처럼 즐거워하였으되 모두 법도에 지나치지 않고 조화로움을 얻었기에 시인의 성정이 올바름을 얻었다고 볼 수 있다.

지금까지 살펴본 <관저>편에 대한 해석은 주로 유가 사상가들의 해석인데, 이 시를 순전히 애정시라는 측면에서 읽는다면 완전히 새롭게 읽을 수 있는 여지가 있다. 물론 이 관점이 정설은 아니지만 해석의 다양성을 인정한다는 측면에서 이런 새로운 해석 관점을 한 번 소개해보고자 한다.

역사적으로 보면, 중국의 가무축제(歌舞祝祭) 놀이는 3천여 년 전 남쪽 지역에서 성행하다가 춘추시대에 이르면서 전국적인 풍속으로 유행하게 되는데, 이것이 바로 ≪시경≫의 국풍(國風)이 출현한 주요 원인이라고 보는 견해도 있다. 가무축제를 전제하지 않고서는 국풍의 빌밀한 노래들을 쫌처럼 이해할 수가 없기 때문이다. 가무축제 놀이는 미혼 남녀들의 만남의 자리였기 때문에 성애(性愛)의 열락(悅樂)을 즐길 수 있는 기회로 발전하는 것은 너무 자연스러운 일이다. 가무 축제는 곧 자유로운 성애로 이어질 수밖에 없는 것이다. 이처럼 가무 축제와 자유로운 성애는 고대 사회의 미혼 남녀에게는 평범하고 일상적이면서 자연스런 현상이었던 것으로 봐야 한다.

강회(江淮)간에 살고 있는 물수리는 또 다른 견해에 의하면 물고기를 사납게 채먹고 사는 맹금(猛禽)이라고 한다. 이 물수리가 상징하고 있는 것은 군자이기에 그의 상대역이라 할 수 있는 요조숙녀는 곧 맹금의 사냥을 기다리고 있는 물고기와 같은 입장이라고 볼 수도 있다. 그런데 시에서는 맹금인 물수리[=군자]와 사냥되기를 기다려야 하는 물고기[=요조숙녀]가 서로 좋은 짝이라고 하였다. 이들은 바로 성애의 열락을 즐겁게 나누길 기다리는 좋은 짝인 것이다.

그 다음 장으로 넘어가면 '오매구지', '오매사복', '전전반측'이 나오는데 스스로 성적 욕구에 시달리고 있는 육체적인 호소들로 볼 수도 있다. 어쩌면 '참치행채, 좌우유지'는 이런 성적 욕구를 실감나게 하는 성욕의 비유적 이미지일 수도 있다.

마지막 장으로 가면 이 시가 전적으로 집단적인 가무 축제의 노래임을 알게 해준다. 특히 '참치행채'를 반복시킨 것은, 마름풀을 뜯고 있는 시늉을 하며 춤추고 있는 한 무리의 가무 축제 광경을 보여주기 위한 것이다.

결국 이 시를 군자와 요조숙녀들의 노래로만 규정짓는다면 자칫 간과할 수 있는 측면도 있다는 것을 알 수 있다. 요조숙녀를 등장시킨 것 자체도 어쩌면 요조숙녀라는 정숙한 관념 자체를 희화화하여 성애 열락을 즐기려는 것으로 볼 수도 있다. 이처럼 우리는 이 노래를 귀족이나 서민 등의 계층 관념을 떠나서 가무 축제를 즐기고 있는 미혼 청춘 남녀들 간의 성애의 열락을 노래한 것으로 간주할 수도 있다.

그런데 절제된 감정과 예법을 중요시하는 유가 사상이 보편화된 한(漢)·당대(唐代) 이후로 오면서 사대부 시인들이 애정시를 짓는 경우가 매우 드물었던 것은 분명한 사실이다. 설사 짓는다 하더라도 그 수준은 상당히 함축적이면서 온화할 수밖에 없었다.

다만 남녀 간의 애정이란 매우 자연스러운 현상으로서 인위적으로 제어할 수 없는 불가항력적인 측면이 분명 존재한다. 그러니 사대부들이야 이념적으로 표현상의 한계를 설정하여 감정 표현을 제약하였다 하더라도 민간인들의 민요에까지 이런 방침을 준수하라고 규정할 수는 없을 것이다. 때문에 민간에서는 여전히 애정시가 극성할 수밖에 없었으니 한 대와 육조의 민요집인 악부시에 애정시가 많다는 사실이 이 점을 잘 말해주고 있다.

그런데 중국에서는 설사 민간에서 노래한 애정시라고 할지라도 사랑이 삶의 중요한 부분이 되고는 있지만, 그러나 사랑에 빠졌을 때 모든 도덕적 책임으로부터 절대적으로 해방될 수도 있다는 식으로, 또는 모든 것을 초월한 가치를 부여하는 식의 플라토닉(Platonic) 사랑을 노래하지는 않는다는 점에 또한 우리는 주의해야 한다. 이처럼 한시에서 표현되는 사랑에 대한 태도는 지식인들의 시이든, 아니면 민간인들의 노래이든 간에 동적이지 않고 정적이며, 추상적이지 않고 현실적이라고 얘기해야만 하겠다.

남조 민가들은 여성의 말투로 사랑의 기쁨이나 실연의 고통, 임에 대한 그리움 등을 노래한 시들이 많다. 표현이 쉽고 간결하면서도 진지한 감정을 담고 있어 그 시대 사대부들에게도 큰 관심을 불러 일으켰다.

그 가운데 <자야사시가(子夜四時歌)> 중 <춘가(春歌)>를 살펴보자.

春林花多媚,	봄숲에 꽃들이 많이 아름답고,
春鳥意多哀.	봄새 소리에 서글픈 정 많다.
春風復多情,	봄바람은 또 다정하여,
吹我羅裳開.	내 비단치마에 불어 벗기려 드네.
梅花落已盡,	매화꽃은 벌써 떨어져 다 졌고,
柳花隨風散.	버들솜도 바람 따라 흩어지네.
歎我當春年,	탄식하노니 내 나이 청춘인데,
無人相要喚.	날 부르려는 사내는 없네.

민간의 노래여서 그런지 언어 자체가 매우 쉽고 꾸밈이 없다. 그리고 감정 표현 자체도 지나치게 직설이지 않으면서도 그렇다고 완전히 함축적이지도 않은 진솔함을 보이고 있다. 봄숲 아름다운 꽃들이 많은데 봄새의 울음 소리에 서글픈 정이 많이 담겨 있는 것은 춘정을 이기지 못 해 짝을 찾고 있어서이다. 짝이 없는 여인 역시도 봄새처럼 슬픈 정이 많은데, 다정한 봄바람은 또 다시 내 비단치마 속으로 불어와 벗기려 든다.

매화꽃은 벌써 다 져버렸고 이제는 버들솜마저 바람결에 흩날리고 있다. 이렇게 봄이 떠나가고 있다. 여인은 지금 한창 봄과 같은 청춘인데 불러주는 사내가 없다. 봄바람마저도 이렇게 짓궂게 여인을 유혹하고 있는데, 하필이면 날 원하는 사내는 하나도 없으니 정말이지 서글픈 일이다.

다음으로 <화산기(華山畿)>라는 민가를 감상해 보자.

君旣爲儂死,	임은 나 때문에 죽었으니,

獨生爲誰施? 홀로 누굴 위해 살 것인가?
歡若見憐時, 임의 사랑 변치 않았다면,
棺木爲儂開. 나를 위해 관뚜껑을 열어주오.

不能久長離, 오래도록 헤어져 지낼 수 없음이여,
中夜憶歡時, 한밤중 임을 추억할 적에,
抱被空中啼. 이불을 끌어안고 부질없이 우네.

夜相思, 깊은 밤 임을 그리는데,
風吹窓簾動, 바람 불어와 주렴을 흔드니,
言是所歡來. 아, 임께서 오셨는가!

한 선비가 화산기라는 마을을 지나다가 한 여인을 만나 상사병에 걸렸다. 그래서 겉옷에 두르고 있다가 무릎 덮개용으로 쓰는 천인 폐슬(蔽膝)을 그녀에게서 얻어다가 깔아주니 그의 병이 나았다. 어느 날, 그는 그것을 품에 안고 있다가 그만 삼켜버려 질식해서 죽게 되었다. 장사지낼 때 화산기를 지나가게 해달라는 그의 유언에 따라 그곳을 지나는데, 그 여인의 집 앞에 이르자 상여가 움직이지 않았다. 그 여인이 노래를 불러주니 갑자기 관뚜껑이 열리면서 그 여인이 빨려 들어갔다. 이에 이들을 합장하고 무덤을 신녀총(神女冢)이라 불렀다고 하는 전설이 내려온다.

이 민가는 화산기의 비극적인 전설을 바탕으로 노래된 시이다. 임이 여인 자신으로 인해 저 세상으로 떠났다는 자책을 함과 동시에, 혼자 그리움에 젖어 사느니 차라리 임이 계신 저 세상으로 따라가겠다고 하소연하고 있다. 여인은 그리움으로 인해 한밤중에도 일어나 이불을 끌어안고 부질없이 울다가, 문득 주렴을 흔드는 바람소리에 임이 행여 오신 것이 아닌가 의심해 보기도 한다. 절절하고 진솔한 사랑은 이토록 담백하고 꾸밈없이 묘사해도 사람의 마음을 울리는 법이다.

이제 사대부 지식인 문인들의 남녀 간의 애정에 대한 시적 표현을 살펴보자.

이백의 <춘사(春思)>는 수자리 간 남편을 그리는 아내를 화자로 삼은 시이다.

燕草如碧紗,	연나라 땅의 풀들은 푸른 실처럼 가늘겠지요?
秦桑低綠枝.	진나라 땅의 뽕나무는 파란 가지를 낮게 드리웠어요.
當君懷歸日,	임께서 돌아갈 생각을 하는 날이,
是妾斷腸時	바로 첩이 애가 끊어지는 때인 거예요.
春風不相識,	봄바람은 나를 알지도 못 하면서,
何事入羅幃?	무슨 일로 비단 장막으로 불어올까요?

임이 계신 연나라 땅은 북쪽 변방에 있는 추운 지방이다. 그리고 아내가 있는 이곳 진나라 땅은 비교적 따뜻한 곳이다. 연나라 땅의 풀들이 이제 막 파릇파릇 싹을 틔우려고 할 때면, 이곳 진나라 땅의 뽕나무는 벌써 잎이 무성해져 푸른 가지를 낮게 드리우고 있을 것이다. 그만큼 이곳은 화창하고 아름다운 봄날이 한참 계속됐다는 얘기다.

춘초(春草), 곧 봄풀은 한시에서 전통적으로 집 떠난 나그네들이 고향 생각을 하도록 만드는 존재로 묘사되고 있다. 임께서는 갓 돋아난 봄풀들을 보고서 이제야 비로소 고향 생각을 하겠지만, 그러나 이곳은 봄이 한참 진행되었으니 아내의 마음은 벌써 애간장이 다 끊어져 있을 정도이다. 이들에게 봄은 희망이라기보다는 더욱 깊은 외로움이자 애달픔으로 작용하고 있다.

봄바람은 여인을 둘러싼 외부 환경을 가리킨다. 마지막 두 구는 두 가지 관점으로 읽을 수 있을 것이다. 첫째, 봄바람은 어찌하여 비단 장막 안으로 불어 들어오는가 하고 여인이 봄바람을 탓하고 꾸짖는 것으로 보고, 남편 외에는 어느 누구도 받아들일 수 없다는 굳은 정절을 표현한 것이라고 할 수 있다. 둘째, 봄바람이 지금 여인을 귀찮게 하고 있다는 객관적인 주변상황을 묘사함으로써 더 이상 기다리기 어려운, 견디기 힘든 여인의 춘심을 하소연하고 있다고 볼 수도 있다. 여러분은 어느 관점이 더욱 적절하다고 생각하는가?

그런데 <춘사>는 위에서 살펴본 남조 민가인 <자야사시가>, <화산기> 등과 마찬가지로 작중 화자를 여성으로 내세우고 있는 점이 또한 특색이다. 아마도 시인이 남조 민가의 애정시 창작 전통을 계승하여 표현하였기 때문일 것이며, 또한 사랑이라는 부드럽고 낭만적인 주제는 여성을 화자로 내세워서 술회하게 하는 것이 더 적절하다고 보는 남성 시인들의 생각이 작용했기 때문일 수도 있겠다.

그리움을 중개하는 달을 통해 아내에 대한 사랑을 은근히 표현한 것으로 유명한 두보의 <월야(月夜)>시를 감상해 보자.

今夜鄜州月,	오늘 밤 부주에 뜬 달을,
閨中只獨看.	규방에서 다만 홀로 바라보리라.
遙憐小兒女,	멀리 어린 아이들이 가여워,
未解憶長安.	장안을 그리는 마음을 알지 못하니.

그리움엔 항상 아픔이 따른다. 그리움은 대부분 한쪽에서 다른 쪽으로 보내어지는 모습을 취하는 것이 보통이나 때로는 양쪽에서 동시에 서로를 향해 보내어질 수도 있다. 이 시는 달을 매개로 해서 양쪽에서 그리움이 전달되고 있는 데 특징이 있다. 이를 이해하려면 이 시에서 구사하고 있는 함축적인 수법으로서 측필(側筆)법을 잘 알아야 한다. 다시 말해서 에둘러서 표현하는 수법이라고도 할 수 있다.

첫째, 시인은 아내가 부주에서 달을 보고 있을 것이라고 상상하고 있는데, 실제는 내가 장안에서 달을 보고 있다. 둘째, 아내가 장안에 있는 나를 그리워할 것이라고 했는데, 실제는 내가 부주에 있는 아내를 그리워하고 있는 것이다. 셋째, 아이들이 가엾다고 했는데, 실제는 그런 아이들을 데리고 있는 아내가 더 가여운 것이다. 표면적으로 보면 모두 부주에 있는 아내가 하는 행위를 상상하며 쓰고 있지만, 그러나 그 이면에는 모두 시인 자신의 행위와 직접 관련이 있다. 이렇듯 실제 시인의 그리움과 상상 속 아내의 그리움이 중첩되며 그리움은 더욱 커져간다는 데 이 시의 묘미가 있다.

왕창령(王昌齡)의 <규원(閨怨)>은 젊은 부인의 수심을 잘 표현한 시다.

閨中少婦不知愁,	규중의 어린 신부 수심을 몰라,
春日凝妝上翠樓.	봄날에 곱게 단장하고 푸른 누각에 올랐다.
忽見陌頭楊柳色,	문득 길가 버드나무 푸르러진 걸 보더니,
悔教夫婿覓封侯.	낭군에게 벼슬길 찾게 한 걸 후회하네.

갓 결혼한 새 신부가 남편과 떨어져 지내야 하는 이별의 아픔을 알 턱이 없다. 그래서 남편에게 어서 빨리 벼슬을 얻어오라고 채근하였을 것이다. 이제 남편은 떠나고 없는데 봄이 찾아왔다. 그래서 곱게 꾸미고 누각 위에 올라 멀리 들판을 내려다본다. 그런데 벌써 버드나무가 푸르러져서 봄은 한창 무르익고 있는 모습을 보니 불현듯 남편 생각이 나면서 수심에 사로잡힌다. 이럴 줄 알았더라면 괜히 밖으로 내보내지 말 것을, 후회하면서 하염없이 그리움에 젖는 것이다. 이제 사랑을 갓 알게 된 어린 신부의 모습이 담백한 필치로 잘 그려져 있다.

유우석(劉禹錫)이 사천(四川)성 동부지방의 민요곡에 맞추어 지은 <죽지사(竹枝詞)>를 감상해 보자.

山桃紅花滿上頭,	복숭아 붉은 꽃 산 위쪽에 가득하고,
蜀江春水拍山流	촉강의 봄물은 산을 철썩이며 흐른다.
花紅易衰似郎意	쉬이 시든 붉은 꽃은 낭군의 마음이런가,
水流無限似儂愁	하염없이 흐르는 강물은 이내 수심이어라.

전반부는 봄날의 전형적인 모습을 잘 그리고 있다. 산 위쪽에는 붉은 복숭아꽃이 가득 피어 있고, 불어난 강물은 산에 부딪치며 흘러간다. 후반부는 감흥을 자아낸 봄꽃과 강물을 빌어 화자의 감정을 기탁하는 정경(情景)의 융합이 이루어지고 있다. 열흘 붉은 꽃 없고[花無十日紅], 예쁜 꽃이 항상 피어 있는 것은 아니다.[好花不常開] 나를 향한 낭군의 마음은 어차피 쉬이 시들게 마련인 붉은 꽃처럼 그렇게 지금은 사라지고 없을지도 모르겠다. 그러나 떠나간 낭군을 그리워하는 나의 수심은 하염없이 흘러가는 저 강물처럼 끝없이 계속된다. 박정한 남자와 다정한 여인이 대비되면서 여인의 농밀한 정감에 가슴이 먹먹해진다.

중국 청춘 남녀들이 연애시에 즐겨 인용하는 시가 바로 이상은(李商隱)의 <무제(無題)>시이다.

相見時難別亦難,	만나기도 어렵더니 이별 또한 어려워라,
東風無力百花殘.	동풍이 잠잠해지자 온갖 꽃 시드는구나.
春蠶到死絲方盡,	봄누에는 죽기에 이르러서야 실을 다 토해내고
蠟炬成灰淚始乾.	촛불은 재가 되어서야 비로소 눈물이 마른다.
曉鏡但愁雲鬢改,	새벽 거울에 오직 구름 같은 귀밑머리 희어진 걸 근심하며,
夜吟應覺月光寒.	밤에 읊조리다가 달빛 차가움을 느끼리라.
蓬萊此去無多路,	봉래산은 여기서 멀리 떨어져 있지 않으니,
青鳥殷勤爲探看.	파랑새야 넌지시 나를 위해 찾아봐 다오.

만남을 기뻐하고 이별을 한스러워하는 낙취한별(樂聚恨別)은 인지상정이다. 이 시는 별리의 슬픔과 상사(相思)의 아픔을 노래한 시이다.

중국에 '별이회난(別易會難)'이란 성어가 있다. 일반적으로 이별하는 일은 많지만 다시 만나는 일은 적기에 이별은 쉽고 만나기는 어렵다고 말한 것이다. 시인은 이 성어를 변화시켜 만나기도 어렵지만 이별 역시 쉬운 게 아니라 어렵다고 하고 있다. 행간으로 읽으면 오히려 이별이 더 어렵다는 것에 무게를 두고 있음을 알 수 있다.

모든 꽃들이 만개할 때는 바로 동풍이 힘 있게 불어올 때이다. 인생 역시 예외일 수 없다. 동풍이 불어오지 않으니 온갖 꽃들도 다 시든다는 말은 표면적으로는 물론 봄이 저물어 가는 것을 한탄하고 있는 말이지만 그보다는 더욱더 자신의 신세와 운명에 대해서 깊이 탄식하고 있는 것이라고 볼 수 있다.

함련(頷聯)은 누에고치실과 촛농 등의 매우 형상적인 이미지를 구사하고 있다. 게다가 동음이의어를 통해 다른 뜻을 동시에 연상시키는 수법인 이른바 쌍관(雙關) 수법을 적절하게 활용하고 있다. '실'이란 뜻의 '絲(사)'는 '생각'이란 뜻의 '思(사)'를 동시에 가리키며, '촛농'이란 뜻의 '淚(루)'는 '눈물'이란 뜻까지 함께 내포하고 있다. 이렇듯 참신한 이미지와 동음이의어 수사법을 적절하게 구사하여 죽을 때까지 변치 않을 지극히 순수하고 애절한 사랑을 표현한 함련은 영원히 청춘 남녀들의 심금을 울려줄 천고의 명구로서, 아마도 이보다 더 아름답고 감동적인 사랑의 문구는 다시없을 것이라 생각된다.

경련(頸聯)과 미련(尾聯)의 해석은 화자를 누구로 보느냐에 따라 많이 달라질 수 있다.

먼저 시인 자신으로 본다면 모두 사랑하는 여인을 상상하며 쓴 것이 된다. 사랑하는 여인이 새벽녘에 거울을 보고 귀밑머리 센 걸 근심하고 밤에는 달빛 맞으며 시를 읊조리느라 차가움을 느낄 것이라 시인은 상상한다. 그리하여 신선이 산다는 삼신산(三神山)의 하나인 봉래산의 선녀(仙女)로 사랑하는 여인을 비유하면서 파랑새에게 한 번 찾아봐 달라고 부탁한다. 앞의 시의 번역은 시인 자신을 화자로 보는 관점을 따랐다.

그런데 우리는 관점을 바꿔 화자를 여성으로도 볼 수 있다. 다시 말해서 시인이 자신 대신에 오히려 여성을 화자로 내세워 서술하고 있는 것으로도 볼 수 있다는 것이다. 서왕모를 위해 소식을 전해주는 파랑새는 당연히 여성을 위해 심부름을 할 것이라고 보는 견해에 근거한 관점이다. 그렇게 되면 위에서 분석한 내용과는 의미가 많이 달라진다.

화자인 여인은 밤새 혼자 촛불을 마주보고 있다가 새벽녘에 습관처럼 거울을 보고 치장하려 한다. 여인이 몸을 치장하는 것은 오직 자기를 기쁘게 하는 사람을 위해서인데[女爲悅己者容], 거울을 보니 탐스러웠던 구름 같은 귀밑머리가 갑자기 바뀌었음을 발견한다. 이 시구의 절묘함은 바로 '改(개)' 자에 있다. 이 말은 머리가 세었다는 것을 의미하는 한편으로 상황이 변했음을 더욱 두드러지게 하고 있다. 사랑하는 그이를 위해 청춘의 상징인 검은머리를 보존하려 했는데, 문득 머리 모양이 바뀌어 하얗게 세어버렸으니 이 슬픔을 어떻게 감당할 수 있겠는가? 그러니 여인은 오직 수심에 잠길 뿐이다.

이제 멀리 헤어져 있는 그이를 마음 속으로 상상해본다. 그이는 분명 봄밤을 거닐면서 아름다운 시구를 얻기 위해 읊조리고 계실 게다. 그러다가 문득 달빛이 차갑다는 걸 느끼게 되실 텐데 감기나 걸리지 않으실지 걱정이 된다. 그런데 이치상으로 보면 늦봄의 달빛은 분명히 차갑지 않을 텐데도 틀림없이 차가울 것이라고 말하는 것은 아마도 화자인 여인의 심경이 그렇게 생각하도록 만들었을 것이라 유추할 수 있다. 이어서 여인은 심부름꾼 역할을 하는 파랑새에게 그이는 봉래산에 계시니 한 번 찾아가서 소식을 전해달라고 부탁을 한다. 이렇게 여인을 화자로 보게 되면 수심과 간절함이 더욱 깊어진다고 볼 수 있다.

청대 원매(袁枚)는 익살스럽고 생동적인 시를 즐겨 썼는데, <한야(寒夜)>시도 그런 시들 가운데 하나이다.

寒夜讀書忘却眠,	글을 읽다 잠도 잊은 추운 밤,
錦衾香燼爐無烟.	비단이불에 향은 재가 되고 화로엔 연기조차 없다.
美人含怒奪燈去,	어여쁜 그녀 성난 기색으로 등불을 빼앗아가며,
問郎知是幾更天.	낭군께선 대체 시간이 몇 경이나 되었는지 아시냐고 묻는다.

추운 밤, 독서에 심취하느라 잠도 잊은 낭군과 비단이불 펼쳐 놓고 낭군을 기다리는 아리따운 그녀. 향도 다 타서 재가 되었고 화로에는 연기도 나지 않건만 낭군은 잠자리에 들 기척조차 없다. 화가 난 그녀는 작심하고 아예 낭군에게서 등불을 빼앗아간다. 낭군의 건강이 걱정되기도 하였을 테고, 또 한편으로는 추운 밤을 녹여줄 낭군의 훈훈하고 따뜻한 정이 그립기도 하였으리라. 독서인과 미인간의 천진난만한 모습을 아무런 꾸밈이나 가식 없이 시 속에 잘 그려냄으로써 인간적인 친밀감을 느끼게 한다. 원매는 시에 진솔한 감정을 표현하되 그 감정은 남녀 간의 감정만큼 감동을 주는 게 없다고 평소 주장하였었는데, 이 시는 바로 그런 자신의 이론을 창작에 고스란히 옮긴 결과물이라고 생각된다.

남녀 간의 애정을 묘사한 시를 얘기할 때 궁체시(宮體詩)를 빼놓을 수 없다. 양(梁)·진(陳) 시기에 이르러 여인의 용모라든지 여인과의 색정(色情) 등을 주로 묘사하는 궁체시가 시단을 휩쓴다. 궁체시는 제왕 귀족들의 향락적이고 절제 없는 생활에서 기인한 것으로 염정(艶情)적이고 음란한 내용을 화려한 언어로 표현함으로써 매우 경박하고 요염한 것이 특색이라 할 수 있다.

강총(江總)은 일찍이 양(梁) 후주(後主)와 더불어 연회에서 후궁들과 염시(艶詩) 짓기를 좋아하여 압객(狎客)이라 불렸던 궁체시인이다. 그의 <규원(閨怨)>시를 감상해 보자.

寂寂青樓大道邊,	큰길가의 적적한 청루,
紛紛白雪綺窗前.	비단창 앞에 백설이 분분하다.
池上鴛鴦不獨自,	연못의 원앙은 혼자 하지 않는데,
帳中蘇合還空然.	휘장안의 향불은 또한 부질없이 타오른다.
屏風有意障明月,	병풍은 일부러 밝은 달을 가려주는데,
燈火無情照獨眠.	등불은 무정하게 홀로 자는 모습을 비춘다.
遼西水凍春應少,	요서의 강물은 얼어있어 봄날이 짧기 마련이라,

薊北鴻來路幾千. 계북의 큰기러기 수천 리 길을 날아온다.
願君關山及早度, 원컨대 임께서는 어서 빨리 관산을 넘으소서,
念妾桃李片時妍. 첩을 생각하소서 복숭아꽃 오얏꽃의 아름다움도 한 때뿐입니다.

기생집을 가리키는 청루가 시 첫머리에 출현한 것을 보면 이 시의 화자는 기녀임을 알 수 있다. 백설이 분분히 내리는 추운 겨울날, 혼자 지내야 하는 신세는 짝지어 다니는 원앙만도 못 하다. 휘장 안에서 소합향은 부질없이 타오르고 등불은 무정하여 홀로 자고 있는 나의 모습을 비추고 있다. 북녘의 봄은 짧아서 기러기들이 수천 리 먼 길을 날아오는 것을 보고서 임에게 하소연한다. 꽃이 아름다운 것도 한 때뿐이듯 첩의 젊음도 꽃처럼 쉬이 떠나갈까 걱정되시거들랑 어서 빨리 관산을 넘으소서.

다음으로 양(梁) 무제(武帝) 소연(蕭衍)의 <자야가(子夜歌)>를 감상하자.

恃愛如欲進, 사랑을 믿고 앞으로 나가려는 듯하다가,
含羞未肯前. 부끄러운 마음에 선뜻 나서지 못하네.
朱口發艶歌. 붉은 입에서는 사랑의 노래 나오고,
玉指弄嬌絃. 옥 같은 손가락은 줄을 아름답게 타네.

이 시 역시 궁체시의 일종으로서 기녀의 교태로운 모습을 압축적으로 잘 그려냈다. 총애를 믿고 임에게 선뜻 나서고 싶지만 또 부끄러움에 치마끈 잡고 몸을 꼬고 있는 모습이 눈에 선하다. 기녀는 노래와 악기에 능하여 붉은 입에서는 사랑의 노래가 흘러나오고, 옥처럼 고운 손으로 현악기 줄을 타는데 그 모습이 사랑스럽고 아름답기만 하다.

한편, 유가의 문인들이 온유돈후한 감정을 강조하고 낙이불음(樂而不淫)과 애이불상(哀而不傷)을 기준으로 제시하면서 시라는 장르가 더 이상 깊고 진한 남녀의 애정을 담을 수 없게 되자 문인들은 민간에서 유행하고 있던 사

(詞)라는 장르를 빌려와서 좀 더 부드럽고 농염한 사랑을 노래하기에 이른다.

당 말엽의 온정균(溫庭筠)은 사를 잘 짓기도 하였다. 그는 용모가 추하여 '온종규(溫鍾馗)'라 불리기도 하였다. '종규(鍾馗)'는 중국 전설에 나오는, 역귀(疫鬼)를 쫓아내주는 무서운 얼굴을 한 인물이다. 또한 그는 재능과 문필이 특출하여 '온팔차(溫八叉)'라는 별명을 얻기도 하였다. 글과 작품을 구상하는 능력이 아주 민첩하여, 여덟 번 팔을 교차하는 사이에 과거 시험의 답안 작성을 마쳤다는 데서 얻어진 이름이다. 게다가 자신의 시험지를 제출한 후 남은 시간에 다른 응시사의 답안도 작성해 주기를 좋아했는데, 아이러니하게도 그의 도움을 받은 여덟 명의 응시생은 모두 급제하였는데 유독 그만 낙방하였다는 얘기도 전해진다. 그런데 그는 술과 도박, 기생을 가까이 하는 방탕한 생활 습관에다가 권력자에게 아첨하지 못하는 곧은 성격 때문에 한평생을 쓸쓸히 보낸 기재(奇才)였다.

온정균의 대표적인 사작품 가운데 하나인 <경루자(更漏子)>를 감상해 보자.

玉爐香,	옥향로의 향불,
紅蠟淚,	붉은 촛불 눈물 흘리며,
偏照畵堂秋思.	화려한 방의 가을 시름만을 비춘다.
眉翠薄,	푸른 눈썹 엷어지고
鬢雲殘,	구름 같은 귀밑머리 성기어지고,
夜長衾枕寒	밤은 긴데 비단이불은 차가워라.
梧桐樹,	오동나무에,
三更雨,	한밤중 비 내리니,
不道離情正苦.	말 못 할 이별의 아픔 참으로 괴롭다.
一葉葉,	한 잎 한 잎마다
一聲聲,	후드득 후드득
空階滴到明.	빈 계단에 밤새도록 떨어지누나.

가을, 옥향로에 향불 타오르고 촛불이 붉게 빛나지만 하필이면 화려한 방 안에서 시름에 잠겨 있는 사람만을 향해서 비추고 있다. 그녀는 임 생각으로 아름다웠던 눈썹도 엷어지고 탐스럽던 귀밑머리도 성기어졌다. 기나긴 가을밤, 비단 이불을 혼자서만 덮고 있자니 차갑기만 하다.

시름에 잠겨 있는 한밤중에, 가을비가 오동나무잎에 떨어진다. 빗소리에 이별의 정이 더욱 새로워지는데, 다만 이 이별의 아픔을 누구에게도 말할 수 없어 참으로 괴롭기만 하다. 비는 오동나무 잎새마다 후둑후둑 소리 내며 밤새도록 떨어지면서 나의 시름을 더욱 키워준다. '부도리정정고(不道離情正苦)'를 '이별의 정은 무척 괴롭다고 말하지 않던가?'로 풀기도 하고, 또는 '고달픈 이별의 정을 알아주지 않네'로 풀기도 한다. 모두 참고할 만하다.

사 작가 중 한 사람인 이욱(李煜)은 남당(南唐)의 마지막 군주로서 이후주(李後主)라 불렸다. 남당의 군주로 군림하다가 나라가 망하자 송(宋)의 신하로 전락하면서 굴욕을 당하게 된다. 그의 전기 작품이 궁중의 화려한 생활을 노래하였던 데 반해, 후기 작품은 망국의 아픔을 진지한 감정으로 노래하고 있어 읽는 이로 하여금 많은 감동을 느끼게 한다. 그의 <상견환(相見歡)>이란 사를 보자.

林花謝了春紅,	숲의 붉은 봄꽃들 시들어 떨어졌으니,
太匆匆,	급하기 그지없는데,
無奈朝來寒雨晩來風.	아침에 찬비 내렸고 저녁에 바람 분 것을 어이하랴.
胭脂淚,	연지에 눈물 흘리니,
留人醉,	사람을 도취시키는데,
幾時重,	언제나 다시 만나랴,
自是人生長恨水長東.	원래 인생은 한이 많고 물은 언제나 동으로 흐르는 것을.

아침에 찬비가 내린 데다가 저녁에 다시 바람까지 불어와 숲속의 붉은 봄

꽃들이 모두 시들어 떨어져버렸다. 시인은 너무 빨리 져버렸다고 아쉬움을 토로하고 있다.

이어서 꽃을 연지 바른 여인으로 의인화시켜서 꽃에 비가 내린 것을 연지 바른 얼굴에 눈물 흘린 모습으로 비유하였다. 그런 꽃의 모습이 사람을 도취시키지만, 이제 꽃은 떨어졌으니 언제 다시 만날지 기약할 수 없다. 시인은 쉬이 시들어 떨어진 꽃이 마치 나라를 잃은 자신의 신세와 다를 바 없다고 생각하고 있다. 그래서 강물이 언제나 동으로 흘러가듯이 인생은 원래 한스러운 일들이 많은 것이라 스스로를 위로하고 있는데, 이는 한편으로 떨어진 꽃들에 대한 위로일 수도 있다.

두보는 이 사의 일부를 변화시켜 <곡강대우(曲江對雨)>에서 "숲속 꽃들에 비 맺히니 연지 바른 얼굴이 젖은 듯하다.(林花著雨胭脂濕)"고 노래하기도 하였다.

우리나라의 시인들도 위의 온정균의 사처럼 비와 오동잎을 흔히 이별의 정을 북돋아주는 역할을 하는 이미지로 자주 활용한다. 이서우(李瑞雨)의 <도망실(悼亡室)>과 김상용(金尙容) 시인의 시조(時調)를 연이어 감상해 보자.

玉貌依稀看忽無,	옥 같은 모습 어렴풋이 보일 듯 사라져,
覺來燈影十分孤.	깨어보니 등불 그림자만 무척이나 외롭다.
早知秋雨驚人夢,	가을비가 사람 꿈을 깨우는지를 진작 알았더라면,
不向窓前種碧梧.	창 앞에 오동일랑 심지 않았을 것을.

오동에 듣난 빗발 무심히 듣건마는
내 시름 하니 잎잎이 추성(愁聲)이로다
이후야 잎 넙운 나무를 심을 줄이 있으랴

애정시에 대한 얘기를 할라치면 우리나라 신윤복이 자신의 그림인 <월

하정인(月下情人)>에 쓴 제화시가 압권으로 중국의 어느 애정시보다도 더 은근하고 의미가 심장하다.

月沉沉夜三更　　달빛은 깊어지고 밤은 삼경인데
兩人心事兩人知　　두 사람 마음은 둘만이 알겠지.

혜원 신윤복은 단원 김홍도와 더불어 조선시대 풍속화의 양대 산맥이다. 그림 <월하정인>도 남녀의 사랑을 낭만적으로 함축하고 있지만 제화시도 진한 사랑을 느끼게 하기에 충분하다.

'침침'은 밤이 깊어 고요한 모습을 가리킨다. 이렇게 보면 첫 구는 "삼경 한밤중에 달빛은 깊어지고 그윽해진다"로 풀 수 있을 것이다. 이백은 "차가운 달빛 맑은 강에 비추는데 밤은 깊고, 미인의 웃음 한 번은 황금 천 양의 값이 나간다.(月寒江淸夜沉沉, 美人一笑千黃金.)"(<백저사(白紵詞)>)고 하였고, 소식은 "누대에서 노래하고 피리 부는 소리 가느다랗고, 뜨락에서 그네 타는 밤은 깊기만 하다.(歌管樓臺聲細細, 鞦韆院落夜沉沉.)"(<춘야(春夜)>)고 하였다.

우리나라 현대시인 박두진은 <꽃에게>서 "왜 꽃이냐, 왜 하필이면 내 앞에서 꽃이냐" 라고 노래한 적이 있다. 수없이 많은 사람 중에 하필이면, 내 앞에서, 내 눈에서, 내 마음에서 꽃이 된 사람, 그이를 만나는 것은 운명일지 모른다. 그러니 삼경 야심한 시각, 아무도 없는 시간에 그이를 찾아 나설 수밖에 없다. 그 어떤 것도 가로막을 수 없다. 쳐다보는 그 눈길, 그 마음을 뉘라서 알겠는가! 오직 사랑의 열병을 앓는 두 사람만이 서로의 마음속으로 느낄 수 있을 뿐이다. 말은 필요 없다.

제8장
무위無爲, 달관과 한시

8.1. 무위자연과 달관

유가가 수기치인(修己治人)의 인위적 노력을 중시했다고 한다면, 도가는 자연의 이치, 또는 자연의 생성과 운행의 원리를 깨닫고 여기에 순응하는 것이 지극한 덕이라는 이른바 무위자연(無爲自然)을 중시하였다고 할 수 있다.

천지 만물은 스스로 생성되고 스스로 변화하면서 완성된다는 것이 도가 자연관의 핵심이다. 천지자연은 만물을 생성시키고자 하지 않아도 만물이 저절로 생겨나니 이것이 바로 '자연'[自然, 자연스러움, 스스로 그러함]이다.

자연을 중시하는 관점에서 보면 만물이 하나다. 인간도 결국 자연이라는 시스템 속에서 한 일부분을 구성한다. 장자는 인간도 하나의 우주이지만 자연이라는 대우주의 커다란 시스템과 긴밀히 상응하여 존재한다고 보았다. 그래서 "천지가 나와 함께 생겨나고, 만물이 나와 하나가 된다.(天地與我并生, 而萬物與我爲一)"(≪장자(莊子)·제물론(齊物論)≫)고 하였다.

인간과 자연 간에, 또는 존재와 존재 사이에 생명의 연대성을 유지하고 있다는 생기론적(生機論的), 유기론적(有機論的) 세계관은 필연코 물아(物我) 간의 분별을 잊게 한다. 물아와 주객의 분별은 필연코 우리로 하여금 옳고 그름을 따지게 만들기 때문에 도가는 이어서 시비를 자연스러움에 맡기고 초월하고자 하는 시비관(是非觀)을 제시한다.

도가는 인간 중심의 사고와 판단을 거부한다. 때문에 도가는 상대적 차이와 다양성을 인정하는 상대주의적 세계관을 주장한다. 모든 일이 다 옳고 그름의 절대적 기준이 있을 수 없는데도, 인간들은 자신의 주관적 판단에 입각하여 고정 관념을 갖고서 시로 따지며 다툰다. 인간 본위의 관점은 결국 유한한 관점에 근거하여 시비분별과 집착을 낳게 한다. 오리 다리가 짧다고 이어준다면? 학의 다리가 길다고 잘라준다면? 모장과 여희가 아름답다고 물고기도 아름답게 볼까?, 미꾸라지도 습지에서 자면 허리가 아플까? 원숭이도 나무 위에 서면 다리가 후들거릴까?

상대와의 차이와 다양성을 인정하는 상대주의적 관점은 주객(主客)·물아(物我)·시비(是非)의 구분을 초월하고 잊게 한다. 윤리도덕을 절대 기준으로 삼는 유가의 교훈에 따르자면 선한 자는 반드시 복을 받는다고 했는데, 그렇다면 안회는 왜 요절을 하였으며, 도척(盜跖)은 수많은 극악무도한 짓을 벌였으면서도 천수를 다 누릴 수 있었단 말인가?

도연명은 말했다. "얻고 잃음을 다시는 알지 못하니, 옳고 그름인들 어찌 깨달을 수 있겠는가! 천 년 만 년 지난 후에, 누가 영화를 누렸는지 치욕스러웠는지를 알리오!"(得失不復知, 是非安能覺. 千秋萬歲後, 誰知榮與辱.) (<만가(挽歌)> 제1수) 이처럼 득실과 시비, 영욕조차도 초월할 수 있는 자리에 인생을 넉넉하게 관조할 수 있는 여유가 생기는 것이다.

도가는 인위적인 조작을 가하지 않고 자연스러움에 내맡기고자 했기에 인생을 보는 것 역시 자연스러움을 중시하였다. 인간의 궁달(窮達)과 생사(生死) 등이 모두 사람의 인위적인 힘으로는 어찌할 수 없다고 보고 초월을 강조하였다.

때문에 도가에게 인생의 달관은 크게 지족상락(知足常樂)과 생사여일(生死如一)의 모습으로 나타난다.

인간의 행복이란 무엇일까? 행복을 정의하는 수많은 명제가 있다. 그런데 이 명제들을 귀납하면 대략 'Happiness = posession ÷ want'라는 공식이 나온다. 바로 행복은 소유한 재화를 욕망으로 나눈 값이라는 것이다. 우리가 인간의 심리를 얘기할 때 재물이 많을수록 욕망도 늘어난다는 얘기를 많이 한다. 따라서 행복은 절대 소유를 늘려서 달성할 수는 없고 오직 욕망의 크기를 줄이는 수밖에 없다는 것을 알 수 있다. 여기서 우리는 욕망을 제어하고 만족할 줄 알아야 항상 즐거울 수 있다는 지족상락(知足常樂)의 이치를 깨닫게 된다.

군자는 곤궁한 것을 당연한 것으로 알고 굳게 견디어낸다고 하는 '군자고궁(君子固窮)'을 공자가 강조한 것은 빈한한 환경 속에서도 도를 추구하고 학문하는 즐거움[安貧樂道]을 포기하지 않게 하기 위한 의도라고도 할 수 있다. 경제적으로 곤궁하여 먹고 살기 힘들게 하는 문제만큼 사람들을 힘들게 하는 것은 없기 때문이다.

장자에게도 경제적으로나 정치적으로나 곤궁한 것은 큰 문제로 간주되었다. 그는 다만 곤궁과 영달에 집착하는 것은 깨닫지 못한 자들의 부질없음에서 비롯되는 것으로 여겨 궁달을 적극적으로 초월할 것을 주문하였다. "옛날 도를 터득했던 사람들은 곤궁해도 즐거워했고 영달해도 즐거워했는데, 그들이 즐거워했던 까닭은 곤궁과 영달에 있지 않았다. 도가 나 자신에 의해 터득되어 나의 것이 되었으니 곤궁과 영달이란 마치 추위와 더위, 바람과 비가 차례로 오는 것과 같을 뿐이었다.(古之得道者, 窮亦樂, 通亦樂. 所樂非窮通也, 道得於此, 則窮通爲寒暑風雨之序矣.)"(≪장자(莊子)·양왕(讓王)≫

때문에 우리에게는 곤궁해도 만족할 줄 아는 자족(自足)의 태도가 필요하다. 노자는 만족을 아는 자가 부자이고[知足者富], 만족을 알면 욕되지 않으며[知足不辱], 만족을 모르는 데서 초래되는 화가 가장 크다[禍莫大於不知足]고 하였다.

도연명도 궁달을 초월하여 만족할 줄 알았다. "젊은 나이부터 세상사의 밖에 뜻을 두었고, 마음을 금과 책에 쏟았다. 갈옷 걸치고도 기꺼이 자득하였고, 자주 끼니 걸러도 항상 편안하였다."(弱齡寄事外, 委懷在琴書. 被褐欣自得, 屢空常晏如.)(<시작진군참군경곡아(始作鎭軍參軍經曲阿)>)

생사의 문제는 역대로 문학과 철학에서 진지한 주제가 되어 왔다. 생사에 대한 탐구는 사람들로 하여금 현재의 삶을 직시하게 하고 성찰하게 하여 자기 수양과 학문 탐구, 문학 창작의 원동력으로 작용하였다.

우리들이 유한한 생명에 대해서 보이는 즉각적인 정서상 반응은 숙명론적 비애이다. 감수성 풍부한 시인들 역시 예외일 수 없다. 도연명과 같은 초연한 시인도 때로는 "인생이란 잠시 몸을 붙여 사는 것 같아, 초췌해져 다할 때가 있다. 고요히 앉아 깊이 생각하니, 마음속으로부터 서글퍼진다.(人生若寄, 顦顇有時. 靜言孔念, 中心悵而.)"(<영목(榮木)>)는 영탄을 하기도 하였다.

장자는 <지북유(知北遊)>와 <지락(至樂)>편 등에서 우리에게 생사를 초월할 수 있는 관점 하나를 제시해주었다. 그는 만물의 생사는 기(氣)의 변화에서 비롯된다는 생사관을 전개하였고, 자연의 영원성은 바로 변화함에 있으니 인간도 그 변화를 깨닫고 따르는 것이 영원성을 획득하는 길이라고 보았다. 자연의 변화와 순환의 원리에 인간 자신을 내맡길 수 있다면 결과적으로 생과 사는 서로 영원히 순환하는 하나의 과정 속에 있게 되니 서로 다른 게 아니고 하나라는 관점, 즉 생사여일(生死如一)의 관점을 얻게 된다.

생에 대한 숙명론적 비애를 극복한 시인들 역시 생사를 자연의 운행에 따른 한 과정으로 보고 삶에 연연해하거나 죽음에 초조해하지 말 것을 강조하는 방향으로 진일보한 의식을 갖게 된다. 곧 이성적 측면에서, 죽음을 변화의 한 과정으로 인식하는 달관의 모습을 보이는 것이다. 인생에 대한 영탄을 한 적이 있던 도연명도 드디어 생사를 달관한 관점을 갖게 된다. "에오라지 자연의 변화에 따라 죽음에 이를 것이며, 천명을 즐길 따름이니 다시 무엇을 의심하리오."(聊乘化以歸盡, 樂夫天命復奚疑)(<귀거래사(歸去來辭)>)

생야일편부운기(生也一片浮雲起), 사야일편부운몰(死也一片浮雲沒).

삶이란 마치 한 조각 구름이 일어난 것과 같고, 죽음이란 한 조각 구름이 사라진 것과 같다. 그러나 구름은 끝내 사라져버리는 것도 아니어서 다시 하늘에 자신을 띄운다. 생사가 한 조각 구름과도 같다는 초월적인 생사관을 지닐 때, 우리는 숙명적인 비애관을 극복하고 달관에 이를 수 있는 것이다.

8.2. 달관의 시세계

도가에서는 마음을 비우고 고요하게 하여 대자연의 운행을 살피면서 도를 성찰하고 그 속에 존재하는 대미(大美)를 관조하고자 하였다.

노자는 "마음을 지극히 텅 비우고 돈독히 고요함을 지키면, 만물이 함께 생겨났다가 그 근원으로 되돌아감을 보게 된다.(致虛極, 守靜篤, 萬物並作, 吾以觀其復.)"(16장)고 했고, 장자는 "만물에 마음이 어지럽혀지지 않으므로 저절로 고요한 것이다. 물이 고요하면 밝은 빛은 수염과 눈썹을 비칠 정도이다.(萬物無足以鐃心者故靜也. 水靜則明燭鬚眉)"(<천도(天道)>)고 했다. 도가에서 강조한 허정심(虛靜心)은 후대 문인들에 계승되어 작가 심성의 수양을 중시하게 하였고, 나아가 창작구상 시 심리 준비 자세에 대한 귀중한 금과옥조로 간주되었다.

도가와 중국화된 선종은 모두 구체적이고 사실적인 말이나 글로는 진리의 실체를 표현할 수 없기 때문에 함축적·상징적·비유적인 언설을 통해 가능한 한 그 실체·본질에 접근하도록 표현하였고, 그것을 읽는 사람에게도 그 속에 담겨 있는 언어 외적인 심오한 의미를 간파하도록 하고자 하였다. 이런 관점들이 문학예술의 원리에 적용된 것이 바로 운미(韻味)·함축론이라고 할 수 있다. 도가와 불가 사상에서 기원한 이 이론은 문학의 공리성·사회성을 강조하는 유가의 정교·효용론에 반대하고, 문학이 직관성(直觀性)·함축성(含蓄性)·상징성(象徵性) 등을 지녀야 한다고 강조한다. 중국문학이 지닌 함축미의 특징에 대해서는 이미 앞의 제3장에서 논의한 바 있기 때문에 본 장에서는 구체적인 언급을 하지 않기로 한다.

중국시론사에서 중요한 비중을 차지하고 있으며, 운미·함축론의 범주에 포함시킬 수 있는 정경융합론과 물아일체론은 역시 도가의 철학사상과 긴밀한 연관성을 지니고 있다.

도가가 제시한 만물제동(萬物齊同) 관점과 물아(物我) 간 차이를 구별하지 않는 유기론적 세계관이 문학상에 구현된 것이 바로 정경융합(情景融合)론인데, 정경이 융합하는 방식 중에서도 가장 이상적인 형태가 물아일체(物我一體), 또는 무아지경(無我之境)론이라고 할 수 있다.

장자의 시비를 떠난 상대주의적 관점, 그리고 다시 도라는 절대적 관점에서 상대를 볼 것을 강조하는 관점은 나에 대한 집착을 버리고 모든 것에 대한 귀천의 가치판단을 초월하게 함으로써[無己] 물아가 하나가 되는 물아일체를 가능하게 하였다. 도연명은 "내가 존재한다는 사실조차 깨닫지 못하는데, 어찌 사물이 귀한지 어떤지를 알겠는가?(不覺知有我, 安知物爲貴.)"(<음주(飮酒)> 제14수) 반문하면서 물아 양자의 존재를 모두 잊었다는 물아양망(物我兩忘)을 얘기하기도 하였다.

실생활에서 경험되는 물아일체의 세계는 어떤 모습일까? 우리는 어려서부터 책에 몰입하느라 문득 나를 잊고 책의 내용에 완전 함몰되었던 순간들을 많이 경험하곤 하였다. 운동이나 걷기 등 일상생활을 하는 중에도 우리는 종종 이런 경험을 하게 된다. 결국 내가 어떤 행위를 하지만 문득 주체인 나에 대한 의식이 사라질 때가 바로 물아일체의 순간이라고 볼 수 있다. 꽃이 아름다워 그 꽃에 흠뻑 빠지면서 문득 내가 풍경이 된 듯한 물아일체의 경험을 하다가도, 갑자기 처리해야 할 일이 생각이 나면서 주체인 나를 의식하게 되는 순간 이 물아일체의 화평은 깨지게 되는 것이다.

그렇다면 시에 구현된 물아일체의 세계는 또 어떤 모습일까? 주체인 시인 자신이 사라지고 물화(物化)되어 사물을 바라보는 이물관물(以物觀物)의 관조방식을 통해, 시인의 정과 주변의 경이 "묘하게 합치되어 경계가 없는(妙合無垠)" 상태라고 할 수 있으니, 이것이 바로 무엇이 아(我)이고 물(物)인지 구분이 없는 물아일체의 경계이며, 장자의 '만물이 나와 하나가 된다(萬物與我爲一)'는 경지의 시적 구현이라고 할 수 있다.

물아일체를 구현한 것으로 평가되는 대표적인 시가 바로 도연명의 <음주(飮酒)> 제5수이다.

結廬在人境, 농막을 짓고 사람들 속에 살아도,
而無車馬喧. 거마 오가는 소리 시끄럽지 않네.
問君何能爾, 그대에게 묻노니 어찌 그럴 수 있소?
心遠地自偏. 마음이 멀어지니 사는 곳도 저절로 치우치게 되네.
採菊東籬下, 동쪽 울타리 아래에서 국화 따노라니,
悠然見南山. 한가로이 남산이 바라보이네.
山氣日夕佳, 산기운은 황혼 무렵 아름다운데,
飛鳥相與還. 날던 새들은 짝지어 돌아오네.
此中有眞意, 이 가운데 참뜻이 있으나,
欲辨已忘言. 말하려 해도 벌써 말을 잊었노라.

조용한 곳에 은거한다 하여도 마음이 여전히 세상으로 향해 있으면 그곳이 어떻게 고요할 수 있겠는가? 그러나 마음이 세상의 영욕에서 떠나 있으면 세상 한복판에 살아도 고요를 유지할 수 있는 것이다.

나를 중심으로 하는 욕망과 시비 분별을 내려놓는 자리에 비로소 상대를 인정하고 받아들일 수 있는 공간이 형성된다. 시비를 초월한 마음으로 무심하게 국화꽃을 딴다. 그러다 고개를 들어올린다. 문득 저 멀리 남산이 한가로이 눈에 들어온다. 내가 바라보려고 해서 본 것이 아니라 그냥 저절로 남산이 내 눈에 들어온 것이다. 시인과 시인의 눈동자와 심상에 찍힌 남산이 하나가 되면서 시인은 풍경으로 다시 거듭나는 것이다. '悠然(유연)'은 국화꽃 따다가 남산이 바라보일 때의 한가롭고 조용하며, 평화롭고 만족한 심정을 그대로 보여주는 말이다. 바로 이 지점에서 물아일체의 경지가 구현이 된 것이다. 그런데 여기에는 나의 욕망과 시비 분별의 마음을 내려놓는 것이 먼저 전제되어야 한다는 것도 우리는 잘 알 수 있다.

산기운이 황혼 무렵에 아름답고, 저녁이 되자 산새들이 자기들의 보금자리로 돌아오는 것은 매우 자연적인 현상이다. 대자연의 이치는 이렇듯 평범하면서 일상적인 모습 속에 담겨 있지 무슨 위대하거나 훌륭한 경관 속에서만 존재하는 것은 아니다. 그런 모습은 또한 본인 스스로 마음으로 깨달아 이해할 수 있을 뿐 말로 누구에게 그 경지를 전달해줄 수 없다. 진리란 말하는 순간 그 모습이 왜곡되고 어그러지기 때문이다. 그러니 말을 잊을 수밖에 없다.

중국 시인들은 자신의 존재를 만물의 무한한 변화와 유동 속에 맡겨서 자신의 생사를 자연 속에서 계속되는 생장쇠망(生長衰亡)과 재생(再生)이라는 영원한 순환의 일부가 되게끔 한다. 이로써 그들은 생사를 달관하여 자연과 더불어 노닐게 된다.

한(漢)나라 가의(賈誼)의 <복조부(鵩鳥賦)>는 우리에게 달관한 생사관을 잘 보여준다.

合散消息,	모였다 흩어지고 소멸하니,
安有常則.	어찌 영원한 법칙이 있으리요!
千變萬化,	수없이 변화를 거듭하며,
未始有極.	처음부터 끝이 있지 아니하였다.

忽然爲人, 순식간인 게 인간 삶인데,
何足控揣. 어찌 귀하게 여길 만하겠는가!
…
其生兮若浮, 삶이란 떠도는 것과 같고,
其死兮若休. 죽음이란 쉬는 것과 같다.
…
生故蔕芥, 삶과 죽음이란 자질구레한 일에,
何足以疑. 어찌 의심하며 마음을 쓸 만하겠는가!

인간의 생사에 대해서 확실하게 초탈해 있는 관점을 읽을 수 있다. 모였다 흩어지고, 다시 없어지면서 쉼 없이 변화를 거듭하는 것이 자연 만물의 원칙이다. 그러니 인간의 삶인들 예외일 수 없어 순식간에 끝나게 마련이니 아등바등 얽매일 필요가 없다. 삶이란 나그네처럼 길을 떠도는 것과 같고, 죽음이란 그저 쉬는 것과도 같다. 그렇게 과일꼭지나 겨자씨만큼 하찮은 것인데 거기에 마음을 쓰면서 괜히 의심할 필요가 없는 것이다.

도연명은 <형영신(形影神)> 3수 속에서 자신이 생사를 달관해 가는 과정을 잘 묘사하고 있다. 그는 "세상 사람들은 귀천과 현우를 막론하고 누구나 다 생명을 악착같이 아끼고 있으나, 그것은 크게 잘못된 것이다.(貴賤賢愚, 莫不營營以惜生, 斯甚惑焉.)"고 말하면서 자신의 창작의도를 밝히고 있다.

제1수인 <형증영(形贈影)>시는 유한한 육신이 자신의 그림자에게 하는 하소연이다. "오직 만물의 영장이라고 하는 사람만은, 그들같이 영생도 되살아나지도 못하더라. 어쩌다 이 세상에 태어났는가 하면, 이내 죽어 사라져 돌아오지 않더라.(謂人最靈智, 獨復不如茲. 適見在世中, 奄去靡歸期.)" 천지·산천·초목은 영원하거나 다시 소생할 수 있건만 만물의 영장이라고 하는 사람만은 한 번 가면 다시 돌아올 수 없으니 너무 슬프다. 그래서 그림자에게 "그대도 내 말을 듣고, 사양 말고 술 들어 마시게!(願君取吾言, 得酒莫

苟辭)"라고 권하고 있다.

제2수인 <영답형(影答形)>은 다시 그림자가 육신에게 답하고 있다. 그림자는 바로 명성이자 명예라고 할 수 있다. "육신이 죽으면 이름도 없어지리니, 그걸 생각하면 온갖 감정이 뜨거워진다. 오직 선을 쌓으면 남겨져 사랑받는다 하니, 어찌 스스로 힘을 다하지 않겠는가?(身沒名亦盡, 念之五情熱. 立善有遺愛, 胡爲不自竭?)" 그리하여 도리어 육신에게 "술이 수심 없애 준다 해도, 이것과 비교하면 어찌 못 하지 않겠는가?(酒云能消憂, 方此詎不劣)"라고 하면서 술을 그만 마시고 선을 쌓으라고 하고 있다. 유가는 덕을 쌓고[立德] 공적을 쌓고[立功] 글을 남기는[立言] 것을 영원히 불후해질 세 가지[三不朽] 일로 보았기 때문에 그림자는 지금 유가의 입장을 대변하고 있다고 할 수 있다.

제3수 <신석(神釋)>은 정신이 육신과 그림자에게 설명하면서 충고하고 있는 내용으로, 도연명 자신의 견해를 표명한 것이라고 볼 수 있다.

大鈞無私力,	자연의 조화는 힘을 사사로이 하지 않아,
萬理自森著.	이치가 만물에 저절로 무성하게 드러나 있다.
人爲三才中,	사람이 삼재 중 하나가 된 것이,
豈不以我故.	어찌 정신인 나 때문이 아니었겠는가?
與君雖異物,	비록 그대들과는 다른 존재이지만,
生而相依附.	나면서 함께 의지하고 붙어있으면서,
結託旣喜同,	맺고 의탁하며 이미 기쁨을 같이 했으니,
安得不相語.	어찌 그대들에게 말하지 않을 수 있겠는가?
三皇大聖人,	복희·신농·황제 세 황제와 큰 성인들이,
今復在何處.	지금은 또 어디 계시던가?
彭祖愛永年,	불로장생하고 싶던 팽조는,
欲留不得住.	더 머물고자 했으나 살 수 없었다네.
老少同一死,	사람은 늙으나 젊으나 죽게 마련,
賢愚無復數.	슬기롭다 어리석다 헤아리지 않는다네.

日醉或能忘,	날마다 취하면 혹시 잊을 수 있겠으나,
將非促齡具.	장차 생명을 재촉하는 수단이 아니겠는가!
立善常所欣,	선을 쌓는 건 항상 기쁘긴 하나,
誰當爲汝譽.	누가 그대를 위해 칭찬해주겠는가?
甚念傷吾生,	지나친 생각은 도리어 내 삶을 해치니,
正宜委運去.	마땅히 대자연의 운세에 맡겨야 하네.
縱浪大化中,	대자연의 변화의 물결에 내맡긴다면,
不喜亦不懼.	기뻐할 것도 또한 두려워할 것도 없다네.
應盡便須盡,	마쳐야 할 생명이라면 보내야 하니,
無復獨多慮.	혼자 너무 걱정하진 말게!

정신은 먼저 육신에게 충고하고 있다. 날마다 취하면 근심을 잊을 수 있기는 하지만 그러나 생명을 재촉할 수 있으니 그만 마시라고 하였다. 또 그림자에게는 선을 쌓는 일이야 기쁜 일임이 분명하지만 그러나 훗날 누가 이 세상에 없는 그대를 위해 칭찬을 해 주겠는가, 칭찬을 해준다 해도 의미 없는 일이라고 충고하고 있다. 그러면서 정신은 대자연의 운세에 맡기고, 대자연의 변화의 흐름에 내맡겨서 함께 변화하고 순환할 것을 제시하고 있다. 그렇게 된다면 생명에 대한 기쁨도, 죽음에 대한 두려움도 없을 거라고 자신 있게 말하고 있다. 결국 생사를 달관할 수 있는 길은 대자연의 변화에 나를 맡기고 따르는 것이라 할 수 있다.

제9장
자연산수와 한시

9.1. 자연산수의 애호

고대 중국에서 천인합일(天人合一), 곧 자연과 인간의 합일을 추구하는 세계관은 보편적이었다. 이 관점은 전통 농업 사회 속에서 체험을 통해 축적된 관물(觀物)의 독특한 방식으로 말미암아서이다. 이 관물 방식은 기계적으로 세계를 이분화하여 인간과 자연을 대립 상태로 간주하는 것이 아니라 원융화해(圓融和諧)의 친화적인 관계로 규정하고 있는 것이다.

노자는 인간과 자연의 일련의 관계를 다음과 같이 단계적으로 정리하였다. "사람은 땅을 법칙으로 삼고, 땅은 하늘을 법칙으로 삼으며, 하늘은 도를 법칙으로 삼고, 도는 자연을 법칙으로 삼는다.(人法地, 地法天, 天法道, 道法自然.)"(≪노자(老子)≫제25장) 여기서 '자연'은 일상의 자연을 크게 초월한 대우주의 섭리[理法]와 같은 뜻으로 쓰였다. 인(人)·지(地)·천(天)·도(道)는 단계적으로 확장되면서도 대자연의 이법 안에서 동일성을 유지하고 있다. 하늘은 일체의 시작점이오, 땅은 하늘의 기운을 받아 모든 형상을 낳으니 인간도 그의 소산이다. 이처럼 천지인(天地人) 삼재(三才)는 근원을 같이 한다. 도는 천지인 삼재를 관통하며, 또한 대자연의 이법을 법칙으로 삼는다. 장자 역시 인간도 자연이라는 대우주의 커다란 시스템과 긴밀히 상응하여 존재한다는 논리를 세워 "천지가 나와 함께 생겨나고 만물이 나와 함께 하나가 된다.(天地與我并生, 而萬物與我爲一.)"고 말한 바 있다.

그렇다면 사람과 자연을 하나로 보는 천인합일론이 인간의 생활에 구체적으로 끼친 영향은 무엇인가?

노자·장자 등 도가에 의해 정립된 자연생태의 원리에 바탕을 둔 천인합일론, 곧 자연과 인간의 융화론은 본질적으로 생명철학의 경향을 띨 수밖에 없다. 생명을 아끼고[貴生], 생명을 보양하는[養生] 전형적인 도교의 자세는 근원적으로는 자연의 생명력을 닮고자 하는 '도법자연(道法自然)'의 관점에서 유래하였다고 할 수 있다.

또한 천인합일론은 중국 문학과 문학이론 전반에 어떤 영향을 미쳤는가?

중국 시인들은 천지자연의 일부가 되고자 하였다. 그들에게 자연은 창조주의 구체적인 현시가 아니라 그 자체일 뿐으로 '스스로 그러한 것'[자연, self-thus]이었다. 따라서 시인들은 자연을 하나의 실재로서 받아들이는 것으로 만족하였기 때문에 그것에 인격성을 부여하여 인간에게 인자한 것이라거나 적대적인 것이라는 것으로 간주하지 않았고, 그것에 대해 영원한 투쟁을 생각할 수도 없었고, 다만 그것의 일부분이 되고자 했을 뿐이었다.

문인들은 또한 문학은 대자연을 본받아 작품 속에 자연스러움을 구현해야 한다고 믿었다.

남조(南朝)의 유명한 문학이론가인 유협(劉勰)은 "도는 성인을 통해 글에 나타나고, 성인은 글을 통해 도를 밝힌다.(道沿聖以垂文, 聖因文而明道)"고 하였다.

도는 본래 음양(陰陽)의 양의(兩儀)로 변했다가 다시 천지인(天地人) 삼재(三才)로 변화하고 또 다시 만물(萬物)로 변화한다. 자연의 도 스스로가 자연스럽게 자신을 만물에 구현시키는 과정에서 그것들에 아름다운 무늬, 즉 '문(文)'을 부여해준다. 그리고 도가 인간의 세계에 구현되면 인간의 아름다운 무늬인 '문(文)' 곧 문학이 되는 것이다. 이처럼 천지 만물에 '문'이 있듯이 인간에게도 문학이 있기 마련이니, 인간의 문학은 천지 만물의 '문'과 더불어 함께 생기는 것이다. 그러니 인간의 문학은 마땅히 대자연(natura)의 모습인 자연스러움(natural)을 구현해야 하는 당위성이 여기에 있다.

노장의 영향을 받은 문인들은 도가 자연스럽게 스스로를 구현하는 과정에 의해서 인간의 문학이 탄생했다고 보고 있기에, 대자연을 본받아 문학 속에 자연스러움을 구현하고자 한 동시에 대자연에 존재한다고 믿는 지극한 아름다움[至美]을 문학 속에 구현하길 열망하였다.[感物吟志, 莫非自然.](≪문심조룡(文心雕龍)·명시(明詩)≫) 때문에 중국 문인들은 좀더 자연산수를 애호하지 않을 수 없었다.

한시에서는 자연산수의 아름다움을 묘사하고 그것에 대한 즐거움을 표현한 시들이 대단히 많다. 특히 도잠과 왕유 같은 몇몇 산수전원시(山水田園詩)를 쓴 시인들에게 자연이란 매우 깊은 의미를 지닐 수밖에 없었다. 산수시인들은 자연 산수의 아름다움에 경도되고 그것을 즐기는 과정에서 얻은 깨달음을 시에 표현하는데, 그 과정은 흔히 유람 기록[記遊]에서 경치 묘사[寫景]로, 다시 감정 고양[興情]으로, 그리고 마지막으로 철리에 대한 깨달음[悟理]으로 이어지는 일정한 흐름을 보이곤 하였다.

중국의 대표적인 산수시인인 사령운(謝靈運)의 <석벽정사환호중작(石壁精舍還湖中作)>을 감상해 보자.

昏旦變氣候,	아침저녁으로 날씨는 변해도,
山水含淸暉.	산수는 맑은 빛 머금고 있다.
淸暉能娛人,	맑은 빛이 사람을 정말 즐겁게 하니,
遊子憺忘歸.	나그네는 편안해서 돌아갈 생각을 잊는다.
出谷日尙早,	계곡을 나올 적엔 날이 아직 일렀는데,
入舟陽已微.	배를 타니 햇빛은 벌써 어슴푸레해진다.
林壑斂暝色,	숲 골짜기에 석양빛이 모여들고,
雲霞收夕霏.	구름 노을에 저녁 안개가 자욱하다.
芰荷迭映蔚,	마름과 연꽃은 번갈아 눈부시게 빛나고,

蒲稗相因依. 부들과 피는 서로 기대어 있네.
披拂趨南逕, 밀어 헤치며 남쪽 지름길을 빨리 걸어,
愉悅偃東扉. 기쁜 마음으로 동쪽 집에 눕는다.
慮澹物自輕, 생각이 담박하니 세상사 절로 가볍고,
意愜理無違. 마음이 만족하니 이치에 어긋남이 없다.
寄言攝生客, 섭생하는 이들에게 전하나니,
試用此道推. 이 방법을 써보는 것은 어떠신지?

자연산수에 푹 빠져 있는 시인의 모습을 전편에 걸쳐 읽을 수 있다. 아침 저녁으로 조변석개하는 날씨지만 자연산수는 맑은 빛을 담고 있다. 맑은 빛에 마음을 뺏겨 집을 나섰고 급기야는 집으로 돌아갈 생각조차 잊으면서 노닐었다. 집에 돌아가려 배에 오르자니 벌써 햇빛이 어슴푸레 해진다. 숲 골짜기는 석양의 기운이 모여들고 노을에도 저녁 안개가 자욱하다. 길가의 풀들을 헤치면서 빠른 걸음으로 걸어 집에 도착하여 누우니 기쁨이 밀려온다. 이처럼 욕심이 없고 마음을 깨끗하게 하면 세상 만물이 절로 가볍게 생각되는 것이고, 마음이 만족스러우면 이치에 어긋날 게 하나도 없다. 바로 이게 생명을 잘 보존하고 누리는 섭생의 길인 것이니 오로지 섭생을 목표를 하는 자들이 꼭 깨우쳐야만 할 방법이기도 하다. 욕심 없이 깨끗하게 생각을 가지고 만족스러운 마음을 갖는 것이 중요한데, 그런 사람들만이 아마도 산수에 담긴 맑은 빛을 진실로 향유할 수 있을지도 모른다.

9.2. 산수시의 이미지 구성

끊임없이 변화하면서 순환을 거듭하는 자연에서 도를 발견하고 그 변화의 흐름에 자신을 내맡겨서[縱浪大化中](도연명, <신석(神釋)>) 영원한 순환의 일부가 되고자 했던 시인들은 마침내 자연산수가 담고 있는 위대한 아름다움[大美]을 발견하고 그 아름다움을 시 속에 구현하고자 하였다.

중국의 산수시인들은 시 속에 자연산수의 전모를 파악하고 그것의 아름다움을 완벽하게 재현해내고자 하였기에 산수의 형상을 모방하는 형사(形似)를 그들의 창작 목표로 삼지 않을 수 없었다. 그러나 시는 자수와 구수의 제한이 있기 때문에 가장 대표적인, 가장 미감의식을 불러일으킬 수 있는 경물을 취사선택하여 생동감 있는 한 폭의 산수화면을 구성해야 한다. 다시 말해서 "적은 것으로 많은 것을 개괄하여, 정황과 형상에 빠트림이 없어야(以少總多, 情貌無遺)" 한다. 예를 들어 용을 그릴 때는 "구름 속에 비늘 하나, 발톱 하나 드러나 있는데, 도리어 전체를 아주 비슷하게 드러내 보일 수 있어야(雲中露出一鱗一爪, 却使全體宛然可見)" 한다.

산수의 아름다운 형상을 완벽하게 모방하기 위해서는 결국 가장 생동적이고 미적인 경물을 선택해서 전체를 총괄할 수 있도록 해야 한다는 것인데, 이를 위해 시인들이 활용하는 창작수법이 바로 시적인 이미지, 곧 의상(意象)을 시 속에 창조해내는 것이다. 시인들은 시적 이미지를 생동적이고 전형적으로 창조할 수 있는지의 여부가 산수의 아름다운 형상을 재현하고 모방하는 관건이 된다고 본 것이다.

산수시의 시적 이미지는 크게 세 가지로 나누어 살펴볼 수 있다. 정태적 이미지, 색채 이미지, 동태적 이미지가 그것이다.

산수시인들은 모두 산수 경물에 함축되어 있는 추상적인 물성(物性), 즉 그 경물의 본질을 꿰뚫고 이것을 이미지로 빚어내는 데 뛰어나다. 정태적 이미지는 일반적으로 시인이 파악한 경물의 본질을 담은 이미지들로 구성됨으로써 경물 전체를 보는 것과 같은 효과가 있고, 또한 경물 자체를 보여주기에 독자의 감각기관에 직접적으로 호소할 수 있는 장점도 지니고 있다. 정태적 이미지의 구성은 일반적으로 형용사와 명사의 연용, 또는 명사 두 개의 나열 등의 방식을 사용한다.

사령운(謝靈運)의 <등석문최고정(登石門最高頂)>이란 시를 살펴보자.

疏峰抗高館,	봉우리 트인 곳에 높은 별관이 솟아 있어,
對嶺臨廻溪.	재를 마주하고 감도는 시내를 굽어본다.
長林羅戶穴,	기다란 숲이 집과 동굴에 늘어서 있고,
積石擁基階.	층층의 돌들이 기단과 층계를 껴안고 있다.

'高館(고관)', '廻溪(회계)', '長林(장림)', '戶穴(호혈)', '積石(적석)', '基階(기계)' 등 명사 이미지들은 자연경물과 주변 사물들의 물성을 직관적으로 파악하여 묘사한 것들이라고 할 수 있다. 이런 정태적 이미지들은 시각적 특징을 잘 반영함으로써 독자들은 이 경물들의 형상을 보지 않고도 실제로 목격한 듯 선명하게 느끼게 되고, 나아가 상상을 통해 시인의 감각적 체험을 음미할 수 있게 된다.

시각적 느낌을 가장 잘 표현할 수 있는 방식은 색채를 수식어로 삼은 이미지라고 할 수 있다. 색채 이미지는 특히 양자를 대비시킬 때 더욱 강렬해진다. 사령운의 <과시영서(過始寧墅)> 중 일부를 살펴보자.

白雲抱幽石,	흰 구름은 깊은 바위를 껴안고 있고,
綠筱媚淸漣.	푸른 조릿대는 맑은 잔물결 어루만진다.

구름은 원래 흰색인데 다시 '백'자가 첨가됨으로써, 조릿대는 원래 푸른색인데 다시 '녹'자가 추가됨으로써 시각적인 느낌이 더욱 증가된다. 게다가 '백'자와 '녹'자는 구름과 조릿대의 본질적인 물성이 담긴 말이기에 더욱 더 우리의 감각을 자극한다고 할 수 있다. 이렇게 시각적인 느낌과 경물의 본질이 서로 적절하게 결합됨으로써 색채 이미지는 더욱 깊고 풍부한 미적 아름다움을 빚어내게 된 것이다.

산수시인들은 또한 동사를 교묘하게 활용하여 뛰어난 동태적인 이미지를 구성하는 데도 뛰어나다. 사조(謝朓)의 <유동전(遊東田)>이란 시를 살펴보자.

遠樹曖阡阡,	멀리 나무들 희미하게 무성하고,
生煙紛漠漠.	피어나는 안개 자욱이 아득하네.
魚戲新荷動,	물고기 노니니 새 연꽃 흔들리고,
鳥散餘花落.	새가 흩어지니 남은 꽃잎 떨어지네.

앞 두 구의 정태적 이미지와 뒤 두 구의 동태적 이미지가 매우 선명하게 대조를 이루고 있다.

한시는 전반부는 흔히 정경을 묘사하듯이 이 시 역시 앞 두 구가 배경을 묘사하고 있다. 멀리까지 펼쳐져 희미하게 보이는 숲의 나무들은 무성하고, 안개는 자욱하게 피어올랐다가 이윽고 아득히 퍼져간다. 마치 한 폭의 산수화를 연상하게 한다.

뒤 두 구는 동사가 명사를 잇는 구법을 사용하여 동작의 변화와 생명의 활력을 느끼게 한다. '戲(희)'와 '散(산)'은 원래 자동사이지만 동작이 여기서 그치지 않고 다른 곳으로 향하고 있다고 할 수 있다. 물고기가 노닐어서 새 연꽃이 흔들렸고, 새들이 흩어져서 남은 꽃잎이 떨어지는 상황이 발생했기 때문이다. 그 결과 시내와 숲에는 생명력이 약동하게 되고 대자연의 조화에 의한 상생과 변화를 읽을 수 있게 된다. 쉼 없이 변화하고 생명력이 넘치는 자연의 모습이 동태적 이미지들에 의해서 잘 구현되었다고 할 수 있다.

이미지를 창조하는 수법으로 산수의 아름다움을 시 속에 구현하고자 하였던 시인들은 어떻게 이미지들을 배치하면 대자연의 전경을 하나의 화면에 다 담을 수 있을까 고심하였다.

중국 산수시의 화면 구도의 특징은 고저·원근 등의 시점(視點)이 서로 다른 경물들을 한 공간에 병렬시키고 아침·저녁 등의 서로 다른 시간들도 함께 존재하도록 구성한다는 데 있다. 산수시인들은 일정한 시간, 고정된 각도에서 한쪽 면으로만 자연 경물을 파악하려 하지 않고, 마치 카메라의 자유자재한 이동에 의한 영화 장면처럼 음양(陰陽)·명암(明暗)·고저(高低)·원근(遠近)·조석(朝夕)이 다른 자연 경물을 한 곳에 모아 종합적이고 전면(全面)적인 정체(整體) 화면을 구성함으로써 대자연의 전모를 파악하고자 한다.

우리는 앞 장에서 당대 유종원(柳宗元)의 <강설(江雪)>을 적멸(寂滅)의 관점에서 읽었는데 여기서는 시선의 이동과 화면의 구성이란 관점에서 읽어보자.

千山鳥飛絕,	온 산에 새들 날지 않고,
萬徑人蹤滅.	온 길에 인적이 끊겼다.
孤舟蓑笠翁,	외로운 조각배에 도롱이 삿갓 쓴 늙은이,
獨釣寒江雪.	눈 내리는 차가운 강에서 홀로 낚시질한다.

앞 두 구는 화자의 시점이 산 위의 높은 하늘에 있다. 마치 하늘을 수평으로 날면서 수많은 산과 길을 포괄한 광활한 전경을 촬영하고 다니듯이 그렇게 내려다보고 있다.

그러다가 셋째 구에 이르러 시선이 급전직하하면서 오직 하나의 물상만을 향하여 클로즈업시키고 있다. 가까이서 촬영한 카메라 렌즈는 정적 속에서 한 점의 생명, 바로 외로운 조각배에 탄, 도롱이 입고 삿갓 쓴 늙은 어옹(漁翁)에게로 집중되며 그의 모습이 선명하게 관찰된다.

다시 마지막 구에 이르러 마치 줌 아웃되듯이 화자의 시점이 또 높이 허공으로 물러나고 있다. 원거리 망원경 렌즈를 통해 끝없이 넓고, 천지 사방이 구분 없이 온통 아득한 하얀 눈 세상에서 한 노인이 홀로 낚싯대를 드리우고 있는 모습을 다시 내려다보게 한다.

화자의 시점은 이처럼 하늘에서 아래를 내려다보았다가 다시 클로즈업되면서 어옹의 모습이 확대되었다가 또 다시 줌 아웃되면서 멀리서 어옹을 내려다봄으로써, 서로 다른 각도와 방향, 거리에서 온통 눈으로 뒤덮인 세상과 강위의 어옹의 모습을 한 폭의 화면에 완벽하게 담아낼 수 있었다.

그런데 넷째 구 '독조한강설'의 번역에 대해 또 다른 견해들도 있다. 즉 '조'와 '설'은 술목구조로서 응당 '홀로 차가운 강의 눈을 낚는다'로 풀어야 한다고 보기도 한다.

사실 이 시는 전반적으로 흰 눈을 통해서 세상의 고요와 적멸을 구현하고자 하였으며, 특히 '독조한강설'은 은거한 어옹의 무심을 묘사한 것이 핵심이라고 할 수 있다. 따라서 차가운 강에서 낚시질을 하는 것이 무심한 행위일지, 아니면 눈을 낚고 있는 행위가 무심한 것일지는, 역시 보는 사람에 따라 견해가 조금 다를 수도 있겠다는 생각이 든다.

전자의 경우, 차가운 강에서 낚싯대를 드리우고 있는 것으로 풀이한다면, 어옹이 세상 명리를 잊고 은거하면서 눈이 오는 엄혹한 주변상황에도 불구하고 꼿꼿하게 강으로 나가 낚싯대를 드리우면서 마음을 비우고자 하는 행위로 볼 수 있기에 어느 정도 무심한 행위로 읽을 수 있겠다. 그러나 또한 실질적으로 물고기를 낚시질하려고 강으로 나갔다고 풀이한다면 그 추운 날에도 아랑곳하지 않고 낚시하러 간 것이 무슨 무심한 행위냐고 되물을 수도 있겠다.

후자의 경우, 눈을 낚는 것은 불가능한 것이니 그저 차가운 강으로 나가서 물고기를 잡지 않고 눈이나 낚는다는 것으로 풀이한다면 어떤 것에도 마음 두지 않는 어옹의 무심한 행위로 읽을 수도 있겠다. 그러나 만약 눈을 앞에 두고 마치 무협의 고수가 무술을 수련하듯이 낚으려고 하는 행위로 풀이한다면 이 또한 무심함은 사라지고 눈을 낚으려고 노려보고 있는 긴장된 국면이 오히려 조성된다고 볼 수도 있다.

시를 창작할 때는 독만권서(讀萬卷書)의 지식 축적이 먼저 필요하고, 다시 행만리로(行萬里路)의 노고가 뒤따라서 식견과 경륜을 쌓을 필요가 있다고 한다. 시를 제대로 이해하고 감상하기 위해서도 역시 학문적인 지식과 더불어 직관적인 통찰력이 필요하다고 생각된다. 즉 시인의 눈의 크기를 읽으려면 독자의 눈도 거기에 상응하는 크기를 지녀야 하는 것이다. 우리가 '독조한강설'을 눈 내리는 차가운 강에서 홀로 낚시질한다로 풀이해야할지, 아니면 차가운 강에서 홀로 눈을 낚는다로 풀이해야할지는 역시 직관의 눈을 지닐 수 있을 때까지 많은 세월의 연륜을 쌓을 필요가 있다고 하겠다.

9.3. 한시의 격률과 대구의 운용

9.3.1. 시운

시운(詩韻)이란 무엇인가? 중국어의 음은 성(聲)과 운(韻)으로 구성되어 있다. 성은 성모(聲母)로서 한 음절의 전반부 요소이다. 운은 운모(韻母)로서 한 음절의 후반부 요소이다. 예컨대 '東[동, tong]'의 성은 t이고, 운은 ong이다. 운은 우리나라말의 중성(中聲)·종성(終聲) 부분에 해당한다고 생각하면 이해하기 쉽다.

시에서 운을 맞추는 것을 압운(押韻)이라고 한다. 근체시는 압운의 위치가 고정되어 있다. 절구는 2·4구의 끝 글자, 율시는 2·4·6·8구의 끝 글자에 압운한다. 물론 절구와 율시 모두 1구의 끝 글자에 압운할 수도 있다. 그리고 근체시는 일반적으로 평성(平聲)으로 압운하는 것을 원칙으로 하고 있다.

여러 운자(韻字)를 대표하는 운자를 운목(韻目)이라고 하는데, 압운을 할 때는 같은 운목에 속하는 운자들을 사용해야 하니, 이를 '일운도저(一韻到底)'라 한다.

대표 운자인 운목의 종류에는 106개가 있는데, 이것은 남송(南宋)대 평수(平水) 지방의 유연(劉淵)이 그동안의 운서들을 정리하여 종합한 운목으로서 그래서 평수운(平水韻)이라고도 부른다. 평수운에는 평성(平聲) 운목이 30자가 있는데, 다시 상평성(上平聲) 15자, 하평성(下平聲) 15자로 나뉜다. 근체시는 일반적으로 평성으로 압운을 하기 때문에 주로 이 30자의 운목을 중심으로 압운이 이루어진다고 보면 된다.

상평성 계열의 운목으로는 東(동), 冬(동), 江(강), 支(지), 微(미), 魚(어), 虞(우), 齊(제), 佳(가), 灰(회), 眞(진), 文(문), 元(원), 寒(한), 刪(산)이 있고, 하평성 계열의 운목으로는 先(선), 蕭(소), 肴(효), 豪(호), 歌(가), 麻(마), 陽(양), 庚(경), 靑(청), 蒸(증), 尤(우), 侵(침), 覃(담), 鹽(염), 咸(함)이 있다.

이밖에 평수운의 운목으로 상성(上聲) 운목이 29자, 거성(去聲) 운목이 30자, 입성(入聲) 운목이 17자이다. 때문에 모든 한자는 이 106개의 운목에 포함된다고 할 수 있다.

현대 중국어는 발음상 고대로부터 변천을 거듭하며 현재에 이른 음이며, 심지어 성조마저도 변화된 경우가 있기 때문에 현대 북경어 표준음을 가지고 평측과 시운을 따지기에는 많은 어려움이 뒤따른다. 따라서 지금은 한시의 평측과 시운을 알고자 할 때 운서(韻書)에 전적으로 의지할 수밖에 없는 상황이다.

9.3.2. 평측

한시에서, 특히 근체시에서 평측(平仄)은 매우 중요한 형식요소인데, 시에서 성조(聲調)의 고저, 장단을 교차 운용하여 성률미(聲律美), 즉 음악미를 추구하는 데 필수 불가결한 요소였기 때문이다.

중국어에서 성조는, 육조시대에는 4성을 평성(음평성과 양평성), 상성, 거성, 입성으로 나누었다. 현대 북경음을 기준으로 평성 중 음평성은 1성, 양평성은 2성에 해당하고, 상성은 3성, 거성은 4성에 해당한다. 그런데 입성은 오늘날 현대 북경음에는 없는데, 이 입성의 흔적이 우리말 한자어음에 남아 있어 우리나라 사람이라면 구분해낼 수 있다. 우리말 한자어음의 종성이 p, t, k, l 받침으로 끝나면 이 글자는 입성자에 해당한다고 보면 된다. 예를 들어 겁, 갑 등 받침이 ㅂ(—p)으로 끝나는 글자, 곶 등 받침이 ㅈ(—t)으로 끝나는 글자, 국, 각 등 받침이 ㄱ(—k)으로 끝나는 글자, 갈, 길 등 받침이 ㄹ(—l)로 끝나는 글자는 입성자로 구분해도 된다. 그리고 상성과 거성, 입성이 바로 측성(仄聲)을 구성한다.

한시에서 평측을 운용하는 기본 규칙으로 몇 가지가 있다.

먼저 그 시가 평기식(平起式)인지 아니면 측기식(仄起式)인지를 따지는데, 제1구의 제2자가 평성이면 평기식, 측성이면 측기식으로 구분한다. 평기식의 제1구의 격식은 5언시의 경우 평평평측측(平平平仄仄) 또는 평평측측평(平平仄仄平)이다. 측기식의 제1구의 격식은 5언시의 경우 측측평평측(仄仄平平仄) 또는 측측측평평(仄仄仄平平)이다.

평측은 매 구마다 제2자와 제4자가 달라야 하고, 7언시의 경우는 제2자와 제6자가 같아야 하는데, 이런 규칙을 이사부동(二四不同), 이육대(二六對)라고 한다.

이처럼 매 구에서 제1, 3, 5자의 평측은 그다지 제한을 받지 않으며, 제2, 4, 6자의 평측은 엄격히 지켜야 하기에 이런 규칙을 일삼오불론(一三五不論), 이사육분명(二四六分明)이라고 부르기도 한다.

앞 연의 둘째 구인 대구(對句)와 뒷 연의 첫째 구인 출구(出句)의 제2, 4, 6자의 평측은 기본적으로 같아야 한다. 즉 제2구와 제3구, 제4구와 제5구, 제6구와 제7구의 제2, 4, 6자는 평측이 같아야 한다는 것으로, 이런 규칙을 점법(黏法)이라고 한다.

이와는 반대로 각 연마다 출구와 대구의 제2, 4, 6자의 평측은 기본적으로 달라야 한다. 즉 제1구와 제2구, 제3구와 제4구, 제5구와 제6구, 제7구와 제8구의 제2, 4, 6자는 평측이 기본적으로 달라야 한다는 것으로, 이런 규칙을 반법(反法)이라고 한다.

또한 예를 들어 측평측(仄平仄)처럼 측성자 중간에 평성자가 끼어서는 안되는 규칙을 고평(孤平)이라고 하며, 반대로 평측평(平仄平)처럼 평성자 중간에 측성자가 끼어서는 안되는 규칙을 고측(孤仄)이라고 한다. 또 한 구의 끝의 세 글자를 같은 평성이나 측성으로 해서는 안 되는 규칙을 하삼련(下三連)이라고 한다.

9.3.3. 대구

앞 구와 뒤 구 간에 서로 짝을 지어 품사, 문장성분, 색채 등에서 대조를 이루도록 하는 표현수법을 대구(對句)라 하는데, 대구는 때로는 대우(對偶) 또는 대장(對仗) 등으로 불리기도 한다. 대구는 중국 문학에서 필수 불가결한 매우 큰 예술적 특징 중의 하나이다.

중국인들은 비교적 대칭을 선호하는 관념이 있다. 중국인 특유의 이원적(二元的), 상대적(相對的)인 사유방식이 작용한 때문이다. 중국어 구조에서도 대칭적인 측면이 아주 강한데 여기에는 대칭 관념 외에도 단음절어(單音節語)라는 중국어의 특질이 반영되었기 때문이다. 우리는 도처에서 이런 언어현상을 발견할 수 있는데, 예를 들면 음양(陰陽), 선악(善惡), 화복(禍福), 고저(高低), 장단(長短) 등의 단어가 그것이다. 대구도 바로 이런 전통적인 대칭 관념이 작용된 언어현상이라고 볼 수 있다.

다음은 비교적 사람들의 입에 많이 오르내리는 대구의 예들이다.

* 仰觀宇宙之大, 俯察品類之盛.(앙관우주지대, 부찰품류지성.) – 고개 들어 우주의 광대함을 관찰하고, 머리 숙여 만물들의 성대함을 살핀다.(왕희지(王羲之)의 <난정집서(蘭亭集序)>)
* 振衣千仞岡, 濯足萬里流.(진의천인강, 탁족만리류) – 천 길 산마루에서 옷자락을 떨치고, 만 리 강물에서 발을 씻노라.(좌사(左思)의 <영사시(咏史詩)>)
* 淸風明月本無價, 可惜只賣四萬錢.(청풍명월본무가, 가석지매사만전.) – 청풍명월은 본래 값을 매길 수 없는 보물이거늘, 안타깝게도 겨우 4만양에 팔렸다네.(소주(蘇州) 창랑정(滄浪亭)의 주련)
* 上有天堂, 下有蘇杭.(상유천당, 하유소항) – 하늘에는 천당이 있고, 땅에는 소주·항주가 있네.(소주(蘇州), 항주(杭州) 관련 대구)
* 五岳歸來不看山, 黃山歸來不看岳.(오악귀래불간산, 황산귀래불간악.) – 오악에서 돌아오면 다른 산을 보지 않고, 황산에서 돌아오면 오악을 보지 않네.(서하객(徐霞客)의 황산(黃山) 평가 대구)
* 海到盡處天是岸, 山登絕頂我爲峰.(해도진처천시안, 산등절정아위봉.) – 바다가 끝난 곳에 하늘이 언덕이 되고, 산은 정상에 오르면 내가 봉우리가 된다네.(산 정상 관련 대구)
* 好讀書不好讀書, 好讀書不好讀書.(호독서불호독서, 호독서불호독서.) – 책 읽기에 좋은 나이에는 책 읽기를 좋아하지 않고, 책 읽기를 좋아하니 책 읽기에 좋은 나이가 아니구나.(대련 유희의 대구)

한편, 여덟 구의 율시(律詩)에서 한 연은 출구(出句)와 대구(對句) 두 구로 이루어진다. 또 전체 시에서 제1, 2구는 수련(首聯)으로서 기(起)에 해당되니 시정(詩情)을 제기하는 역할을 한다. 제3, 4구는 함련(頷聯)으로서 승(承)에 해당되니 시정을 이어받아 서술하는 역할을 한다. 제5, 6구는 경련(頸聯)으로서 전(轉)에 해당되니 시정을 전환하고 변화시키는 역할을 한다. 제7, 8구는 미련(尾聯)으로서 결(結)에 해당되니 곧 결말을 짓는 역할을 한다. 그런데 이 중 함련(頷聯)과 경련(頸聯)은 원칙적으로 반드시 대구를 이루어야 한다.

산수시에서 산수의 전모를 실제와 흡사하게 드러내 보이기 위해서는 반드시 독자에게 연상 작용을 일으켜, 독자가 상상을 통해 시인이 의도한 산수의 전모를 깨닫게 해야 한다. 여기에 필요한 것이 시적 이미지[意象]의 창조인데 이에 대해서는 이미 앞 절에서 논의한 바 있다. 그밖에 산수의 전모를 드러내도록 하는 유효하면서 보편적인 수단이 바로 대구이다.

두 개의 이미지를 대구로 병렬할 때, 양자 사이에는 유사성(類似性)과 상이성(相異性)이 필연적으로 함께 존재하게 된다. 양자는 유사성으로 인하여 서로를 흡인하고, 또한 상이성으로 인하여 서로를 밀어낸다. 때문에 양자 사이에는 공간상 장력(張力)이 형성되고 나아가 모종의 특수한, 그리고 전혀 새로운 분위기와 세계를 형성하게 된다.

산수시에서 산수의 전모를 담은 화면은 주로 공간의 표현에 의지하는데, 시인들은 대구 수법을 통해 산수 전모에 대해 품고 있는 그의 공간 의식을 전달한다. 대구에는 산수, 방향, 고하, 원근, 대소, 색채 등의 대비가 있을 수 있다.

산과 강물의 대비는 기원이 좀 더 오래 되었다. 공자의 언급으로부터 산은 인자(仁者)를, 강물은 지자(智者)를 상징하게 되었다. 그것은 양자의 속성이 하나는 정적이면서 오래가고, 하나는 동적이면서 자유롭게 변화하는 대비적인 속성을 지녔기 때문이다. 산과 물을 대비시키고 있는 시구들을 연이어 살펴보자.

<후재형망(後齋迥望)>

사조(謝朓)

望山白雲裏, 산을 바라보니 흰구름 속에 있고,
望水平原外. 강을 바라보니 평원 밖에 있다.

<칠리뢰(七里瀨)>

사령운(謝靈運)

石淺水潺湲, 돌 드러나니 물은 천천히 흐르고,
日落山照曜. 해 지니 산이 밝게 빛난다.

자연 경물은 존재하는 위치가 서로 높고 낮음을 대비시킬 수 있다. 높은 곳, 주로는 하늘에 존재하는 경물로는 청천(青天), 백운(白雲), 명월(明月), 비조(飛鳥) 등이 있다. 낮은 곳, 주로는 지상에 존재하는 경물로는 원야(原野), 사안(沙岸), 청천(清泉), 유어(游魚) 등이 있다. 시에서 이런 경물들을 한 데 병렬하여 상호 대비시키면 공간상의 거리감을 유발하면서 공간을 확장하는 효과를 지닌다.

사령운의 <초거군(初去郡)>시를 살펴보자.

野曠沙岸淨,	들 넓은데 모래언덕은 깨끗하고,
天高秋月明.	하늘 높은데 가을달은 밝다.

두 시구는 낮으면서 넓은 들판과 높으면서 먼 하늘을 대비시켜 두 경물 간의 차이를 분명하게 보여주고 있다. 또 모래 언덕과 가을달을 대비시켜 하나의 면과 점으로서 양자 간에 존재하는 공간상의 거리를 표현하였고, 동시에 양자를 융화시켜 하나가 됨으로써 밝은 가을달이 깨끗한 모래언덕을 비추게 하는 상생의 효과도 발휘하고 있다.

다음으로 별과 들판, 달과 큰강을 대비시키고 있는 두보의 <여야서회(旅夜書懷)>를 살펴보자.

星垂平野闊,	별은 넓은 평야에 드리웠고,
月湧大江流.	달은 흐르는 큰강에 솟아난다.

별과 달은 점으로서 하늘에 있고, 평야와 큰강은 면으로서 지상에 있다. 그리고 양자는 서로 의존적 관계에 있다. 따라서 공간 확장과 상생의 효과를 동시에 느끼게 한다.

이 두 구는 세 갈래로 해석이 가능하다. 첫째, "별이 드리우니 평야가 넓고,

달이 솟으니 큰강이 흐른다.” 둘째, “별은 평야에 드리워 넓고, 달은 큰 강에 솟아 흐른다.” 셋째, “별은 평야 넓음에 드리웠고, 달은 큰 강 흐름에 솟아난다.”

대부분 둘째 뜻을 취하긴 하지만, ≪두시언해≫의 경우는 셋째 뜻을 취하였다. 맨 끝의 ‘闊(활)’과 ‘流(류)’에 의미상의 힘이 실려 있기 때문이다. 또한 음수율에서도 2, 3으로 끊어 읽는 일반적인 5언시와는 달리 여기서는 2, 2, 1로 끊어 읽음으로써 ‘平野(평야)’와 ‘闊(활)’의 사이, ‘大江(대강)’과 ‘流(류)’의 사이에서 잠깐 뜸들이며 쉬었다가 끝을 강하게 읽으면 이 시의 본맛이 제대로 나타나기 때문인 것으로 생각된다.

또한 대비에는 원근과 방향의 대비가 있을 수 있는데, 이런 시의 예를 연이어 살펴보자.

<숙건덕강(宿建德江)>

맹호연(孟浩然)

野曠天低樹, 들 넓으니 하늘은 나무에 낮고,
江淸月近人. 강 맑으니 달은 사람에 가깝다.

<신림포조풍기우인(新林浦阻風寄友人)>

이백(李白)

淸晨西北轉, 이른 아침엔 서북쪽으로 바뀌더니,
薄暮東南吹. 저물 무렵엔 동남쪽으로 부네.

<숙건덕강>시는 이미 위에서 살핀 바 있는 공간의 대비가 이루어지면서 동시에 원근의 대비가 이루어지고 있다. 하늘과 달은 허공에 있고, 들과 강, 나무와 사람은 지상에 있는 경물들이다. 그런데 멀리 허공에 있는 하늘과 달이 넓은 들판과 맑은 강물로 인해서 각각 나무와 사람에 가깝게 보이게 하고 있다. 이처럼 대비는 그저 상호 배척을 통한 확장력만 갖추는 것이

아니라 또한 서로를 당겨서 일치를 시켜주는 흡인력도 작용하고 있는 것이다.

<신림포조풍기우인>시는 먼저 시간 대비가 이루어지면서 동시에 방향 대비가 이루어지고 있다. 아침과 저녁이 대비됨으로써 하루라는 시간으로 확장된 것이다. 그런데 아침과 저녁의 대비는 때로는 “아침에는 파란 실 같더니 저녁에는 눈이 되었구나.(朝如靑絲暮成雪)”와 같이 일생의 시간으로 확장될 가능성도 충분히 갖고 있다. 그만큼 탄력적이라는 얘기다. 뒤이어 방향 대비가 이루어지고 있는데 중국에서는 우리나라와 달리 동서를 먼저 쓰고 남북을 나중에 쓴다. 그리고 서북풍은 주로 차가운 바람을, 동남풍은 주로 따뜻한 바람을 가리키니 동서남북 사방 방향에도 또 다른 상징적 의미가 내포되어 있다고 할 수 있다.

시각과 청각 이미지라는 두 서로 다른 이미지 간의 대비는 상대 이미지를 두드러지게 해줄 뿐만 아니라 동시에 상호 융합이 됨으로 인해서 공간상 아름다운 화면과 듣기 좋은 화음을 함께 던져주는 입체적인 악장을 구성하곤 한다. 이런 시의 예들을 연이어 살펴보자.

<하방산(下方山)>

하손(何遜)

寒鳥樹間響,	겨울새는 나무 사이에서 울고,
落星川際浮.	낙성루는 냇가에 떠 있다.

<자파동주행경구당협등무산최고봉만환제벽(自巴東舟行經瞿唐峽登巫山最高峰晚還題壁)>

이백(李白)

江寒早啼猿,	강 차가우니 일찍부터 잔나비 우짖고,
松暝已吐月.	소나무 어둑해지니 벌써 달을 토해냈다.

<숙동려강기광릉구유(宿桐廬江寄廣陵舊遊)>

맹호연(孟浩然)

風鳴兩岸葉,　　바람은 양 언덕 나뭇잎에 울고,
月照一孤舟.　　달은 외로운 한 조각배에 비춘다.

<제양주선사(題揚州禪寺)>

두목(杜牧)

雨過一蟬噪,　　비 지나니 매미 한 마리 시끄럽고,
飄蕭松桂秋.　　쇠락하여 흩날리니 소나무 계수나무에 가을이로다.

공감각적 이미지 중에서 시각적 이미지가 한 폭의 화면을 구성한다면 청각적 이미지는 항상 동적인 특징을 부여해서 생동감을 준다. 위의 시들에는 새와 매미의 울음소리, 잔나비의 우짖는 소리, 바람이 우는 소리 등이 출현하였는데, 모두 우는 소리여서 생동감과 동시에 처량감을 북돋아주고 있다. 그리고 위의 시들은 시간 이미지가 효율적으로 구사되어 있다. 겨울새, 차가운 강, 어두워지는 소나무, 조각배를 비추는 달, 쇠락하여 흩날리는 나뭇잎 등에 부여된 시간 이미지가 모두 청각적 이미지가 이미 구축한 처량감을 더욱 안받침해주고 있다고 할 수 있다.

또한 대구에는 색채 대비가 존재할 수 있다. 두보의 <절구(絕句)>시는 색채를 가장 극명하게 대비하고 있는 시 중 하나로 꼽을 수 있다.

江碧鳥逾白,　　강 푸르니 새 더욱 희고,
山青花欲燃.　　산 푸르니 꽃은 타오르려 한다.

파란 강과 푸른 산은 당연해서 색채가 탁월하다고까지는 말할 수 없을 것이다. 또 흰 새와 붉은 꽃도 평범한 색채 묘사여서 특별할 게 없다. 그러나 이 평범한 색채들 간에는 인과관계가 존재하면서, 위 시에서 '逾(유)', '欲(욕)'

등의 부사어로 표현되었듯이 앞의 원인으로 인하여 뒤의 결과가 더욱 심화된다는 데 큰 특징이 있다. 다시 말해서, 강이 푸르기 때문에 원래 흰 새가 더욱 하얗게 변한 것이고, 산이 파랗기 때문에 꽃이 마치 타오르려는 듯 더욱 붉게 변한 것이다. 색채 의미의 심화는 본래 정적인 이미지에 동적인 특징을 부여한 듯 보이게 하고, 나아가 강과 새가, 산과 꽃이 어우러지면서 상생의 장을 펼치고 있는 듯한 느낌까지도 주고 있는 것이다.

9.4. 정치적 생애와 산수시

흔히 중국 지식인들의 생애를 얘기할 때 위궐(魏闕)과 강해(江海)란 두 용어를 많이 사용한다. 위궐은 출세와 벼슬을 뜻하고, 강해는 재야와 은일을 가리킨다. 그만큼 정치적인 상황이 지식인들의 생애에 얼마나 영향을 미쳤는지를 알 수 있게 한다.

동진(東晉)시기 도연명은 전원시인이자 은일(隱逸)시인이라고도 불린다. 그의 벼슬과 은거라는 정치적 삶은 중국 지식인의 한 전형적인 모습이 되기도 하였다.

동진 말년에 이르러 사회는 극도로 혼란스러워졌다. 이 시기 동진 정권의 기둥인 사족(士族) 지주는 가장 부패한 층으로서 토지를 겸병하고 많은 소작농과 노비를 부렸으며 각종 특권을 누렸다. 이때는 문벌제도가 엄격하여 사족이 아니고서는 벼슬길에 들어설 수 없었다. 도연명은 이러한 시기를 살면서 사족 통치 계급의 수모를 받지 않기 위하여 벼슬을 그만두고 시골로 은퇴하였다.

도연명도 젊었을 때는 나라를 위해 공을 세우겠다는 큰 뜻을 품고 관직에 뛰어들었다. 그러나 세상일을 경험하면서 진실을 실천하기 어려운 허위의 세계, 나아가 권력과 영토 분쟁으로 혼란스럽기만 한 정치 세계에서 살아야만 하는 자신을 발견하게 된다. 때문에 과감히 관직을 버리고 전원으로 돌아와 친히 밭을 일구고 전원의 향취를 느끼며 그 속에서 담박(淡泊)하고 순진(純眞)한 삶을 실천하고자 하였다.

도연명은 농촌 생활에서 얻은 체험을 바탕으로 전원의 경물을 아주 성공적으로 묘사하였다. 특히 그는 일상생활 중의 아주 미세한 일들을 골라 자신의 감정을 부어넣음으로써 소박하고도 맑은 시적 형상을 조성하였으며, 서사적 경물 묘사와 서정적 논의를 결합하여 예술적 통일체를 이루었다고 평가되고 있다. 도연명의 대표적인 전원시인 <귀원전거(歸園田居)> 제1수를 감상해 보자.

少無適俗韻, 어려서부터 세상에 맞는 풍도가 없었고,
性本愛丘山. 본성이 본래 언덕과 산을 좋아했다.
誤落塵網中, 세상 그물 속에 잘못 떨어진 지,
一去三十年. 어언 십삼 년이 흘렀다.
羈鳥戀舊林, 새장 속의 새는 옛 숲을 그리워하고
池魚思故淵. 연못의 물고기는 옛 못을 그리워한다.
開荒南野際, 남쪽 들판 끝에 황무지를 일구며,
守拙歸園田. 소박한 본성을 지키려 전원으로 돌아왔노라.
方宅十餘畝, 네모난 택지 십여 마지기에,
草屋八九間. 여덟아홉 칸의 초가집이라.
楡柳蔭後簷, 느릅나무 버드나무는 뒷 처마에 그늘 드리우고,
桃李羅堂前. 복사꽃 오얏꽃은 집 앞에 늘어서 있다.
曖曖遠人村, 어슴푸레하니 마을이 멀리 있는데,
依依墟里煙. 촌락에선 모락모락 연기 피어오른다.
狗吠深巷中, 개는 깊은 골목 안에서 짖고,
鷄鳴桑樹顚. 닭은 뽕나무 위에서 운다.
戶庭無塵雜, 집밖 뜨락에는 번잡한 티끌이 없고,
虛室有餘閑. 텅 빈 집안에는 한가로움이 넘친다.

久在樊籠裏, 오랫동안 새장에 갇혀 있다가,
復得返自然. 이제야 다시 자연으로 돌아오게 되었구나.

이 시는 시인이 벼슬을 버리고 돌아온 후 1년 되던 해인 405년, 42세 때 쓴 작품이다. 그는 귀향의 이유로서 성품이 세상 정치에 맞지 않아 소박한 본성을 지키고자[守拙] 다시 전원으로 되돌아왔다[返自然]고 하고 있다.

위의 시에서 보면 그의 정치적 생애는 일단 자기 본성과 맞지 않았고 또한 더럽고 추한 곳이었으며 또한 자기를 구속시키는 곳이었음을 알 수 있다. 더러운 세계임을 암시하는 티끌 먼지[塵]라는 말이 두 번이나 출현하였고, 또 자신을 구속하는 세상임을 암시하는 새장[羈, 樊籠]이란 말 역시 두 번이나 나오고 있기 때문이다. 벼슬을 그만두고 다시 돌아온 전원의 세계는 한가로움이 유달리 넘치는[餘閑] 것으로 묘사하고 있으니 그의 만족과 즐거움이 어느 정도인지를 충분히 엿볼 수 있다.

당대에 수도인 장안(長安)은 정치 문화의 중심이어서 모든 관리들이 그곳에서 벼슬하고 싶어 하는 열망을 갖는다. 그러나 사정상 고향과 장안을 떠나 외지를 전전해야 하는 경우가 많다. 때문에 벼슬을 하는 문인들은 외지를 떠돌면서 서울 장안과 고향을 그리는 외롭고 괴로운 심정을 지닐 수밖에 없는데, 이런 외로움과 수심이 자연스레 전원산수에 기탁되고, 나아가 전원산수를 사랑하는 마음을 시에 담게 되는 것이다. 이처럼 전원산수는 문인들이 관직 생활과 타향살이 중에 심신을 따뜻하게 휴식하게 해주며 아름다움을 향유하게 하는 대상이 되었다.

심지어 수도에서 벼슬하고 있는 자라고 할지라도 때때로 자연산수를 찾아 현재의 구속으로부터 오는 고뇌와 갈등을 풀어내기도 한다. 비록 자연에로의 완전한 회귀는 아니지만, 그러나 이렇게 번거롭고 기계적인 공무에서 벗어나 아름다운 자연 산수를 소요하고픈 열망을 드러내는 과정에서 그들의 번민이 조금이나마 해소되곤 하는 것이다.

당대 한유(韓愈)의 <산석(山石)>시를 감상해 보자.

山石犖确行徑微,	산에 큰 돌들이 어지럽고 가는 길은 희미하여,
黃昏到寺蝙蝠飛.	해질녘에야 절에 이르니 박쥐떼가 난다.
升堂坐階新雨足,	불당에 올라 섬돌에 앉으니 갓 내린 비 흡족하여,
芭蕉葉大梔子肥.	파초잎은 넓고 치자는 살져 있다.
僧言古壁佛畵好,	스님은 낡은 벽위의 불화를 자랑하는데,
以火來照所見稀.	촛불로 비추어도 희미하게 보인다.
鋪床拂席置羹飯,	자리를 쓸고 상을 펴서 밥과 국을 차렸는데,
疏糲亦足飽我飢.	거친 현미밥이라도 내 허기를 채우기에 넉넉하다.
夜深靜臥百蟲絕,	밤 깊어 고요히 누웠으니 온갖 벌레소리 끊어지고,
淸月出嶺光入扉.	맑은 달이 산봉우리에서 나와 사립문으로 들어온다.
天明獨去無道路,	날이 새자 홀로 길도 없는 산길을 나섰는데,
出入高下窮煙霏.	나고 들며 오르락내리락하다가 자욱한 안개구름에 막힌다.
山紅澗碧紛爛漫,	산은 붉고 개울물 푸르러 어지럽게 눈부시고,
時見松櫪皆十圍.	가끔 보이는 소나무는 모두가 열 아름도 넘을 듯.
當流赤足蹋澗石,	물을 만나 맨발로 시냇물 속 바위를 밟으니,
水聲激激風吹衣.	물소리 콸콸 바람이 옷깃에 불어온다.
人生如此自可樂,	인생은 이와 같이 절로 즐길 만한 것,
豈必局束爲人鞿!	어찌 구속되어 남에게 고삐 잡힐 필요가 있겠는가!
嗟哉吾黨二三子,	탄식하노니 우리네 벗님들아,
安得至老不更歸!	어찌 늙도록 다시 돌아가지 않을 수 있겠는가!

하급 관료 생활에 침울해 있던 시인이 황혼 무렵 산사에 들렀다가 그곳의 풍경에 마음을 뺏긴다. 고요한 밤, 달빛은 관리 생활에서는 감상할 수 없는 것들이다. 흥취가 일어 날이 새자마자 유람에 나서니 붉은 꽃과 개울물이 찬란하게 눈이 부시다. 시냇물을 만나서는 가지런히 차려 입었던 옷을 풀어 헤치고 맨발로 냇물을 건넌다. 이는 전통적으로 관직을 버리고 은거함을 상

징하는, 비녀 풀고 머리를 풀어헤친다는 뜻의 해잠산발(解簪散髮)과 동일한 의미임을 유추하게 한다.

인생은 이처럼 즐길 만한 것이다. 무슨 부귀영화를 누리겠다고 남에게 구속되어 계속 고삐 잡혀 있을 필요가 있겠는가? 그러니 어찌 늙을 때까지 고향의 전원으로 돌아가지 않고 속박을 받으면서 살리오? 후반부 네 구는 관직에 있는 자들의 공통적인 바람으로서, 갖가지 구속에서 탈피하여 아름다운 자연산수에 기대고픈 열망을 표현한 것이라 할 수 있다. 단, 실제 전원으로 돌아와 은거하였느냐, 하는 문제는 별개의 문제다. 그저 그런 마음과 소망을 시에 담았을 뿐이다.

제10장
선禪, 깨달음과 한시

10.1. 선이란 무엇인가?

한말(漢末) 위진(魏晉)대에 중국에 전래된 불교는 중국의 사상과 문화의 영향을 받아 점차적으로 중국화되면서 인도에는 없었던 새로운 형태의 신불교를 형성하니 이것이 바로 선종(禪宗)이다.

선(禪)이란 '정심사려(靜心思慮), 직관진리(直觀眞理)', 곧 일체의 망상과 잡념, 번뇌를 다스려 안정된 마음으로 진리를 직관하여 깨닫는 것을 가리킨다. 선은 곧 '나는 대체 누구냐?'라는 자기의 본래 면목(本來面目), 곧 자기 본성(本性)을 깨닫고 궁극에는 삶의 진실을 있는 그대로 파악하는 것이라고 할 수 있다.

선의 시원은 대중을 향해 꽃을 들어 보인 석가모니와 미소로 응답한 마하가섭 사이에 오고간 염화미소(拈花微笑)로부터라고 한다. "깨달음을 경전의 가르침 밖에서 별도로 전하고 글로 남기지 않는다. 네 본성을 직각적으로 파악하라, 그리하면 곧 부처의 경지에 이를 수 있으리라.(教外別傳, 不立文字, 直指人心, 見性成佛.)" 이것이 바로 선종의 가르침의 주요 내용이다. 이를 위해서는 선이 필요하였으니, 불법(佛法)의 오묘하고 진실한 이치[眞諦]를 스스로 깨닫고 의미의 손상 없이 전달하는 수단이 선이었기 때문이다.

불교는 깨달음[悟]에 관한 종교로서 중생으로 하여금 어떻게 본성을 자각하고 도를 깨치게 할 것인가 하는 견성오도(見性悟道)를 가르친다. 그리고 일체 만법(萬法)의 본원 자체를 바로 깨우친 사람으로서 "부처[불(佛), Buddha]가 설파한 가르침 가운데 핵심은 마음이다.(佛語心爲宗)"(≪능가경(楞伽經)≫) 팔만대장경도 결국 '심(心)' 한 글자에 달려 있다. 원효도 "일체가 마음이 짓는 것(一切唯心造)"임을 통찰했다.

'卽心是佛(즉심시불)', 곧 마음의 눈을 뜨면 자기의 본성인 자성(自性)을 보게 되는데 그것이 곧 견성(見性)이요, 부처가 되는 길이다.

10.2. 마음공부

10.2.1. 무심과 과욕

깨달음의 세계는 무심(無心)의 상태이다. 무심의 상태는 마음이 평정 부동(平靜不動)하고 안한(安閑)하고 청정(淸淨)하며 스스로를 의식하지 못 하는 무아(無我)의 상태이다.

또한 과욕과 달관으로 인해서 깨달음으로 이어진다. "만족을 알아 길이 길이 즐겁고, 구함이 없자 있는 곳마다 선이로다.(知足長年樂, 無求在處禪.)"[송(宋), 석계심월선사(石溪心月禪師)] 만족을 아는 마음, 이것이 삶의 여유를 느끼게 하는 길이요 항상 즐거움을 누리게 하는 길이다. 이렇듯 구함이 없는 마음, 이것이 바로 선이 있는 곳이다. 우리 마음속에 질투와 시기, 선망과 기대, 욕망의 흔적이 없을 때, 마음은 아무런 내적 갈등과 혼란을 겪지 않는다. 그 평안하고 한가로우며 평정 부동한 상태에서 사람은 자신 스스로를 의식하지 않는다. 불교는 바로 그 자리를 꿈꾼다.

"마음 청정이 부처요, 마음 광명이 불법이요, 청정하고 광명하여 거리낌 없는 것이 곧 깨친 사람이다.(心淸淨是佛, 心光明是法, 淨光無礙是僧.)"(임제

스님의 법문) 그런데 우리의 자성(自性)은 본래 청정한 것인데 왜 부처가 되지 못하는가?

먼지가 앉아 명경(明鏡)의 광명을 가렸기 때문이다. 망상은 맑은 거울 위의 먼지와 같고, 무심이란 거울 자체와 같다. 모든 망상을 다 버린다는 말은 거울 위의 모든 먼지를 다 닦아낸다는 말이다. 또 망상이 사라진 것은 구름이 다 걷힌 허공과도 같다. 그래서 거울이나 허공 자체를 불성, 또는 본래면목이라고 하는 것이다.

무심을 완전히 성취하면 견성이라 하고 성불(成佛)하는 동시에 열반(涅槃)에 이른다. 일체의 망상을 떠나서 참으로 견성을 하고 열반을 성취하면 일체의 속박에서 벗어나 대자유인이 되는데 이것을 해탈이라고 한다.

무심은 목석과도 같은 그러한 부류의 무심이 아니다. 망상이 나지 않는 것을 불생(不生)이라 하고, 대지혜 광명이 항상 온 우주를 비추는 것을 불멸(不滅)이라고도 하는데, 이것이 무심의 내용이다.

10.2.2. 마음의 눈을 뜨는 길

마음의 눈을 가리고 캄캄하게 하는 것이 바로 탐(貪), 진(瞋), 치(癡) 삼독(三毒)이다. 그런데 이 탐욕, 성냄, 어리석음 중에서도 가장 근본적으로 제거해야 할 것이 바로 탐욕이다. 탐욕은 어떻게 생겼는가? 나라는 것 때문에 생겼다. 결국 나라는 욕심을 버리고 남을 위해 살 필요가 있다.

마음의 눈을 뜨고 마음을 비우기 위해서는 어떤 실천 가능한 방안들이 있을까?

첫째, 시비 분별과 비교를 버려야 한다.

모든 구하려는 생각이 마음 속에 들어 있으면 아무리 섭생을 잘 해도 소용이 없으니 정신적으로 모든 것을 쉬어 버리는 것, 즉 생각을 쉬고 사는 것이 건강에도 도움이 된다. 의사들도 모든 질병은 탐욕과 분노에서 생기며, 올바른 양생의 근본은 헤아리고 분별하는 사량분별(思量分別)을 놓아 버리는 데서 출발한다고들 말한다. 심지어는 역설적으로 몸에 병 없기를 바라지 말라고 하는데, 병이 없으면 탐욕이 생기기 쉽기 때문이라고 설명한다. 부동심(不動心)이 만병 치료의 근원이다.

"옛 성인의 길, 움직임을 허용하지 아니했네. 정 따위의 속된 일은 본래 자기를 위배할 뿐. 달마 소림 문중사엔, 시비할 뜻 전혀 없네.(古路非動容, 情然事已違. 少林門下事, 不意生是非.)"(도림선 석골암 입구 수광진 주련) 시비(是非)를 방하착(放下着) 할 일이다.

비교는 불행의 시작이다.

비교 우위를 차지하려고 유식해지려 하는 것이 보통 사람들의 심리인데, 때로는 유식함이 오히려 병인 때도 있다. 어느 산골 마을 사람이 한양의 양반 사위를 보게 되었다. 그런데 갑자기 호랑이 한 마리가 산에서 내려와 장인을 잡아갔다. 이에 신랑이 다음과 같이 외쳤지만 그러나 동네 사람들이 알아듣지 못 하여 장인은 결국 돌아올 수 없었다고 한다. "원산지호(遠山之虎)가 자근산래(自近山來)하여 오인장인(吾人丈人)을 착거래(捉去來)하니 유총자(有銃者)는 지총래(持銃來)하고 유창자(有槍者)는 지창래(持槍來)하고 무총무창자(無銃無槍者)는 개지장(皆持杖)하고 속속래(速速來)하라."

고을 사또가 이 사실을 알고 장인을 죽게 했다는 죄목으로 신랑을 감옥에 가두니 신부가 면회를 왔다. 신랑은 신부의 손을 잡으려 손을 뻗었지만 닿을 듯 말 듯 하였다. 그러자 "여수(汝手)가 단(短)하거든 오수(吾手)가 장(長)하거나 오수(吾手)가 단(短)하거든 여수(汝手)가 장(長)할 것이지!" 라며 안타까워하였다고 한다.

비교는 시샘과 열등감을 낳는다. 사람마다 자기 그릇이 있고 몫이 있다. 꽃이나 새는 자기 자신을 남과 비교하지 않는다. 그러나 대부분의 사람들은 일반적인 사람들의 인생 속도와 시간표를 자기의 시간표와 대조하면서 늘 불안해하고 초조해 한다. 우리의 인생에는 이 표준적인 시간표보다 오히려 주관적이고 개인적인 시간표가 더 중요한 데도 말이다. 정상까지 오르려면 반드시 자기 속도로 가야 한다. 쓸데없이 남과 비교하면서 체력과 시간을 낭비하느라 꼭대기에 오르지 못하는 사람이 너무 많다.

마음공부를 하는 사람들은 비교를 떠나 오히려 부러지고 꺾인 고목과 같은 최잔고목(摧殘枯木)이 되어야 한다. 최잔고목은 쓸모없는 나무로서 땔나무도 되지 않기 때문에 아무도 돌아보지 않는다. 잘난 사람은 결국 제 잘난 싸움 마당에서 춤추는 미친 사람이 되고 말아서 공부 길과도 영영 멀어지고 마는 것이다. 그러므로 공부인은 세상에서 아무 쓸 곳이 없는 대낙오자가 되지 않으면 안 된다. 이러한 물건이 되지 못 하면 공부인도 수도인도 되지 못한다. 오직 진리만을 위해서 모든 것을 버리고 세상을 아주 등진 사람이 되어야 한다. 누구에게나 버림 받고 멸시 받아서 살아나가는 길이 오직 공부하는 길 밖에 없는 사람이 되어야 한다.

둘째, 나에 대한 집착을 버려야 한다.

나(Ego)는 항상 남과 비교하는 자아의식을 구성한다. 내가 있으므로 모든 번뇌의 근본인 교활한 사고는 움직인다. 내가 없는 무아(無我)의 진리는 모든 선각자들의 공통된 깨달음이다. 모든 분열과 차별이 생기는 원인은 나를 강조하기 때문에 일어난다는 것을 분명히 알아야 한다.

나를 중심으로 바라보기에 갖게 되는 착각과 편견도 동시에 버려야 한다.

정원의 나무를 옮겨 다니며 꽃수술대를 집적거리는 벌은 분명 스스로를 정원의 주체로 여기고 꽃은 객체이자 피동자로 여길 것이다. 그러나 이는 꽃의 관점에서 보면 대단한 착각이다. 꽃의 입장에서는 자기 대신 꽃가루를 옮겨주도록 교묘히 벌을 조종했다고도 볼 수 있다.

인간은 자신을 만물의 영장이라고 생각하는 오만한 생물종인데, 그들은 큰 감자를 만든 것이 자기들이 스스로 유전자 조작을 통해 지속적으로 선택해서 가능하게 된 것이라고 생각한다. 그러나 감자 스스로의 입장에서 보자면 인간의 도움을 빌리기는 하였지만 그들을 이용하여 지속적으로 자신의 우수한 유전자를 유지할 수 있었던 것이다.

나를 의식하는 순간 나를 둘러싼 모든 것들과 분열과 차별이 생긴다. 어느 시인은 "내가 풍경이 되어 피어날 때 그 때가 그림처럼 아름답습니다."라고 읊었다. 문득 핀 한 송이 꽃을 보았을 때, 보는 나와 보이는 꽃은 분리되지 않는다. 내가 그 삼매(三昧)에서 벗어나 꽃의 이름을 생각하거나, 혹은 미루어 놓은 집안일을 생각하면 그 때 전일(全一)의 평화는 깨지고, 자아는 실제로부터 분리되기 시작하는 것이다.

10.3. 무심의 시세계

10.3.1. 시와 선의 관계

선이나 시는 모두 깨달음이라는 하나의 선행 과정을 거쳐야만 이루어진다. 다만 깨닫기까지는 선의 방법을 차용하지만, 깨달은 뒤에는 시의 방법을 차용할 수밖에 없는 점이 차이점이라면 차이점이다.

시는 선(禪)적인 깨달음을 필요로 한다. 시는 언어 조직을 통해 인간의 복잡 미묘한 느낌과 태도, 생각을 여실하게 전달하는 한편으로 인생과 우주의 은밀한 진실을 파악하고 표현할 수 있기에 깨달음이 필요한 것이다. 깨달음이 없는 시인은 날개 없는 새이다. 청대 호응린(胡應麟)은 "시는 한 번 깨달은 후에는 만상이 그윽하게 깨달아져서 심지어 신음하든, 기침하든, 침을 뱉든 간에 모두 자연스럽고 참된 천진(天眞)에 닿게 된다.(詩則一悟之後, 萬象

冥會, 呻吟咳唾, 動觸天眞.)"(≪시수(詩數) · 내편(內篇)≫)

깨달음을 개념적인 논리로 설명할 수 없다. 언어의 불완전성으로 인하여 말하는 순간 오히려 잘못된 방향으로 나갈 수 있기 때문이다. 굳이 표현해야 한다고 할 때 그것은 역설과 상징의 옷을 입을 수밖에 없다. 이처럼 선은 역설·상징의 시적 언어를 필요로 한다. 이렇듯 시가 선적인 깨달음을 필요로 하고, 선은 다시 시적인 언어를 필요로 하니, 여기서 시와 선의 만남이 시작된다고 할 수 있다.

≪무문관(無門關)≫의 편자인 무문(無門) 혜개(慧開)는 홀연 깨달음이 있어 게송(偈頌)을 짓는다.

靑天白日一聲雷,	파란 하늘 밝은 해를 때리는 한 줄기 우렛소리,
大地群生眼豁開.	대지의 온갖 생령들이 눈을 활짝 뜨네.
萬象森羅齊稽首,	삼라만상이 일제히 머리를 조아리고,
須彌跋跳舞三臺.	수미산이 벌떡 일어나 어깨춤을 추는구나.

밝은 해가 비치는 마른하늘에 날벼락이 치고, 대지의 온갖 생령들이 놀라 눈을 활짝 뜨는 모습으로 깨달음의 순간을 표현하고 있다. 그러자 삼라만상이 머리를 숙이고 수미산이 일어나 어깨춤을 추는 것은 깨달음으로 모든 구속을 벗어나 자유를 얻은 자에 대한 경배이자 축하라고 생각된다. 그만큼 깨달음에는 존재와 존재를 둘러싼 환경에 격변이 일어난다고 할 수 있다.

10.3.2. 선의 언어

운봉열선사(雲峰悅禪師)에게 한 승려가 "영산회상(靈山會上)에서 석가모니가 꽃을 든 뜻이 무엇입니까?" 하자 "말 한 마디를 이제 막 하였더라도, 네 필 말이 끄는 수레가 쫓기 어렵다.(一言才出, 駟馬難追.)"고 대답하였고, "가

섭존자가 미소 지은 뜻은 무엇입니까?" 묻자 "입은 화가 들어오는 문이다(口是禍門)"고 대답했다는 공안이 있다.

불법(佛法)의 본체는 형체나 종적이 없는 초자연·초이성적인 존재로서 정상적이고 이성적인 방법으로는 인식할 수 없다. 때문에 직관적인 관조에 의한 깨달음에 의해서 체득할 수밖에 없다. 그리고 그 깨달음의 세계는 말과 글로 전달할 수 없다. 말의 통발과 장애에 빠지면 진실하지 않은 잘못된 모습이다. 그래서 '구시화문'이라고 한 것이다.

선의 언어문자는 논리적인 사유를 타파하는 것을 그 특징으로 삼는다. 선사들은 절대성을 갖는 자성이 논리의 2분법의 함정에 빠지지 않게 하기 위해 특수한 것으로써 보편적인 것을, 상대로써 절대를, 유한한 것으로써 무한한 것을 표현하는 시적인 비유와 암시를 즐겨 사용하였다. 때문에 사람들로 하여금 당혹감을 느끼게 한다.

그래서 그들은 상징과 역설, 부정의 언어를 즐겨 사용한다. 때로는 말도 안 되는 언어도단(言語道斷)도 사양하지 않는다.

어느 승려가 조주(趙州)에게 물었다. "왜 고봉(孤峰)에서 혼자 지내십니까?", "대답하지 않겠다." "왜 대답하지 않으십니까?" "평지로 떨어질까봐." 고봉은 본체계(本體界)를, 평지는 현상계를 상징하는 말이라고 생각된다.

역설의 언어는 어떤 모습인가? "조사께서 서쪽에서 오신 뜻은 무엇입니까?(達摩祖師西來意?)"라는 질문에 마조는 "마음이 곧 부처니라(卽心卽佛)"이라 했다가 다시 "마음도 부처도 아니다.(非心非佛)"라고 하기도 했다. 긍정과 부정이란 역설적인 양면을 들어 어느 하나에 빠지지 않고 전체를 온전하게 인식시키고자 한 것이다.

사물을 긍정과 부정 양면에서 해석할 때 비로소 온전한 양상을 드러내기 쉽다. 소금의 맛은 짜며 담백하지 않다. 긍정은 올바른 사실을 드러내는 데 반해 부정은 올바르지 않은 사실을 버리게 한다. 불법의 본체인 진여(眞如)

의 의미를 설명할 때 도저히 언어로는 표현할 길이 없으므로 부정의 방식으로 그 의미의 언저리를 간접적으로 드러낼 수밖에 없다. 생기는 것도 아니고 소멸하는 것도 아닌 불생불멸(不生不滅), 더해지는 것도 아니고 덜어지는 것도 아닌 부증불감(不增不減), 성스러운 것도 아니고 범속한 것도 아닌 비성비범(非聖非凡) 등등의 설명이 그것이다. 긍정과 부정의 양 극단을 버린 중도에 궁극적 진리가 있다고 보기 때문일 것이다.

말도 안 되는 것이 이른바 언어도단인데 이것은 선의 논리이기도 하다. 집착을 여의는 것이 바로 정각(正覺)으로 가는 길이건만 현실의 논리에서는 이를 착각(錯覺)이라 한다. 문득 졸음에서 깨어나 창밖을 보면 가는 것은 차가 아니라 창밖의 물체이다. 그러나 우리는 흔히 산은 움직이지 않는다는 고정 관념과 논리에 집착하여서 다시 애써 차가 앞으로 간다고 생각한다.

"너희는 어째서 우물을 판다고 하고, 우물을 메운다고 하지는 못하느냐. 한 삽의 흙을 떠내면 한 삽만큼 메워지는 것을 이해하지 못하느냐?"(≪능엄경≫) 흙 한 삽을 떠낼 때 공기 한 삽이 들어간다. 흙이나 공기라는 질료의 이동은 서로 있었을지라도 한 삽이라는 부피의 변화는 없다. 불생불멸(不生不滅)이다. 그런데 우리는 완전히 흙의 입장에서 생각하여 흙을 파고 우물을 판다고만 생각하는 것이다.

남조의 부대사(傅大士)에게 다음과 같은 게송이 있다.

空手把鋤頭,	손은 비어있건만 호미를 잡고 있고,
步行騎水牛.	걸어가건만 무소를 타고 있네.
人從橋上過,	사람이 다리 위로 지나가는데,
橋流水不流.	다리가 흘러가고 물은 흐르지 않네.

이 게송을 어떻게 해석할 수 있을까? 해석하는 순간 말의 통발에 빠지겠지만 편의상 해석을 한 번 해볼 수도 있겠다. 우리의 육체는 우리가 묵는 집

에 불과하고 그 안의 주인은 불성(佛性)이다. 우리 중생들은 색상(色相), 즉 물질에 현혹되어 이 육체가 곧 나라고 잘못 알고, 불성은 무엇인지 알지 못한다. 이 게송은 우리에게 우리의 주인을 제대로 알라고 일깨워주는 것이라고 할 수 있다.

우리의 육체는 움직일 수도, 말할 수도 없는데, 우리가 운동하고 걷고 말할 수 있는 것은 바로 우리 안의 주인인 불성이 시키기 때문에 가능한 것이다. 우리 안의 주인이 부리는 육체인 빈손은 사람이 손으로 부릴 수 있는 호미와 똑같은 존재이다. 우리가 걸을 수 있는 것은 주인이 육체를 부린 결과이기에 사람이 무소를 부려 타고 가는 것과 똑같다.

사람[人]은 육신의 주인으로, 육신은 다리[橋]로 비유되어서, 유한한 육신으로 이 세상을 사는 것은 사람이 다리를 건너는 것과 똑같이 인생무상에 이르게 되는 것이다. 다리가 흐른다는 것은 곧 다리로 비유된 육신이 변화하여 죽음에 이른다는 것이요, 물이 흐르지 않는다는 것은 곧 물로 비유된 불성(佛性)은 흘러가지 않고 항상 존재하며 움직이지도 흔들리지도 않는다고 본 것이다.

깨달음의 세계는 앞산이 물위로 가는 세계이며, 석녀가 아이를 낳는 세계이다. 또 마음이 곧 부처인 세계이며, 마음이 부처가 아닌 세계이기도 하며 또 마음도 부처도 아무것도 아닌 세계이기도 하다.

월인천강(月印千江), 온갖 강물에 비친 달은 같은 하나의 것이듯 어디에나 불성은 존재한다. 달은 하나이되 온갖 물에 비치듯 내 본성은 하나이다. "만 갈래로 갈린 그림자 모두가 같고, 빛이 일천 문에 비쳐도 다름은 없다.(影分萬波曾無異, 光照千門豈有殊.)"

달은 불성으로 비유되기도 하는데, 달빛이 항상 여일하듯 불성의 본바탕이야 어디에 있어도 하나다. 달은 밝음의 본성으로 어디나 비추고, 물은 맑음의 본성으로 무엇이나 그대로 비추어진다.

선사의 깨달음이 그러하듯이 시인의 깨달음 또한 손에 직접 잡을 수는 없다. 그렇기에 행간에 감춰진 울림, 언어의 발자취를 벗어나 허공에 매달려 있는 떨림을 통해 깨달음을 전한다. 그 세계는 투명하기만 하고 맑기만 하다. 독자 또한 그 투명하고 맑은 선취(禪趣)의 세계를 행간의 울림과 떨림을 통해서 다가가야 한다.

선사의 깨달음은 물에 찍힌 달이요, 이를 표현해야 하는 시인의 언어는 행간의 울림이요 떨림이다. 모두 경화수월(鏡花水月), 거울에 비친 꽃이요, 물에 찍힌 달인 것이다.

허공에 울려 퍼지는 소리[空中之音], 형상 속에 깃들어 있는 미묘한 색채[相中之色], 물속에 찍힌 달[水中之月], 거울 속의 꽃[鏡中之花]. 모두 불가의 용어들인데, 감각 기관을 통해 파악할 수 있는 것들이지만 실체를 투영하는 것들일 뿐이어서 듣고 볼 수는 있어도 손에 직접 잡을 수는 없는 공통점이 있다.

시의 언어가 형상이요 껍질이라면 의미는 빛깔이요, 속살이며, 맛이다. 송대 승려 경순(景淳)이 한 말이 좋은 참고가 된다.

> 시는 언어가 껍질이라면 의미는 속살이다. 마치 세상의 과실 중에 형상이 온전한 것은 바깥이 껍질이고 안은 속살인 것과 같다. 납 속의 금, 돌 속의 옥, 바닷물 속의 소금, 색칠한 칠 속의 아교는 모두 볼 수 없듯이 의미도 속에 숨어있어 볼 수 없다.(詩之言爲意之殼, 如人間果實, 厥狀未壞者, 外殼而內肉也. 如鉛中金, 石中玉, 水中鹽, 色中膠, 皆不可見, 意在其中.)(<시평(詩評)>)

불성이 물 속에 찍힌 달이듯이, 시의 언어 역시 의미를 물 속에 찍힌 달처럼 함축한다. 이제 경화수월의 묘미를 전달하는 예들을 살펴보면서 눈으로 볼 수는 있지만 잡을 수 없는 자리가 어떤 것인지를 느껴보도록 하자.

아무리 흐린 물일지라도 달이 존재하지 않는 것은 아니다. 이처럼 달은 어디서나 존재한다. 불성도 그와 같다.

> 아미타불의 광명은 청정한 만월과 같아서 시방세계를 두루 비춘다. 물 맑고 고요하면 달이 전체를 드러내는데, 달이 물을 취해서 갑자기 나타난 것이 아니다. 물이 혼탁하고 흔들리면 달은 빛을 잃게 되는데, 달이 물을 버리고 갑자기 떠나버린 것은 아니다. 물에게 맑거나 탁하고 흔들리거나 고요한 것이 있지만, 달에게는 취하거나 버리고 떠나거나 오는 것이 없다.(彌陀光明如靜滿月普遍十方. 水淸而靜則月現全體, 月非取水而遽來; 水濁而動則月無定光, 月非捨水而遽去. 在水則有淸濁動靜; 在月則無取捨去來.) (≪수청집(水淸集)≫)

귀로 들리는 소리를 촉각으로 느낄 수 있을까?

한암 스님은 오도송(悟道頌)에서 말했다. "부엌에서 불을 때다가 눈이 홀연 밝아졌으니, 이로부터 옛길이 인연 따라 맑아졌네. 누가 조사께서 서쪽으로 오신 뜻이 무엇이냐고 묻는다면, 바위 아래 샘물소리는 젖지 않는다 하리라.(着火廚中眼忽明, 從玆古路隨緣淸. 若人問我西來意, 岩下泉鳴不濕聲.>" 젖지 않는 물소리라고 했다. 물소리는 청각으로만 들을 수 있는 것이기에 우리는 당연히 그렇다고 생각하지만, 그러나 촉각과 청각을 함께 들어 설명함으로써 눈으로는 보이나, 즉 실재 존재하기는 하나 잡을 수 없는 그리고 감촉할 수 없는 존재들을 연상하게 하고 있다. 그 자리가 불성이 있는 자리요, 시의 함축의 언어가 있는 자리라고 하였음을 다시 상기하지 않을 수 없다.

두보는 <기주우습부득상안작(蘷州雨濕不得上岸作)>에서 "새벽 종소리 구름 밖에서 젖어 있네.(晨鐘雲外濕)"라고 하여 앞에서 물소리가 젖지 않는다고 한 것과는 완전히 반대의 입장에서 청각과 촉각을 들고 있다. 여기에 대해 청대 엽섭(葉燮)은 ≪원시(原詩)·내편(內篇)·하(下)≫에서 매우 자세하게 분석하였다. 인상식 비평이 주류를 이루는 중국시론에서 상당히 독특하고 귀한 비평 문장이라고 할 수 있다.

새벽종이란 물건이 젖은 것인가? 구름밖에 있는 사물들은 헤아릴 수 없이 많은데 어찌 꼭 절의 종이어야 하는가?

절 안이라고 해도 종 외에도 많은 물건들이 있을 텐데 하필 종만 젖었다고 하는가? 때문에 이렇게 말한 것은 종소리를 듣고 뭔가 느낌이 있어서 그렇게 노래한 것일 게다.

그렇다면 소리는 형체가 없는 것인데 어떻게 젖을 수 있나? 종소리는 귀로 들리는 것으로, 듣는 역할을 하는 귀는 다만 소리만 구별할 수 있을 뿐인데, 어떻게 그 소리가 젖었다는 촉각까지도 변별해 낼 수 있나?

또 구름 밖이라고 했는데, 이 시인은 처음에 구름만 보았지 종 자체는 직접 보지 않았기에 구름 밖이라고 말했을 것이다.

그런데 이 시는 비가 내린 뒤에 쓴 것으로, 비는 구름이 낀 뒤에야 내리는 것이니 응당 구름 안[雲內]이라고 해야지 구름 밖이라고 해서는 안 된다.

난 모르겠다. 이 시는 귀로 들은 것을 썼나? 아니면 눈으로 본 것을 썼나? 아니면 마음으로 헤아린 것을 썼나? 식견이 없는 유생들 같으면 반드시 "새벽 종소리 구름 밖에 넓네(晨鐘雲外廣)"라든지, 아니면 "새벽 종소리 구름 밖으로 피어나네.(晨鐘雲外發)"라든지 하지, 결코 '습(濕)'자를 쓰지는 못 했을 것이다. 구름을 사이에 두고 종을 보고, 소리 속에서 젖은 촉각을 듣는 것에서 절묘한 말이 자연스럽게 펼쳐지고, 지극한 이치와 실제의 사실 가운데서 깨달아야 비로소 이런 경계를 얻을 수 있다는 사실을 저들은 알지 못 하는 것이다.(以晨鐘爲物而濕乎? 雲外之物, 何啻以萬萬計, 且鐘必於寺觀. 卽寺觀中, 鐘之外, 物亦無算, 何獨濕鐘乎? 故爲此語者, 因聞鐘聲有觸而云然也. 聲無形, 安能濕? 鐘聲入耳而有聞, 聞在耳, 止能辨其聲, 安能辨其濕? 曰雲外, 是又以目始見雲, 不見鐘, 故云雲外. 然此詩爲雨濕而作, 有雲然後有雨, 鐘爲雨濕, 則鐘在雲內, 不應雲外也. 吾不知其爲耳聞耶? 爲目見耶? 爲意揣耶? 俗儒於此, 必曰: "晨鐘雲外廣", 又必曰: "晨鐘雲外發", 決無下濕字者. 不知其於隔雲見鐘, 聲中聞濕, 妙語天開, 從至理實事中領悟, 乃得此境界也.)

이 글은 모두 여섯 차례의 물음을 던지고 있다.

먼저 젖었다는 촉각을 사용하였기에 물건이 젖었는지에 대해서 묻기 시작한다. 새벽종이 젖었나? 왜 꼭 절의 종이어야 하는가? 절 안에서도 왜 꼭 종이어야 하는가?

다음으로 종소리를 듣고 느낌이 와서 젖었다고 표현했을 것이라고 가정하고 이제는 촉각에 대해서 묻기 시작한다. 소리가 어떻게 젖을 수 있나? 귀로 어떻게 촉각을 구별할 수 있는가?

이어서 구름 밖이라고 쓴 것에 대해서 묻기 시작한다. 비가 내리면 곧 구름 안이니 구름 안이라고 표현해야 하지 않는가?

마지막으로, 종소리를 통해 구름을 사이에 두고 종을 상상할 줄 알며, 소리가 젖는 촉각도 귀로 변별할 수 있었기에 이 시가 절묘해질 수 있었다고 평가하고 있다.

소리가 젖어 있다고 말하는 것은 다분히 선적(禪的)인 취향이 있다고 말할 수 있다. 그것은 기존의 일반적이고 관행적인 논리와 관념을 타파하고 보이지 않는 불성과 진리의 실체를 깨닫게 하려는 언어적 방편이다.

이제 다음의 <병풍에 적는 여덟 곡의 노래(八曲)>도 그런 취향들을 읽을 수 있다. 이 여덟 곡은 모두 서로 다른 시에서 뽑아온 시구들이다.

花笑聲未聽,	꽃은 웃어도 소리를 듣지 못하고,
鳥啼淚難看.	새는 울어도 눈물을 보기가 어렵다.
影沈衣無濕,	그림자는 물에 잠기어도 옷은 젖지 않고,
夢踏脚不勞.	꿈속에서는 걸어도 다리가 수고롭지 않네.
露草蟲聲濕,	이슬 맺힌 풀에 벌레소리 젖고,
風枝鳥夢危.	바람 이는 가지에 새의 꿈이 위태롭다.
風前松奏琵,	바람 앞에서 소나무가 비파를 연주하고,
雨後澗生琴.	비 온 뒤 시냇물에서 금 소리가 난다.
雁引愁心去,	기러기는 수심을 이끌고 떠나고,
山含好月來.	산은 좋은 달을 안고 온다.
棹穿波底月,	노는 물밑의 달을 뚫고,
船壓水中天.	배는 물속 하늘을 누른다.

鼠嫌羊有角,	쥐는 뿔 난 양을 싫어하고,
牛憎馬不耕.	소는 밭 갈지 않는 말을 미워한다.

雪山鳥夢白,	눈 덮인 산에 새의 꿈은 희고,
花枝雨聲紅.	꽃 핀 가지에 비 소리는 붉다.

10.3.3. 선시의 내용

깨달음을 통해 도달한 상태, 사물을 있는 그대로 보고, 유혹·탐욕·분별·시비 등 그 어느 것에도 흔들리지 않는 마음의 상태에 도달하면 평상심·부동심을 깨닫게 된 것이요, 그 마음으로 시를 읊게 되면 일반적으로 그 시는 다음과 같은 내용을 지니게 된다.

첫째, 무욕·무심과 안한·청정·달관의 경지에 도달해 있기에 선시는 대부분 무심을 담고 있다. 고요하고 적적한 것은 무심한 자연의 본래 모습이다. 바람 불고, 꽃 피고 지고, 구름 일고, 안개 피어오르는 것도 자연의 무심이다. 무심의 경지에 들어 있는 시인의 시에 이러한 자연의 무심이 노래되는 것이다. 예를 들어, "꽃은 사람이 없다고 향기내지 않는 것은 아니다(不以無人不芳)", "시냇가 집은 적막하니 사람 없는데, 꽃은 어지럽게 피었다 또 진다.(澗戶寂無人, 紛紛開且落.)", "산 기운은 석양 무렵에 아름다운데, 새들은 날아 함께 돌아온다.(山氣日夕佳, 鳥飛相與還.)" 등과 같은 모습으로 노래되는 것이다.

둘째, 모든 것을 있는 그대로 보는 시선이 선시에는 실천되어 있다. 자기의 마음을 매달지 않고 볼 줄 알기에 텅 빈 산에서 말없이 피고 지는 꽃 등을 담담히 노래할 수 있다. 예를 들면 '물 흐르고 꽃 핀다(水流花開)', '텅 빈 산에 물이 흐른다(空山流水)', '구름 흘러가고 물 흐른다(行雲流水)' 등처럼 담담히 있는 그대로를 술회한다.

셋째, 선이 담긴 시는 텅 빈 충만인 공(空)의 경지를 이룬다. 시에는 흔히 침묵으로 나타난다. 예를 들어 '그저 웃고 답하지 않으나 마음은 절로 한가하다네(笑而不答心自閑)', '그대는 궁통의 이치를 물으시는데, 어부의 노래소리가 포구 깊숙이 들려오네.(君問窮通理, 漁歌入浦深)' 등과 같은 노래가 이루어지는 것이다.

위대한 창조는 아무 잡념이 없는 무심의 경지에서 나온다. 모든 것을 있는 그대로 볼 줄 안다. 그것은 침묵의 세계이고 텅 빈 공의 경지다. 때문에 위의 세 가지 신시의 내용은 시로 연결되면서 동시에 전개될 때도 많다. ≪금강경오가해(金剛經五家解)≫에서 야보선사가 노래한 내용을 보면 이를 잘 알 수 있다. "오두막 이슥한 밤, 홀로 앉아 있으니, 고요하고 적적해, 본래의 자연, 무슨 일로 서녘바람, 숲을 흔드는고? 외기러기, 먼 하늘에 울고 간다." 여기에는 고요와 무심이 있고, 있는 그대로 보고 있고, 침묵이 있다.

넷째, 인생의 섭리와 비의(秘意)를 파악하는 눈을 지녔기에 남들이 볼 수 없는 것을 노래한다. 예를 들어 "여산의 진면목을 알지 못 하니, 다만 몸이 이 산 속에 있기 때문이라네.(不識廬山眞面目, 只緣身在此山中.)"와 같이 철리를 담은 시들이 그 예이다.

다섯째, 내가 사물과 일체가 되니 바로 내가 풍경으로 피어나는 모습을 시로 노래한 것들이다. 이것이 바로 물아일체요, 온전히 하나가 되어 평화가 이루어진 상태이다. 주체도 대상이 되어 대상의 눈으로 대상을 보게 된다. 예를 들면, "동쪽 울타리 아래서 국화꽃 따노라니, 한가로이 남산이 바라다 보이네.(采菊東籬下, 悠然見南山.)", "찬 물결 담담히 일고, 흰새는 유유히 내려온다.(寒波淡淡起, 白鳥悠悠下.)"와 같은 시들이 그 예이다.

여섯째, 현재와 일치되어 있기에 행주좌와(行住坐臥)의 일상과 끽다거(喫茶去)와 같은 평범한 삶에 선이 담긴 것을 알게 되고 이를 시로 노래하게 된다. 일상의 삶을 살며 밭 갈고 씨 뿌린다든지, 자연의 순리에 맞게 행동하는 것들이 여기에 해당된다. 저녁 농가에서 밥 짓는 연기가 피어오르는 모습도 생각할 수 있다. 예를 들면, "서로 마주쳐도 쓸데없는 말 하지 않고, 그저 뽕과 삼이 자랐다는 말만 할뿐이네.(相見無雜言, 但道桑麻長.)", "새벽에 일어나 거칠어진 밭의 김을 매고, 달을 이고 호미 메고 돌아오네.(晨興理荒穢, 帶月荷鋤歸.)"와 같은 것들이 그런 예에 해당된다고 할 수 있다.

다음으로 선시들의 예를 연이어 들어보겠다. 지금까지 말한 다섯 가지 내용을 적용해서 감상해볼 수도 있을 것이다.

<심남계상산도인은거(尋南溪常山道人隱居)>

유장경(劉長卿)

一路經行處,	가는 길 내내 지나는 곳에는,
莓苔見履痕.	푸른 이끼에 발자국이 보인다.
白雲依靜渚,	흰 구름은 고요한 물가에 기대었고
春草閉閑門.	봄풀은 한가로운 문을 막고 있다.
過雨看松色,	비 지난 뒤 솔빛 바라보며,
隨山到水源.	산 따라 계곡물의 근원에 이르렀다.
溪花與禪意,	냇가의 꽃은 함께 참선하는 마음 있는지,
相對亦忘言.	서로 마주보고도 말을 잊고 있다.

<무제(無題)>

한산(寒山)

登涉寒山道,	한산 길을 오르고 건너도,
寒山路不窮.	한산 길은 끝이 없다.
溪長石磊磊,	개울이 길어 돌이 많고,
澗澗草濛濛.	물이 많아 풀이 무성하다.
薹滑非關雨,	비와 상관없어도 삿갓풀은 미끄럽고,
松鳴不假風.	바람을 빌지 않아도 소나무는 운다.
誰能超世累,	누가 세속 걱정일랑 초탈하여,
共坐白雲中.	나와 함께 흰구름 속에 살거나.

<감호대(鑑湖臺)>

서산대사(西山大師)

松琴澗瑟響玲瓏,	소나무 금 시냇물 비파소리 영롱한데,
一臥春風百念空.	봄바람에 한 번 누우면 온 생각이 텅 빈다.
在世誰知還出世,	속세에 있어도 또 속세를 벗어났음을 뉘라서 알겠는가?
白雲行止碧虛中,	흰구름도 저 허공 속에서 가고 머무르는 것을.

10.3.4. 인생 삼단계와 참선 삼단계

근대의 왕국유(王國維)는 ≪인간사화(人間詞話)≫에서 대사업이나 대학문을 성취한 사람들은 반드시 세 가지 경계를 거친다고 하면서 사(詞) 작품을 들어 설명하였다. 우리는 이를 인생의 삼단계로 적용하여 살펴볼 수 있을 뿐만 아니라 뒤에 논의할 참선의 삼단계와도 긴밀하게 관련을 시켜 생각해 볼 수 있을 것이다.

제1경계는 "어젯밤 가을바람에 푸른 나무 시드니, 높은 누각에 혼자 올라 하늘가로 난 길을 끝까지 바라본다.(昨夜西風凋碧樹. 獨上高樓, 望盡天涯路.)"이다. 이 사구는 안수(晏殊)의 <접련화(蝶戀花)>에서 나왔다. 화자는 아무런 근심도 모르고 있다가 이제 서풍이 불어오고 초목이 시드니 비로소 떠나간 임을 생각하게 된다. 임의 소식을 알고 싶어 높은 누각에 올라 시야를 확장시킨 다음 멀리 하늘가로 뻗어 있는 길을 끝까지 바라본다. 마치 왕창령(王昌齡)의 <규원(閨怨)>에서와 같이 "규중의 어린 신부 수심을 몰라, 봄날에 곱게 단장하고 푸른 누각에 올랐다.(中少婦不知愁, 春日凝妝上翠樓.)"와 같은 느낌을 준다. 무지(無知)의 단계라고 할 수 있으니, 아무 것도 몰라 오히려 아직은 행복할 수 있는 것이다.

제2경계는 "허리띠가 점차 느슨해지나 끝내 후회하지 않으니, 그대 때문이라면 초췌해질 만하다네.(衣帶漸寬終不悔, 爲伊消得人憔悴.)"이다. 이 사구는 유영(柳永)의 <접련화(蝶戀花)>에서 나왔다. 허리띠가 느슨해진다는 건 몸이 말라간다는 것을 완곡하게 표현한 것이다. 떠나간 임 생각에 몸은 말라가도 끝내 후회가 되지 않는다. 그대를 향한 그리움 때문에 안색이 초췌해지는 것이라면 그럴 만한 가치가 있는 것이다. 사랑을 알기 시작하면서 급기야 사랑으로 몸을 앓는 지경에 이르러도 끝내 후회하지 않는다. 이게 어쩌면 진정한 사랑의 모습이지 않을까 싶다. 그러나 다른 눈으로 보면 이것은 너무 인간적이고 세속적이라서 여전히 시비 분별의 지식인 분별지(分別知)의 단계에 머물고 있는 것이라고 볼 수 있다.

제3경계는 "많은 사람들 틈바구니에서 그를 수없이 찾았었건만, 고개 돌리니 갑자기 그 사람이 보이는데, 등잔불이 쇠잔해지며 깜박거리는 곳에 계시는구나.(衆裏尋他千百度, 回頭驀見, 那人正在, 燈火闌珊處.)"이다. 이 사구는 신기질(辛棄疾)의 <청옥안(靑玉案)·원석(元夕)>에서 나왔다. 그렇게 애타고 간절하게 찾아 헤맸건만 그 사람은 보이지 않았다. 이제 하릴없이 고개를 돌리니 갑자기 그 사람이 보인다. 그이는 바로 등잔불에 기름이 다해서 깜박거리는 곳에 있다는 걸 알게 되었다. 그이가 바로 곁에 있었기에 수천 번 찾았던 노력은 다 헛된 것이었을까? 결코 그렇지 않다. 바로 그런 노력이 있었기에 그이가 가까이 있는 걸 알게 되었지, 만약에 그렇지 않았더라면 아무리 곁에 있었어도 눈에 띄지 않았을 것이다. 행복도, 진리도 마찬가지다. 수많은 시행착오와 간절하고 애타는 노력 끝에 찾을 수 있는 것이다. 이 경지는 그래서 갖고 있는 모든 지식조차도 내려놓는 단계인 망지(忘知)의 단계라고 볼 수 있다.

≪전등록(傳燈錄)≫에서 참선의 삼단계는 흔히 다음과 같이 얘기된다. 맨 처음 아무런 지식이 없을 때는 이 세상 사물들이 모두 그저 눈에 보이는 그대로였을 뿐이다. 산은 산이요, 강물은 강물이었을[見山是山, 見水是水] 뿐이

다. 그러다가 일정한 지식을 갖추고 자꾸 분별하게 됨으로 인해서 그 산들이 그저 산이 아니고, 강물이 단순한 강물이 아닌 것을 알게 되었다.[見山不是山, 見水不是水] 마지막으로 지식이 깊어져서 오히려 지식을 완전히 내려놓게 되었을 때, 산은 그저 산일뿐이요, 강물은 그저 강물이었음[見山只是山, 見水只是水]을 깨닫게 되었다.

그런데 위에서 인생의 세 가지 경계를 사로 풀었듯이, 참선(參禪)하면서 거쳐야 하는 세 가지 경계를 시로 풀어보면 다음과 같다.

제1경계는 "낙엽이 텅 빈 산에 가득하니, 어디서 그분의 자취를 찾을까?(落葉滿空山, 何處尋行迹?)"이다. 이 시는 위응물(韋應物)의 <기전초산중도사(寄全椒山中道士)>에서 나온 시구이다. 이 시는 날씨가 추워지자 산중의 도사가 걱정이 되어서 술 한 병 들고 가 위로해주고 싶지만 낙엽이 산에 가득 쌓여 계신 곳을 알 수 없다는 내용이다. 여기서는 찾는 대상을 선(禪)이나 진리로 보아야 마땅할 것이다. 찾고 싶지만 어디서부터 손을 대야할지 모르는 막막한 상황, 만물의 실상은 보지 못 한 채 현상계에만 머물러 살아가는 범부가 보이는 무지한 상태라고 할 수 있다.

제2경계는 "텅 빈 산에 사람 없는데, 물이 흐르고 꽃이 핀다(空山無人, 水流花開.)"이다. 이 말은 소식(蘇軾)의 <십팔대아라한송(十八大阿羅漢頌)>에서 나왔다. 아직 진리는 찾지 못 하였지만 물이 흐르고 꽃이 피는 것은 오욕칠정으로 들끓는 마음을 내려놓고 고요하게 하지 않으면 바라볼 수 없다. 이런 고요한 마음이 바로 깨달음의 기본 전제이다. 그런데 자연의 경물은 도의 구현이 아닌 것이 없긴 하지만, 그리고 그러한 경물을 고요한 마음으로 관조하고 있지만 그러나 여기서 여전히 공적(空寂)한 관념에 대해서 아직도 집착하고 있다고 볼 수 있다. 도를 깨쳐야겠다는 관념조차도 내려놓아야 한다. 마음을 고요히 하겠다는 의념조차도 내려놓아야 한다.

제3경계는 "영원토록 긴 허공, 하루아침의 바람과 달.(萬古長空, 一朝風

月.)"이다. 이 말은 ≪오등회원(五燈會元)≫에서 나왔다. 영원토록 긴 허공은 영원하고 항구하며 무한한 본체이다. 그런데 무한한 본체는 눈앞의 순간적인 경물에 표현되어 있다. 공적한 관념으로부터 다시 해탈되어 나와서는 활발하고 생동적인 직각의 세계로 돌아가게 된다. 본질의 세계를 바라보는 단계가 깊어져서 직각적으로 파악하게 되면 비로소 깨달음에 이른다.

제11장
동양화와 한시

11.1. 한시와 그림

중국의 한시를 연구하면서 예전처럼 텍스트 자체만을 가지고 분석하여도 텍스트의 모든 것을 다 파악할 수 있다는 식의 단순한 방법론에 의존한 연구는 더 이상 후기자본주의 시대를 사는 한국의 독자들을 만족시킬 수 없을 것처럼 보인다. 고려·조선조 이래로 우리나라 지식인들의 최고 가치 있는 심미대상 중 하나였고 삶의 필수적인 도구였던 한시를 오늘 우리가 감상하고자 할 때, 이처럼 단순히 주해나 번역에 그쳐서는 더 이상 독자들을 감동시킬 수 없는 우리의 현실은 학계의 연구자들에게 커다란 고민꺼리와 난제를 안겨주고 있다.

텍스트에 대한 전면적인 이해를 위해서 역사·철학·사회학 등에로 지평을 확대해서 입체적인 이해를 해야 하며, 나아가 풍속·음식 등의 생활문화 및 그림·음악 등의 시청각 예술과도 긴밀하게 조응시켜 이해를 확대하고 심화시켜야 비로소 IT와 가상현실, 그리고 매스미디어에 익숙한 오늘날의 한국의 독자들에게 친근하게 다가갈 수 있지 않느냐 하는 반성과 요구가 요즘 학계에 급부상하고 있다.

당대 두목(杜牧)의 <청명(淸明)>이란 시는 텍스트 자체에 대한 주해와 해석은 물론이요 중국의 풍속문화에 대한 상식을 덧붙이고, 더 나아가 시각예술로서 그림이란 매개물을 다시 감상하게 함으로써 텍스트에 대한 이해를 심화시킬 수 있는 좋은 예이다.

淸明時節雨紛紛,	청명절에 어지러이 비가 내리니,
路上行人欲斷魂.	길에 선 나그네는 넋이 달아나려 한다.
借問酒家何處有,	묻노니 술집은 어디에 있는가?
牧童遙指杏花村.	목동은 멀리 살구꽃 핀 마을을 가리킨다.

청명절은 조상의 산소에 음식을 싸가지고 가서 성묘하는 한편으로 봄놀이를 즐기는, 곧 '답청(踏靑)'이 주요한 풍속이 된다. 길을 떠난 나그네가 넋마저 달아나려 하는 이유는 비가 추적추적 내리기 때문이기도 하지만 남들은 봄놀이를 즐기는데 자신은 길을 떠나야만 하는 슬픔과 고독감이 배가되었기 때문이다. 자, 이것은 곧 풍속문화에 대한 이해를 통해서 텍스트의 이해를 심화시킨 설명이다. 그러나 여전히 청명절의 풍속에 대해 이해가 잘 되지 않는 독자들을 위해서 그림을 활용함으로써 그들의 시선을 자극하고 지식을 심화시킬 필요가 있다. 북송(北宋) 화가 장택단(張擇端)의 <청명상하도(淸明上河圖)>는 아주 좋은 예가 될 것이다.

<淸明上河圖>

동양의 전통적인 산수화는 풍경을 그린 이른바 '풍경화'와는 다른 개념을 지닌다. 산수화는 자연을 그리되 서양화처럼 객관적인 자연의 재현(再現)을 목적으로 하지는 않는다. 다시 말해 '마음속의 산수', 즉 의중(意中)의 산수를 그린 것이다. 때문에 풍경화는 단순히 경치의 조화, 경물의 배치, 색감 등에 관심을 갖고 그림 자체를 미적 대상으로 삼지만, 동양의 산수화는 자연의 신비스러움, 자연 속에 깃들인 정신적 세계, 경물의 오묘한 조화, 그리고 고사나 고시에서 제시하는 말의 뜻 등에 초점을 두고 감상한다. 그러니까 자연의 신비를 마음속으로 깨닫고 자연에 동화하거나, 선인들의 일화를 되새기며 그들의 행적을 흠모하는 데 감상의 의의가 있다.

동양화에는 옛날에 있었던 고사(古事)나 고시(古詩)를 주제로 활용한 그림들이 많다. 가도(賈島)의 시를 그림으로 옮긴 <송하문동자도(松下問童子圖)>, 이백의 시를 그림으로 그린 <산중답속인도(山中答俗人圖)>, <망여산폭포수도(望廬山瀑布水圖)>, 또 우리나라의 그림 중에서 도연명의 <귀거래사(歸去來辭)>에 나온 '栗里倚松'(집이 있는 율리로 돌아와 소나무 등걸을 어루만지며 유유자적하게 살았다는 고사)을 주제로 그린 이재관(李在寬)의 <송하처사도(松下處士圖)> 등이 있다. 때문에 우리는 한시의 이해를 더욱 선명하게 하기 위해서 그림을 잘 활용할 수도 있는 것이다.

가도의 <심은자불우(尋隱者不遇)>시를 살펴보자.

松下問童子, 소나무 아래서 동자에게 물었더니,
言師採藥去. 스승은 약초 캐러 가셨다 한다.
只在此山中, 이 산 속에 있으련만,
雲深不知處. 구름 깊어 어디 계신지 모르겠구나.

많은 기대와 앙모의 마음을 가슴에 품고 산속 깊은 곳에 은거하고 있는 고매한 선비를 찾아갔으나 만나지 못 하고 그저 자욱하게 뒤덮인 구름을 바라봐야만 하는 안타까운 심정이 잘 묘사되어 있다. 그런데 이 시의 정취와 정신은 바로 은사와 만물을 감싸고 있는 깊은 구름에 있다고 할 수 있으며, 이런 이미지는 상상보다는 실제 형상을 보여주는 그림을 통해서 더욱 구체적이고 쉽게 감상할 수 있다고 생각된다. 그러기에 한시의 감상에 그림 역시 좋은 보조 자료가 될 수 있다고 할 수 있겠다.

<松下問童子圖>

두보는 59세로 세상을 뜨기 반년 전에 <소한식주중작(小寒食舟中作)>시를 짓는다. 이 시는 우리나라 화가 김홍도의 <주상관매도(舟上觀梅圖)>의 모티브가 된 시이기에 더욱 의미를 지닌다.

佳辰强飮食猶寒,	좋은 때라 억지로 마시며 먹지만 여전히 차가운데,
隱几蕭條戴鶡冠.	안석에 기대어 쓸쓸하게 은자의 관을 쓰고 있네.
春水船如天上坐,	봄물의 배는 하늘 위에 앉은 듯하고,
老年花似霧中看.	노년이라 꽃은 안개 속에서 보는 듯하네.

'소한식'은 한식의 다음날이며, 청명절의 하루 전을 가리킨다. 한식부터 청멸절까지 3일 동안은 화기를 금하기에, 첫 구절에서 소한식 같은 좋은 절기를 만나 먹고 마셨지만 여전히 차가운 음식들이었다고 하고 있다. 그런데 억지로 마신 이유는 늙고 병들어 술을 마실 수 없었으나 길일을 만나 그래도 정신을 차리고 힘을 내서 먹고 마셨음을 뜻한다.

배를 타고 안석에 기대어 있는 시인은 외롭고 쓸쓸하다. '은궤'는 앉을 때 몸을 기대는 제구인 안석에 기댄다는 뜻이다. '할관'은 초(楚)나라의 은자인 할관자(鶡冠子)가 쓴 할새의 꽁지깃으로 장식한 관으로서 관직을 잃고 더 이상 조정에 등용되지 못 하는 시인을 비유한 것이다. 몸이 병들었기에 억지로 마시고 관직을 잃고 쓸 데가 없어졌으니 할관을 쓰고 있는데, 이러한 시인의 처량한 신세가 읽는 사람의 코끝을 찡하게 한다.

셋째와 넷째 구는 시인이 배 안에서 안석에 기대어 보고 느낀 소감으로서 역대로 많은 사람의 입에 오르내리고 있는 명구이다. 눈이 녹아 봄물이 불어나기 마련이라 강물이 넓고 호탕하게 흘러가서 배가 좌우로 출렁거리니 마치 하늘의 구름 속에 앉아 있는 듯하다. 시인은 몸이 쇠약해지고 눈은 흐릿해져 강 언덕위의 꽃들이 마치 한 층의 안개를 사이에 두고 보는 듯하다. 변란이 수시로 발생하면서 시국이 동탕하고 불안하니 이런 정국 역시 안개를 사이에 두고 꽃을 보는 것과도 비슷하다는 암시도 내포되어 있다고 할 수 있다.

김홍도가 <주상관매도>를 그리고 작품의 화제(畵題)를 '老年花似霧中看(노년이라 꽃은 안개 속에서 보는 듯하네)'라고 한 것을 보면 분명 두보의 <소한식주중작>, 그 중에서도 인구에 회자되는 제4구를 모티브로 삼은 것임이 분명하다고 할 수 있다.

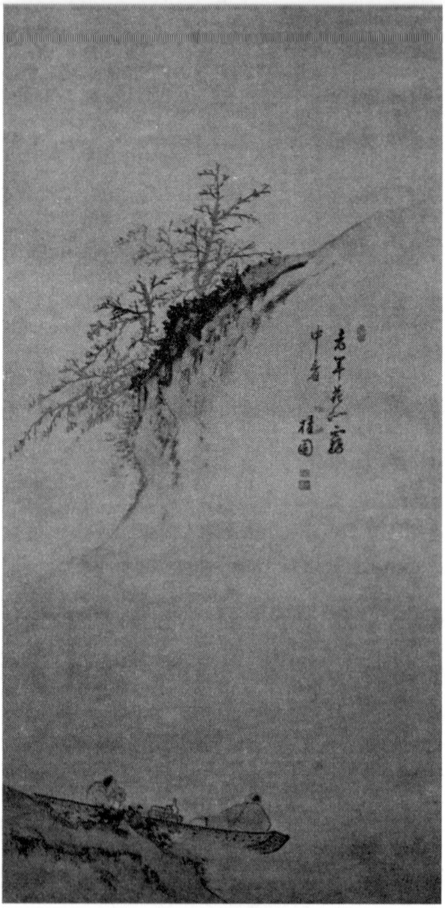

<舟上觀梅圖>

<주상관매도>에는 느긋하고 한가로운 기운이 감돈다. 화폭은 어른의 키만큼이나 커다란데 거기에 그려진 경물은 화면은 오분의 일도 채 되지가 않는다. 뿌옇게 표현된 끝없는 빈 공간, 그 한중간에 가파른 절벽 위로 몇 그루 꽃나무가 안개 속에 슬쩍 비치고 있다. 경물과 여백이 서로 상생작용을 일으키는 이 공간감각은 김홍도의 노년기 산수화에 엿보이는 특징으로서 시정(詩情)이 매우 풍부하다.

한편 김홍도에게는 평시조가 한 수 있는데, 이 역시 두보의 <소한식주중작>과 긴밀한 연관선상에서 얘기해볼 수 있다.

> 봄 물에 배를 띄워 가는 대로 놓았으니
> 물 아래 하늘이요 하늘 위가 물이로다
> 이 중에 늙은 눈에 뵈는 꽃은 안개 속인가 하노라

김홍도의 시조 중에서도 초장과 중장은 두보 시의 제3구를 환골탈태시킨 것이고, 종장은 제4구의 시상을 그대로 전개한 것이라고 할 수 있다.

중국 한시의 모방 수법에는 점철성금(點鐵成金), 탈태환골(奪胎換骨), 점화(點化), 우동(偶同) 등의 다양한 수법이 있는데, 다소간의 정도 차이는 있지만 이전 시인들의 시를 교묘하게 베끼거나 바꿔 쓰는 수법이다. 기존의 시인들이 너무 많은 창작성과를 남겨놓았기 때문에 이것들은 어쩔 수 없는 창작수법으로 받아들여지기도 하고, 이 중 점철성금과 탈태환골 등은 좀 더 적극적으로 수용되기도 하였다. 다만 이 방법들 역시 때로는 표절이라는 비판을 완전히 피할 수는 없었다.

김홍도 시조의 중장인 '물 아래 하늘이요 하늘 위가 물이로다'라고 한 부분은 물에 비친 하늘을 생동적으로 형상화한 묘사로서 비록 <소한식주중작>을 변형시킨 것이긴 하지만 오히려 한시를 능가하는 점도 있다고 볼 수 있다. 이렇듯 김홍도의 한시에 대한 소양과 감동이 그림으로 그려지기도 하고 시조로도 지어진 것을 보면 그의 탁월한 상상력과 창조력을 충분히 엿볼 수 있다. 아울러 전통문화 속에 잠재하고 있는 문화 컨텐츠의 활용 가능성을 우리는 멀리 조선의 김홍도로부터 충분히 잘 배울 수가 있다.

11.2. 동양화 읽기

흔히 동양에서 시는 '소리 있는 그림', 유성화(有聲畵)이고, 그림은 '소리 없는 시', 무성시(無聲詩)로 부르기도 하였다. 따라서 동양화는 그 화의(畵意)를 읽어내는 것이 감상의 중요한 핵심이 된다고 할 수 있다.

화가들은 자연을 보고 문득 아름다움을 느껴서 이를 표현해 보고자 하는 충동 때문에 그린다기보다는 이 그림이 어디에 어떻게 쓰일 것인가를 먼저 생각하고 그 쓰임에 맞는 그림으로 그리는 경우가 많았다. 또 화가들은 자연을 그리되 객관적인 자연을 그대로 재현하지 않고 마음속에 있는 의중의 산수를 그린다. 그런데 그 의중은 주로 역사 교훈이나 길상과 강녕의 축원 등이 대부분이다. 때문에 동양화는 물체가 사실과 닮았느냐, 닮지 않았느냐 하는 문제는 그다지 큰 의미가 없다. 단지 그 물체가 의미하는 상징성과 물체를 통해 표현하고자 하는 작가의 정신세계가 중요할 뿐이다.

따라서 동양화를 감상할 때는 화가가 전달하고자 하는 의미를 파악해야 하는데, 즉 그림이 상징하는 뜻을 문자적 의미로 환언해서 그 문자를 읽는 독화(讀畵)적인 방법을 써야만 한다.

독화적 방법으로 그림을 읽고자 할 때 필수적으로 이해해야 할 선결과제가 바로 동음이의어(同音異義語)에 의해서 별도의 뜻을 상징으로 부여하는 해음(諧音)의 수법이다. 이 해음 수법은 중국인의 문화, 민속에서 매우 우세한 현상으로 자리 잡고 있다. 그리고 이런 해음 수법은 주로 길상과 강녕을 기원하는 주술적 의미까지도 동시에 함께 지니고 있다.

예를 들면, 숫자 8은 '發財(돈을 벌다)'의 '發(발)'과 발음이 같아서 돈을 번다는 뜻을 상징으로 지니고 있다. 이런 방식으로 해서 숫자 9는 '長久(장수하다)'는 뜻을, 숫자 6은 '六六大順(순조롭고 또 순조로우니 크게 순조롭다)'는 뜻을, 숫자 4는 '死(죽다)'는 뜻을, 박쥐 편복(蝙蝠)은 '遍福(두루 복을 받다)'는 뜻을, 큰 박쥐 홍복(洪蝠)은 '洪福(큰 복)'의 뜻을, 다섯 마리 박쥐 오복(五蝠)은 '五福(다섯 가지 복)'의 뜻을 상징으로 지니고 있다.

이처럼 동양화 역시 동음이의어를 통해서 읽어내야만 그 그림이 지시하고 있는 암호를 해독해낼 수 있는 것이다. 이제 그 예들을 자세히 살펴보자.

연꽃 사이로 물고기가 노니는 그림이 있다. 연꽃 '蓮(연)'은 한 해라는 뜻의 '年(연)'과 동음이의어이다. 물고기 '魚(어)'는 '餘(여)'와 동음이의어이다. 그래서 이 그림이 지시하고 있는 것은 '年年有餘(연연유여)', 즉 해마다 넉넉하기를 바라는 뜻이다.

시든 연밭에 연 열매와 함께 백로 한 마리를 그린 그림이 있다. 연 열매 '蓮果(연과)'는 연이어 과거에 급제했다는 듯의 '連科(연과)'의 동음이의어이다. 또 백로 한 마리 '一鷺(일로)'는 한 걸음이란 뜻의 '一路(일로)'의 동음이의어이다. 따라서 이 그림은 一路連科(일로연과), 즉 한 걸음에 향시(鄕試)와 전시(殿試) 두 번의 과거 시험에 연속으로 등과하라는 뜻을 상징한다.

갈대숲에 기러기가 앉아 있는 그림이 있다. 갈대 '蘆(로)'는 늙다는 뜻의 '老(노)'자와 동음이의어이다. 기러기 '雁(안)'은 편안하다는 뜻의 '安(안)'과 동음이의어이다. 그래서 이 그림이 지시하고 있는 것은 '老安圖(노안도)', 즉 늙어서도 편안하기를 바라는 뜻이다.

고목나무 옆에 어미 고양이와 세끼 세 마리가 있고, 그 위에는 까치와 참새가 앉아 있는 그림이 있다. 고양이 '猫(묘)'는 70세 노인이란 뜻의 '耄(모)'와 동음이의어이고, 까치 '喜鵲(희작)'은 기쁨을 뜻한다. 거기에 세끼 세 마리는 곧 자식 세 명을 가리켜 다복을 상징한다. 결국 이 그림은 다복한 노인의 장수를 축하하고 기뻐하는 내용이다.

이처럼 중국화를 읽을 때는 동음이의어를 통한 읽기가 중요한데, 동음이의어를 판별하기 위해서는 어느 정도 중국어의 음을 알아야 한다는 문제가 발생한다. 때문에 중국의 민속과 문화가 한국에 전래되는 과정에서 우리나라 사람들이 중국어를 모르기 때문에 중국어의 동음이의어의 특징을 간과하는 오류를 종종 범할 수밖에 없었다. 다음은 그 오류들의 예이다.

우리나라는 결혼 폐백식에서 밤과 대추나무를 던져주는데 그 이유를 밤과 대추처럼 아들 많이 나으라고 기원하기 위해서라고 해석하는 사람들이 많다. 그런데 이런 해석은 정확한 해석이 아니다. 중국에서는 결혼을 하게 되면 대추 '棗(조)'와 밤 '栗子(율자)'를 함께 그릇에 담아주는데, 대추 '조'와 동음이의어인 '早(조)', 밤 '율자'와 동음이의어인 '立子(입자)'의 뜻을 취하여 '早立子(조립자)', 즉 빨리 아들을 낳기를 바라는 뜻을 담은 민속행위였다. 이런 풍속을 이해하지 못 하면 웃지 못 할 촌극도 벌어진다. 대만은 열대성 기후이기 때문에 밤이 생산되지 않는데, 때문에 어느 신부집에서 밤을 구하지 못해 임시방편으로 어차피 '栗子(율자)'와 동음이의어인 '梨子(리자)'를 대신 그릇에 넣었다고 한다. 그런데 다시 살펴보면, 배를 뜻하는 '梨(리)'는 또 헤어진다는 뜻의 '離(리)'자와 동음이의어가 될 수 있기 때문에 신랑측에서는 이를 '早離(조리)', 즉 빨리 헤어지라는 뜻으로 오해하여 신부측에 항의하였다는 웃지 못 할 이야기가 전해지기도 한다.

우리나라에서는 호랑이와 소나무 위의 까치가 서로 희롱하는 그림을 호작도(虎鵲圖)라고 하면서 이 두 동물이 우리나라 사람들에게 친근해서 그려진 것이라 오해하고 있다. 그러나 이 그림에 나오는 동물은 호랑이가 아니라 표범인데, 우리나라에는 표범이 존재하지 않기에 우리에게 친근한 호랑이를 그린 것이라 한다. 그리고 여기서 소나무 '松(송)'은 보낸다는 뜻의 '送

(송)'과 동음이의어이며, 표범 '豹(표)'는 알린다는 뜻의 '報(보)'와 동음이의어이며, 까치 '喜鵲(희작)'은 희소식을 가리킨다. 때문에 이 그림은 '送舊迎新(송구영신)', 즉 옛 것을 보내고 새해를 맞이한다는 뜻으로, 새해에 붙이는 민화인 연세화(年歲畵)였던 것이다.

<호작도(虎鵲圖)>

한편 여담이긴 하지만, 우리는 까치가 울면 길하다든지, 귀한 손님이 온다고 인식하고 있는데, 그 이유는 과학적 근거가 있다고 한다. 까치는 실제 사람의 얼굴을 인식할 줄 알아서 낯선 사람이 오면 지저귀는 것이고, 옛날 낯선 사람이라면 곧 귀한 손님이었기 때문에 까치가 울면 귀한 손님이 찾아온다고 생각하게 된 것이라 한다.

이런 오류들은 훗날 하나의 한국적인 문화현상으로 자리 잡은 것도 있기에 마냥 비판하고 바로잡아야 할 성질의 것만은 또 아니라는 사실을 알아야 한다. 동음이의어를 모른다고 한국인을 탓하기보다, 이제 21세기를 맞이하여 앞으로 우리는 주체적으로 우리의 문화와 풍속을 스스로 가꾸어 나가야 할 당위성이 있다는 것을 이 교훈을 통해서 받아들이는 것이 더 올바른 태도가 아닐까 생각해본다.

또 중국화는 때로 역사 교훈을 담고 있는 그림이 많다. 이때는 그림과 관련하여 과거 전적에 나온 전고를 찾고 상기하며 읽어야 한다. 그 중에서도 옛날 고전에 나오는 명구나 일화를 상기하여 읽어야 할 때가 많다.

물에 발을 씻는 모습을 그린 탁족도(濯足圖)가 있다. 이는 ≪맹자≫의 <이루(離婁)>편에 나오는 다음 노래와 관련이 있다. "창랑의 물이 맑으면 갓끈을 씻을 것이요, 창랑의 물이 흐리면 내 발을 씻을 것이다.(滄浪之水淸兮, 可以濯我纓, 滄浪之水濁兮, 可以濯我足.)" 이 창랑가에 대해 공자는 물의 청탁에 따라 다른 대접을 받듯이 나의 인격적 상황이 어떠하냐에 따라 그와 상응한 대접을 받는 것을 비유한 것이라고 말한 적이 있다. 그런데 굴원의 <어부사(漁父辭)>에서 어부는 정치적 상황이 어떠하든 거기에 순응하면 살면 될 것이 아니냐고 굴원을 설득하였다. 따라서 이 탁족도를 감상할 때는 때로는 공자의 말씀을 떠올리며 남에게 어떻게 대접 받느냐 하는 것은 결국 내 인격적 상황이 자초하는 것이니 수양을 쌓는데 힘을 쓰라는 교훈을 주고 있는 것으로 해석할 수 있고, 때로는 어부의 얘기를 떠올리며 정치적 상황이 어떠하든 거기에 순응하면서 살면 된다는 교훈을 주고 있는 것으로 이 그림을 읽을 수도 있을 것이다.

물고기 세 마리, 곧 '三魚(삼어)'를 그린 그림이 있다. 이 그림은 '삼어'가 '三餘(삼여)'와 동음이의어여서 첫째 밤, 둘째 흐리고 비오는 날, 셋째 겨울 등 세 가지 남는 시간만 있으면 학문하기 충분하다는 것을 상징하는 뜻으로 읽을 수 있다. 이는 ≪위지(魏志)·왕숙전(王肅傳)≫에 나오는 동우(董遇)의 고사와 관련이 있다. 배움을 청하러 온 사람에게 학문하는 데는 세 가지 남는 시간만 있으면 충분하니 "한 낮의 남는 시간인 밤, 한 때의 남는 시간인 흐리고 비오는 날, 한 해의 남는 시간인 겨울(夜者日之餘, 陰雨者時之餘, 冬者歲之餘)"이 그것이라고 대답한 데서 유래한 의미이다.

동양화에는 유난히 꽃그림이 많은데 꽃그림은 어떤 목적으로 그렸을까?

꽃은 아름다우니 꽃그림을 벽에 걸어 놓고 그 아름다운 자태를 보고 즐겼을 것은 당연하다. 그러나 이런 시각적인 아름다움 이외에 또 다른 중요한 상징적 의미가 가미되어 있었다는 것을 알아야 한다. 즉 이런 꽃그림들은 부귀영화를 기원하거나, 오래 살기를 축원하거나, 자식을 많이 얻기를 바라는 마음과 관련이 있는데, 이렇게 주술적인 기능이 있기에 꽃그림을 많이 그릴 수밖에 없었던 것이다.

그렇다면 어떤 그림에 어떤 길상적·상징적 목적이 담겨 있을까? 꽃그림의 소재로 많이 그려진 모란, 해당화, 연꽃, 장미 등의 예를 들어보자.

꽃그림의 소재로 가장 흔히 쓰이는 모란꽃은 부귀(富貴)의 뜻이 담겨 있다. 모란꽃은 꽃이 크고 모양과 색이 아름다워 화중지왕(花中之王), 곧 꽃 중의 왕으로 불렸다. 이렇듯 왕으로 비유할 만한 훌륭한 자태에다 富(부)와 貴(귀)까지 갖춘 존재라서 그림에 자주 그려질 수밖에 없었던 것이다.

해당화(海棠花)는 '당'자가 있으므로 '당(堂)'자와 결부시켜 생각한다. 그리고 목련은 '玉蘭(옥란)'으로도 불리기에 '옥(玉)'자와 결부시켜 생각한다. 그래서 모란과 목련, 해당화를 함께 그린 그림은 부귀옥당(富貴玉堂)의 뜻이 되어서 집안에 부귀영화가 깃들이기를 바라는 축원의 의미가 담기게 된다.

시들지 않은 생생하게 살아있는 연꽃, 즉 '生蓮(생연)'은 거꾸로 읽어 해석하면 연이어 태어나다는 뜻의 '連生(연생)'라는 뜻이 있다. 그리고 원앙새는 귀한 자식인 '貴子(귀자)'를 상징한다. 따라서 살아있는 연꽃과 원앙새가 함께 있는 그림은 연이어 귀한 자식을 낳는다는 뜻인 '連生貴子(연생귀자)'를 상징하는 뜻을 가리켜서 흔히 신혼부부의 방에 거는 그림이 되었다.

장미꽃은 꽃이 몇 달 동안 피므로 항상 아름다운 여자처럼 젊음을 오래도록 유지한다는 '長春(장춘)'을 의미한다. 이러한 유형으로 매화는 '봄소식'을, 난초는 '자손'을, 패랭이꽃은 장수를 기원하는 '祝壽(축수)'를, 원추리는 '사내아이를 많이 낳은 부인'을 의미하기도 한다.

꽃이 피는 시기가 서로 다른 꽃들을 같은 화면에 그리는 예도 있다. 2월에 피는 매화와 5월에 피는 모란을 바위와 함께 그려놓은 그림이 있다. 이는 곧 모란이 '富貴(부귀)'를 가리키고, 매화의 '梅(매)'가 '眉(미)'와 동음이의어여서 눈썹을 가리키고, 바위가 장수를 상징하는 '壽(수)'를 뜻하여, 결국 눈썹이 하얗게 될 때까지 부귀를 누리라는 뜻의 '富貴眉壽(부귀미수)'를 상징하기도 한다.

시와 그림이 어떤 측면에서 보자면 서로 하나이다. 왕유를 얘기할 때 시 속에 그림이 있고[詩中有畵], 그림 속에 시가 있다[畵中有詩]고 하면서 소식은 시화일률(詩畵一律)론을 주장하기도 하였다. 위에서 시가 소리 있는 그림이요, 그림은 소리 없는 시라고 했던 것은 시와 그림의 동일성을 강조한 얘기라고 보아도 무방하다.

시와 그림은 이처럼 하나이기에 표현방법에 있어서도 매우 유사한 측면을 지닌다. 한시는 경물을 묘사하면서 거기에 시인의 정의(情意)를 담아내는 방식인 정경교융(情景交融)의 방법을 중시하는데, 이는 마치 화가가 화폭 위에 경물을 그리면서 그 속에 자신의 마음을 담아 표현하는 것과 같다고 할 수 있다.

화가는 어떻게 경물로 하여금 자신의 감정과 뜻을 말하도록 할 수 있을까? 화가는 말을 할 수 없기에 경물이 직접 말하게 해야 하기 때문에 경물을 통해 뜻을 묘사하고 정신을 전달하는 갖가지 묘안과 지혜가 강구될 수밖에 없다.

이렇듯 정지되어 있는 화면이 말을 할 수 있도록 묘안과 지혜를 짜내는 것은 너무 중요한 문제이기에 종종 시험에서도 이런 지혜를 테스트하는 경우가 많았다. 특히 그림을 좋아하였던 송대 휘종(徽宗) 황제가 그런 화제(畵題)를 많이 출제했다고 한다.

자, '亂山藏古寺(어지러이 첩첩 산중에 낡은 절이 숨어 있구나)'를 화제로 제시하여 그림을 그리도록 하였다. 그렇다면 어떻게 이 정보를 효과적으로 전달할 수 있는 화면을 구성할 수 있을까? 거기에 대한 지혜를 측정하고자 하는 것이 바로 이 시험문제의 의도이다. 어떤 응시자가 '숲속 오솔길로 어떤 한 중이 물을 길어 올라가는 뒷모습'을 그려서 급제했다고 한다. 중은 절을 가리키는 상징물이고, 첩첩 산중은 곧 오솔길과 중의 뒷모습을 통해 알 수 있다. 만약 여기에 절이 보이는 그림을 그렸다면 너무 직설적이라서 좋은 그림이라 할 수 없을 테고, 실제 첩첩 산중을 그리는 것도 너무 멋이 없는 그림일 거라 생각된다.

다음으로, '踏花歸去馬蹄香(꽃 밟고 돌아가는 말발굽이 향기롭구나)'를 화제로 받고 그림을 그린다면 여러분들은 어떤 그림을 그릴 수 있을까? 그림은 시각적인 것이고 향기는 후각적인 것인데 양자를 어떻게 조화시킬 수 있을까 하는 것이 가장 관건일 것이다. 이 화제에 대해서는 '나비떼가 말의 꽁무니를 뒤쫓는 장면을 그린 그림'이 뽑혔다고 한다. 나비는 향기를 좇는 존재이기에 곧 나비라는 생명체가 향기라는 후각을 스스로 얘기하게끔 만든 것이다. 신라 선덕여왕이 당나라에서 보내준 모란꽃그림에 벌·나비가 없으니 이 꽃에는 향기가 없을 것이라고 판단한 것과 동일한 맥락에 있다고 할 수 있다.

말 못하는 경물이 스스로 말을 하는데, 그 말 속에는 시인과 화가의 감정이 담겨 있어야 하는 것, 이것은 중국의 시나 그림이나 모두 강하게 지향하는 특징임은 더 말할 나위 없다. 선가 언어의 특징 중 하나가 언어도단인데,

시와 그림에서 말을 하지 못 하는 경물이 스스로 말을 한다는 것은 결국은 석녀가 애를 낳고 다리가 흘러가고 앞산이 물위를 걸어가는 것과 하등 다를 바가 없다. 그러나 언어도단 속에 진리가 담겨 있음을 우리는 잘 알고 있다.

제12장 소상팔경瀟湘八景과 제화시

12.1. 소상팔경의 유래

<소상팔경(瀟湘八景)>

소상팔경(瀟湘八景)은 모두 <漁村夕照(어촌석조; 어촌의 석양빛)>, <山寺晚鐘(산사만종; 산사의 저녁 종)>, <平沙落雁(평사낙안; 평평한 모래밭에 내려앉는 기러기)>, <江天暮雪(강천모설; 저녁 강위 하늘에서 내리는 눈)>, <洞庭秋月(동정추월; 동정호의 가을 달)>, <瀟湘夜雨(소상야우; 소

상의 밤비)>, <遠浦歸帆(원포귀범; 먼 포구로 돌아가는 배)>, <山市晴嵐(산시청람; 산중 신기루의 맑은 이내)> 등을 가리킨다.

소상팔경은 북송(北宋)의 문인화가 송적(宋迪; 1015~1080)이 그린 그림 <소상팔경도(瀟湘八景圖)>에서 유래하였다. 심괄(沈括)이 ≪몽계필담(夢溪筆談)≫(卷十七)에 기록한 내용을 참고해보자.

> 도지원외랑인 송적은 그림을 잘 그렸는데, 평원산수를 더욱 잘 그렸다. 그의 득의한 작품으로 <평사낙안>, <원포귀범>, <산시청람>, <강천모설>, <동정추월>, <소상야우>, <연사만종>, <어촌석조>가 있는데 이를 팔경이라고 불렀다. 많은 호사가들이 이를 전하였다.(度支員外郎宋迪工畵, 尤善爲平遠山水, 其得意者, 有<平沙落雁>, <遠浦歸帆>, <山市晴嵐>, <江天暮雪>, <洞庭秋月>, <瀟湘夜雨>, <煙寺晩鐘>, <漁村夕照>, 謂之八景, 好事多傳之.)

송적이 <소상팔경도>에서 창조한 소상팔경은 동시대인들과 후대인들에게 적극적으로 받아들여지면서 일종의 전형적이고 규범적인 문화현상으로 자리 잡게 되었다. 소상팔경을 제재로 그림과 제화시가 활발하게 창작되었고 다른 문학장르에도 영향을 주어 관련 작품이 다수 창작되었다. 또한 소상팔경은 다른 지역들에도 모티브를 부여하여 중국 전역에 팔경이 형성되게 하였다. 소상팔경과 관련된 회화 및 시는 심지어 남송대에 고려(高麗)와 일본(日本)에까지 전해져서 그 지역의 문예창작에 영향을 주면서 동아시아 예술의 공동 주제가 되었고 나아가 각 지역에 팔경의 경관이 형성되도록 함으로써 팔경은 어느덧 동아시아적 문화현상이 되었다.

필자는 소상팔경의 문화현상을 고찰하면서 두 가지 문제를 스스로 제기하고 이에 답하는 형식으로 글을 진행하고자 한다.

첫째, 많은 중국의 지방 중에서도 왜 소상(瀟湘)지역이어야 했는가? 중국에는 소상 지역 이외에도 훌륭한 경관들이 많이 있는데 중앙에서 너무 멀리 떨어진, 당시로는 매우 편벽한 곳이었던 호남(湖南)지역의 소상이 어떤 이유로 해서 절경의 전형이 되어 사대부 문인들에게 보편적으로 받아들여지게 되었는가?

둘째, 많은 숫자들이 있는데 왜 여덟을 취하여 팔경(八景)이라고 했는가? 한 지역의 절경을 이루는 경관은 일정하게 여덟 개만 존재하는 것이 아닐 텐데, 왜 소상은 여덟 개의 경관이 제정되었고 이후 각 지역에도 팔경이 압도적인 우세를 차지하게 되었는가?

이 두 가지 질문에 대한 답을 모색한 이후에 이어서 소상팔경의 제화시에 대한 분석을 시도해보고자 한다.

12.2. 왜 소상인가?

12.2.1. <소상팔경도> 이전의 소상문학

소상문학이란 지금의 호남(湖南)성 지역부근의 사람·지역·사건·사물을 가지고 제재로 삼은 문학작품, 신화전설, 그리고 비유·연상 등 일체를 널리 가리킨다.

선진(先秦)시기에 이미 소상문학은 창작되기 시작하였지만 '소'와 '상'이란 말이 연용되어 소상으로 불리기 시작한 때는 대략 동한(東漢) 무렵부터 위진(魏晉) 시기 전후일 것으로 추정할 수 있다. 그러나 이 때 소상의 '소'는 '물이 맑고 깊다(水清深)'는 뜻으로 소상은 곧 '맑고 깊은 상수(清深之湘水)'의 뜻이었다. 그러다가 당대에 이르면서 소상이란 말은 시문 등에 빈번하게 사용되는데, '소(瀟)'가 강의 이름인 '소수'를 가리켜서 '소상(瀟湘)'이 '소수와 상수'를 뜻하는 것으로 해석되던 때도 역시 당대였을 것으로 생각된다. 소수와 상수를 뜻하는 말로 굳어지면서 소상은 이전의 삼상(三湘)이란 말보다 호남(湖南)을 통칭하는 말로 더욱 자주 사용되기 시작하였다.

12.2.2. 통곡하는 상비

중원에서 매우 치우쳐 있는 편벽된 지역에 위치한 소상의 깊고 맑은 자연 산수는 그 지역 문화만이 지닌 신비하고 독특한 특징을 부여하여 처량하면서도 아름다운 많은 신화전설을 잉태하게 하였다. 그 가운데서도 소상에 내려오는 상비(湘妃)이 전설은 소상에 있던 많은 문인들의 심금을 울리고 한편으로 그들의 수심을 달래주기도 하였다.

상비는 요(堯) 임금의 두 딸이자 순(舜) 임금의 두 부인인 아황(娥皇)과 여영(女英)을 가리킨다. 상비의 다른 이름이기도 한 상군(湘君)과 상부인(湘夫人)이 누구를 가리키는가에 대해서는 몇 가지 설이 더 있다. 첫째, 상군은 상수의 신이요, 상부인은 순의 두 왕비이다.(王逸) 둘째, 상군은 순이요, 상부인은 요의 딸이다. 셋째, 상군은 순의 두 비로서, 곧 아황(娥皇)과 여영(女英)이다. 넷째, 상부인은 요제의 두 딸로, 곧 순제의 두 비이다. 다섯째, 상군은 아황이요, 상부인은 여영이다. 예로부터 정비(正妃)는 군(君)이란 칭호를 사용하였다. 여섯째, 상군은 남신, 상부인은 여신으로 서로 배우자가 되는 신이다.

전설에 의하면, 순제가 남쪽을 순수하다가 창오산(蒼梧山)에서 그만 병을 얻어 붕어를 하고 영릉(零陵)의 구의산(九疑山) 아래 묻혔다. 순제를 찾아서 소상에 왔다가 잠시 동정호의 군산(君山)에 머무르고 있던 두 상비가 이 소식을 듣고 밤낮으로 통곡하니, 그 때 뿌린 눈물이 대나무에 자취를 남겨 지금의 상비죽(湘妃竹)이 되었다고 한다. 두 상비는 슬픔을 멈출 수 없어 마침내 상강에 몸을 던져 죽고 말았으며 훗날 상수의 신이 되었다고 한다.

상비의 애정 비극은 '상비의 눈물'·'반죽(斑竹)' 등의 이미지를 남녀의 상사, 깊고 곧은 애정, 별리의 고통 등과 긴밀하게 연결되게 하였다. 굴원은

<구가(九歌)>에서 상군(湘君), 상부인(湘夫人)의 형상을 묘사하였고, 당송 이래로 소상에 유배되어 온 시인들은 상비의 고통을 빌어 자기 심중의 실의와 가슴 가득한 원망, 비애를 서술하였다.

이백은 <원별리(遠別離)>에서 다음과 같이 노래하였다.

帝子泣兮綠雲間,	제왕의 딸들은 푸른 구름 사이에서 울다가,
隨風波兮去無還.	풍랑을 따라 떠나서는 돌아오지 않는다.
慟哭兮遠望,	통곡하며 저 멀리 바라보니,
見蒼梧之深山.	창오의 깊은 산이 보인다.
蒼梧山崩湘水絕,	창오산이 무너지고 상수가 끊어져야,
竹上之淚乃可滅.	대나무 위의 눈물 비로소 마를 수 있으리라.

12.2.3. 쫓겨난 굴원

전국(戰國)시대 초(楚)나라 대부 굴원(屈原)은 제나라와 연합하여 진나라에 대항하자고 하는 연제항진(聯齊抗秦)을 주장하다가 모함을 받고 원상(沅湘)·동정(洞庭) 일대로 내쫓겼다. 그는 쫓겨난 뒤 <이소(離騷)>·<구가(九歌)>·<구장(九章)> 등의 초사 작품을 남겼는데 농후한 신화적 색채 속에 모함을 당해 내쫓긴 고통과 원망을 서사하였고, 설사 역경에 있다 하더라도 혼탁한 무리들과는 같이 하지 않겠다는 고결한 인격을 표명하였으며, 고국의 장래를 안타깝게 생각하는 충군·애국의 사상 등을 잘 표현하였다.

내쫓긴 이후에 굴원은 고국으로 돌아가고 싶은 염원을 강렬하게 불태웠지만 결국 실현할 수 없었다.

> 길을 잘 살피지 못 한 것을 뉘우치며, 한동안 우두커니 서 있다가 나는 장차 돌아가려 하네. 나의 수레를 되돌려 돌아가려 함은, 길을 잘못 들어선 지 아직 멀지 않기 때문이라네.(悔相道之不察兮, 延佇乎吾將反. 回朕車以復路兮, 及行迷之未遠.)(<이소(離騷)>)

아아! 내 영혼이 돌아가고자 하니, 어찌 한 순간이라도 돌아갈 것을 잊으랴?(羌靈魂之欲歸兮, 何須臾而忘反.) (<구장(九章)·애영(哀郢)>)

굴원은 결국 상수의 지류인 멱라수(汨羅水)에 몸을 던져 자살한다. 굴원은 훗날 충군·애국의 상징으로 여겨지며 열렬한 추앙을 받게 되었으며, 그가 남긴 문학작품들은 소상 문학의 비조가 되었다. 그래서 그가 받은 고통과 수심, 귀향에의 간절한 염원 등은 소상문학의 주제나 풍격의 전범을 이루게 되었다.

<소상신(瀟湘神)·영릉작(零陵作)>

굴대균(屈大均)

瀟水流, 湘水流,	소수가 흐르고 상수가 흐르는데,
三閭愁接二妃愁.	굴원의 근심이 두 상비의 근심을 이었구나.
瀟碧湘藍雖兩色,	소수는 푸르고 상수는 쪽빛이라 비록 색은 다르지만,
鴛鴦總作一天秋.	원앙처럼 언제나 같은 날에 가을이 되는구나.

12.2.4. 무릉의 도화원

소상 지역은 일찍부터 은일·피세(避世)의 기풍이 일었던 곳이다. 도연명은 상상 속에서 호남성 무릉[武陵; 지금의 상덕(常德)시]에 세상 밖의 도원경(桃源境)을 설정하고 그곳에서 "기뻐 스스로 즐거워하는(怡然自樂)"(<도화원기(桃花源記)>) 이상적인 삶의 모습을 묘사하였다. 그래서 후세 문인들로 하여금 이 도화원을 끊임없이 흠모하도록 만들었는데 당대 두목(杜牧) 같은 이는 "마땅히 이 길을 찾아 소상으로 가야 하리라.(應尋此路去瀟湘)"(<난계(蘭溪)>) 라고 하였다.

무릉은 소상과 가깝기 때문에 시인들은 소상을 무릉과 연계시켜 도화원으로 보기도 하였다.

세발 마름 연꽃에 실바람, 갈대에 옅은 안개, 소상의 남쪽 언덕 머리에 완연하다. 응시하여 보니 그곳은 마치 도화원 가는 깊은 골짜기의 입구인 듯하다.(芰荷風細, 蒹葭煙淡, 宛在瀟湘南岸頭. 凝望處, 似桃源洞口.)"(조단례(晁端禮), <심원춘(沁園春)>)

소상이 지닌 이러한 도화원이라는 이상향의 이미지는 한 걸음 나아가 은거의 정취까지도 수반하게 되었다. 소상은 서울에서 멀리 떨어져 있는 변경 지역이라서 정치의 소용돌이를 피하고 정치적 박해와 재난을 면할 수 있었기에 문인 사대부들은 이곳에서 은거를 선택하기도 하였던 것이다.

황보염(皇甫冉)의 <귀양선겸송유팔장경(歸陽羨兼送劉八長卿)>시를 살펴보자.

湖上孤帆別,	호수 위 외로운 배를 보내는데,
江南謫宦歸.	강남에 유배 왔던 신하 돌아간다.
前程愁更遠,	앞길이 한 층 더 멀어질 것이란 근심에,
臨水淚沾衣.	물가에 이르러 눈물이 옷을 적신다.
雲夢春山徧,	운몽 습지는 봄산에 두루 펼쳐있는데,
瀟湘過客稀.	소상을 지나는 객은 드물다.
武陵招我隱,	무릉은 나를 은거하도록 부르니,
歲晚閉柴扉.	한 해가 저물며 사립문을 닫는다.

고대 문인들은 은사(隱士)의 상징이기도 한 어부·나무꾼 등을 그들이 바라는 이상적인 형상으로 간주하였다. 도덕적 고매함의 상징이었던 소부(巢父)·허유(許由)·장지화(張志和)·임포(林逋) 등과 명철보신하며 절개를 지킨 개자추(介子推)·범려(范蠡)·장량(張良)·엄릉(嚴陵) 등이 그들이다. 정치의 중심에서 멀리 벗어나 어부로 또는 나무꾼으로 평안하고 고요한 일상생활을 영위하며 내심의 영정(寧靜)을 얻고자 하였던 것이다. 그래서 소상문학에는 세속에 구애받지 않고 자유롭게 무위자연의 삶을 사는 은일의 사상과 정취가 덧붙여지게 되었다.

12.2.5. 유배 온 소상객

소상은 서울에서 아주 멀리 떨어진 편벽한 곳이었기에 이곳으로 유배 좌천되어 온 시인들이 많아서 '瀟湘客'(소상객 ; 소상 나그네)란 말이 만들어질 정도였다.

특히 수·당 이후로 소상으로 유배되는 문인들이 더욱 많아졌다. 지금 호남성 검양현(黔陽縣) 관할인 용표로 좌천된 용표위(龍標尉) 왕창령(王昌齡), 지금 호남성 상덕(常德)인 낭주로 좌천된 낭주사마(朗州司馬) 유우석(劉禹錫), 지금 호남성 영릉현(零陵縣)인 영주로 좌천된 영주사마(永州司馬) 유종원(柳宗元) 등 쟁쟁한 문인들이 모두 이곳으로 좌천되어 오게 되었고, 두보 역시 말년에 호남 지역을 떠돌다 타향에서 객사한다. 때문에 특히 당시 가운데는 소상을 제재로 창작된 작품들이 대량으로 존재한다.

이들 가운데서도 특히 유종원은 소상문학의 핵심적인 위치를 차지하는 대표적 작가이다. 그는 왕숙문(王叔文)의 당에 가담하였는데 영정(永貞) 혁신에서 실패하였기 때문에 영주(永州)로 유배 좌천되었다. 이 때 나이가 33세였다. 당 헌종(憲宗) 원화(元和) 10년(815)에 영주를 떠났으니 당시 나이 43세였다. 원화 14년(819) 유주자사(柳州刺史)로 재임할 때인 향년 47세에 세상을 하직하니 그의 인생의 가장 황금 시절을 영주에서 보낸 셈이다.

유종원은 소수와 상류가 합류하는 곳인 영주(永州)에서 생활하며 활발한 창작활동을 펼쳤다. 그는 자신이 "이미 세상에 버려지고 폐기되었기에 항상 산수와 더불어 짝을 이루었다.(旣委廢于世, 恒得與是山水爲伍.)"(<배영주최사군유연남지서(陪永州崔使君游宴南池序)>)고 여기며 "스스로 산수 사이에서 맘껏 행동하였다.(自肆于山水間)"(한유(韓愈), <유자후묘지명(柳子厚墓志銘)>) 그는 굴원 초사의 전통을 계승하여 자기 자신의 신세를 비통해 하는 한편으로 영주의 산수를 맘껏 유람함으로써 자신의 실의를 산수에 기탁하는 방식을 통해 산수로부터 위로를 받기도 하였다.

소상 지역은 본래 산수가 아름답기는 하지만 그러나 습지가 많고 기후가 음울한 데다가 문명의 세례를 받지 않은 궁벽한 곳이어서 서울에서 유배되어 온 사람들이 편안하게 살만한 환경은 못 되었다. 거기에다가 유배 좌천되어 온 시인들의 개인적 상황에 대한 감개까지 겹쳐지면서 그들의 마음속에는 수심이 가득하게 되고, 소상을 제재로 한 그들의 문학도 수심으로 물들지 않을 수 없었다.

이 소상 나그네를 생각하니, 그 유랑하는 사정이 처량하다(感此瀟湘客, 淒其流浪情.) (이백(李白), <추석서회(秋夕書懷)>)

근심스레 소상 포구를 생각하고, 운몽 습지를 슬퍼한다.(愁思瀟湘浦, 悲涼雲夢田) (유희이(劉希夷), <무산회고(巫山懷古)>)

어찌 알았으랴, 지난날 은혜와 영화의 즐거움이 소상의 이별 근심으로 변할 줄을!(寧知宿昔恩華樂, 變作瀟湘離別愁).(장열(張說), <증최이안평공락세사(贈崔二安平公樂世詞)>)

소상에 이별 많은데, 부용 모래섬에 바람이 인다.(瀟湘多別離, 風起芙蓉洲).”(장적(張籍), <호남곡(湖南曲)>)

금귤의 꽃은 날리고 단풍잎은 쇠하여졌는데, 문을 나서서 서울은 어디로 바라보아야 하는가? 원상은 밤낮으로 동쪽으로 흘러갈 뿐, 근심스런 사람을 위해 조금의 시간도 멈추지 않는다(盧橘花開楓葉衰, 出門何處望京師. 沅湘日夜東流去, 不爲愁人住少時.) (대숙륜(戴叔倫), <호남즉사(湖南卽事)>)

서울에서 격리된 채 머나먼 타향인 소상을 전전하고 있는 시인들에게 서울로, 또는 고향으로 돌아가길 바라는 망귀(望歸)의 심리는 강렬하지 않을 수 없었다.

상수의 물결은 각각 깊기도 얕기도 한데, 돌아가고픈 마음에 부질없이 슬퍼지네.(湘波各深淺, 空軫念歸情.)”(음갱(陰鏗), <화부랑세모환상주(和傅郎歲暮還湘洲)>)

홀로 가련하구나, 서울 사람들 남쪽으로 내쫓겨서, 북쪽으로 흐르는 상강의 물과 같지 않으니.(獨憐京國人南竄, 不似湘江水北流.)"(두심언(杜審言), <도상강(渡湘江)>)

소상 가는 외로운 배를 향해 우나니, 먼 곳을 바라보며 마음은 끊어지려 한다.(孤帆泣瀟湘, 望遠心欲斷.)"(가지(賈至), <송이시어(送李侍御)>)

외로운 배에 만 리 소상 가는 나그네, 밤새 돌아가고픈 마음이 동정호에 가득하다(孤舟萬里瀟湘客, 一夜歸心滿洞庭)"(엄우(嚴羽), <문적(聞笛)>)

한편 소상은 그 특유의 아름다운 자연환경과 풍부한 문화적 특징으로 인하여 역대로 수많은 타지 출신 작가들을 그곳으로 불러들였다. 일테면 사마천(司馬遷), 맹호연(孟浩然), 이백(李白), 두보(杜甫), 육유(陸游) 등이 있었는데, 그 가운데 육유는 심지어 "붓을 휘두르는 데는 마땅히 강산의 도움을 받아야 하는데, 소상에 가지 않고서 어찌 시를 짓겠는가?(揮毫當得江山助, 不到瀟湘豈有詩.)"(<우독구고유감(偶讀舊稿有感)>)라고 말하기도 하였다.

12.2.6. 정형화된 소상의 정취

지금까지 소상문학에 켜켜이 누적된 소상만의 특징적 요소들을 종합적으로 살펴보았다. 거기에는 전설상 순제를 잃은 상비의 비통함, 고국에서 내쫓긴 굴원의 애통함과 간절한 귀국에의 염원, 도화원에서 은거하며 자유로운 삶을 사는 것 등의 함의가 포함되어 있었다. 여기에 다시 소상으로 유배된 시인이나 혹은 소상을 지나가는 시인들이 지녔던 소상객으로서의 이별 근심과 귀향의 간절한 심리가 오랜 세월 소상문학에 덧붙여짐으로써 소상은 어느덧 여러 가지 의미들이 중층으로 쌓여 있는 일종의 정취와 분위기를 수반하게 되었다.

소상의 정취를 형성하는 풍부한 함축을 지닌 이미지들은 단일하게 고립되어 존재하지 않고 관련된 다른 이미지들과 결합함으로써 일련의 이미지군을 형성하게 된다. 자주 보이는 이미지로는 반죽(斑竹), 상군(湘君), 동정(洞庭), 굴원(屈原), 군산(君山), 형악(衡岳), 창오(蒼梧), 도원(桃源), 대안(大雁), 멱라(汨羅) 등이 있다.

소상만의 특유한 정취와 분위기는 정형화되어 후대인들에게 시대와 지역을 막론하고 동일한 기억과 연상을 불러일으키게 하였다. 때문에 전혀 소상에 가본 적이 없는 시인들, 예컨대 그림 속에서 소상을 알게 되었을 뿐인 명대의 이름 있는 관리인 우겸(于謙) 같은 사람도 <벽간화소상팔경(壁間畫瀟湘八景)>에서 소상의 아름다운 풍경을 시로 묘사할 수 있었던 것이다.

이처럼 시인들이 오랜 시간에 걸쳐 동일한 문맥 상황에서 계속 사용함으로 인해 본래의 뜻 외에도 독특한 정취와 여운을 지니게 된 시어들을 한시에서는 정운의(情韻義)라고 하는데, 일테면 '南浦(남포)'는 '남쪽 포구'란 뜻이지만 이별 장소에서 자주 사용됨으로 인해 '이별의 아픔'이란 함의까지도 함께 지니는 것이다. 따라서 소상이란 말도 실제 호남의 소수와 상수란 뜻 외에도 위에서 말한 것처럼 여러 가지 다양한 의미와 분위기를 함께 수반하기 때문에 정운의에 포함된다고 할 수 있겠다. 다만 필자는 이를 '소상의 정취'로 풀어서 정의하고자 한다.

12.3. 송적과 <소상팔경도>

소상문학의 영향을 받아 탄생한 소상산수화는 송적의 <소상팔경도>를 가장 두드러진 성과로 간주한다. 후대에 확산된 팔경의 문화현상은 구체적으로 <소상팔경도>가 출현하고 나서 시작되었기 때문이다.

송적은 대략 1038년경에 진사를 하였으며 인종(仁宗) 가우(嘉祐) 연간(1056~1063)에 소상 지역에서 형남전운판관상서도관원외랑(荊南轉運判官尙

書都官員外郎)을 지낸 적이 있다. 희녕(熙寧) 7년(1074) 9월에는 영흥군(永興軍)과 진봉(秦鳳) 이로(二路)[지금 섬서(陝西)성]의 교자사봉랑(交子司封郎)을 맡아 교자법(交子法) 추진을 책임지고 있었을 때, 마침 궁전 내에 있던 삼사부(三司部)에서 큰 화재가 발생하였다. 화재 원인은 염철사(鹽鐵司)의 환관이 폐청(廢廳)에 있는 난로를 소홀히 관리하였기 때문이었다. 비록 송적은 염철사를 관할한 적이 있었지만 이미 3개월 전에 그 직책에서 떠나있었는데도 화재에 대한 책임이 있다고 유죄 판결을 받고서 파면 처분을 받았다. 아마도 송적이 신구(新舊) 당쟁의 소용돌이에 연루가 되었기 때문이 아닐까 추측된다.

송적은 신법을 반대하다가 파면된 다른 관리들을 따라 낙양(洛陽)으로 물러나 거주하였다. 당시 낙양은 사마광의 인도 아래 있던 보수파의 중심지였다. 이들은 조정의 지원을 받지 못 하고 있었기 때문에 자신들을 축객(逐客), 즉 쫓겨난 사람들이라 부르기도 하였다.

송적은 본래 그림을 잘 그렸는데, 얼마나 그림을 잘 그렸는지 그가 그린 쥐의 그림을 고양이들이 좇을 정도였다는 일화도 전해진다.

> 동안 지역의 한 선비가 그림을 잘 그려서, 쥐 그림 한 축을 그려 읍령에게 헌상하였다. 읍령은 처음에는 아낄 줄 모르고 그냥 벽에 걸어놓았다. 아침에 지나갈 때면 꼭 그림이 땅에 떨어져 있었다. 누차 걸었지만 계속 떨어졌다. 읍령이 이를 괴이하게 여겼다. 동이 트고 물색이 밝아오자 그림은 땅에 있었는데 고양이가 그 옆에 쪼그리고 있었다. 그림을 들어 올리니 곧 뛰면서 그것을 좇았다. 여러 고양이들에게 이 그림으로 시험해보니 그렇지 않은 고양이가 없었다. 이리하여 그의 그림이 매우 핍진함을 알게 되었다. 그가 <팔경도>를 그렸는데 또한 유달리 그윽한 아취가 있었다.(東安一士人善畵, 作鼠一軸獻之邑令, 令初不知愛, 謾懸於壁, 旦而過之, 軸必墜地, 屢懸屢墜, 令怪之, 黎明物色, 軸在地而猫蹲其傍, 逮擧軸, 則跟蹡逐之, 以試慽猫, 莫不然者. 於是始知其畵爲逼眞. 其作<八景圖>, 亦殊有幽致.) (≪독성잡지(獨醒雜志)≫ 권구(卷九)

소식은 "송적이 그린 산천초목은 오묘하여 한 시대에 빼어났다.(宋復古山川草木妙絕一時.)"(≪동파집(東坡集)≫)고 극찬하기도 하였다. 심지어 그가 그린 <소상팔경도>가 절묘하여 사람들이 무성시(無聲詩), 즉 소리 없는 시로 부르기도 하였다고 한다.

알프레다 머크(姜斐德)는 <소상팔경도>는 내용이 감상(感傷)의 이미지로 충만해 있으며 정치적 곤경을 다루고 있기 때문에 송적이 1074년 관직에서 떠난 뒤에야 비로소 창작한 작품일 것이라고 추정하였다.

그는 송적의 <소상팔경도>는 작가의 원망의 의념을 기탁하여 하소연한 것으로서 소상에 좌천 유배되었던 이전 문인들의 정서를 반영하였다고 보았다. 다시 말하면 송적의 <소상팔경도> 역시 소상의 정형화된 정취를 그림으로 형상화하였다는 것이다. 송적이 실의와 곤경에 처해 있던 낙양의 시절과 소상산수화의 원형적 이미지를 생각하면 <소상팔경도>의 창작의도를 충분히 읽을 수 있다.

이제 본 절을 맺으면서 다시 '왜 소상인가?'라는 물음에 대한 답을 명대 당계방(唐桂芳)의 <소상팔경도서(瀟湘八景圖序)>에서 찾아볼 수 있겠다. 그는 천하에 기이한 산수 중에 팔경으로 불리는 것이 많지만 그러나 소상팔경만큼 세상에 널리 성대하게 전해진 것이 없는데 그 까닭은 소상의 자연산수와 지역 문인 및 문학작품 삼요소가 서로 조화를 이루며 탁월하였기 때문이라고 보았다. 즉 이 삼요소가 서로 도와 빛을 내야만 비로소 소상팔경처럼 오래도록 후세에 전해질 수 있다고 본 것이다.

12.4. 왜 팔경인가?

12.4.1. 팔경의 제목

송적의 <소상팔경도>에 의해 출현한 팔경의 위치를 후대 학자들은 호남성(湖南省) 장사현(長沙縣) 영릉군(零陵郡) 부근에서 소강과 상강이 만나 동정호로 흘러드는 지역의 뛰어난 여덟 개의 경관이라고 정의하고 있다.

≪몽계필담≫에서는 송적의 <소상팔경도>의 그림 제목, 즉 화제(畫題)를 각각 <평사낙안(平沙落雁)>, <원포귀범(遠浦歸帆)>, <산시청람(山市晴嵐)>, <강천모설(江天暮雪)>, <동정추월(洞庭秋月)>, <소상야우(瀟湘夜雨)>, <연사만종(煙寺晩鐘)>, <어촌석조(漁村夕照)> 등으로 열거하였다.

그런데 이 팔경의 화제가 과연 송적이 직접 남긴 것인지, 아니면 후인이 송적의 그림을 감상하고 나서 남긴 것인지에 대하여 아직도 확정된 의견이 없다. 오히려 후인들이 화제를 붙였다고 간주하는 견해가 더 많다. 다만 분명한 것은 그림이 먼저 그려지고 나중에 화제가 붙여졌다는 사실이다.

팔경 화제의 구성방식을 보면 곧 지점에 경물을 덧붙여 조합하는 방식을 취하였다. 특히 화제를 명명하는 데 지명을 전문적으로 사용하여 하나의 양식으로 확정시킨 예는 송적의 <소상팔경도> 이전의 회화 작품에는 없었다. 그런데 지점이라고 하더라도 <동정추월>과 <소상야우>만이 특정 지명을 가리키고 있을 뿐, 그 나머지 육경은 모두 흔히 일상적으로 보는 자연 풍경과 장소를 이름으로 취하여서 보편성과 추상성을 띠고 있다. 이 때문에 이후 수많은 소상팔경 산수화가 관념화되어 실제 소상 지역을 그린 것이 아닌 데도 언제나 소상팔경을 표방할 수 있었던 계기가 되었다.

팔경의 화제를 통해 보면 팔경의 시간 배경으로서 계절은 가을과 겨울이 많다. 그리고 날씨는 야우(夜雨)·모설(暮雪)·청람(晴嵐) 등 흐리거나 맑은 날씨 등으로 일정하지 않다. 그리고 하루로 보면 팔경은 거의 모두 저물 무렵의 경관이다. <동정추월>·<소상야우>·<어촌낙조>·<연사만종>·<강천모설> 등은 말할 것도 없이 <평사낙안>·<원포귀범> 역시 모두가 황혼의 저녁기운을 띠고 있다. 다만 <산시청람>만이 비교적 불명확하다. 중국문학에서는 어둑어둑해지는 황혼으로 인하여 귀향 심리가 유발되는 정경이 자주 그려지곤 하였다.

그런데 알프레다 머크(姜斐德)는 <소상팔경도>의 화제가 지닌 의미를 자신만의 독특한 관점으로 고찰한 바 있다. <소상팔경도>에 대해서 소상으로 좌천 유배된 문인들의 정서를 반영하였다고 보았던 그는 또한 '시는 원망할 수 있다(詩可以怨)'는 중국 시가전통에 뿌리를 두어 '그림으로 자신의 원망을 서술하는(以畵抒怨)' 방식을 사용하였으며, 특히 당대 시인 두보가 만년에 지었던 시들의 영향을 받았을 것이라고 주장하였다. 알프레다 머크가 팔경의 화제가 영향을 받았거나 영감을 받았을 것으로 추정한 두보의 시는 다음과 같다. ①<평사낙안>: <귀안(歸雁)·이수(二首)> ②<원포귀범>: <등주장적한양(登舟將適漢陽)> ③<산시청람>: <추일기부영회봉기정감이빈객일백운(秋日夔府詠懷奉寄鄭監李賓客一百韻)> ④<강천모설>: <만청(晩晴)> ⑤<동정추월>: <등악양루(登岳陽樓)> ⑥<소상야우>: <강상(江上)> ⑦<연사만종>: <모등사안사종루(暮登四安寺鐘樓)> ⑧<어촌낙조>: <야로(野老)>

그러나 팔경의 화제를 송적이 명명하지 않았을 가능성도 있다는 사실을 염두에 둔다면 알프레다의 견해는 상당히 주관적인 견해라고 생각되는데, 다만 팔경의 화제와 그림의 연관성을 이해하는 데 배경적인 지식을 준다는 점에서는 어느 정도 참고가 될 만하다 하겠다.

12.4.2. 왜 팔경이 문화현상이 되었나?

송적의 <소상팔경도>에 대하여 심괄·소식·미불 등이 찬양하자 영종(寧宗) 조확(趙擴)이 또 그림을 보고서 <팔경시(八景詩)> 를 지어 자신의 정감과 감회를 묘사하는 한편으로 또한 호남성 장사에 팔경대(八景臺)를 세우게 해서 시와 그림을 진열하고 감상하도록 하였는데, 이로부터 소상팔경은 천하에 이름을 날리기 시작하였고 마침내 각지에 팔경으로 명명한 경관들이 속속 등장하게 되었다.

팔경이 보편적인 문화현상이 된 데는 또한 소상산수화라고 이름하였어도 화가 본인의 고향을 그렸던 것이 원인이 되었을 가능성이 매우 크다. 즉 화가 자신이 살던 지역의 산수 환경을 그리면서 자신이 사는 지역의 명승지에 주의를 기울이게 되었고, 그 결과 그곳에도 팔경을 규정하게 만들었을 거라는 얘기다.

이밖에도 소상팔경은 <동정추월>과 <소상야우>를 제외하고 나머지 경관들이 모두 우리가 흔히 일상적으로 보는 자연 풍경과 평범한 지역들을 가리키고 있기 때문에 각지에서 이 명칭들을 그대로 인용하여 이름을 명명하기가 편리하였던 것을 또 하나의 이유로 들 수 있을 것이다.

<소상팔경>의 영향에 의해 탄생된 각 지역의 팔경 중에 가장 두드러진 것으로 남송대의 <서호십경(西湖十景)>, 금대의 <연경팔경(燕京八景)>과 원대 오진(吳鎭)의 <가화팔경도(嘉禾八景圖)> 등을 들 수 있다. 수도에 있는 명승지 중 8개 혹은 10개의 경관을 선정하는 것은 당시 남북으로 대립하고 있던 남송과 금나라의 공통적인 현상이었다. 그런데 수도에 팔경을 제정하는 것은 다른 지방의 팔경보다 훨씬 의미가 있다고 할 수 있겠는데, 수도의 팔경은 서울의 뛰어난 경치를 만천하에 드러내면서 은근히 조정을 찬미

하기도 하였기 때문이다. 명대에 이르면 왕불(王紱)의 <북경팔경도(北京八景圖)>가 존재하고, 여러 관리들이 북경 팔경을 시로 노래함으로써 가공송덕(歌功頌德)의 기능을 십분 발휘하였다.

이렇듯 12세기부터 시작된 팔경의 문화현상은 남쪽의 복건(福建)성 마사(麻沙)에서 북쪽의 하북(河北)성 고안(固安)에 이르기까지 많은 도시들과 풍경명승 지역, 원림 등에 광범위하게 출현하여 특수한 팔경 문화현상을 낳았다.

현대에 이르러서는 여러 도시들이 신팔경(新八景)·신십경(新十景)을 공포하여 시민들의 환영을 받고 있다. 이처럼 팔경현상은 하나의 문화현상으로서 오늘날까지도 환영을 받고 있는 것이다.

12.4.3. 왜 팔경인가?

왜 하필이면 많은 숫자 중에 8을 선택하여 팔경을 만들었는가?

중국인들은 사물을 명명할 때 특별히 숫자 8만을 애호한 것 같지는 않다. ≪독서기수략(讀書紀數略)≫ 권십이(卷十二)에 수록되어 있는 지부(地部)의 명승류(名勝類)에서 숫자를 사용하고 있는 명승지들을 살펴보면 숫자 2는 7개, 숫자 3은 15개, 숫자 4는 10개, 숫자 5는 12개, 숫자 6은 7개, 숫자 7은 4개, 숫자 8은 10개, 숫자 9는 4개, 숫자 10은 8개, 기타 숫자는 10개의 항목이 포함되어 있었다. 이것만 놓고 본다면 숫자 8은 명승지를 명명하는 데 크게 우세를 보이지 않고 있다. 다만 경관을 명명한 명승지만을 살펴보면 숫자 8이 7개, 숫자 10이 3개, 기타 숫자가 3개여서 8과 10이란 숫자가 압도적으로 많이 쓰인 것을 알 수 있다. 이렇게 볼 때, 우리는 경관이 지닌 어떤 특수성으로 해서 비로소 8로써 명명하게 된 것이 아닐까 유추해볼 수 있다.

8이란 숫자가 경관과 의미상 어떤 관련을 맺고 있는지에 대해 입증해낼 수 있다면 우리의 이러한 유추는 좀 더 설득력을 얻게 될 것이라고 생각한다.

음양의 조화를 통해 우주만물이 생성되고 변화한다는, '둘이 합쳐져 하나가(合二而一)' 된다는 이원적(二元的)인 철학사상은 중국인의 생활 깊숙이 침투하여 그들은 매사에 지나칠 정도로 대우(對偶)와 대칭(對稱)을 강구하게 되었다. 특히 수사 8은 2의 배수로서 대칭을 이루는 짝수이기 때문에 길상(吉祥)과 경사(慶事)를 상징하였다.

'八(팔)'과 '發(발)'은 광동어(廣東話)에서는 동음이기 때문에 '八(팔)'은 또한 '發(발)'로 인하여 '發財(돈을 벌다)'란 뜻을 지니게 되었다. 그래서 사람들은 돈을 많이 벌길 희망하는 뜻에서 이 8자를 매우 좋아한다. 번지, 호실수, 자동차 번호판, 전화번호 등등 모두 8이란 숫자를 좋아하여 1988년 8월 8일 홍콩, 마카오, 대만 등지에서는 이 날을 열렬히 경축하였다. 왜냐하면 네 개의 8의 해음은 '發(발)·發(발)·發(발)·發(발)'이기 때문에 '大大發財(크게 돈을 벌다)'의 뜻을 지니고 있는 것이다.

그런데 방위 공간을 나타내는 말로는 흔히 사(四)·팔(八)·십(十) 등의 숫자가 쓰인다. 사방(四方)은 동·서·남·북이요, 팔방(八方)은 사방에다가 다시 사우(四隅)인 동북·동남·서북·서남이 덧붙여진 것이며, 십방(十方)은 다시 여기에 상·하가 포함된 개념이다. 방위 공간을 나타낼 때 사(四)·팔(八)·십(十)은 동일한 개념으로 쓰여서 전방위, 모든 방면을 가리킨다고 할 수 있는데, 물샐틈없이 포위하고 있다는 뜻의 성어로서 사면매복(四面埋伏)·팔면매복(八面埋伏)·십면매복(十面埋伏) 등의 성어가 모두 함께 쓰이고 있는 것을 보면 우리는 이 점을 잘 알 수 있다. 경관은 일종의 공간을 가리키기 때문에 해당 지역의 경관 전체를 두루 모두 가리킨다는 뜻에서 팔경(八景)·십경(十景) 등이 자주 쓰일 수밖에 없는 이유가 여기에 있기도 하다.

한편 같은 짝수로서 4와 8은 특히 함께 많이 쓰인다. 일테면 사면팔방(四

面八方), 사통팔달(四通八達), 사린팔사(四隣八舍), 사평팔온(四平八穩), 사반팔접(四盤八蹀) 등이 그 예이다.

또 짝수와 대칭 관념의 연장선상에서 8구의 율시 형식과 대우 등에서 팔경이 왔을 가능성도 배제할 수 없다.

심괄의 ≪몽계필담≫에 배열된 화제의 순서를 따라 살펴보면 어떤 규칙이 적용되어 있음을 알 수 있다. <평사낙안>과 <원포귀범>은 낮은 모래사장과 먼 포구, 내려앉는 기러기와 돌아가는 배가 대비되었고, <산시청람>과 <강천모설>은 봄산 신기루의 맑은 이내와 겨울강의 저물녘 눈이 대비되었고, <동정추월>과 <소상야우>는 맑은 가을달과 어두운 밤비가 대비되었고, <연사만종>과 <어촌석조>는 저녁 종소리의 청각적 모습과 노을의 시각적 모습이 대비되었다. 이로 볼 때 8경의 화제는 대비성을 지닌 두 경관을 기본 단위로 하고 있음을 알 수 있다. 이렇게 두 개 한 쌍의 경관을 네 차례 병렬하면 팔경이, 다섯 차례 하면 십경(十景)이, 여섯 차례 하면 십이경(十二景)이 형성되는 것이다.

알프레다 머크는 <소상팔경도>의 화제의 구성과 배열은 8구인 율시의 구조를 모방하였다고 보았다. 즉 <평사낙안>과 <원포귀범>은 주제를 남김없이 설명해주는 파제(破題)에 해당되고, <산시청람>과 <강천모설>, <동정추월>과 <소상야우>는 각각 대우에 의해 구성되는 두 연에 해당되며, <연사만종>과 <어촌낙조>는 시인의 통찰과 식견을 서술하여 끝을 맺는 결말에 해당된다고 보았다.

또 소상문학에 상당한 영향을 미친 바 있는 유종원과의 연관성도 한 번 고려해볼 수 있다. 유종원은 영주(永州) 산수를 유람하면서 <영주팔기(永州八記)>를 창작하였는데 이는 영주 산수문학의 대표로서 인구에 많이 회자된다. 때문에 소상의 경관을 제재로 한 팔경을 구성할 때 아주 자연스레 유종원의 <영주팔기>와 <우계시서(愚溪詩序)>에 언급된 <팔우시(八愚

詩)> 등의 명칭을 연상했을 가능성이 있는 것이다.

그런데 팔경에 대한 소식의 관점은 조금 독특하다. 그는 <건주팔경도팔수병인(虔州八境圖八首并引)>에서 다음과 같이 말하였다.

> 이것은 남강의 한 지역인데 어찌 여덟 개인가? 그것은 보이는 것이 달랐기 때문이다. 해를 한 번 보기로 하자. 아침에는 쟁반 같고, 낮에는 구슬 같고, 저녁에는 깨진 옥 같으니 어찌 세 개가 아니겠는가? 다만 장소가 여덟 개가 되는 것으로만 안다면, 그렇다면 겨울과 여름, 아침과 저녁, 비오는 날과 개인 날, 새벽과 밤의 차이가, 그리고 앉고, 행동하고, 걷고, 서고, 슬퍼하고, 즐거워하고, 기뻐하고, 성내는 것의 변화가 내 눈에 닿아 마음으로 느껴지는 것은 이루 헤아릴 수 없을 정도로 많은데, 어찌 다만 여덟 개만 되겠는가? (그러니 꼭 여덟 개인 것만은 아니다) 만약 이 여덟 개가 하나에서 나온다는 사실을 안다면, 사해 밖의 웃기고, 속이고, 괴이한 것들, ≪우공≫에서 기록한 것, 추연이 담론한 것, 사마상여가 지은 것 등등이 비록 수없이 많다 하여도 하나가 아닌 것이 없다. 훗날 군자들은 반드시 이러한 이치에 느끼는 바가 있을 것이다. 이에 시 여덟 수를 지어 그림 위에 제한다.(此南康之一境也, 何從而八乎? 蘇子觀之者異也. 且子不見夫日乎, 其旦如盤, 其中如珠, 其夕如破璧, 此豈三日也哉. 苟知夫境之爲八也, 則凡寒暑朝夕雨陽晦明之異, 坐作行立哀樂喜怒之變, 接於吾目而感於吾心者, 有不可勝數者矣. 豈特八乎. 如知夫八之出乎一也, 則夫四海之外, 詼詭譎怪, ≪禹貢≫之所書, 鄒衍之所談, 相如之所賦, 雖至千萬未有不一者也. 後之君子, 必將有感於斯焉. 乃作詩八章, 題之圖上.)

뛰어난 경치는 동일한 지역에 있는 것들인데, 다만 보는 사람·시간 등에 따라 달라져 보여서 그 중 여덟 곳을 별도로 명명한 것에 불과하다고 하였다. 그렇다고 여덟 곳만을 고집한다면 달라져 보이는 경관의 모든 특징들을 두루 다 포괄할 수 없음을 또한 알아야 한다고 하였다. 결국 편의상 경관을 여덟 개로 나누어 설정한 것일 뿐, 여덟이란 숫자에 특별한 의미 부여를 할 필요는 없다는 견해를 피력한 것이다.

12.4.4. 관동팔경과의 관계는?

중국의 소상팔경 문화는 고려(高麗)와 조선(朝鮮)으로 전래되어 사대부들이 소상팔경을 전범으로 우리나라의 자연과 전통 문화경관을 인식하도록 하는 데 결정적인 영향을 미쳤다.

<소상팔경도>가 언제 전해졌는지는 확실히 알 수 없지만 고려의 명종(明宗; 1171~1197) 때에는 이미 전해졌다고 한다. 소상팔경에 대한 우리나라 문인들과 화가의 관심은 대단하였던 듯하다. 그리하여 소상팔경은 한시뿐만 아니라 장르를 달리하여 시조나 잡가로까지 창작되기도 하였다.

한편 팔경은 이후 고려나 조선에서도 절경의 정형이 되어 지방에 팔경이 만들어지기 시작하는데 관동팔경(關東八景)도 그 중 하나이다. 이밖에도 자연을 수양의 공간으로 인식하는 경향이 확대되면서 수양 거점으로서 개인 누정을 대상으로 한 팔경시의 창작이 활발하게 이루어진다. ≪한국문집총간≫(1~160권)에 근거하면 소상팔경 관련 시는 17인 24편인 반면 우리나라의 팔경 관련 시는 185인 542편이 수록되어 있으니 우리나라에 팔경이 얼마나 많이 만들어졌고 시로 노래되었는지를 잘 알 수 있다.

우리나라에 존재하는 팔경들의 분포를 대략 살펴보면 다음과 같다.

> 영평(永平)팔경, 설악(雪嶽)팔경, 관동(關東)팔경, 의림지(義林地)팔경, 충주(忠州)팔경, 단양(丹陽)팔경, 상산(常山)팔경, 괴산(槐山)팔경, 양산(陽山)팔경, 한천(寒泉)팔경, 부여(夫餘)팔경, 고군산(古群山)팔경, 곡성(谷城)팔경, 목포(木浦)팔경, 여수(麗水)팔경, 지리산(智異山)팔경, 쌍계(雙磎)팔경, 밀양(密陽)팔경, 해운대(海雲臺)팔경, 거문도(巨文島)팔경, 팔공산(八公山)팔경, 영계(永磎)팔경

12.5. 소상팔경의 제화시 분석 – <소상야우>를 중심으로

제화시(題畵詩)란 그림에 시를 제(題)한, 즉 그림을 주제로 시를 지은 것으로, 직접 그림에 제(題)하기도 하고, 그림을 보고 작시하기도 한다. 일반적으로 제화시는 <~제(題)~도(圖)>, <~제(題)~>, <~~도(圖)>, <~~회(畵)>의 형식을 제목으로 취한다.

제화시의 역사가 오래된 것 같지만 그러나 사실은 제화시의 품격은 두보에 의해 확립되었고, 역사의 전면에 등장하여 크게 발전하는 것은 원대(元代)에 이르러서이다. 제화시는 시와 그림을 직접 접목시키는 실천적 예술활동이기도 하였다. 제화시의 성행은 '시중유화(詩中有畵), 화중유시(畵中有詩)'라는 시화일률(詩畵一律)을 지향하는 미학적 견해로 말미암았다고 볼 수 있다.

송적의 <소상팔경도>가 출현하면서 소상팔경시가 지어졌기 때문에 소상팔경시는 제화시의 형식으로 먼저 지어졌다고 할 수 있다. 소상팔경 제화시들은 송대부터 지어졌는데 스님 혜홍(慧洪)의 <송적작팔경절묘인위지무성시연상인희여도인능작유성화호인위지각부(宋迪作八境絕妙人謂之無聲詩演上人戲余道人能作有聲畵乎因爲之各賦)·일수(一首)>, 엽인(葉茵)의 <소상팔경도(瀟湘八景圖)>, 미불(米芾)의 <소상팔경도시(瀟湘八景圖詩)> 등이 현재까지 전해지고 있다. 때문에 ≪사고전서집부총집존목(四庫全書集部總集存目)≫에서 팔경시의 근원을 원대로 보고, 일부 학자들이 원대 진부(陳孚)의 시를 소상팔경시의 시작으로 보는 관점은 잘못된 견해라고 할 수 있겠다.

소상팔경도를 감상할 때 감상자들은 왕왕 전통적인 소상문학에서 형성된 소상 정취를 자연스레 떠올리기 때문에 그 그림에 제화시를 쓸 때도 흔히 일반적인 소상의 정취를 노래하는 경우가 많다. 그래서 소상팔경 제화시는 때로 소상팔경 산수시와 주제 내용의 특징을 구분하기가 매우 어렵다.

한편 원대 잠안경(岑安卿)의 <내가 최근 사람의 시 '영소상팔경'을 읽고 문득 그대로 베끼는 방식으로 시를 지어 여가를 보내다(予讀近時人詩有詠瀟湘八景者輒用效顰以消餘暇>시의 제목을 보자면 분명 소상팔경의 풍경을 노래한 산수시인데 그렇지만 내용은 도리어 소상팔경 제화시와 구분이 되지 않는다. 특히 마지막에 "흰 비단에 그림을 그려 놓았으니 고당에 서릿발 같아, 자리에 있는 굴레 매인 사람의 마음은 두렵고 놀랍다.(素練揮灑凜高堂, 座上羈人心戰愕.)"는 내용은 흡사 제화시를 읽고 있다는 느낌을 준다.

이처럼 소상팔경 제화시와 산수시 간에는 큰 차이를 발견할 수 없기 때문에 본장에서는 소상팔경의 제화시 범주 안에 산수시까지도 포함시켜 고찰 대상으로 삼고자 한다. 다만 고찰해야 할 시의 수량이 워낙 많기 때문에 본장에서는 편의상 소상팔경 중 가장 소상의 특징을 잘 반영하면서 제일 승경으로 꼽히고 있는 <소상야우> 의 제화시만을 선정하여 분석하고자 한다.

필자는 ≪사고전서(四庫全書)≫ 전체를 컴퓨터 상으로 조회한 결과 <소상야우>를 제목으로 한 제화시 및 산수시 총 35수를 발견할 수 있었다.

조대	제화시	산수시	
송(宋)	8	3	11
원(元)	4	4	8
명(明)	5	8	13
청(淸)	3		3
합 계	20	15	35

그리고 이 조사에 의하면 <소상야우>는 팔경시를 구성하는 한 부분으로 존재하기도 하였고, 아니면 팔경시와는 무관하게 단독으로 지어진 경우

도 있었다.

소상산수화에 소상의 실제 산수가 아닌 타 지역의 산수를 그릴 수 있었듯이 소상산수화의 감상자인 제화시의 작가들 역시 명목은 소상에 대한 노래이지만 실제는 소상이 아닌 다른 지역을 노래하는 경우도 있었다. 따라서 제화시를 분석할 때 특정 지역의 지명이나 환경에 집착할 필요가 없으며 오히려 시에 활용되고 있는 소상의 규범화된 정취에 주목하면서 그 시의 창작 모티브, 주제 구성 이미지, 경계와 풍격 등을 고찰하여야 한다고 생각한다.

소상팔경 제화시 연구로 탁월한 업적을 쌓은 대만학자 의약분(衣若芬)도 다음과 같이 말한 바 있다. "소상팔경시는 소상 지역의 집체적인 체험과 정서가 역대로 누적되고 보태어짐으로써 한 개인의 특수한 감정이 아닌 보편적인 정서에 대한 표현으로 승화되게 되었다. 때문에 송대 소상산수화 제화시의 내용을 분석할 때 작가의 서사 의도를 일일이 대조하여 분석하는 것보다는, 차라리 '나그네의 근심(客旅之愁)'·'돌아가길 바라는 마음(望歸之情)'·'어부로 은거해서 사는 즐거움(漁隱之樂)'으로 시의 내용을 이해하는 것이 훨씬 낫다."

12. 5. 1. <소상야우>의 모티브가 된 시

그림 <소상야우>는 가을, 어두운 밤에 소상에 비가 내리자 나무들이 바람결에 날리고 온 세상이 비에 젖어 촉촉한데, 어부가 거룻배를 강가에 정박한 채 빗소리를 듣고 있는 정경을 주요한 원형적 특징으로 삼는다.

따라서 강가에 밤비 내리는 정경과 어부가 강가에 배를 대고 있는 모습을 주요 제재로 삼은 시로서 인구에 회자되고 있는 시들은 일단 제화시 <소상야우>의 모티브가 된다고 간주할 수 있다. 또한 일반적으로 밤비 내리는 정경은 시에서 별리를 서술하고 상사를 기탁하는 등 비애의 정서와 많이 연계되어 있기 때문에 <소상야우>의 모티브를 이루는 시들은 비애를 주요 정조로 띠고 있어야 한다고 볼 수 있다.

뜻을 얻지 못 한 시인들에게 처량한 밤비 소리는 자신의 삶을 뒤돌아보며 고뇌하게 만드는 매개체였다. 그래서 알프레다 머크도 언급하였듯이 실의한 시인들에게 두보의 <강상(江上)>시는 위로가 될 수밖에 없었기에 <소상야우>에 모티브를 강하게 제공하였다고 볼 수 있다.

江上日多雨,	강 위에 날마다 비가 많아,
蕭蕭荊楚秋.	쓸쓸히 초나라 땅에 가을이어라.
高風下木葉,	높은 바람에 나뭇잎 떨어지고,
永夜攬貂裘.	긴 밤 담비 가죽옷을 가져다 입는다.
勳業頻看鏡,	공적을 위해 자주 거울 보며 용모를 살폈고,
行藏獨倚樓.	나가고 물러서는 일을 혼자 계획하며 누각에 기대었다.
時危思報主,	때는 위급하여 군주께 보답할 생각하니,
衰謝不能休.	노쇠하였지만 쉴 수가 없구나.

시인은 차가운 밤비 내리는 길고 긴 밤에 나그네가 되어 잠 못 이루고 있다. 공적을 아직 쌓지 못 해 자주 거울을 보며 자신의 모습을 살폈고, 벼슬에 나가고 물러서는 일은 생각처럼 되지 않는데도 누구 하나 상의할 사람이 없어 홀로 누각에 기대었다. 비록 노쇠한 늙은이가 되었긴 하지만 그러나 나라의 위급함을 생각하니 쉴 수만은 없어 조정에 목숨을 바쳐 충성을 다하겠다는 다짐이다.

이처럼 차가운 가을 밤비, 강가에 묵는 나그네, 실의에 찬 관리 생활, 아직도 남아 있는 충군을 위해 서울로 돌아가고 싶은 귀환에의 염원 등등은 모두 <소상야우>를 구성하는 주요 제재들이 되었다.

또한 당대 이상은(李商隱)의 <야우기북(夜雨寄北)> 역시 <소상야우>의 강한 모티브가 된다는 사실은 송대 소박(邵博)이 <제지영상인소상야우

도(題智永上人瀟湘夜雨圖)>시를 쓸 때의 일화에서 잘 입증된다. 소박은 지영상인이 <소상야우>를 그려 자신에게 주자 즉시 제화시를 지어주었다. 그러자 지영상인이 이상은의 <야우기북(夜雨寄北)>을 들려주니 소박은 자기 시와 너무 유사하여 깜짝 놀라고는 다음날 시를 다시 고쳐서 지어주었다는 얘기가 전해진다.

君問歸期未有期,	그대는 돌아올 기약을 물었지만 아직 기약은 없고,
巴山夜雨漲秋池.	파산에는 밤비 내려 가을 못물이 불어났다.
何當共剪西窓燭,	어느 때나 서쪽 창가에 나란히 앉아 촛불 심지 자르며,
却話巴山夜雨時.	파산의 밤비 내리던 정경을 이야기할 수 있을까!

시인 이상은이 사천성과 섬서성 경계에 있는 파령(巴嶺) 또는 대파산(大巴山) 근처에 있을 때 북쪽 장안에 있던 아내에게 보낸 시이다. 밤비 내리는 정경, 나그네의 수심, 귀향에의 간절한 염원이 모두 표현되어 있다는 사실을 알 수 있다.

한편 소상문학에서 당대 유종원(柳宗元)이 소상 정취의 형성에 영향을 미쳤다는 것은 이미 살펴보았다. 때문에 그가 "늙은 어부 밤이 되자 서암 곁에 배를 대고 자다가, 새벽에는 맑은 상수(湘水)의 물을 길어와 초나라의 대나무로 땐다.(漁翁夜傍西巖宿, 曉汲淸湘燃楚竹.)"라고 한 <어옹(漁翁)>의 시에서 강가에서 어부로 지내는 삶을 묘사한 것도 <소상야우> 창작에 하나의 모티브를 제공하였을 것이라는 사실을 유추해볼 수 있겠다.

12.5.2. 주제 구성 이미지

소상팔경시의 주제를 구성하는 이미지들은 어떤 것들이 있을까?

첫째, 시간과 풍격이란 측면에서 살펴보자. 제화시 <소상야우>에서 묘사된 계절은 주로 차가운 가을이다.

<소상야우(瀟湘夜雨)>(<瀟湘八景>, 明, 文徵明, ≪甫田集≫ 卷十二)

濕雲載秋聲,	젖은 구름은 가을 소리 실었고,
萬籟集篁竹.	온갖 소리가 대나무에 다 모였다.

<소상야우(瀟湘夜雨)>(<詠瀟湘八景>, 明, 李夢陽, ≪空同集≫ 卷三十四)

夜響起秋竹,	밤새 가을 대나무에 소리가 나더니,
浩浩楚雲白.	초나라 땅의 흰 구름 넓디넓다.

시간은 주로 저물 무렵으로 먹구름이 잔뜩 끼어 있어 어둡다.

<소상야우(瀟湘夜雨)>(<瀟湘八景>, 元, 楊公遠, ≪野趣有聲畵≫ 卷上)

薄暮維舟古岸邊,	저물 무렵 배를 옛 언덕 가에 묶으니,
濃雲潑墨暗江天.	짙은 구름이 먹물 뿌린 듯 강위의 하늘에 어둡다.

<소상야우(瀟湘夜雨)>(<瀟湘八景畵>, 明, 宣宗, ≪御選宋金元明四朝詩_御選明詩≫ 卷一)

濃雲如墨黯江樹,	짙은 구름 먹처럼 강에 비친 나무에 어두워,
九疑山迷天色暮.	구의산은 흐릿하니 하늘빛이 저문다.

저물 무렵부터 비가 오기도 하지만 때로 한밤중에 내리거나 밤새도록 내린다.

<소상야우(瀟湘夜雨)>(<題唐寅瀟湘八景卽用其韻>, 清代, 無名氏, ≪御製詩集≫ 三集 卷七十二)

漨浡油雲暗遠空,	왕성하게 일어나 비를 머금은 구름 먼 하늘에 어두운데,
溟濛㴰雨落宵中.	어둡고 흐릿하게 엉긴 비가 밤중에 내린다.

<무제(無題), 소상팔경(瀟湘八景)>(<八景歌>, 宋, 趙汝燧, ≪野谷詩稿≫, 卷二)

楚天濃雲如墨潑,　　초나라의 하늘 짙은 구름이 먹물처럼 뿌려져 있고,
通宵滂沱翻江闊.　　밤새 타강에 퍼부어 드넓은 강물을 뒤엎을 듯하다.

비는 때로 거센 바람을 몰고 오기도 한다.

<소상야우(瀟湘夜雨)>(<瀟湘八景>, 元, 陳孚, ≪陳剛中詩集≫ 卷二)

昭潭黑雲起,　　밝은 못에 검은 구름 일어나니,
橘洲風捲沙.　　귤주에 바람이 모래를 휘감아 올린다.

<소상야우(瀟湘夜雨)>(<瀟湘八景>, 楊基, ≪御選宋金元明四朝詩_御選明詩≫ 卷十七)

風急雨浪浪,　　바람 급하니 비는 세차게 내리고,
孤舟夜正長.　　외로운 배에 밤은 정말이지 길고 길다.

작중 화자가 있는 곳은 역시 소상의 강가인데 그곳에는 모래톱이 있고 갈대가 자랐다.

<소상야우(瀟湘夜雨)>(<詠瀟湘八景>, 明, 李夢陽, ≪空同集≫ 卷三十四)

曉來看沙觜,　　새벽이 되어 모래톱을 보니,
新水添一尺.　　물이 새로 한 자 더 불었다.

<소상야우(瀟湘夜雨)>(<題瀟湘八景>, 明, 史謹, ≪獨醉亭集≫ 卷下)

喬口橘州何處是,　　교구 귤주는 어떤 곳인가?
滿汀蘆荻夜蕭蕭.　　모래섬 가득한 갈대가 밤에 쏴쏴 소리 낸다.

둘째, 거룻배와 나그네가 소상팔경시의 주제를 구성하는 주요 이미지들이다.

하늘로부터 천천히 강가로 내려오던 시인의 시선은 강가에 정박해 있는 외로운 거룻배[篷]로 모아진다. 그리고 밤비가 거룻배의 뜸을 치며 내린다.

<**소상야우**(瀟湘夜雨)>(<題仲經家江貫道瀟湘八景圖, 元, 程鉅夫, ≪雪樓集≫ 卷二十七)

昏昏風浪里, 풍랑 속에서 아뜩하여 정신이 흐리멍덩한데,
瑟瑟打篷聲. 배의 뜸을 치는 소리 쓸쓸하다.

<**소상야우**(瀟湘夜雨)>(<瀟湘八景>, 元, 楊公遠, ≪野趣有聲畫≫ 卷上)

道林嶽麓知何處, 도림사 악록산은 어디에 있는지 아는가?
雨打篷窗夜不眠. 비는 배 창문을 때리니 잠도 오지 않는 밤이로다.

거룻배 안에는 빗소리를 듣고 있는 나그네가 있다. 즉 거룻배는 어디론가 기약 없이 떠날 운명에 있는 것이다.

<**소상야우**(瀟湘夜雨>(<予家舊藏瀟湘圖聊因舊題各成短詠八首>, 明, 陸深, ≪儼山集≫ 卷六)

扁舟瀟湘上, 소상강 위에 편주를 띄우고,
夜聽瀟湘雨. 밤에 소상의 빗소리를 듣는다.

<**소상야우**(瀟湘夜雨>(<次韻陳侍郎李察院瀟湘八景圖>, 南宋, 喻良能, ≪香山集≫ 卷十五)

更聽瀟湘夜深雨, 다시 소상의 밤에 큰 빗소리를 듣는데,
孤篷點滴替人愁. 외로운 거룻배에 방울방울 떨어지며 남의 근심 대신해준다.

이제 위 시를 통해서 거룻배 안의 나그네의 심리 상태를 확연히 알 수 있다. 그의 마음은 수심으로 가득 차 있는 것이다.

소상 제재의 산수화를 감상하고 있는 시인은 우리가 소상문학에서 흔히 보았듯이 소상의 정취에 자연스레 물들어 수심의 정서를 화면에 투사한다. 그러면 그가 바라보는 그림 속 정경은 하나같이 깊은 수심을 띨 수밖에 없고, 그것이 다시 시에 거룻배의 나그네와 수심으로 표현되는 것이다. 남송대 호전(胡銓)이 지은 <제자화소상야우도(題自畵瀟湘夜雨圖)>라는 제화시가 좋은 예이다.

一片瀟湘落筆端,	한 조각 소상이 붓끝에서 이루어졌으니,
騷人千古帶愁看.	시인은 천고의 수심을 안고 바라보고 있네.
不堪秋著楓林港,	단풍숲 항구에 가을이 뚜렷하니 견딜 수 없어,
雨濶煙深夜釣寒.	비 넓게 내리고 안개 깊은 추운 밤에 낚싯대를 드리웠다.

호전은 정치적 입장이 권력자와 달라 오랜 시간 타지로 좌천되어 나그네 생활을 많이 하였다. 여기서 소인(騷人)은 굴원(屈原)이면서 동시에 자신을 가리키는데, 자신의 마음을 알아주는 천고의 지음으로 굴원을 빗댄 것이다.

이 시는 호전 자신이 그린 <소상야우도>를 주제로 스스로가 지은 시이다. 시인은 굴원 이후 천고에 걸쳐 전해오는 나그네의 수심을 안고 소상산수화를 바라보고 있으려니 그림 화면에 수심이 가득 넘쳐 나서, 결국 못 견디고 밖으로 나와 낚싯대를 드리웠다는 얘기다. 따라서 표면적으로는 시인이 그림을 그리고, 감상하고, 다시 낚싯대를 드리우는 일련의 과정을 묘사하고 있지만, 또 한편으로는 이 내용들 전부가 그림 자체에 이미 묘사된 풍경일 가능성도 전혀 배제할 수는 없다 하겠다.

그렇다면 나그네의 수심은 주로 무엇에 의해 야기된 것인가? 명대 설선(薛瑄)의 <소상야우(瀟湘夜雨)>를 감상해 보자.

兩岸叢篁濕,	양 언덕에 빽빽한 대나무숲 젖고,
一夕波浪生.	하루 저녁에 물결이 인다.
孤燈蓬底宿,	외로운 등불 거룻배 아래서 자는데,
江雨篷背鳴.	강 비는 뜸 등에서 소리 낸다.
南來北往客,	남쪽으로 오고 북쪽으로 가는 나그네,
同聽不同情.	같이 듣지만 마음 속 정은 같지 않구나.

소상에 내리는 밤비 소리를 듣는 나그네의 마음은 남쪽으로 오는 사람이냐 아니면 북쪽으로 가는 사람이냐에 따라 달라진다. 서울과 고향이 있는 북쪽으로 가는 나그네야 기쁜 마음이겠지만 남쪽 타향으로 좌천 유배된 나그네는 수심에 젖지 않을 수 없는 것이다. 소박(邵博)도 <제지영상인소상야우도(題智永上人瀟湘夜雨圖)>시에서 귀향의 염원을 묘사하였다.

曾擬扁舟湘水西,	일찍이 상수 서쪽에서 편주를 타려하면서,
夜窗聽雨數歸期.	밤 창가에서 빗소리 들으며 돌아갈 날을 헤아렸었지.
歸來偶對高人畫,	이제 돌아와 귀인의 그림을 짝하여 마주하니,
却憶當年夜雨時.	도리어 그 해 밤비 내리던 때가 생각나누나.

고향으로 돌아가고픈 정리는 보편적인 정서이긴 하지만 한 번 떠나면 언제 돌아올지 몰랐던 고대 문인들의 상황을 생각해본다면 그들의 절박한 심정을 알 수 있다. 나아가 고대 정치 상황에서 군주가 있는 서울에서 벼슬살이를 해야만 입신출세를 할 수 있는데 멀리 좌천 유배된다면 그 실의와 의기소침은 정말 대단할 것이기에 또한 경사로 돌아가고 싶은 염원도 간절한 것이다. 그래서 시인은 일엽편주 안에서 밤비 소리를 들으며 돌아갈 날만 손꼽아 기다린 적이 있었다. 이제 돌아온 뒤에 귀인께서 주셨던 그림을 꺼내들고 바라보니 그 시절 소상에서 밤비 소리 듣던 때가 너무 그립다.

셋째, 상비와 굴원이 또한 소상팔경시의 주제를 구성하는 주요 이미지들이 되고 있다.

우리는 앞에서 소상문학을 살피면서 소상의 정취가 정형화되었고 그것은 다시 소상산수화의 창작에 원심력으로 작용하여 소상의 산수만이 아닌 다른 강남의 산수를 화폭에 담아도 소상산수로 받아들여질 수 있었다는 사실을 밝힌 바 있었다.

필자는 그림과 마찬가지로 시인들이 소상산수화를 감상하고 남긴 제화시에도 소상의 정취는 역시 강한 원심력으로 작용하였다고 본다. 왜냐하면 정형화된 소상의 정취는 이미 관념화되었기에 설사 시인이 저마다 다른 회포와 정서를 간직하였다 하더라도 시의 기본 정취는 역시 소상의 정취에서 크게 벗어나지 않는 그런 결과를 낳았던 것이다. 다시 말하면 소상산수화가 그랬듯이 소상산수도의 제화시도 역시 관념화된 소상의 정취를 시에 담도록 만든 것이다.

소상의 전통에서 규범화되고 보편화되었던 정취에 제화시가 많은 영향을 받았다는 점은 소상문학을 구성하는 데 큰 역할을 하였던 상비의 전설과 굴원의 역사가 제화시에 어떻게 반영되는지를 고찰해보면 더욱 잘 입증될 수 있다.

상비의 통곡소리와 애통함이 묻어 있는 시들을 보자.

<소상야우(瀟湘夜雨)>(<題瀟湘八景>, 元, 戴良, ≪石倉歷代詩選≫ 卷二百六十九)

還憶在荊南,	돌아와 초나라 남쪽에 있었던 일을 회상하며,
臥聽湘妃泣.	누워 상비의 울음소리를 듣는다.

<소상야우(瀟湘夜雨)>(<題董邦達摹宋馬遠瀟湘八景圖>, 清代, 無名氏, ≪御製詩集≫ 初集 卷三十三)

峡口莫教人問渡,	협곡 입구에서 사람들에게 나루를 묻게 하지 말라,
惱他琴瑟鼓湘靈.	상비의 금슬 타는 소리가 그를 괴롭게 하리라.

상비의 애통한 눈물은 다시 대나무에 뿌려 반점을 만든다.

<소상야우(瀟湘夜雨)>(<題誠道原瀟湘八景>, 明, 貝瓊, ≪淸江詩集≫ 卷二)

重華不可見,	순임금을 만날 수 없으니,
竹上淚如寫.	대나무 위에 눈물을 쏟듯이 흘린다.

<소상야우(瀟湘夜雨)>(<題誠道原瀟湘八景>, 明, 貝瓊, ≪淸江詩集≫ 卷二)

瀟瀟無限相思淚,	쓸쓸한 그리움의 눈물 한없이 흘려,
都作江邊竹上痕.	모두 강변 대나무 위에 흔적을 남겼다.

상비의 전설에 추가적으로 다시 굴원의 역사가 보태진다.

<소상야우(瀟湘夜雨)>(<賦祝次仲八景>, 南宋, 劉學箕, ≪方是閒居士小稿≫ 卷上)

謾起湘妃恨,	스멀스멀 상비의 한이 솟아나,
長歌靈均騷.	굴원의 노래를 길게 노래한다.

<소상야우(瀟湘夜雨)>(<題仲經家江貫道瀟湘八景圖, 元, 程鉅夫, ≪雪樓集≫ 卷二十七)

騷客千年恨,	굴원의 천 년에 서린 한,
靈妃萬古情.	상비의 만고에 걸친 정.

이처럼 상비와 반죽(斑竹)의 신화전설이나 굴원의 역사 고사가 소상산수화에 쓴 제화시에 매번 등장한다는 것은 이들 이야기가 어느덧 소상의 정취를 형성하여 시인들의 마음 속에 이미 정형화되고 관념화가 되었다는 사실을 잘 보여준다. 그래서 소상을 노래하고자 할 때, 소상 산수의 아름다움보다는 관념화된 상비와 굴원의 전고가 우선적으로 연상되고 인식됨으로써 소상의 자연 경관은 어떤 때는 상비와 굴원의 전고를 회상하기 위한 배경에 지나지 않게 되는 경우도 있다.

12.5.3. <소상야우>의 경계와 풍격

(1) 유아지경(有我之境)

시인이 강이나 산과 같은 시적 제재들을 심미적으로 관조할 때, 시인은 먼저 자신의 정감을 대상에 투사하여 영감을 떠올린 뒤 마음속에 예술적인 이미지를 형상화시키게 된다. 다시 마음속에 떠올려진 이미지들을 시에 표현할 때, 시인의 주관적인 정서와 감정이 강하게 이미지에 녹아들게 할 수도 있고, 아니면 시인의 주관적인 감정 색채를 완전히 배제한 채 객관적인 거리를 유지하며 담담하게 이미지들을 구성할 수도 있다.

청대 왕국유(王國維)의 시적 경계에 대한 구분을 따르자면, 전자는 유아지경(有我之境)[자아가 드러난 경계]으로, 후자는 무아지경(無我之境)[자아가 물화(物化)된 경계]으로 분류할 수 있다. "'유아지경'은 내 눈으로 물상을 바라보니[以我觀物] 물상들이 모두 나의 색채를 띠며, '무아지경'은 사물의 눈으로 물상을 바라보니[以物觀物] 어느 것이 나이고 어느 것이 사물인지를 알 수 없다.(有我之境, 以我觀物, 故物皆着我之色彩. 無我之境, 以物觀物, 故不知何者爲我, 何者爲物.(≪인간사화(人間詞話)≫ 제3칙)" "눈물 젖은 눈으로 꽃에게 물어도 꽃은 말이 없이, 어지러이 흩날리는 붉은 꽃잎 되어 그네 위로 날아가네.(淚眼問花花不語, 亂紅飛過鞦韆去.)"와 같은 시는 유아지경의 경계이며, "동쪽 울타리 아래서 국화꽃 따노라니, 한가로이 남산이 바라보이네.(采菊東籬下, 悠然見南山.)"와 같은 시는 무아지경의 경계이다.

소상산수화에 대한 제화시는 이미 앞에서 살폈듯이 소상의 정취로 넘쳐난다. 시에 정형화된 소상의 정취로서 나그네의 수심, 귀향에의 강렬한 염원 등이 짙게 베여 있는 것이다. 남송 유량능(喻良能)의 <소상야우>를 감상해 보자.

平生雲夢澤南州,	평생을 운몽 연못 남쪽 고을에 살며,
秋思春情浩莫收.	가을 그리움 봄의 격정이 넓어 거두지 못 하였다.
更聽瀟湘夜深雨,	다시 소상의 밤에 큰 빗소리를 듣는데,
孤篷點滴替人愁.	외로운 거룻배에 방울방울 떨어지며 남의 근심 대신해 준다.

이 시는 고향 떠난 나그네의 근심으로 충만해 있다. 따라서 위의 시는 유아지경의 경계를 지녔으며 '이아관물'의 심미 관조 방식을 취하였다고 볼 수 있다.

심지어 겉으로 보기에 소상산수의 정경을 스케치하듯이 자연스럽고 담담하게, 곧 시인의 주관적 색채를 배제한 듯이 표현한 시들조차도 소상의 정취와 무관할 수 없다. 원대 진부(陳孚)의 ＜소상야우＞를 감상해 보자.

昭潭黑雲起,	밝은 못에 검은 구름 일어나니,
橘洲風捲沙.	귤주에 바람이 모래를 휘감아 올린다.
亂雨灑篷急,	어지러운 비는 거룻배에 급하게 뿌려,
驚墮檣上鴉.	돛대 위의 갈가마귀를 놀라 떨어지게 한다.
黿鼉互出沒,	자라와 악어가 서로 출몰하고,
暗浪鳴艣牙.	어두운 파도소리는 상앗대 끝에서 울린다.
漁燈半明滅,	고기잡이 등불은 반쯤 가물거리고,
濕光穿蘆花.	젖은 불빛은 갈대꽃 사이를 뚫고 비춘다.

이 시는 검은 구름이 하늘을 덮고 어지러이 내리는 비가 거룻배를 치며 풍랑은 도도하게 일어나는 소상산수의 경관을 자연스럽게 꾸밈없이 묘사하고 있다. 그러나 우리가 앞 절에서 소상산수의 제화시를 구성하였던 일련의 이미지들이 어떻게 소상의 정취를 구성하였는지를 상기한다면, 위 시에 있는 '검은 구름', '바람', '어지러운 비', '거룻배', '갈대꽃' 등의 이미지가 단순한 나열이 아니고 모두 소상의 정취를 형성하는 일련의 이미지 체계들이란 것

을 잘 알 수 있다. 그렇다면 심지어 위의 시처럼 시인의 주관정서가 배제되어 마치 '이물관물'한 듯한 시조차도 수심이 강렬하게 베여 있다고 보아야만 할 것이다.

(2) 신운(神韻)과 비개(悲慨)

소상 산수의 가장 주된 특색은 '안개구름[煙雲]'·'가랑비[雨霧]' 등에 있다. 미불이 경구(京口)에 거처할 적에 일찍이 아침에 북고(北固)를 오른 적이 있었는데 안개구름의 변화[煙雲之變]를 멀리서 조망하더니 가장 소상과 비슷한 경치라고 말한 적도 있었다.

소상팔경을 그린 소상팔경도 역시 운무가 흐릿하고 부슬부슬 비가 내리는 연운(煙雲)·우무(雨霧)의 표묘[縹緲; 멀고 어렴풋하다]·몽롱[朦朧; 희미하다]한 경관을 그리는 게 정형화되었다. 미불의 아들 미우인(米友仁)에게 <소상기관도(瀟湘奇觀圖)>·<소상백운도(瀟湘白雲圖)>·<소상도(瀟湘圖)>·<초산청효도(楚山淸曉圖)> 등의 소상산수화가 있는데 대부분 연우미몽[煙雨迷濛; 안개비가 흐릿함]·공광유원[空曠幽遠; 텅 비고 넓으며 아득함]의 강남 경관을 묘사하였다. 나중에 이렇게 시의가 풍부한 소상산수화의 경색은 문인들의 주목을 받으면서 제화시가 많이 지어지게 되었다.

중국 시론에서 말하는 신운(神韻)은 풍격용어로서 그 여러 층위의 함의 중에서 '표묘(縹緲)하고 유원(悠遠)한 정조 또는 미감' 역시 하나의 개념으로 내포되어 있다. 신운의 이런 미감을 시각미적 각도에서 보자면, 대숙륜(戴叔倫)이 '남전일난(藍田日暖), 양옥생연(良玉生煙)'이라고 했듯이 남전의 옥에 안개 피어오르는 모습은 멀리서 보면 있는 듯 하나 가까이서 보면 없고, 사공도(司空圖)의 ≪이십사시품(二十四詩品)≫에서 '채채유수(采采流水), 봉봉원춘(蓬蓬遠春)'이라고 했듯이 가득 불어나 흐르는 물에 멀리 퍼진 생기발랄한 춘의(春意)는 바라볼 수는 있어도 눈앞에 둘 수는 없는 것들이다. 신운은 이처럼 흐릿하고 몽롱하며 아득히 멀리 펼쳐진 정경을 시각적 미감으로 지닌다는 사실을 알 수 있다.

소상산수화에서 정형화된 연운·우무의 묘사는 당연히 신운의 미감을 지녔다고 볼 수 있다. 그러면 제화시에서는 어떠한가?

우무(尤袤)의 <제미원휘소상도(題米元暉瀟湘圖)·이수(二首)>라는 제화시를 살펴보자.

萬里江天杳靄,	만 리 강에 비친 하늘 아득히 먼데,
一村烟樹微茫.	한 마을에 안개 낀 나무 어슴푸레하다.
只欠孤篷聽雨,	부족한 건 외로운 거룻배에서 빗소리 듣는 것일 뿐,
恍如身在瀟湘.	몸은 마치 소상에 있는 듯하다.
淡淡晴山橫霧,	담담하니 맑은 산에 가로로 껴 있는 운무,
茫茫遠水平沙.	아득하니 먼 강물에 평평한 모래톱.
安得綠蓑青笠,	어떻게 하면 푸른 도롱이와 삿갓 쓰고,
往來泛宅浮家.	거룻배에 지은 집을 오고갈 수 있을까?

이 시들은 소상에 대한 강렬한 향수와 은거에 대한 열망을 드러내고 있다. 만 리 아득한 강, 어슴푸레하게 안개 낀 나무, 모든 것이 소상의 정취와 향수를 불러일으키는데, 딱 한 가지 여기에 부족한 것은 외로운 거룻배에서 빗소리 듣는 일일 뿐이다. 또한 운무가 가로로 껴 있는 맑은 산, 평평한 모래톱이 있는 아득한 강물, 이렇게 아름다운 자연으로 돌아와 외로운 거룻배에 거처를 마련하고 도롱이 입고 삿갓 쓰며 오고갈 수 있다면 인생의 즐거움을 충분히 누릴 수 있을 것이다. 이처럼 이 시는 소상의 풍경과 은거에 대한 동경과 열망을 피력하고 있다고 할 수 있다. 동시에 묘사한 정경을 보면 충분히 신운을 갖추었다고 정의할 수 있다.

또한 부분적으로 신운의 미감을 갖추었다고 볼 수 있는 <소상야우> 제화시들도 찾아볼 수 있다.

<소상야우(瀟湘夜雨)> (<詠瀟湘八景>, 明, 李夢陽, ≪空同集≫ 卷三十四)

夜響起秋竹, 　　밤새 가을 대숲에 소리가 나더니,
浩浩楚雲白. 　　초나라 땅에 흰 구름 넓디넓다.

<소상야우(瀟湘夜雨)> (元, 李冶, ≪元文類≫ 卷八)

遠寺孤舟墮渺茫, 　　먼 절 외로운 배는 아득함으로 빠지고,
雨聲一夜滿瀟湘. 　　밤새 빗소리 소상에 가득하나.

사공도의 ≪이십사시품≫에서 거론된 24종의 풍격 가운데 비통과 수심의 정취를 포함하는 풍격으로는 비개(悲慨) 풍격이 유일하다.

비개는 슬퍼 개탄함을 이르는 말이다. 사공도가 ≪이십사시품≫에서 표현하고자 했던 비개의 정취 중에는 거대한 외부세계에 대해 맞서기 어려운 안타까움과 분노, 좌절, 슬픔의 감정이 복합적으로 포함되어 있는 것으로 보인다. 비통한 슬픔의 감정을 유발하는 외부세계는 이민족의 침략과 전란, 또는 갖가지 불만스러운 정치·사회적 현상 및 세태가 될 것이며, 개인적으로는 뜻을 얻지 못 한 실의와 경제적 곤궁, 친지·연인과의 이별 내지는 사별, 덧없는 인생살이 등 다양한 양상으로 나타날 수 있다. 비개 풍격을 문학에서 가장 잘 구현한 문인으로 선진시기 굴원과 당대 맹교(孟郊)가 손꼽힌다.

우리는 상비가 순제를 잃고 애통해하며 흘린 눈물, 굴원이 쫓겨나 비통해 했던 일, 그리고 머나먼 소상으로 유배되어 온 소상객들의 수심과 간절한 귀향 심리 등등이 소상의 정취를 형성하였고, 이후 정형화된 소상의 정취는 소상산수화와 <소상야우>를 비롯한 제화시에도 고스란히 실천되었다는 사실을 이미 앞 절에서 밝힌 바 있다.

그럼 명대 주침(周忱)의 <소상야우(瀟湘夜雨)>시를 살펴보자.

滄江晚來雨,	푸른 강에 밤이 오자 비 내리니,
恍若銀河傾.	마치 은하가 기울어진 듯하다.
千山擁暝色,	온 산이 어두운 빛을 껴안고,
萬竹飄寒聲.	온 대나무에 차가운 소리 나부낀다.
篷窗有遷客,	거룻배 창에 좌천된 길손 보이니,
凄然百感生.	슬퍼지며 온갖 감회가 솟아난다.

푸른 강가, 밤비, 외로운 거룻배, 좌천된 길손 등은 모두 수심과 슬픔을 형상화하는 이미지들로서 <소상야우> 제화시는 비개 풍격을 띠고 있다고 말할 수 있다.

그런데 비개 풍격의 함의에는 비통하고 슬픈 심정 외에도 비분강개(悲憤慷慨)와 같은 개탄과 분노의 정서도 포함되어 있는 것으로 보인다. 그러나 우리가 위에서 살펴본 <소상야우> 제화시에는 이런 분노와 개탄은 찾아보기 어려웠다. 있다면 그것은 온통 어찌해볼 길 없는 수심과 비통함뿐이었다. 심지어 굴원을 <소상야우> 시에 전고로 사용한 경우라 할지라도 그를 통해 하나의 수심을 상징하였을 뿐, 강렬한 비분강개 의식이나 불만 등은 찾아볼 수 없었다. 따라서 <소상야우> 시는 비개 풍격의 일부 함의만을 구현하였다고 보아야 할 것이다.

명말 여성 문인인 서원(徐媛)이 소상야우를 주제로 노래한 <제소상팔경(題瀟湘八景)·기이(其二)>를 감상해 보자.

碧岑香靄一泉分,	향기로운 안개 낀 푸른 봉우리 한 줄기 샘물로 나뉘고,
密傍鄰舟暮雨聞.	이웃한 배에 바짝 붙어서 저녁 비오는 소릴 듣네.
烟草凄其江色冷,	안개 낀 풀밭 쓸쓸하고 강 빛은 차가운데,
夜深若個勞湘君.	밤은 깊은데 상군을 잠 못 들게 하는 이 누구인가?

다른 배들과 나란히 정박해놓고 배 안에서 저녁에 내리는 비 소리를 듣는

다. 강빛은 차가워서 주변에 안개 낀 풀들은 쓸쓸하기만 하다. 밤 깊었는데도 비는 주룩주룩 내리고 강은 차가워서 상군은 잠을 이루지 못 한다. 상군은 순 임금의 아내이자 요 임금의 두 딸인 아황과 여영, 즉 상비를 가리킨다. 상비의 슬픈 전설이 다시 되살아나면서 시 전체에 비통한 정조를 더해준다. 비개의 미감을 다시 한 번 더 확인할 수 있다.

제13장
전통음악과 한시

한시를 이해하는 데 그림 외에도 음악을 활용하여 감상의 지평을 확대하는 방법은 없을까? 그런데 중국의 전통음악 중 상당수가 한시와 서로 주제를 함께 공유하고 있으며, 심지어 어떤 경우는 한시에서 창작 모티브를 얻은 경우도 있다는 사실에 우리는 주목하게 된다. 즉, 시와 음악이 서로 통한다는 것을 알 수 있었으니, 송대 소식이 '시서화일률(詩書畵一律)'을 주장한 것에 비추어 생각해보면 '시서화악일률(詩書畵樂一律)'이라고 해도 무방하지 않을까 생각된다.

우리는 중국에서 거론되고 있는 10대 고전명곡을 검토함으로써 한시와 음악의 연관 가능성을 검증해볼 수 있다. 10대 고전명곡에는 모두 ≪고산유수(高山流水)≫·≪매화삼농(梅花三弄)≫·≪춘강화월야(春江花月夜)≫·≪한궁추월(漢宮秋月)≫·≪양춘백설(陽春白雪)≫·≪어초문답(漁樵問答)≫·≪호가십팔박(胡笳十八拍)≫·≪광릉산(廣陵散)≫·≪평사낙안(平沙落雁)≫·≪십면매복(十面埋伏)≫ 등이 있다. 본문에서는 이 중 네 곡과 그밖에 ≪한궁추월≫과 관련 있는 ≪소군출새(昭君出塞)≫ 등 모두 다섯 곡의 주제를 한시를 통해서 감상해보고자 한다. 직접 음악을 듣고서 한시로 감상한 내용과 비교하면 좋겠으나 사정상 그럴 수 없는 게 아쉬움으로 남는다.

중국의 전통음악을 연주하는 악기들은 크게 입으로 부는 취관(吹管)악기, 손으로 타거나 뜯는 탄발(彈撥)악기, 활로 줄을 켜는 찰현(擦弦)악기, 채 등으로 치거나 때리는 타격(打擊)악기 등으로 나눌 수 있다. 그 중에 취관악기에는 笛子(적자; 피리), 簫(소; 퉁소), 笙(생; 생황), 嗩吶(쇄납; 날라리)가 있으며, 탄발악기에는 琵琶(비파), 琴(금), 箏(쟁), 楊琴(양금), 柳琴(유금)이 있으며, 찰현악기에는 二胡(이호), 高胡(고호)가 있으며, 타격악기에는 鼓(고; 북), 鑼(라; 징), 鐘(종) 등이 있다. 이 중에서도 고금, 비파, 이호가 가장 대표적인 악기라고 라고 할 수 있다.

<古琴(고금)>

<琵琶(비파)>

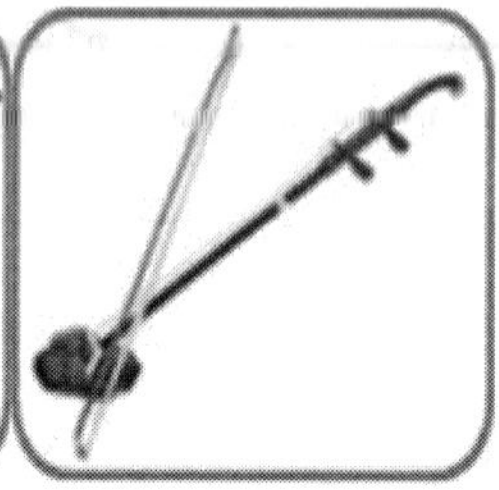

<二胡(이호)>

고금은 7현악기로서 우리나라의 거문고에 해당한다. 중국 전통악기의 아버지라고 불리듯이 출현 역사가 가장 깊으며 유장한 소리와 긴 호흡에 음악적 특색이 있기에 우아함과 선비의 격조를 연상하게 한다. 비파는 4현악기로서 우리나라의 향비파에 해당한다. 중국 탄발악기의 왕으로서 자유자재한 농현으로 빠르고 경쾌하며 생동감 있는 소리를 내는 데 음악적 특색이 있다. 이호는 2현악기로서 우리나라의 해금에 해당한다. 사람의 음색에 가장 가깝다는 평가를 받는데, 고음과 저음을 쉽게 넘나드는 높은 음역대를 보유하여 사람의 마음을 울리며 침잠시키는 데 탁월한 능력을 발휘한다.

이제 중국 전통음악의 주제를 한시 감상을 통해 좀 더 폭넓게 이해해 보고자 한다.

13.1. 지음과 ≪고산유수≫

춘추(春秋)시기에 백아(伯牙)란 사람이 있었는데 음률에 정통하고 금(琴)을 잘 타기로 유명한 인물이었다. 백아는 어려서부터 총명하였으며 뛰어난 스승을 사사하여 금 연주가 어느 정도 수준에 도달하였는데도 항상 입신의 경지에 도달하지 못 한 것을 아쉬워하였다. 스승이 이런 백아를 보더니 배를 타고 동해의 봉래도(蓬萊島)로 데려가서 바다의 파도소리를 듣고 울창한 숲을 보게 하는 등 대자연의 풍광을 감상하게 하였다. 백아는 대자연의 풍광을 접하고 저도 몰래 감흥이 일어 금을 끌어다 연주하니 아름답고 조화로운 대자연의 오묘함이 금의 소리에 절묘하게 녹아들었다. 이로부터 백아는 드디어 전인미답의 경지에 들게 되었다.

하루는 백아가 뱃놀이를 즐기다가 청풍명월에 마음을 빼앗겨 금을 연주하는데 소리가 점입가경일 적에 갑자기 강언덕에서 감탄하는 소리가 들렸다.

배에서 내려 만나보니 종자기(鍾子期)라는 나무꾼이었다. 백아는 바로 그를 초청하여 같이 배에 올랐다. 백아가 우뚝 솟은 높은 산을 찬미하는 곡조를 연주하니 종자기는 바로 그 연주소리를 알아듣고 "소리가 웅혼하고 장중하니 높은 산에 뜻을 두셨군요.(巍巍乎志在高山)" 하였고, 또 호호탕탕 몰아치는 파도를 염두에 두며 연주하니 "소리가 한없이 넓고 호탕하니 끝없이 흐르는 강물에 뜻을 두셨군요.(洋洋乎志在流水)"라고 평하였다. 백아는 궁벽한 시골 마을에서 이처럼 음악에 혜안이 있는 사람을 만나자 "정말 대단합니다. 그대의 마음은 내 마음과 한 치도 다름이 없습니다 그려.(善哉,子之心與吾心同.)" 라고 감탄하고는 그를 '소리를 알아주는(知音)' 훌륭한 친구로 여기며 다음해 중추절 날 이곳 강변에서 다시 만나자고 약속하고 헤어졌다. 다음해 중추절 날 약속했던 강변에 다시 갔지만 종자기가 보이지 않아 한 노인에게 수소문해보니 불행히도 병에 걸려 죽었는데 강변에 묻어서 백아가 돌아왔을 때 금의 연주소리를 잘 듣게 해달라는 유언도 남겼다고 한다. 비통에 잠긴 백아는 종자기의 무덤 앞에서 처량하게 금을 연주하니 이 연주곡이 바로 오늘날의 ≪고산유수(高山流水)≫곡의 시초가 되었다고 한다. 연주를 마친 백아는 이제는 더 이상 자신의 연주소리를 알아줄 사람이 없음을 한스러워하며 금의 줄을 끊어버리고 평생 다시는 연주하지 않았다고 한다. 후대 사람들은 '지음'이란 말로 친한 친구 사이의 우정을 묘사하였고, 또 백아와 종자기의 우정에 감동하여 그곳에 '古琴臺(고금대)'라는 누각을 짓기도 하였다.

'지음'의 '지'는 단순히 '소리를 안다'는 인지적인 차원에서만 머무르지 않는다. '지'는 '알아준다'는 뜻으로서, 거기에는 감상하는 상대방을 포함시켜서 논의하는 상호 소통의 행위를 의미한다고 생각된다.

창작주체자로서 백아는 우뚝 솟은 산과 같은 인자(仁者)의 정신과, 도도하게 흐르는 강물과 같은 지자(智者)의 정신을 음악에 담으려고 하였고, 감상자이자 비평가로서 종자기는 백아가 담으려는 두 가지 정신을 음악으로 듣고 정확히 인식하고 식별해준 것이다. 이제 자신의 음악을 정확히 식별함으로써 자신을 알아주었던 사람, 상호 소통할 수 있었던 유일한 대상인 종자기가 죽자 백아는 창작에 아무런 흥미와 의욕을 가질 수 없게 되었고, 이것이 곧 절현의 이유이자 동기가 되었을 것이라고 추측해볼 수 있다.

청대 왕부지(王夫之)는 훌륭한 시로 평가되는 기준은 바로 언어 자체가 아닌, 언어 이면에 행간으로 울려나오는 정취와 분위기를 만들어냈느냐에 달려 있다고 보았는데, 그런 세계를 이해하기 위해서는 독자 역시 상상과 연상으로 다가가야 함을 강조하였다. 시인이 말없음으로 말하는 세계를 독자 역시 상상으로 다가가서 알아낼 수 있는 '지음'이 되어주어야만 비로소 훌륭한 시가 완성된다고 본 것이다. 역시 창작자와 감상자의 상호 소통의 관점에서 논의한 시론이라고 할 수 있다.

송기(宋祁)는 "좌사(左思)의 '천 길 산마루에서 옷자락을 털고, 만 리 강물에 발을 씻노라.'라는 시구는 혜강(嵇康)의 '손으로 오현금을 타며, 눈으로 돌아가는 기러기를 전송한다.'라는 시구만 못 하지 않다." 고 했다. 내 생각에는 좌사의 말은 호방하기는 하지만 그러나 다른 사람이 이를 수 있다. 그에 비해 혜강의 말의 절묘함은 '상외(象外)'에 있다. "못가에 봄풀 돋아나고", "맑은 빛살 능히 사람을 즐겁게 하네."라는 육조인의 시와 사조·하손 등의 아름다운 시구에는 이런 '상외'의 부류가 많으니 독자들은 마땅히 '정신으로 이해'[神會]하여야 한다. 그러면 그것이 가리키는 바를 거의 만날 수 있을 것이다.(宋京文云 : "左太沖'振衣千仞岡, 濯足萬里流'不減嵇叔夜'手揮五絃, 目送歸鴻.' " 愚案左語豪矣, 然他人可到, 嵇語妙在象外, 六朝人詩, 如'池塘生春草', '淸暉能娛人'及謝朓·何遜等佳句, 多此類. 讀者當以神會, 庶幾遇之.) (≪고부우정잡록(古夫于亭雜錄)≫)

끊임없이 흐르는 장강과 황하를 묘사한 아래의 시들이 어떤 정취와 분위기를 우리에게 주고 있는지 감상해 보자.

<등고(登高)>

두보(杜甫)

無邊落木蕭蕭下,	끝없는 숲에 낙엽은 쓸쓸히 떨어지고,
不盡長江滾滾來.	다함없는 장강은 도도히 흐른다.

<등관작루(登鸛雀樓)>

왕지환(王之渙)

白日依山盡,	하얀 해는 산 너머로 지고
黃河入海流.	황하는 바다로 흘러 들어간다.

장강과 황하를 노래한 시인의 마음을 우리가 어떻게 이해하고 받아들여

야 진정 시인의 지음이라고 할 수 있겠는가?

낙엽은 소멸되고 사라지는 것이다. 그러니 쓸쓸하다. 장강의 물은 끝없이 흘러간다. 그러니 도도하다. 장강의 물은 한순간도 멈추지 않고 계속 변화하며 흘러간다. 그런 장강이 끊임없이 흐를 수 있는 것은 결국 대기의 순환에 의한 것으로, 이 순환이야말로 장강의 영속성을 보장하는 열쇠이다. 그렇다면 다시 원점으로 돌아가서, 낙엽은 변화하며 완전히 소멸하는 것인가? 아니다. 낙엽 역시 장강처럼 부단히 변화하는 중에 있지만 그러나 순환의 흐름에 몸을 내맡긴다면 역시 영속성을 보장 받을 수 있는 것이다. 낙엽귀근(落葉歸根), 즉 낙엽이 제 몸을 썩히면 다시 뿌리로 빨려 들어가서 잎으로 재생하지 않겠는가? 그러니 시인이 장강을 뒤에 배치한 것은 어쩌면 낙엽의 미래가 결코 비관적이지 않은 것임을 암시해주기 위한 의도가 깔려 있는 것인지도 모른다.

마찬가지로 해는 서산으로 매일 지지만 그러나 아예 사라지는 것은 아니다. 내일도 또 동쪽에서 떠오른다. 그것은 마치 저 황하의 물이 끊임없이 바다로 흘러들어가며 영속성을 지닌 것과 마찬가지이다. 일직선으로 운동을 하면 거기에는 오직 끝만 있을 뿐이다. 그러나 둥글게 원 운동을 할 수 있다면 계속 순환하면서 영원토록 존재할 수 있는 것이다. 이 두 시의 시구를 이처럼 순환에 의한 영속성의 획득으로 읽는다면 과연 지음에 의한 시 읽기가 아닐까 하고 생각해본다.

소식은 <제서림벽(題西林壁)>에서 한 눈에 간파하기 어려운 여산(廬山)의 진면목(眞面目)에 대해서 얘기하였다.

橫看成嶺側成峰,　　가로로 보면 재가 되고 옆으로 보면 봉우리를 이루며,
遠近高低各不同.　　원근 고저에 따라 각각 그 모습이 달라진다.
不識廬山眞面目,　　여산의 참모습을 알지 못 하겠으니,
只緣身在此山中.　　다만 내 몸이 이 산 속에 있기 때문이네.

서림(西林)은 여산(廬山)에 있는 서림사(西林寺)를 가리킨다. 여산은 지금의 강서성(江西省) 구강(九江)현과 성자(星子)현 사이에 있는 산이다. 이 산은 워낙 안개가 많아 쉽사리 전모를 드러내지 않고, 또 산세가 워낙 깊어 전체를 조망하기가 쉽지 않다. 그래서 여산은 선적인 경계가 충만한 보배로운 산[寶山]으로 여겨지기도 한다.

이 시는 선적인 철리를 담은 설리(說理)시이다. 여산은 어디서 보더라도 모습이 달라져 보인다. 그런데 여산의 참모습을 보지 못 하는 이유는 어디에 있는가? 바로 우리가 산 안에 있고, 산을 아직 벗어나지 못 했기 때문이다. 당사자는 알지 못 하지만 옆에서 보는 자는 명확히 아는[當局者迷, 旁觀者淸] 이유 역시 여기에 있다. 우리도 어느 것에 얽매여 초탈하지 못 하면 결국 대국을 볼 수 없을 때가 많다. 지금 자신을 구속하고 있는 것으로부터 마음을 훌훌 털고 비웠을 때, 그리고 한 발 물러나 객관적으로 볼 수 있을 때 비로소 그것의 전모를 선명하게, 있는 그대로 볼 수 있는 것이다. 비우고 물러나기, 그래서 있는 그대로 보아내기, 이것이 이 시를 읽는 지음의 독법이 아닐까 생각해본다.

이제, 우리는 각자 음악 매체를 통해 실제 ≪高山流水≫의 연주곡을 들어보자. 우뚝 솟은 산과 호호탕탕 흐르는 강물을 느낄 수 있는가? 때로는 마음 비우고 한 발 물러서서 산을 바라보고, 흐르는 강물의 순환에 의한 영속성의 유지에 대해서도 생각해보자. 그리고 무엇보다도 음악에 몰입하기 위한 열정적인 마음으로 연주곡을 들어보자. 그러면 여러분도 지음이 될 수 있지 않겠는가?

13.2. 사면초가와 ≪십면매복≫

'十面埋伏(십면매복)'이란 사방팔방으로 복병이 도사리고 있다는 뜻으로 전세를 뒤집을 수 없는 상태를 가리킨다. 특히 '십면'은 팔방의 방위에 상하의 공간까지 추가함으로써 군사들이 그야말로 물샐틈없이 매복하여 포위하고 있음을 가리킨다. 이 고사성어는 본래 초나라와 한나라 간의 해하(垓下)지역 전투에서 유래하였다.

초나라 항우(項羽)의 군사들은 한나라 유방(劉邦)의 군사들에게 계속 쫓기다가 해하지역[지금의 안휘(安徽) 영벽(靈璧) 동남쪽 타하(沱河) 북쪽]까지 후퇴하게 된다. 뒤를 이어 속속 당도한 유방 진영의 군사들은 사방팔방으로 겹겹이 초나라 군사들을 포위한다. 그러고선 밤새도록 사방에서 초나라의 노래를 불러서 초나라 군사들로 하여금 고향생각을 간절하게 함으로써 그들의 사기를 꺾는다. 여기에서 바로 '四面楚歌(사면초가)'라는 고사성어가 유래하기도 하였다.

사방에서 초나라 노래소리가 들리자 크게 놀란 항우는 "한나라가 이미 초나라를 다 차지하였는가? 어째서 초나라 사람들이 한나라 진영에 저렇게 많은가!(漢皆已得楚乎? 是何楚人之多也!)" 하며 밤새 잠을 이루지 못 하고 술을 마시며 격앙하여 노래를 부르니 그 노래가 바로 저 유명한 <해하가(垓下歌)>이다.

力拔山兮氣蓋世,	힘은 산을 뽑고 기운은 세상을 뒤덮는데,
時不利兮騅不逝.	시운이 불리하니 명마 추도 가려 하지 않는다.
騅不逝兮可奈何,	추가 가지 않으니 어쩔 도리가 없구나,
虞兮虞兮奈若何!	우희여, 우희여 그대를 어찌할꺼나!

그러자 곁을 따르던 애첩 우희(虞姬) 역시 일어나 <화항우가(和項羽歌)>를 부르고 스스로 칼을 들어 자결한다.

漢兵已略地,	한나라 군사들이 이미 땅을 다 차지하여,
四方楚歌聲.	사방에서 초나라 노래 소리가 들려온다.
大王意氣盡,	대왕은 의기가 다 꺾여버렸으니,
賤妾何聊生!	천첩이 무얼 의지하며 살아가리오!

항우는 대세가 이미 기운 것을 알고 800명의 기병만을 거느리고 포위를 돌파하여 남쪽으로 도망을 쳤다. 회하를 건널 때는 겨우 100여 명의 군사만이 뒤를 따랐고, 오강[烏江; 지금의 안휘(安徽) 화현(和縣) 동북쪽의 오강포(烏江浦)]에 이르렀을 때는 겨우 28명이 남았다. 그때 오강의 정장(亭長)이 그에게 어서 배에 오를 것을 권했다. 그러면서 "강동 땅이 비록 좁기는 하지만 사방으로 천리이고 지역 주민이 10만 명에 이르니 충분히 왕 노릇을 할 수 있습니다. 그러니 대왕께서는 급히 강을 건너시기를 바랍니다. 지금 오직 신에게만 배 한 척이 있으니 한나라 군대가 도착하여도 강을 건널 수 없나이다.(江東雖小, 地方千里, 衆數十萬人, 亦足王也. 願大王急渡. 今獨臣有船, 漢軍至, 無以渡.)"고 하였다.

그러자 항우가 말했다. "하늘이 나를 망하게 한 것이니 내가 강을 건너 무엇하리오! 게다가 내가 강동의 자제들 8천 명을 거느리고 강을 건너서 서쪽으로 진군을 하였다가 지금은 한 사람도 돌아오지 못 하였는데 설사 강동에 계신 어르신들이 나를 가엽게 여겨 왕 노릇을 하게 한다 하여도 내가 무슨 면목으로 그분들을 뵙겠는가? 비록 저분들은 아무 말도 안 하지만 그렇다고 나만 유독 마음에 부끄럼이 없을 수 있겠는가?(天之亡我, 我何渡爲! 且籍與江東子弟八千人渡江而西, 今無一人還, 縱江東父兄憐而王我, 我何面目見之? 縱彼不言, 籍獨不愧于心乎?)" 항우는 마침내 스스로 목을 베어 자결함으로써 파란만장한 생을 마쳤다.

영웅으로서 항우는 훗날에도 지식인들의 입에 많이 오르내렸다. 특히나 사랑하는 우미인을 전장의 끝까지 데리고 다니는 모습은 아마도 남성의 로망을 자극하였는지 전쟁에서의 패배에도 불구하고 항우의 영웅상을 기리는 시인들이 아주 많았다.

그러나 항우가 자신의 전쟁 패배에 대해 "하늘이 나를 망하게 해서이지 결코 내가 군사를 잘못 쓴 탓이 아니다(天亡我, 非用兵之罪也)"고 하며 자신의 잘못을 결코 인정하지 않고 운명의 탓으로 돌리는 걸 보면 과연 그가 진정한 영웅의 그릇이었는가를 다시 한 번 생각해보게 된다.

연주음악≪십면매복≫은 전통 비파곡 중의 하나로서 ≪회양평초(淮陽平楚)≫로 부르기도 한다. 가장 이른 악보는 ≪화추빈비파보(華秋蘋琵琶譜)≫(1819)에 보인다.

≪십면매복≫은 역발산의 힘과 세상을 뒤덮는 기개를 지녔어도 결국에는 적군에 의해 사방팔방으로 포위된 채 초나라 노래소리를 들으며 사랑하는 우미인과 이별하고 스스로 자결을 해야 하는 영웅의 비참한 말로와 아픔을 담고 있다.

이제 악곡인 ≪십면매복(十面埋伏)≫의 연주음악을 들어보자. 적군에 의해 사방에서 쫓기는 항우, 사랑하는 여인을 어찌해야 될지 몰라 전전긍긍하는 항우, 고향의 어르신들에 뵐 낯이 없음을 스스로 자책하는 항우 등등의 형상을 떠올리며 음악을 들어보자.

13.3. 궁녀와 ≪한궁추월≫

궁녀들은 깊은 궁전에 사는 탓으로 몸이 자유로울 수 없었기에 시간이 오래 지나면 자연스레 원망하는 마음이 생기지 않을 수 없었다. 게다가 한나라 궁녀들은 서로 간에 시기와 질투가 많았다. 한나라 초기에 개국 공신들은 대부분 평민출신이었고 그에 따라 후비와 궁녀들 역시 미천한 출신들이 많았다. 이처럼 한나라 때는 궁녀들과 비빈들 간에 뛰어넘을 수 없는 어떤 신분상 차이가 존재하지는 않았기에 궁녀들마다 모두 황제에게서 총애를 받는 날이 자신에게도 올 수 있을 거라 믿었고 자연 서로 견제와 다툼을 벌이게 되었던 것이다.

한나라의 사부(辭賦) 작가였던 추양(鄒陽)은 <옥중상량왕서(獄中上梁王書)>에서 "여인들은 아름답든 밉든 간에 궁전에 들어가면 질투를 받았다(女無美惡, 入宮見妒)"고 탄식한 적이 있다. 3천 여 명에 이르는 비빈과 궁녀들이 하루 종일 생각하는 일이란 황제 한 사람에게 총애를 다투는 일이었기에 어떻게 서로 질투하지 않을 수 있었겠는가?

<왕실 궁녀들의 초상화>

궁녀의 원망은 그야말로 전통 문학의 주요 제재가 되었다. 한대 악부(樂府) 중에는 궁녀의 원망을 제재로 하는 시가 엄청 많다. <옥계원(玉階怨)>,

<소군원(昭君怨)>, <소군비(昭君悲)> 등이 그 예이다. 나중으로 가면 심지어는 후궁들을 전문적으로 묘사한 시의 양식이 생기는데 이를 궁사(宮詞)라 한다.

당나라 때 원진(元稹)의 <행궁(行宮)>시를 감상해 보자.

寥落古行宮, 휑뎅그렁한 옛 행궁에,
宮花寂寞紅. 꽃들은 쓸쓸히 붉게 피었다.
白頭宮女在, 흰머리 궁녀들이 있는데,
閑坐説玄宗. 한가로이 앉아서 현종 시절을 얘기 한다.

화용월태의 모습으로 궁전에 들어왔다가 황제의 은총 한 번 받지 못 하고 이제는 머리가 하얗게 세었다. 올해도 부질없이 봄은 다시 찾아와 붉은 꽃은 도리어 만발하니 까닭 없이 슬픔만 솟아오른다. 이제는 휑뎅그렁해진 옛 행궁에서 끼리끼리 모여 앉아 옛 시절을 회상할 수 있을 뿐이다. 흘러간 세월 앞에서 쉬이 가버린 젊은 시절에 대한 탄식과 원망이 나오다가도, 역시나 세월의 연륜을 따라 그녀들은 담담하게 운명에 순응하는 모습을 보이는 것처럼 보인다.

당나라 때 장호(張祜)의 5언절구 <궁사(宮詞)>를 보자.

故國三千里, 고향 땅에서 3천 리 떨어진,
深宮二十年. 깊은 궁전에서 20년 세월이라.
一聲何滿子, 한 마디 하만자 노랫가락에,
雙淚落君前. 임금 앞에서 두 줄기 눈물 떨군다.

'하만자'는 무곡(舞曲)의 이름으로서 하만자가 형벌을 당하기 전에 속죄하기 위해서 이 노래를 바쳤다고 전해지는 만큼 분노와 원망, 슬픔이 주요 정조를 이루는 노래이다. 이 시는 고향을 멀리 떠나와 깊은 궁전에서 지내느라 쌓이고 쌓인 궁녀의 깊은 원망을 잘 묘사하였다. 20년 세월은 곧 그녀의 청춘을 다 바친 것을 의미한다. 그러니 원망과 슬픔의 정취를 띤 하만자 노래 가락을 들으니 저절로 눈물방울이 떨어지게 된 것이다.

이어서 당나라 때 주경여(朱慶餘)의 <궁사(宮詞)>를 보자.

寂寂花時閉院門,　　쓸쓸히 꽃피는 때 닫혀져 있는 궁실 문안,
美人相並立瓊軒.　　아름다운 여인 나란히 옥 같은 처마 아래 서 있다.
含情欲說宮中事,　　감정이 맺혀 궁중의 일을 얘기하려다가도,
鸚鵡前頭不敢言.　　앵무새 앞이라 감히 말하지 못 하네.

이 시는 서로 상반된 것들의 충돌이란 관점에서 읽을 수 있다. 첫째, 적막하니 쓸쓸한 때와 화려하게 꽃을 피우는 때가 충돌하고 있다. 둘째, 열려 있어야 할 궁실의 문과 현재 닫혀 있는 문 사이에 충돌이 일어나고 있다. 셋째, 마음속에 쌓인 감정으로 인해서 궁중의 일을 말하려고 하는 마음과 앵무새 앞이라 감히 말하지 못하는 현실 사이에 충돌이 일어나고 있다. 넷째, 앵무새 앞이라 말하지 못 했다고 하지만 이미 독자들에게는 그 외로움으로 인한 원망을 하소연하고 있는 것을 행간으로 읽을 수 있으니 여기서도 또한 충돌이 발생하고 있다.

이 시는 또한 시간이 단계적으로 축소되는 과정을 통해 읽어볼 수도 있다. 꽃 피는 시간은 봄날 중에서도 일부분의 시간이다. 아름다운 여인들이 나란히 선 시간은 바로 봄날 꽃 피는 시간 중에서도 꽃을 감상하려는 일부분의 시간이다. 또한 마음속에 담긴 원망을 말하려는 시간은 꽃을 감상하려는 시간 중에서도 다시 일부분이다. 마지막으로 말을 하려다가 그만 앵무새 앞이라 순간적으로 입을 닫는 시간은 바로 말하려는 시간 중에서도 순간적인 찰나의 시간을 가리킨다.

이 밖에도 당나라 시인 중에 왕건(王建)과 오대(五代) 후촉(後蜀)의 화예부인(花蕊夫人) 등의 <궁사(宮詞)> 100여수가 더 전해지고 있다.

연주음악 ≪한궁추월≫은 원래 비파곡인데 지금 전해지고 있는 악보를 보면 이밖에도 이호, 쟁, 강남사죽(江南絲竹)으로 연주하는 악곡도 있다. 주로 고대 궁녀들이 버림받고 무관심 속에서 지내야 하는 슬프고 원망스러운 현실과 운명을 주로 표현하였다. 이 연주 악곡을 들으면, 가을 밝은 달밤에 궁녀들의 마음속에 한없이 벅차오르는 슬픈 심경과 총애 받기를 갈망하는 마음을 세밀하게 묘사함으로써 궁녀들의 불행한 현실에 대해 동정을 불러일으키고 깊은 감동을 주는 힘을 구비하고 있다.

13.4. 왕소군과 ≪소군출새≫

연주음악 ≪한궁추월≫은 아마도 원말(元末) 마치원(馬致遠)의 잡극(雜劇)인 ≪한궁추(漢宮秋)≫와 깊은 관계가 있을 것으로 추정되고 있다. 그런데 ≪한궁추≫는 바로 한나라 궁녀였던 왕소군(王昭君)이 흉노족과의 화친을 위해 국경을 넘는다는 출새(出塞)의 이야기를 주요 줄거리로 하고 있기에 우리는 한나라 궁녀들 중에서도 왕소군을 주요 인물로 다루지 않을 수 없다.

왕소군은 궁중에서 수 년 동안 지냈지만 황제의 그림자조차 보지 못했다. 갈홍(葛洪)의 ≪서경잡기(西京雜記)≫에 의하면, 한나라 원제(元帝)는 궁녀가 너무 많았기에 화가가 그린 초상화에 근거하여 궁녀를 간택하였다. 그런데 궁정화가였던 모연수(毛延壽)가 왕소군에게 잘 그려주겠다고 뇌물을 요구했지만 말을 듣지 않자 그녀의 초상화에 점을 하나 더 찍어서 평범한 외모로 보이게 그렸다. 이 때문에 원래 출중한 미모를 지녔던 왕소군은 수많은 궁녀들 속에 파묻혀 간택되지 못 했다. 그런데 흉노가 침입하여 흉노족의 군주, 곧 선우(單于)였던 호한야(呼韓邪)가 미녀를 요구하자 원제는 화친을 위해 그림에는 못 생긴 것으로 보이는 왕소군을 보내기로 하였다. 그러나 막상 흉노와 함께 떠나는 왕소군이 너무 예쁘자 원제는 땅을 치고 후회하면서 홧김에 모연수를 죽이기까지 했다고 한다.

그런데 정사인 ≪후한서(後漢書)·남흉노전(南匈奴韓)≫에 의하면 내용이 조금 다르다. 흉노의 군주 호한야가 한나라 조정에 오자 황제가 화친을 위해 칙령을 내려 5명의 궁녀를 하사하기로 하였다. 당시 왕소군은 궁전에 들어온 지 몇 년이 지났어도 황제의 총애를 받지 못 하자 슬픔과 원망이 많이 쌓여 있었기에 스스로 흉노에게 가기를 자청하였다. 이윽고 흉노가 떠나는 날 황제가 뽑힌 5명의 궁녀들을 불렀는데 그 중 왕소군의 미모가 출중한지라 너무나 놀란 나머지 보내지 않으려는 마음이 생겼지만 그러나 약속을 저버릴 수도 없었기에 하는 수 없이 허락하였다고 한다. 이 정사의 기록에 의하면 궁중에서 총애를 받지 못 하는 적막한 삶을 견디지 못 한 왕소군이 차라리 멀리 이역에 있는 흉노족 군주에게 시집가는 것이 더 낫겠다고 스스로 자원해서 떠나간 것이라고 볼 수 있다.

야사와 정사의 기록은 이처럼 조금씩 다르다. 그녀가 원한 것도 아닌데 정치적 결정에 따라 어쩔 수 없이 흉노로 끌려 간 것인지, 아니면 궁중의 적막한 생활이 싫어 스스로 선우에게 시집가겠다고 자원한 것인지 우리는 뭐라고 단정적으로 얘기할 수는 없다. 그러나 어쨌든 비교적 적막하지만 무난했던 궁중 안에서의 삶에 비해 자연환경이 열악한 흉노의 사막과 초원지대로 가서 그녀가 얼마나 많은 간난신고를 겪었을지 충분히 미루어 짐작할 수 있다.

아름다운 미모의 왕소군이 한나라 왕실을 떠나 척박한 흉노땅으로 간 이야기는 후세에 많은 시인들의 심금을 울린다. 왕소군이 척박한 오랑캐 이역의 땅으로 떠나는 슬픈 모습을 자주 노래하였고, 그리고 그 불모지에서 얼마나 많은 고생을 겪었을까 하며 한없는 동정을 보내기도 하였다.

왕소군과 관련된 시들을 살펴보면 시인들의 왕소군에 대한 한없는 동정과 연민을 잘 읽을 수 있다.

<왕소군(王昭君)>

이백

漢家秦地月, 한나라 왕실과 중원을 비추던 달,
流影照明妃. 흐르는 달빛 소군을 비춘다.
一上玉關道, 일단 옥문관의 길에 올랐으니,
天涯去不歸. 하늘 끝으로 떠나 다시는 돌아오지 못 하리라.

<영회고적(詠懷古迹)> 기삼(其三)

두보

千載琵琶作胡語, 천 년 동안 비파는 오랑캐가락으로 연주되지만,
分明怨恨曲中論. 그녀의 원한은 분명하여 곡 가운데 노래되었다.

<소군묘(昭君墓)>

상건(常建)

漢宮豈不死, 그대 왜 한나라 궁실에서 죽지 않았는가?
異域傷獨沒. 이역에서 홀로 지내다 죽었으니 마음이 아프다.
萬里馱黃金, 황금을 싣고 만 리 길을 떠나더니,
蛾眉爲枯骨. 아름다운 여인은 마른 뼈가 되었구나.

그러나 송나라 때의 정치가인 왕안석은 또 다른 각도에서 왕소군의 이야기를 얘기하고 있다. 왕소군이 국경을 넘은 것은 그다지 나쁘거나 슬픈 일이 아니며 도리어 그녀 개인에게는 군주의 은총을 입고 행복을 찾을 수 있는 절호의 기회였다는 것이다.

<명비곡(明妃曲)> 기일(其一)

왕안석

明妃初出漢宮時, 　　명비가 처음 한나라 궁전을 나설 때,
淚濕春風鬢脚垂. 　　봄바람에 눈물 젖고 귀밑머리는 흘러 내렸어라.
低徊顧影無顏色, 　　차마 떠나지 못해 그림자 돌아보는데 안색은 어두웠어도,
尙得君王不自持. 　　오히려 임금이 어쩔 줄 모르게 만들었어라.
歸來却怪丹靑手, 　　원제는 돌아와 도리어 화공을 탓하니,
入眼平生未曾有. 　　평생 동안 일찍이 본 적이 없는 미인이었기 때문이어라.
意態由來畵不成, 　　마음과 자태는 본래 그려낼 수 없는 법,
當時枉殺毛延壽. 　　당시에 억울하게 모연수만 죽였구나.
一去心知更不歸, 　　한 번 떠나면 다시는 돌아오지 못 할 줄을 이미 알고서,
可憐著盡漢宮衣. 　　가엾게도 한나라 궁전에서 가져간 옷만 입었구나.
寄聲欲問塞南事, 　　소식 띄워 남쪽의 일 물으려 해도,
只有年年鴻雁飛. 　　해마다 기러기만 무심히 날아간다.
家人萬里傳消息, 　　집안사람이 만 리 밖에서 소식 전해오니,
好在氈城莫相憶. 　　집 생각 말고 오랑캐 궁전에 잘 있으라 한다.
君不見咫尺長門閉阿嬌, 그대는 보지 못했나, 지척에 있는 장문궁에 유폐된 아교를,
人生失意無南北. 　　인생의 실의에는 남과 북이 따로 없음이여.

<명비곡(明妃曲)> 기이(其二)

왕안석

…(전략)…
漢恩自淺胡自深, 　　한나라의 은총 절로 얕았지만 오랑캐는 절로 깊었으니,
人生樂在相知心. 　　삶의 즐거움이란 서로를 알아주는 마음에 있는 거다.
…(후략)…

아교는 한 무제의 황후 진(陳)씨의 어렸을 적 이름이다. 무제는 그녀에 대한 사랑이 식자 장문궁에 유폐시켰다. 그러자 그녀는 유명한 부 작가였던 사마상여(司馬相如)에게 <장문부(長門賦)>를 짓게 하여 다시 황제의 사랑을 받았다는 얘기가 전해진다.

역대로 적지 않은 시인들이 왕소군을 노래하였지만 대부분 그녀의 애절한 처지를 동정하여 주로 화친 정책 때문에 희생된 가련한 여인의 모습으로 그려왔다. 그런데 이 왕안석의 시는 그동안의 시들과는 다른 점이 있다.

첫째, 마음과 자태는 본래 그려낼 수 없는 법이니 왕이 화가를 처형한 것은 잘못된 일이라고 말한 점이다. 둘째, 그래도 왕소군은 흉노왕의 사랑을 받았다고 말한 점이다. 한나라 궁전에 있던 진황후(陳皇后)는 무제에게서 사랑을 받다가 버림받고 장문궁에 유폐되었으니, 한나라 황제에게서 버림받고 만 리 떨어진 북쪽 흉노땅으로 시집간 왕소군의 입장과 다를 바 없다. 황후인 진씨나 궁녀인 왕소군이나 실의하기는 마찬가지라는 얘기다. 그러나 제 2수에서는 남자에 의해 마땅히 사랑을 받아야 할 여인의 입장에서 '한은자천호자심(漢恩自淺胡自深), 인생락재상지심(人生樂在相知心)'이라고 하였다. 즉 사랑을 받아야 하는 여인의 입장에서 보면 왕소군은 인생의 즐거움을 얻은 셈이니 오히려 아교보다는 낫지 않느냐라고 왕소군을 위로하고 있는 것이다. 훗날 이 두 구절은 그와 정치적으로 노선이 달랐던 많은 사람들의 비판을 받기도 하였다. 즉 임금과 어버이의 은혜를 저버리는 표현을 하였으며 금수와도 같은 매국노적인 불손한 심성을 드러냈다는 비판을 받은 것이다.

연주음악≪소군출새(昭君出塞)≫는 비파 독주곡이다. 아병(阿炳)이 작곡한 악곡으로서, 왕소군이 국경을 넘을 때의 정서 변화를 세밀하게 묘사하여 작곡가의 이 역사적 사건에 대한 무한한 감개를 표현하였다.

왕소군이 변경을 나서면서 말 위에서 비파로 음악을 연주하니 하늘을 날던 기러기가 감동하여 그만 날갯짓을 하는 것도 잊고 있다가 땅에 떨어졌다는 낙안(落雁)의 얘기는 아주 유명하다. 아름다운 그녀의 미모, 변경을 나서는 한없는 슬픔을 같이 연상하며 음악을 들으면 그 맛이 새록새록 되살아날 것이라 생각된다.

13.5. ≪평사낙안≫

평사낙안(平沙落雁)은 소상팔경(瀟湘八景) 가운데 하나이다. 평사낙안은 지금 호남성 형양(衡陽)시 회안봉(回雁峰)에 있다. 소상(瀟湘)강은 영주(永州)에서 아래로 수백 킬로미터를 흘러 남악(南岳) 형산(衡山)의 72봉 가운데 으뜸인 회안봉에 도달한다.

형양 지역은 가을·겨울에도 기후가 따뜻하고 넓은 들과 평평한 모래밭에 갈대가 무더기로 자라서 항상 남하하던 기러기들이 내려앉아 겨울을 나도록 이끌어준다. 그래서 가을 기러기가 모래밭에서 장난치는 모습이 한 폭의 그림[秋雁戱沙圖]과 같은 아름다운 광경을 연출한다.

옛날 사람들은 기러기가 북방의 겨울 추위를 피해 남하하는데 바로 형양에 이르러서 더 이상 남쪽으로 날아가지 않는다고 여겼다. 즉 형양은 기러기가 남하하는 한계선으로 여긴 것이다. 그래서 "형양에 이르면 형산의 산세는 다 끝나고, 회안봉의 그림자는 희미해진다. 돌아가야 할 길 멀어, 차마 다시 더 남으로 날아가지 못 하는 그들이 가련하기만 하다.(山到衡陽盡, 峰回雁影稀. 應憐歸路遠, 不忍更南飛.)"고 노래한 시인도 있었다.

명나라 이몽양(李夢陽)이 소상팔경 가운데 하나인 평사낙안을 시로 노래한 <평사낙안>을 감상해 보자.

西風萬里雁,	서풍 부니 만 리에서 기러기 날아오고,
一葉洞庭秋.	동정호 나뭇잎 하나 떨어지며 가을이 시작된다.
憔浴金沙軟,	떼 지어 씻고 있는 금빛 모래 부드럽고,
瀟湘霜氣流.	소상에는 서리 기운이 흐른다.

가을바람이 불어오고 낙엽이 지기 시작하였다. 그러자 만 리 먼 곳에서 기러기들이 떼 지어 날아온다. 이제 동정호에도 나뭇잎 하나 떨어지며 가을이 시작된다. 금빛처럼 반짝이는 부드러운 모래사장에서 기러기들은 떼 지어 날개를 비벼대는데, 이곳 소수와 상수 일대에는 서리 기운이 서리며 써늘한 가을이 완연해진다. 한 폭의 동양화를 보는 듯하다.

이 시의 압권은 두 번째 구에 있는 '일엽…추'라고 할 수 있을 것이다. 무릇 모든 조짐과 기운은 하나의 점에서 시작된다. 눈꼽만 한 겨자씨에서, 자그마한 알에서 완전한 생명체가 탄생하듯이 말이다. 봄은 매화나무 한 가지에 서려 있는 기운에서 조금씩 멀리 퍼져간다. 그렇기 때문에 우리는 일지매(一枝梅)를 보고도 이미 봄을 만끽할 수가 있는 것이다. 마찬가지로 잎사귀 하나에 서린 가을이란 곧 누런 잎사귀 하나가 떨어지면서 가을이 비로소 시작되는 것을 의미한다. "오동나무 잎사귀 하나 떨어지면 가을이 시작되는 것을 세상 사람들이 다 알게 된다.(梧桐一葉秋, 天下盡知秋.)"(≪광군방보(廣群芳譜)≫) 그래서 일엽지추(一葉知秋)라고 하는 것이니, 일엽추(一葉秋)는 가을의 온 에너지가 압축되어 있는 정화라고 볼 수 있다. 터져 나오는 원기의 흐름과 순환을 느끼면서 동시에 살아 움직이는 가을을 엿보게 된다.

다음은 명말 여성 문인인 서원(徐媛)이 평사낙안을 노래한 <제소상팔경(題瀟湘八景)·기육(其六)>을 감상해 보자.

一群鳴鴈墮寒沙,	기러기 한 떼 울며 차가운 모래밭에 내려앉고,
黃葉溪頭間荻花.	계곡머리 누런 잎사귀는 갈대꽃을 사이에 두고 있네.
憔悴美人明月夜,	밝은 달 아래 초췌한 미인은,
幾回淸夢到天涯.	몇 번이나 맑은 꿈속에서 하늘 끝까지 갔던가?

겨울을 나기 위해 북녘에서 이곳 소상의 형양까지 날아온 기러기, 이렇게 가을은 시작되었다. 누렇게 물든 계곡머리의 잎사귀들은 하얀 갈대꽃을 사

이에 두고 있다. 누군가를 기다리며 그리워하는 것인가? 밝은 달 아래, 이미 초췌해진 미인이 배회한다. 그녀는 꿈속에서 벌써 몇 번이나 하늘 끝까지 가면서 임을 찾아 헤맸던가? 그리움과 시름은 이렇게 깊어만 간다.

연주곡 ≪평사낙안≫은 고금으로 연주하는 악곡이다. 또 ≪안락평사(雁落平沙)≫, 또는 ≪평사(平沙)≫ 등으로 불리기도 하였다. 이 악곡의 최초 금보(琴譜)는 명나라 말엽 ≪고음정종(古音正宗)≫(1634年)에 실려 있다.

연주곡 ≪평사낙안≫은 주로 가을의 경물을 묘사하였으니, ≪천문각금보(天聞閣琴譜)≫는 이렇게 전하고 있다. "높은 가을 하늘과 상쾌한 기운, 평평한 모래밭에 고요한 바람, 만 리를 가는 구름, 하늘가에서 울리는 기러기 울음소리 등을 음악에 담았다. 또한 먼 곳을 가는 큰기러기의 뜻을 빌어 은거하는 고인의 가슴 속 깊은 생각을 표현하였다.(蓋取其秋高氣爽, 風靜沙平, 雲程萬里, 天際飛鳴. 借鴻鵠之遠志. 寫逸士之心胸者也.)"

제14장 미인, 협객과 한시

14.1. 미인과 한시

하늘의 도는 건(乾)이고 땅의 도는 곤(坤)이며, 건은 양(陽)이고 곤은 음(陰)이다. 양은 남성적인 원리이고 음은 여성적인 원리이다. 그러므로 남성은 강하고 여성은 부드러워야 한다. 남성은 주동적이고 여성은 피동적이어야 한다. 남존여비의 철학적 바탕이 되는 이 이론은 놀랍게도 3천 년 동안 중국의 역사를 지배해 왔다.

남존여비의 관념은 종법(宗法)사회의 산물이다. 종법사회는 부계 씨족사회였기 때문에 이러한 관념이 형성될 수밖에 없었다. 주나라가 가정의 상하 구성원간의 질서관념인 종법적인 관념을 바탕으로 정치·사회 전반을 이끌어가면서 남성이 여성의 우위에 서는 불평등한 관념은 더욱 확고히 자리 잡았다.

'子(자)'란 원래 번식하고 자란다는 뜻인데, 이 시대에 '자'가 남성에 대한 고유한 호칭으로 쓰이면서 여성은 '자'가 될 수 없었으며, 여성을 지칭하는 '婦人(부인)'이란 말에서 '人(인)'은 제3자인 남에게 엎드린다는 뜻을 가리켰고, 또한 '夫人(부인)'은 남을 부축한다는 뜻을 가리켰다. 그러니 여성이란 남에게 엎드리는 사람이며 스스로는 독립적이지 못 한 존재라는 것이다.

그래서 여성은 자신의 이름을 갖지 못 하고 남자의 성을 이름으로 삼았으며, 시집가는 것을 일생 최대의 목표로 세웠다. 그들의 사회적 지위는 시집가기 전에는 아버지를 따르고, 시집가서는 남편을 따르며, 남편이 죽으면 아들을 따르는 것이었다.

> 남자아이를 낳으면 침대에 눕히고 화려한 옷을 입히며 구슬을 갖고 놀게 한다. … 여자아이를 낳으면 땅에 눕히고 홑옷을 입히며 실패를 갖고 놀게 한다.(乃生男子, 載寢之牀, 載衣之裳, 載弄之璋, … 乃生女子, 載寢之地, 載衣之裼, 載弄之瓦.)(≪시경(詩經)·소아(小雅)·사간(斯干)≫)

반소(班昭)는 여자아이를 땅에 눕히는 것은 낮고 약하며 다른 사람의 아래에 처해야 함을 밝히고자 한 것이며, 실패를 가지고 놀게 하는 것은 부지런히 일하는 법을 익혀야 함을 밝히고자 한 것이라고 해석하였다.

여자는 "재주가 없는 것이 덕이다(無才是德)"(≪여범첩록(女範捷錄)≫)

공자는 여자와 소인은 다루기 어렵다고 말한 적이 있는데, 소위 재주란 본래 의미의 재주가 아니라 좀 더 좁은 의미에서의, 책을 읽고 글자를 쓸 줄 아는 능력을 가리킨다. 여자가 재주가 있으면, 즉 글을 알면 음란함을 배울 여지가 많다고 여겼기 때문에 여자가 재주가 없어야 한다고 말한 것이다. 이런 인식은 또한 여자들이 사사로움에 빠지기 쉽고 교화되기 어렵다고 생각한 데서 비롯되었다.

그런데 '무재시덕'의 관념이 비록 일찍부터 생겼다고 하더라도, 여성의 재주를 글을 쓰고 읽을 줄 아는 능력과 동일시하기 시작한 것은 명나라 말기 이후부터 시작되었다고 할 수 있다. 왜냐하면 송나라 이전 진(晉)나라 여성들은 풍류를 즐겼고, 당나라 여성들은 시를 잘 지었지만 당시 사회에서 금기시하지는 않았기 때문이다. 그런데 명나라로 들어오면서 여성들에게 읽고 쓰는 법을 가르치지 않는 경향이 지배적이 되기 시작하였다.

한편 '무재시덕'이란 말이 생긴 원인에는 당시 기녀들 중에 시를 잘 짓기로 유명한 여자들이 많았던 탓도 있다. 이를 지켜본 세상 사람들은 여자가 재주가 있으면 불행이라고 여기게 된 것이다. 여자가 시를 잘 지으면 대부분 박복하게 되는 데다, 게다가 시 잘 짓는 여성들은 대부분 기녀였으니 여자가 시 배우는 것 자체가 금기시되었던 것이다.

그리고 '무재시덕'이란 말 속에는 이처럼 재주 있는 사람은 정숙하지 못하다는 의미 외에도 또한 재주가 있는 사람은 단명하기 마련이라는 뜻도 포함되어 있다. 명대 여성 중 엽소란(葉小鸞)은 용모가 빼어나고 재주가 뛰어나 10세 때부터 시를 지었는데, 사람들은 그녀의 시가 인간 세상에서 불을 때서 만든 음식을 먹은 사람의 솜씨 같지 않다고 칭찬하기도 하였다. 그러나 그녀는 17세에 세상을 하직하고 말았다. 그래서 사람들은 재주 있으면 박명하기 마련이라고 생각하게 되었다고 한다.

남존여비의 관념 속에서 재주 없는 게 오히려 덕이라고 여겨졌던 여인들에게 남은 것은 오직 아름다운 용모에 의지하는 길뿐이었다. 남성이 주류인 사회에서 남성의 취향이 오히려 이런 상황을 더 부추겼을 것이라 생각되지만 말이다.

아름답다는 뜻의 '美(미)'란 글자는 '羊(양)'과 '大(대)'로 이루어졌다. 즉 양이 크다는 뜻을 지니고 있다. 원시시대의 수렵민족에게는 양이 매우 중요했기 때문이다. 이처럼 인간의 아름다움에 대한 인식은 먼저 실용적이고 공리적인 관념이 존재하였고, 나중에야 비로소 순수하게 아름다움을 찾는 심미적 관념이 발생하게 되었다고 할 수 있다.

아름다움은 자연산수에 존재하는 자연미와 인간의 다양한 사회생활 속에 다양하게 존재하는 사회생활미가 있는데 양자는 모두 자연형태로 존재하는 아름다움이라고 볼 수 있다. 이에 비해 인간이 창조한 인공적인 예술작품에 관념형태로 존재하는 아름다움, 즉 예술미가 있다고 할 수 있다.

아름다움을 추구하는 마음은 누구에게나 있다. 동물과 달리 인간의 고급스런 정신적 욕구에는 아름다움의 추구라는 욕구가 존재하는 것이다. 러시아 작가인 막심 고리끼는 천성적으로 인간은 예술가이며, 인간은 어느 곳에 있든지 언제나 아름다움을 자신의 생활 속에 지니기를 바란다고 말하기도 했었다. 인간은 노동을 통해 창조해낸 산물, 예컨대 건축물 등에서도 실용적인 욕구뿐만 아니라 심미적인 욕구까지도 만족시키려 한다. 또한 일상생활 중에서도 자연미, 예컨대 해돋이, 별자리, 꽃 등을 감상하고자 하는 강렬한 욕구를 지니고 있다.

인간은 자신의 신체미에 대한 욕구도 지니고 있다. 사회가 발전하고 생산력이 높아짐에 따라 인체의 아름다움에 대한 욕구 역시 날이 갈수록 발전하는 것은 당연한 일이다.

중국 전국시대 제(齊)나라의 재상이었던 추기(鄒忌)는 키가 8척이 넘고 용모가 수려한 남자였다. 하루는 거울을 들여다보며 그의 처와 첩, 손님 등 세 사람에게 성 북쪽에 사는 서공(徐公)과 자신 중에 누가 더 미남이냐고 각각 물었다. 그러자 모두 추기가 서공보다 더 미남이라고 하였다. 다음날 마침 서공이 찾아왔는데 아무래도 자기 얼굴이 서공만 못하였다. 그리하여 곰곰이 생각해본 결과, 처는 그를 사랑해서, 첩은 그를 두려워해서, 손님은 뭔가 그에게 얻으려 해서 그런 대답을 했다는 사실을 깨닫게 되었다고 한다.

한편 이 얘기는 그동안 사람들에 의해 실사구시의 태도를 강조한 교육적 의의를 지닌 얘기로만 인식되어 왔지만, 이 얘기를 통해 우리는 인간은 아름다움을 추구하기 마련이라는 사실을 간접적으로 인지할 수 있다. 아름다움을 추구하는 것은 인지상정에 속하는 것이다.

그렇다면 확실한 미의 기준은 무엇일까? 아마 그것의 절대적 기준은 없을 것이다. 있다면 우리의 무수한 실재의 경험에 의해 판단되어진 주관적 기준일 것이다. 심지어 시대에 따라서 미를 바라보는 기준도 달라졌었다. 다만 미는 또한 추(醜)와는 상대적으로 존재하는 것이기 때문에 추와 비교하여 상대적으로 우위를 점한다고 할 수 있다.

고대 중국의 경우, 미남에 대한 기록은 많지 않은 것 같다. 남성이 지배하는 사회에서 자기들 스스로가 미적 감상의 대상이 되는 것을 암묵적으로 서로 꺼렸기 때문일지도 모른다. 다만 여인의 경우는, 미인에 대한 기록이 자주 보인다. 봉건군주시대 여인은 남자들에게 가족의 한 구성원으로서, 그리고 평등한 존재로서 인식되기보다는 종족의 보존과 가사와 휴식, 감상을 제공하는 대상으로서 존재해 왔기 때문일 것이다.

중국 고대 문인들의 시에도 미인들에 대한 찬미와 회상은 끊이질 않았다. 이들 문인들은 역시 대부분이 남성이었던 터라 미인에게 당연히 관심을 가질 수밖에 없었던 것이다. 그들은 특히 고대 역사 속에 존재해왔던 미인들에게 관심을 두고 그녀들을 추억하며 찬미와 영탄을 보내는 시를 많이 남겼다.

중국에는 역대로 어떤 미인들이 있었고 또 미인들은 시에 어떻게 노래되었을까?

아주 이른 시기로 은(殷)나라에는 달기(妲己)가, 주(周)나라에는 포사(褒姒)라는 미인이 있었다.

은나라 주(紂)왕은 원래 신체 건장하고 용맹하여 기자 등 여러 현신을 기용하여 선정을 폈다. 그런데 즉위 후 9년째 되는 해 유소씨를 쳤을 때 헌상받은 미녀 달기와 사랑에 빠져 포악무도한 짓을 저지르기에 이른다. 주왕은 달기의 환심을 사려고 주야로 주지육림에 빠져 음란하게 가무를 펼치며 세월이 가는 줄 몰랐다. 그의 폭정에 반대하는 자들은 이른바 불에 그슬리고 지지는 형벌인 포락(炮烙)의 형벌에 처해버렸다. 또 달기가 성인의 마음에는 일곱 개의 구멍이 있다고 하는데 그것을 보고 싶다고 하자 생체해부를 해서 죽이기도 하였다. 이를 보다 못 한 제후들이 들고일어나자, 마침내 그는 자살하고 달기는 효수형에 처해지기에 이르렀다.

주나라의 12대 유왕(幽王)은 본래 우둔하고 호색한이었다. 그는 생전 웃지 않는 아름다운 궁녀인 포사에게 마음이 쏠려 어떻게 하든 그녀의 웃는 얼굴을 보려고 애를 썼다. 어느 날 신하가 잘못해서 봉화대에 불을 올렸고 제후들이 황급히 달려왔는데, 제후들의 이런 허둥거리는 모습을 본 포사가 요염하게 웃자, 이때부터 유왕은 포사의 웃는 얼굴을 보려고 심심하면 봉화를 올렸다는 일화가 전해질 정도였다.

현재 일반적으로 중국의 4대미인으로 춘추시대의 서시(西施), 한나라의 왕소군(王昭君), 삼국시대의 초선(貂蟬), 당나라의 양귀비(楊貴妃)가 꼽히고 있다.

<西施(서시)>

<왕소군(王昭君)>

<초선(貂蟬)>

<양귀비(楊貴妃)>

중국에서 미인하면 제일 먼저 꼽히는 서시는 확실히 미인의 대명사이다. 그녀는 오월동주(吳越同舟)시대 월(越)나라의 미녀였다. 오나라왕 부차는 아버지에 대한 원수를 갚기 위해 와신(臥薪)하며 준비한 끝에 결국 월나라를 무찌른다. 이에 월나라왕 구천은 패자로서 미인계로 환심을 사기 위해 여인을 바치는데, 바로 그녀가 서시이다. 부차가 서시에 빠져 있을 적에 구천은 상담(嘗膽)하며 다시 힘을 길러 결국 부차를 무찌르게 된다. 이리하여 와신상담은 치욕을 설욕하기 위하여 현재의 고통을 잘 참는다는 뜻의 유명한 고사성어가 되었다.

서시가 얼마나 아름답기로 유명하였는지, 그녀가 본래 가슴을 앓아 명치가 아팠던 탓에 가슴을 움켜쥐고 찡그리는 모습을 하였는데 심지어 이런 모습도 아름다워서 옆 동네에 사는 못 생긴 아가씨 동시가 그 모양을 흉내냈다고 한다. 여기서 동시효빈(東施效顰)이란 고사성어가 전해 내려오기도 한다.

당나라 왕유(王維)는 <서시영(西施詠)>을 노래하였다.

艶色天下重,	아리따운 얼굴은 천하가 중시하니,
西施寧久微.	서시가 어찌 오래 버려져있겠는가!
朝仍越溪女,	아침에는 월나라 시내의 여인이었다가,
暮作吳宮妃.	저녁에는 오나라 궁전의 비가 되었구나.

월나라 시내는 곧 서시가 연밥을 따던 곳을 가리킨다. 온 세상 사람들이 모두 눈여겨볼 정도로 서시가 아름다웠으니 그냥 연밥이나 따게 내버려두지 않았을 것이다. 때문에 구천에 의해 뽑혀서 미인계를 위해 오나라에게 바쳐졌고, 오나라 궁전에서 궁녀가 되어 부차의 총애를 한 몸에 받기에 이르렀다. 서시의 아름다움과 그로 인해 하루아침에 신분이 바뀐 사실을 얘기하고 있다.

당나라 누영(樓穎)의 <서시석(西施石)>을 또 감상해 보자.

西施昔日浣紗津,	옛날 서시가 비단 빨던 나루,
石上靑苔思殺人.	돌 위의 푸른 이끼 그 사람 못내 그립구나.
一去姑蘇不復返,	고소대로 한 번 떠난 뒤 다시 돌아오지 않는데,
崖傍桃李爲誰春.	벼랑 옆 도리화는 누구 위해 봄을 뽐내고 있는가?

서시가 옛날 빨래하던 곳에 왔다. 빨래하던 사람이 떠나가서 이제 빨래판으로 삼던 돌 위에는 이끼가 껴 있다. 그녀는 오나라 부차에게 바쳐져 고소대(姑蘇臺)로 떠났다. 봐주는 사람 없건만 봄이 오자 벼랑 옆에 복숭아꽃,

오얏꽃은 또 벙글어졌다. 화려한 봄날, 아리따운 그녀가 오늘 못내 그립다.

이백은 <오서곡(烏棲曲)>이란 시에서 서시를 다음과 같이 표현하고 있다.

姑蘇臺上烏棲時,	고소대 위에 까마귀 깃들려 할 때,
吳王宮裏醉西施.	오왕은 궁중에서 서시에 흠뻑 취해있네.
吳歌楚舞歡未畢,	오가 초무의 환락 끝나지 않았는데,
青山猶銜半邊日.	푸른 산은 오히려 해를 반쯤 삼키고 있네.
銀箭金壺漏水多,	은 바늘침 금 단지에선 물이 많이 빠졌는데,
起看秋月墜江波.	일어나 바라보니 가을 달 강물결 너머로 떨어졌네.
東方漸高奈樂何!	동녘이 점차 밝아오니 이 환락의 즐거움을 어이 할까!

오왕은 부차(夫差)를 가리킨다. 전설에 의하면, 부차는 많은 인력과 물자를 들여서 3년 동안 5리에 걸친 고소대(姑蘇臺)를 축성하고 거기에 춘소궁(春宵宮)을 지어 총비인 서시와 밤새 술 마시며 즐겼다고 한다. 은전은 은으로 장식한, 시간을 표시하는 물시계의 바늘침을 가리킨다. 금호는 곧 동호(銅壺)로서 구리로 만든 단지 모양의 시간을 재는 도구였다.

이 시는 오왕 부차와 서시가 즐기는 환락을 시간 경과에 따라 묘사하고 있다. 까마귀가 둥지에 깃들려 할 적에 이미 그들은 흠뻑 취했다. 환락이 끝나지 않았는데 벌써 해는 서산에 기운다. 그러나 계속 환락을 멈추지 않으면서 급기야는 달이 높이 떴다가 강물 너머로 지고 동쪽에선 해가 점차 솟아오른다. 이제 이렇게 날이 밝아오고 있어 더 이상 즐길 수 없으니 이 환락의 즐거움을 어찌해야 하나? 이제는 그만두어야 하는가? 맨 마지막 구절은 그래서 오왕이 뱉어내는 아쉬운 탄식이라고 할 수 있는데, 한편으로 시인이 환락에 빠져 있는 오왕을 향해 은근히 경고를 하고 있는 것이라고도 할 수 있다.

이 시는 형식상 매우 독특한 점이 있으니, 바로 홀수구로 끝나고 있다는 점이다. 보통 짝수구로 끝을 맺어야 하는 격식을 파괴함으로 인해서, 맨 끝 구가 짝이 없이 홀로 존재하게 됨으로써 더욱 더 의미심장한 결론의 성격을 띠도록 하는 그런 효과를 내고 있다고 볼 수 있다.

왕소군은 한나라 제10대 원제(元帝)의 궁녀로 화친정책에 의해 흉노족의 호한야 선우(呼韓邪 單于)와 혼인한 여인으로 잘 알려져 있다. 그녀에 대해서는 이미 앞 장에서 설명하였기 때문에 여기서는 자세히 얘기하지 않기로 한다.

흉노땅으로 떠난 왕소군을 생각하는 중국 시인들의 마음은 애틋하기 그지없었다. 그래서 그들의 시에도 가련하고 동정 어린 모습으로 묘사되곤 하였다.

동방규(東方虯)의 <상화가사(相和歌辭)·왕소군(王昭君)·삼수(三首)> 중 제3수를 보자.

胡地無花草,	오랑캐 땅에는 화초가 없으니,
春來不似春.	봄이 왔어도 봄 같지가 않다.
自然衣帶緩,	자연히 허리띠는 느슨해졌으니,
非是爲腰身.	옷의 허리 치수 때문이 아니라네.

오랑캐 땅에는 화초가 자라지 않을 만큼 척박하다. 그래서 따뜻한 봄이 왔어도 꽃들이 피지 않으니 봄이 온 것 같지도 않다. 이처럼 중원과는 다른 척박한 곳에서 왕소군은 갖은 고통을 겪으며 하루하루를 보낼 수밖에 없다. 그래서 자연스레 허리띠가 느슨해졌다. 그런데 이것은 옷의 허리부분 치수가 크기 때문에 그런 것이 아니다. 바로 옷은 그대로인데 몸이 수척해졌기에 옷의 허리부분이 헐렁해진 것이다. 그녀가 겪고 있는 고초에 대해 시인은 마음 아파하고 있는 것이다.

그런데 첫 구인 '胡地無花草(호지무화초)'구를 연달아 네 번 반복하여도

한 수의 시가 될 수 있다. 아마도 우리나라 선현들이 장난삼아 동일한 시구를 반복하여 절구(絕句)로 만들어놓고 지적 유희를 즐긴 것이라고 생각된다. 여러분도 한 번 지적 유희에 동참하기를 바란다. 이 시를 해독하는 열쇠는 '胡(호)'자가 '어찌'란 뜻과 '오랑캐'란 뜻을 동시에 지니고 있는 다의어라는 데 있다. 표점부호를 힌트 삼아 문제 풀듯이 한 번 풀어보고, 그 다음에 답을 맞히면 좋을 것이다.

> 胡地無花草.
> 胡地無花草?
> 胡地無花草,
> 胡地無花草!

동일한 네 구를 시 한 수로 의미가 통하게 하려면 둘째 구에서 의문을 제기하고 셋째 구에서 반전으로 전환하는 것이 핵심이다.

자, 이제 이 시를 한 번 풀어보자. "오랑캐 땅에는 화초가 없으니, 어찌 땅에 화초가 없는가? 어찌 땅에 화초가 없으리오만, 오랑캐 땅이라서 화초가 없으리라!"

한편, 세속에서는 아름다운 서시와 왕소군을 침어낙안(沉魚落雁)으로 대신하여 부르기도 한다. 서시의 미모는 '침어'요, 왕소군의 미모는 낙안이라는 것이다. 왜 이런 성어가 출현하였을까?

원래 물고기 및 새와 관련하여 거론된 미녀는 모장(毛嫱)과 여희(麗姬)였다. ≪장자(莊子)·제물론(齊物論)·제이(第二)≫에 나오는 얘기다.

> 모장과 여희를 사람들은 아름답다고 여기지만, 물고기는 그녀들을 보면 물속으로 깊이 들어가고, 새는 그녀들을 보면 하늘로 높이 날아가고, 순록은 그녀들을 보면 힘껏 달아난다. 이 넷 중에서 어느 쪽이 이 세상의 진짜 아름다움을 알고 있을까?(毛嫱麗姬, 人之所美也. 魚見之深入, 鳥見之高飛, 麋鹿見之決驟, 四者孰知天下之正

色哉.)

(成玄英의 疏) 이 두 사람은 아름답기로 세상의 으뜸이어서 사람들은 그녀들을 아름답다고 한다. 그러나 물고기가 보면 두려워 깊이 물속으로 들어가고, 새가 보면 놀라서 높이 날아가 버리고, 순록이 보면 달아나며 돌아보지 않으니, 이 넷을 예로 들어보면 세상에 반드시 아름다운 것을 누가 알 수 있겠는가?(此二人者, 姝妍冠世, 人謂之美, 然魚見怖而深入, 鳥見驚而高飛, 麋鹿走而不顧, 舉此四者, 誰知宇內定是美色耶?)

모장은 월왕(越王)의 미희라고도 하며, 여희는 춘추시대 진(晉)나라 헌공(獻公)의 부인이라고 한다. 그런데 ≪장자≫의 다른 판본을 보면 여희 대신에 서시(西施)가 거론된 것도 있다. 따라서 아름다운 여인의 용모를 지칭하는 침어낙안에서 침어는 확실히 모장과 여희, 또는 모장과 서시를 가리키며, 그 뜻은 본래 아무리 아름다운 여인이라 하더라도 물고기는 그녀를 두려워해서 물속 깊이 숨어버린다는 뜻을 가리킨다고 할 수 있다.

그런데 오늘날에 침어는 구체적으로 서시의 아름다운 용모를 대신 가리키게 되었다. 또한 속설에 의하면 서시가 워낙 아름다워 물고기가 헤엄치는 것도 잊어서 물속 깊은 곳으로 빠졌다, 또는 물고기들이 서시의 미모에 반해 물속으로 가라앉았다는 얘기도 전해지고 있다. 후대인들이 고대 미녀의 아름다움에 신비로운 색채를 덧붙인 결과라고 생각된다.

그렇다면 낙안(落雁)이란 말은 어떻게 유래하였을까? ≪장자≫에서도 아름다운 여인과 관련하여 새들이 거론되긴 하였지만 구체적으로 기러기를 가리키진 않았고, 게다가 새들이 높이 날아간다고 했지 땅으로 떨어져 내렸다는 뜻을 가리키진 않았다.

그런데 속설에 의하면, 한나라 때 왕소군이 궁궐을 떠나 흉노에게로 시집갈 적에 비파를 타며 이별가를 부르는데 날아가던 기러기떼가 그 소리를 듣느라, 또는 물에 비친 그녀의 아름다운 모습을 보느라 계속 날갯짓을 하는 것도 잊었기에 결국 땅에 떨어졌는데, 이로부터 왕소군의 아름다운 용모를 가리킬 때 낙안(落雁)이란 별호가 생겼다고 한다.

삼국시대의 초선(貂蟬)은 왕윤의 수양딸 또는 전속 가기(歌妓)였다. 그녀는 왕윤의 뜻에 따라 동탁과 그의 부하이자 양자였던 여포를 이간질시켜 여포로 하여금 동탁을 죽이게 한다. 어느 날 밤, 왕윤이 초선과 밤하늘을 보던 중, 구름 한 조각이 달을 가리자 "달조차 초선의 아름다움에 부끄러워서 얼굴을 가렸다."고 말한 데서 폐월(閉月)이란 말이 유래하였다. 폐월은 결국 초선의 아름다운 용모를 가리키는 말이 되었다.

그런데 수월과 더불어 짝이 되어 쓰이는 말이 수화(羞花)이다. 당나라 때, 양귀비(楊貴妃)가 궁중 화원에 나가서 꽃을 감상하며 무의식중에 함수화(含羞花)를 건드렸더니 꽃이 바로 잎을 말아 올리자 현종이 그녀의 아름다움은 꽃조차 부끄럽게 할 정도라고 찬탄하였다 한다. 이로부터 수화는 양귀비의 아름다운 용모를 가리키는 말이 되었고, 폐월과 함께 쓰여 흔히 폐월수화라고 불리게 되었다.

양귀비는 이름이 옥환(玉環)으로 현종의 18번 째 아들인 수왕(壽王) 이모(李瑁)의 비였다. 며느리인 양귀비의 미모에 마음이 끌린 현종은 그녀를 우선 후궁으로 삼기 위하여 중신들의 반대에도 불구하고 여도사(女道士)로 만들어 자신의 곁에 두었다. 그리고 아들인 수왕 이모에게는 다른 여자를 아내로 주었다. 이렇게 궁중으로 들어오게 된 양귀비는 6년 뒤에 귀비로 책봉되어 정식으로 양귀비가 되었다.

궁중의 법도상 귀비의 지위는 황후 다음이었으나 양귀비는 사실상 황후 이상의 권세를 떨쳤다. 또한 현종은 오직 양귀비에게만 정신이 팔려 정치에 대한 흥미를 잃고 말았다. 모든 정무를 간신 이림보(李林甫)에게 완전히 맡기고 양귀비와의 유흥에 즐거운 하루하루를 보내었다.

현종의 사랑을 독점하게 된 양귀비는 권세를 떨치면서 그녀의 일족들을 차례차례 고관의 자리에 오르게 하였다. 양귀비는 원래 고아 출신으로 양씨 가문에 양녀로 들어갔었는데 그녀의 6촌 오빠였던 양소는 현종으로부터 국충(國忠)이라는 이름까지 하사받으며 신임을 받는다. 나중에는 양국충을 재상으로 만들었고 이후 양씨 일가가 국정을 농단하기 시작한다.

이때 변경 지역에서 군대를 지휘하고 있던 절도사들은 강력한 군사력을 장악해 당왕조를 위협할 수 있는 세력으로 성장하고 있었다. 천보 14년인 755년, 안록산(安祿山)이 양국충을 토벌한다는 이유를 들어 반란을 일으켰다. 안록산은 이란계와 돌궐계의 혼혈이라고 추측되는 인물이었다. 원래 그는 간신 이림보의 지지를 받고 절도사가 되었는데, 이림보가 죽고 양귀비의 6촌 오빠인 양국충이 재상에 오르자 출세 가도에 먹구름이 끼게 된 것이다. 안록산은 이를 그대로 묵과할 수 없었다.

안록산이 반란을 일으키자 다급해진 현종은 양귀비와 그의 자매, 황족, 측근 신하들을 데리고 피난길에 올랐다. 무장한 천 명의 병사가 이들을 호위해 촉나라 땅으로 향했다. 그들이 장안에서 100여 리 떨어진 마외역(馬嵬驛)에 도착했을 때 굶주림과 피로에 지친 장병들이 불만을 폭발시켰다. 그들은 양국충의 목을 베고 현종의 앞길을 막으며 양귀비를 죽여야 한다고 외쳤다. 병사들의 분노가 하늘을 찌르자 현종도 어찌할 도리가 없어 눈물을 삼키며 양귀비에게 목을 매라고 명령한다. 결국 양귀비는 마외역 언덕에서 교살되게 된다.

양귀비는 현종과 향락을 일삼고 국정을 황폐하게 만들었기에 개원(開元)의 치(治)로 칭송 받던 현군 현종을 현혹시키고 당나라 왕조를 붕괴 직전까지 몰아넣은 여인으로 매도되기도 한다.

백거이(白居易)의 <장한가(長恨歌)>를 보면, "후궁 가인이 3천명이 있었는데, 3천 명에 보내질 총애와 사랑을 한 몸에 받았다(後宮佳人三千人, 三千寵愛在一身)"고 할 만큼 육감적인 자태와 교태가 철철 넘치는 여인이었으며,

또 말 잘하고 사람의 마음을 미리 읽을 줄 아는 여인이었다. 그런데 당나라 때의 그림을 보면 오늘날의 미인과는 많은 차이가 있는 것 같다. 당시에는 몸에 살이 붙은 여인이 미녀였는데, 양귀비 역시 뚱뚱해서 현종이 그대라면 웬만한 바람에도 끄떡없겠다고 놀려대니 화를 냈다고 하는 얘기가 전해진다.

양귀비와 현종과의 사랑의 놀이는 우리가 상상한 것과는 달리 때로는 천진난만할 때도 있었나 보다. "교교한 달빛 아래 비단 수건으로 눈을 가리고, 사방 한 장 되는 공간에서 서로 술래잡기하는 놀이를 즐겼지, 비단 금침 속에서 원앙새 놀이를 하지는 않았다.(于皎月之下以錦帕裹目, 在方丈之間互相捉戲. 而不是在錦被之中鴛鴦戲水.)"고 한다.

양귀비에 대한 현종의 사랑이 얼마나 지극했으면 원래 남자를 중히 여기고 여자를 낮추는 중남경녀(重男輕女)의 관념이 지배적이었는데 양귀비로 인해서 "마침내 천하 부모 마음으로 하여금 남아보다 여아 낳기를 중시하게 하였다.(遂令天下父母心, 不重生男重生女.)"고 한다.

양귀비와 현종의 사랑 이야기는 백거이의 <장한가(長恨歌)>가 가장 유명하다.

馬嵬坡泥土中, 　　마외 언덕 진흙땅엔,
不見玉顔空死處. 　　아리따운 얼굴 보이지 않고 부질없이 무덤만이 있네.
君臣相顧盡霑衣, 　　군신이 서로 돌아보며 다 옷을 적시는데,
東望都門信馬歸. 　　동으로 도성 문을 바라보며 말에게 돌아가는 길 내맡겼네.
歸來池苑皆依舊, 　　돌아오니 못과 동산은 모두 여전하고,
太液芙蓉未央柳. 　　태액지의 부용꽃도 미앙궁의 버들도 여전히 피어있네.
芙蓉如面柳如眉, 　　부용꽃은 그녀의 얼굴, 버들은 그녀의 고운 눈썹,
對此如何不淚垂. 　　이런 정경 대하고도 어찌 상심의 눈물 흘리지 않으리오?

병사들의 분노에 사랑하는 그녀를 잃었다. 임금과 신하들 모두 눈물 뿌리

며 터덕터덕 힘없이 돌아오는데 그저 말이 가는 대로 몸을 맡길 뿐이다. 돌아오니 태액지 부용꽃은 여전히 자태를 뽐내고 미앙궁의 버드나무는 예전처럼 하늘하늘 손짓한다. 부용꽃을 보니 그녀의 얼굴이 생각나고, 버드나무를 보니 그녀의 고운 눈썹을 다시 보는 듯하다. 아, 그녀의 숨결은 어디에 가나 살아있어, 꽃을 대하고도 슬픈 마음. 어찌 눈물을 흘리지 않을 수 있으리오!

청대 원매(袁枚)의 <마외(馬嵬)>시는 현종과 양귀비를 보는 또 다른 관점을 우리에게 제공해주고 있다.

莫唱當年長恨歌, 　　그 때의 <장한가>를 부르지 마라,
人間亦自有銀河. 　　민간에도 역시 은하수는 절로 있다.
石壕村里夫妻別, 　　석호촌의 늙은 부부 생이별하는데,
淚比長生殿上多. 　　장생전보다 더 많은 눈물 흘렸으니.

원매는 현종과 양귀비 두 사람의 사랑과 비극적인 결말에 대해 부정적인 태도를 견지하였다. <장한가>는 백거이가 지은 현종과 양귀비의 이별노래이다. 석호촌의 늙은 부부는 두보의 <석호리(石壕吏)>시에 나오는 얘기다. 은하수는 견우와 직녀를 갈라놓은 하늘의 강으로, 1년에 한 번 칠석날에 까치들이 다리를 만들어준 뒤에야 그들은 겨우 만날 수 있었다. 그런데 은하수는 하늘에만 있는 것이 아니라 사람 사는 세상에도 있다. 그리고 사랑하는 사람을 갈라놓는 은하수는 고귀한 사람들만 있는 게 아니라 민간의 촌 노인네들에게도 있으니 양귀비와 현종의 이별만 슬프다고 노래할 게 못된다. 민간의 생이별은 오히려 이보다 더 슬플 수도 있다.

양귀비와 현종 간의 슬픈 사랑 이야기는 이밖에도 소설로는 진홍(陳鴻)의 <장한가전(長恨歌傳)>에서, 희곡(戲曲)으로는 백박(白樸)의 <오동우(梧桐雨)>와 홍승(洪昇)의 <장생전(長生殿)>에서 창작의 모티브로 사용되었다.

14.2. 이청조와 허난설헌

중국 송대의 여류문인 이청조(李淸照; 1081~약 1141)는 미인이라고 칭송받지는 않지만 그러나 그의 뛰어난 문학적 재능과 남편과의 지극한 사랑으로 많이 사람들의 입에 오르내린다. 그녀와 비슷한 상황을 보여주었던 여인이 우리나라의 허난설헌(許蘭雪軒; 1563~1589)이기에 이 두 여류 문인들을 살펴보고자 한다.

이청조는 중국 유사 이래 가장 위대한 여류 문학가이다. 그녀의 일생은 대략 네 개의 시기로 나눌 수 있다.

첫째, 출생에서 시집갈 때(18세)까지이다.

둘째, 시집간 뒤부터 47세인 1127년 송나라 조정이 남경(南京) 응천부(應天府)[지금의 하남성 상구시(商口市)]로 옮길 때까지이다. 이 시기가 바로 행복한 가정생활을 보낸 날들이다. 이 시기 그녀의 행적은 주로 하남(河南)과 산동(山東) 을 중심으로 이루어진다.

셋째, 남경 천도에서부터 남편 조명성이 죽을 때까지이다. 변화가 가장 많았고 그래서 감개가 가장 컸던 시기로서 그녀의 행적은 안휘(安徽)와 강소(江蘇)의 장강 주변에 보인다.

넷째, 조명성이 죽은 뒤부터 그녀가 죽을 때까지의 시기이다. 이 10여 년 동안 그녀의 생활은 매우 고통스럽고 신고에 찬 생활을 하게 되며, 행적은 절강(浙江)에서 보인다.

이청조는 산동성(山東省) 제남(齊南)현에서 태어났는데, 아버지 이격비(李格非)가 예부원외랑(禮部員外郞)이었기에 어려서부터 좋은 교육을 받고 일찍부터 재주를 보였다. 18세 때, 조명성(趙明誠)에게 시집갔는데 조명성의 아버지는 조정지(趙挺之)로 당시 이부시랑(吏部侍郞)을 지냈고 나중에 승상이 되었다. 이처럼 조명성과 이청조의 집안은 모두 명망 있는 귀족 집안이었다. 그들은 이상적인 한 쌍의 짝이었으니 중국인들이 가장 이상적으로 치던 낭재여모(郎才女貌), 즉 재능 있는 신랑과 아름다운 신부 한 쌍의 결합이었던 셈이다.

결혼하고 얼마 되지 않아 이청조가 20세였을 적에 조명성은 외지로 전근을 갔는데, 이때 이청조는 차마 그를 떠나보낼 수 없어서 비단 손수건에 <일전매(一剪梅)> 사(詞)를 써서 보낸다.

紅藕香殘玉簟秋.　붉은 연꽃 향기 엷어지고 대자리에 가을이라.
輕解羅裳,　비단치마 가볍게 풀어 젖히고,
獨上蘭舟.　목란 나룻배에 홀로 오른다.
雲中誰寄錦書來?　구름 속에서 누가 비단에 쓴 편지 부쳐올까?
雁字回時,　기러기 떼 돌아올 적,
月滿西樓.　서쪽 누대에 달빛 가득하다.

花自飄零水自流.　꽃 절로 우수수 떨어지고 물도 절로 흐른다.
一種相思,　서로 그리는 마음은 한 가지건만,
兩處閑愁.　두 곳에서 크게 시름겹다.
此情無計可消除,　이런 심정 없앨 길이 없으니,
才下眉頭,　겨우 찌푸린 미간을 폈다가도,
卻上心頭.　다시 마음속에서 치밀어 오른다.

이 사는 "정밀하고 빼어나서 진짜 속세에서 불로 익힌 음식을 먹지 않는 사람 같다.(精秀特絕, 眞不食人間煙火者.)"(≪백우재사화(白雨齋詞話)≫)는 평가를 듣고 있다.

'난주'는 작은 배에 대한 미칭으로서 목란으로 만든 작은 배를 가리킨다. '금서'란 금자서(錦字書)로서 전진(前秦)의 소혜(蘇蕙)가 비단에 회문시(回文詩)를 짜서 남편에게 준 편지인데, 그 내용이 매우 처량하였다고 전해진다.

'안자'는 열을 지어 날아가는 기러기떼를 가리킨다.

가을이 깊어감에 따라 쓸쓸함은 더해가니, 이 울적한 마음을 털어버리고자 비단치마 풀어 젖히고 목란배에 오른다. 서쪽 누대에 달빛 가득할 때, 기러기는 돌아오고 있는데 누가 그리운 소식 담은 편지를 보내줄 수 있으려나?

꽃 떨어지고 물 흘러가며 세월은 저렇게 덧없이 흘러간다. 서로 그리워하고 있으니 당연히 수심도 없어야겠건만 도리어 서로 시름은 커가기만 한다. 잠시 잊은 듯 찌푸린 미간의 주름을 폈다가도 마음속 저편에서 그리움이 피어오르면서 어느새 가슴 가득해진다. 이렇듯 잠시 이별하였지만 항상 그리움으로 연결되어 있으니, 이청조와 조명성 두 부부의 정은 깊고 절실하다고 할 수 있겠다.

이청조는 또한 조명성과 잠시 떨어져 있을 때에도 그에게 <취화음(醉花陰)>이란 사를 보내기도 한다. <취화음>을 감상해 보자.

薄霧濃雲愁永晝, 엷은 안개 짙은 구름 시름겨운 긴 낮에,
瑞腦消金獸. 금수 향로에 서뇌향을 사른다.
佳節又重陽, 좋은 시절이라 다시 중양절이 왔는데,
玉枕紗廚, 옥베개와 비단 휘장에는,
半夜涼初透. 한밤중 되자 냉기 막 스며들기 시작한다.

東籬把酒黃昏後, 동쪽 울타리에서 황혼이 된 뒤에 술잔 드니,
有暗香盈袖. 국화향이 은은하게 퍼져 소매에 가득하다.
莫道不銷魂, 넋이 나가지 않았다고 말하지 말라,
簾卷西風, 주렴이 서풍에 감겨 올려지니,
人比黃花瘦. 그 사람 누런 국화보다 더 야윈 것을.

'금수'는 짐승 모양으로 만든 향로이다. '사주'는 깁으로 만든 휘장이나 모기장을 가리킨다. '소혼'은 영혼이 육체를 떠났다는 뜻으로 몹시 슬프고 시

름겨운 것을 가리킨다.

중양절은 음력 9월 9일로 대자연의 정기를 쐬러 높은 산에 오르는 날이다. 그렇지만 혼자 있는 몸이라 아무런 즐거움도 없는데, 한밤중이 되자 비단 휘장과 베개 안으로 냉기가 막 스며들기 시작한다.

황혼이 되자 동쪽 울타리에서 술잔을 들었다. 그러자 국화의 향기가 은은하게 퍼져와서 어느새 소매에 가득하다. 이윽고 방에 들어왔다. 이렇게 술 마시고 향기를 맡는다고 해서 그 사람 시름겹지 않을 거라고 절대 말하지 말라. 서풍이 주렴을 걷어 올리자 방안에 있던 그 사람 모습 언뜻 보이는데, 아! 누런 국화보다 더 야위어 있었으니 말이다.

조명성은 아내인 이청조의 글 솜씨를 이겨볼 요량으로, 손님을 일체 사양하고 사흘 밤을 잠도 자지 않은 채 먹는 것도 잊고 15결의 사를 썼다. 그리고 자신이 쓴 사작품에다가 이청조의 작품을 섞어 놓고 친구인 육덕부(陸德夫)에게 보여주었다. 육덕부는 여러 번 음미하다가 이윽고 말했다. "오직 '넋이 나가지 않았다고 말하지 말라. 주렴이 서풍에 감겨 올려지니, 그 사람 누런 국화보다 더 야윈 것을', 이란 세 구만이 빼어나게 아름답네 그려.(只有'莫道不銷魂'三句絕佳.)"(≪사원총담(詞苑叢談)≫) 그런데 이 세 구는 이청조의 작품이었으니 그녀의 수준이 어떤지를 충분히 짐작할 수 있다.

조명성은 금석(金石) 골동품과 서화 수집을 좋아하였다. 그가 이처럼 옛것을 좋아한 것은 그들의 부부생활과도 깊은 관련이 있었다. <금석록후서(金石錄後序)>를 보면 그들이 얼마나 행복한 결혼 생활을 하였는지를 알 수 있다.

> 매번 식사가 끝나면 귀래당에 앉아서 차를 끓이면서 남편과 쌓아놓은 역사서들을 가리키면서 어떤 사건이 어떤 책 몇 권 몇 페이지 몇째 줄에 있는지를 말하고, 맞았는지 틀렸는지를 내기하여 차 마시는 순서를 정하곤 하였다. 맞히면 찻잔을 들고 크게 웃으며 차를 들이켰고, 틀리면 차를 마시지 못 하고 일어나니 늘 즐겁고

고향처럼 편안했다. 그래서 근심과 곤궁함에 처해도 뜻을 굽히지 않을 수 있었던 것이다.

조명성이 강녕(江寧)에 부임했던 시절에는 "큰 눈이 올 때면 삿갓 쓰고 도롱이 걸치고 성을 산책하며 멀리 바라보곤 했다. 그러다가 이청조가 좋은 시구를 얻으면 조명성의 화답을 기다렸는데 조명성은 늘 고심하였다."고 할 만큼 그들 부부의 운치 있는 삶을 느낄 수 있다.

조명성이 벼슬을 그만 둔 뒤에는 고향 산동 제성(諸城)으로 돌아와서 10년 동안 살았는데, 그들은 서화를 같이 감상하며 생활하였다. 조명성은 미술사와 고고학 연구에 전심전력을 다하였고 이청조는 그런 남편을 잘 도와주었다. 아마도 이 10년의 시간이 이들 부부가 함께 지낸 시간으로는 가장 오랜 시간이고 행복한 시간이었을 것이다.

그 뒤, 조명성은 치천(淄川)의 지방관으로 다시 복직하여 갔는데 이 때(1126년)가 바로 북송의 수도에 금나라가 침입하여 북송이 막을 내린 해이다. 다음 해에는 휘종(徽宗)·흠종(欽宗)이 모두 금나라로 끌려가서, 5월에 고종(高宗)이 남경(南京) 응천부(應天府)에서 즉위하며 남송 정부를 세운다.

서울에 금나라 군대가 침입하였다는 소식을 듣고 조명성과 이청조 부부는 고고학적인 가치가 부족한 책, 평범한 서화 등은 버리고 나머지 소장품만을 정리하며 피난짐을 쌌는데도 모두 열다섯 수레가 될 정도로 많았다고 한다. 그들은 바다를 통해 남경에 도착하였고 차츰 남경에 정착하면서, 조명성은 남경의 지부(地府)를 맡게 된다. 조명성은 1129년, 잠시 파직되었다가 그해 5월에 그는 다시 호주지부(湖州地府)로 발령을 받는다.

조명성은 천자의 명을 받기 위해 이청조를 남겨두고 혼자 육로로 남경에 있던 조정에 가게 되었다. 그런데 여름철 말을 타고 가느라 지친 조명성은 남경에 도착하자마자 곧 병이 들었다. 이청조는 남편이 병으로 누워있다는 전갈을 듣고 괴롭고 걱정스러운 마음에 배를 타고 하룻밤에 300리를 달렸다고 한다. 나중에 이청조가 도착하였을 무렵에는 조명성은 학질에다 이질을 더하여 끝내 8월에 눈을 감게 되니, 이청조의 나이 49세였다.

조명성은 세상을 떠나면서 마치 유언이라도 하는 것처럼 "사람들을 따라 떠나시오. 어쩔 수 없을 때는 먼저 짐을 버리고, 다음에 옷을, 그 다음에 책을, 마지막으로 옛날 기물들을 버리시오. 다만 송나라의 기물들만은 직접 가지고 다니면서 생사를 함께 해야 한다는 것을 잊지 마시오"라고 했다고 한다. 당시 이청조는 너무나 슬픈 나머지 뒷일을 차마 묻지도 못 하였다. 조명성이 죽었을 때, 2만여 권의 책과 2천 권의 금석각(金石刻), 100명 분량의 그릇과 이불이 남아 있었는데 금나라 군대에 함락 당하면서 모두 사라져버렸다.

이후 그녀는 많은 변란을 겪으며 이리저리 피난을 다닌다. 이청조는 자식이 없어서 남동생의 집에 얹혀살기도 하였다. 1131년, 송 고종(高宗)은 월주(越州)로 다시 돌아갔는데, 이 때 이청조도 월주에 도착하였다.

이곳에서 이청조는 한 벼슬아치 집에 머물렀는데 그 많던 소장품 중에 이제는 겨우 예닐곱 상자의 서화·벼루·먹 정도만을 소지하게 되었는데, 그거라도 그녀는 항상 침상 밑에 두고 감상하였다. 그런데 어느 날 담장이 무너져 소장품 다섯 상자를 도둑맞았다. 며칠 후 서화 열여덟 폭을 되찾아오기는 하였으나 그 나머지는 끝내 찾을 수 없었다. 수레 열다섯 대에 가득 찼던 귀중품들이 이제는 한 두 상자 정도만 남게 된 것이다.

그녀는 월주에서 4년 정도 살다가 다시 금화(金華)로 옮겨 6년 정도 살게 되었다. 그곳에서 <무릉춘(武陵春)>이란 사를 썼는데 오늘날까지 칭송된다.

風住塵香花已盡,	바람 멎고 먼지에서 향기 나며 꽃은 다 졌으니,
日晚倦梳頭.	날이 저물도록 머리 빗는 것도 귀찮아라.

物是人非事事休,	경물은 그대로인데 사람은 아니니 모든 것 다 그만두자,
欲語淚先流.	말하고 싶지만 눈물이 먼저 흐르네.
聞說雙溪春尙好,	쌍계에는 봄이 아직 한창이라고 들어서,
也擬泛輕舟.	가벼운 배를 띄워보려 하네.
只恐雙溪舴艋舟,	다만 쌍계로 이 작은 배가,
載不動、許多愁.	많은 시름 싣고 갈 수 없을까봐 걱정이네.

'물시인비'란 자연의 경물은 여전히 변함없이 그대로인데 인사(人事)는 그렇지 못 하여 항상 변천을 거듭한다는 뜻이다. 이곳은 꽃이 다 지고 봄도 가서 머리 빗는 것도 귀찮다. 인사는 부단히 변화하니 정처가 없어 하소연하고 싶어도 눈물만 흐른다. 그런데 쌍계에는 아직 봄이 한창이라고 하니 배를 띄워서 가보고자 한다. 다만 걱정인 것은 이 많은 시름을 싣고 가는데 이 배가 과연 그 시름의 무게를 견뎌낼 수 있을까 하는 점이다. 배조차도 다 실을 수 없는 시름의 무게는 과연 얼마나 될까?

이청조는 처음에는 유복하였으나 그녀의 후반기의 삶은 비참하였다고 할 수 있다. 국가가 망하고 수도를 옮기는 어려운 시기를 맞아 자신 역시 많은 어려움을 겪게 되었고, 아울러 남편과도 사별하게 되는 개인적인 불행을 맞이한다. 그녀의 후반기 삶은 위의 사에서 보는 것처럼 처량하고 적막했으며, 잃어버린 나라를 되찾는 것도 보지 못 하고 그저 금화(金華)에서 쓸쓸히 죽음을 맞이할 수밖에 없었다.

이청조는 시와 사를 잘 지었을 뿐만 아니라 정치에 대해서도 관심이 많았다. 그래서 송나라에 대한 충성스러운 마음을 문학으로 노래하기도 하였다. 그녀는 동시대 문인들의 작품에 대해서 신랄하게 비판하고 풍자하기도 하였는데, 이런 그녀의 태도를 못마땅하게 여기는 사람도 많았다. 그래서 심지어 그녀가 재가하였다고 헛소문을 퍼뜨리며 욕하고 다니는 사람도 있었다.

≪송사(宋史)·예문지(藝文志)≫에 따르면 후대 사람들이 이청조의 작품을

모아 문장 7권, 사 6권으로 엮었는데, 오늘날 전해지는 것은 아주 얇은 ≪수옥사(漱玉詞)≫ 1권뿐이며 그마저 다른 책들에서 발췌한 것들이 대부분이다.

우리나라 조선의 허난설헌(許蘭雪軒)은 사백 년 전의 천재 여류시인으로서 여러 가지 측면에서 이청조와 유사한 삶을 살다 갔다고 할 수 있다.

그녀의 본명(아명)은 초희(楚姬), 자는 경번(景樊)이요, 호가 난설헌(蘭雪軒)이나. 그 유명한 ≪홍길동≫의 작가 허균의 누나이다. 1563년 강릉에서 태어나 1589년 3월 19일 본인의 예언대로 27세에 생을 마쳤다.

허난설헌의 생애는 대략 세 시기로 나눌 수 있다.

첫째, 1563년 출생 뒤부터 1577년 김성립에게 시집가기까지이다.

둘째, 출가 후 불행한 혼인생활 시기이다. 가장 의지가 되어야 할 남편은 도리어 그녀의 가장 큰 괴로움의 근원이었다.

셋째, 친정아버지의 죽음, 작은 오빠 허봉의 좌천 및 객사 등, 친정의 몰락과 어린 남매를 가슴에 묻은 시기이다.

아버지 허엽(許曄)은 선조(宣祖) 때의 명신으로 성균관(成均館) 대사성(大司成), 사간원(司諫院) 등을 역임하였다. 난설헌은 한양에서 자랐는데, 어려서부터 재주가 뛰어나 여신동이라 일컬어졌으며, 8세 때 벌써 <광한전백옥루상량문(廣寒殿白玉樓上樑文)>을 지어 세상을 놀라게 하기도 하였다. 그녀는 오빠 허균의 친구인 손곡 이달에게서 시를 배웠다고 한다.

난설헌은 15세에 안동 김씨 일족인 김성립에게 시집갔는데 선조 22년(1589년), 난설헌이 죽던 해에 비로소 생원으로 문과 병과에 급제한 것을 보면 재능은 출중하지 않았던 것으로 보인다. 시어머니는 아름답고 젊은데다가 문학적 재능까지 뛰어난 며느리에게 시기심을 감추지 않았다. 그래서 시어머니와 불화가 극심하였고 그녀는 더욱이 병약하여 자주 친정에서 요양을 해야 하였다.

두 가문의 문벌로만 보면 두 사람은 좋은 짝이 될 수 있었을 것처럼 보이지만, 그러나 신혼 초부터 남편은 기방을 제 집처럼 드나들던 한량이었던 것을 보면 부부간의 금슬은 썩 좋지 않았던 것으로 보인다.

그녀의 불행은 여기서 그치지 않았는데, 애지중지 키우던 남매를 차례로 잃고 <곡자(哭子)>라는 시를 남겼다.

去年喪愛女,	작년에 사랑하는 딸을 잃었더니,
今年喪愛子.	올해는 사랑하는 아들을 여의었네.
哀哀廣陵上,	슬프고 슬픈 광릉 땅에,
雙墳相對起.	두 무덤이 서로 마주보며 솟아있구나.
蕭蕭白楊風,	쓸쓸히 백양나무에 바람이 일고
鬼火明松楸.	도깨비불이 무덤에 밝도다.
…(後略)…	

'송추'는 소나무와 개오동나무를 뜻하는데, 묘지 주변에 많이 심었기 때문에 흔히 무덤을 대신 가리킨다. 딸과 아들을 연이어 잃었다. 그리하여 광릉에 두 무덤이 봉긋 솟아 마주보고 있다. 백양나무에 바람이 일며 무덤에는 도깨비불이 환하다. 구구절절 피맺힌 모성애가 독자들의 가슴을 깊숙이 파고든다.

1582년 작은 오빠 허봉이 경기도 순무어사로 있으면서 병조판서 이율곡을 탄핵하다가 창원부사로 좌천되었고, 이어서 갑산으로 유배되었다. 그녀 개인의 불행과 동시에 친정 역시 몰락하고 있었던 것이다. 이처럼 친정은 사색당파의 소용돌이 속에서 몰락하고 말았으며, 세 자녀는 어린 나이에 모두 죽고 말았다. 그녀의 삶은 한마디로 철저한 불행과 고독의 나날이었다고 할 수 있다. 그녀의 시가 애상적 기풍을 띠는 것은 이런 불행한 삶과 결코 무관하지 않은 것이다.

어린 아들과 딸을 먼저 저 세상으로 떠나 보낸 허난설헌은 1589년 스물일곱의 나이로 세상을 하직한다. 그녀는 많은 작품을 불태워 버리라고 유언하였다. 그녀는 경기도 광주군에 있는 안동 김씨 선영에 묻혔는데, 그녀의 무덤 앞에는 먼저 죽은 아들과 딸들의 무덤이 있었다. 1592년 왜적과 싸우다가 죽은 남편 김성립은 두 번째 부인 홍씨와 선산에 묻혔다고 한다.

허난설헌이 죽은 뒤 1590년, 동생 허균이 친정에 흩어져 있던 그녀의 시와 자기가 외우고 있던 시를 모아서 ≪난설헌집≫을 엮었다. 1606년 허균은 중국에서 온 사신 주지번(朱之蕃)에게 ≪난설헌집≫을 보여주자, 그가 명나라로 가지고 가서 이를 간행하였고, 그 결과 대단한 격찬을 받았다고 한다. 1608년 허균은 ≪난설헌집≫을 목판본으로 출간한다. 1711년 일본에서도 분다이야 지로(文台玉次郎)에 의하여 ≪난설헌집≫이 간행된다.

허난설헌은 약 210수의 시를 남겼다. 시들 중에 약 60%는 속세를 떠나고 싶어하는 신선시(神仙詩)이며, 나머지 시들은 애상과 애정을 노래한 것이다. 신선시는 <유선사> 87수를 포함하여 101수이고, 애정류의 시는 49수, 자연류는 7수, 우국시와 관련된 전쟁류는 16수, 풍자류는 34수이다.

허난설헌은 여성 작가 특유의 낭만성과 서정성이 묻어나는 시를 썼다. 그녀는 하필이면 조선시대에서 여성으로 태어나 김성립의 아내가 되었는가를 한탄하기도 했다고 한다.

먼저 애정류의 시를 보자. 김성립이 젊었을 적 한강 서재에서 글을 읽고 있을 때 난설헌이 보내온 시가 바로 <기부강사독서(寄夫江舍讀書)>이다. 이 시는 그래도 남편과의 금슬이 아직은 좋았던 시기에 지었던 것으로 볼 수 있다. 임, 곧 남편을 사모하고 그리워하는 심정을 담은 작품이다.

燕掠斜簷兩兩飛,	제비는 쌍쌍이 비낀 처마를 스치고 날아가며,
落花撩亂撲羅衣.	낙화는 뒤섞여 어지럽게 비단옷으로 파고들어요.

洞房極目傷心處, 동방에서 멀리 내다보다 상심해 있는 이 곳으로,
草綠江南人未歸. 풀빛 푸른 강남에 계신 임은 아직 돌아오지 않네요.

'요란'은 어지럽게 뒤섞여 있는 것을 가리킨다. '극목'은 시야를 한껏 넓혀 저 멀리까지 바라보는 것을 가리킨다. 처마를 스치며 쌍쌍이 날아가는 제비를 바라보니 갑자기 임에 대한 생각이 나는데, 이때 떨어지는 꽃들은 내 비단치마로 파고든다. 그리하여 시야를 넓혀 멀리까지 내다보지만 임은 여전히 돌아오시지 않아 상심하게 된다. 임이 계신 강남은 아직 풀빛이 푸른 봄인가보다. 상심한 내가 있는 이 곳으로 임은 아직도 돌아오지 않으시니.

다시 남편의 사랑을 그리워한 <규원(閨怨)>시를 보자.

錦帶羅裙積淚痕, 비단띠 비단치마에 눈물자국 쌓였으니,
一年芳草恨王孫. 한 해 동안 향초는 왕손을 한스러워한다.
瑤箏彈盡江南曲, 옥 쟁으로 강남곡을 다 타보는데,
雨打梨花晝掩門. 비가 배꽃을 치고 문은 낮에도 닫혀 있다.

방초는 향초를 가리킨다. 왕손은 귀족자제를 널리 가리키기도 하고, 남에 대한 존칭으로 쓰이기도 한다. 보통 봄풀이 돋아나면 나그네는 고향으로 돌아가고 싶은 사향(思鄕) 심리를 갖게 되는 것으로 보고 있다. 그런데 향초가 자랐어도 왕손, 즉 임께서는 돌아오지 않으시니 한스럽기만 한 것이다.

그래서 쟁을 타며 <강남곡(江南曲)>을 다 연주해본다. <강남곡>은 악부 <상화곡(相和曲)>의 이름이면서 <강남가채련(江南可采蓮)>으로 불리기도 한다. 강남에서 연밥을 따기에 알맞은 때임을 노래하는 곡인데, '채련'은 또한 이성에게 사랑을 고백한다는 우의도 담겨 있기에 청춘 남녀의 사랑을 노래한 것이라 할 수 있다. 사랑의 노래를 연주하는 이 시각에도 비가 배꽃을 치며 내리고 있고 문은 여전히 닫힌 채 사람의 내왕이 없다. 가슴에는 한이 가득하지만 그래도 사랑의 노래를 연주하는 모습에서 사랑에 의지하

여 살아갈 수밖에 없는 여인의 애달픈 고뇌를 느낄 수 있다.

그밖에도 허난설헌은 유선시를 잘 지었는데, 현실과 이상의 괴리를 실감하고 생활의 갈등을 느꼈으며 사랑에 절망한 그녀의 정신세계는 선계(仙界)를 지향할 수밖에 없었을지도 모른다. 예리한 여성적 감수성으로 인해서 그녀는 험난한 세파를 견디지 못 하고 피안의 세계를 향하여 떠났던 것이다.

14.3. 협객과 협시

협객(俠客)을 사전적으로 정의하면 호방하고 의협심이 있는 그런 기상을 지닌 사람이라고 할 수 있다. 협객은 대체로 두 종류로 나눌 수 있겠는데, 첫째는 개인적으로 의리 있고 충직한 사나이이며, 둘째는 정의감에 사로잡혀 불의와 타협할 줄 모르는 사나이로 나눌 수 있다.

또한 협객이 의지하는 수단은 검(劍), 즉 무력이라고 할 수 있다. 때문에 법이 확고하게 지배하는 사회에서는 이들은 늘상 불량배나 건달 등으로 통용될 수밖에 없지만, 그러나 법이 멀리 있고 패도가 횡행하며 각종 불의가 자행되는 사회에서는 이들은 민중들에 의해 항상 환영받아 왔고 때로는 영웅으로 추앙 받기까지 했다.

중국에서 협객은 고대로부터 많이 존재해 왔었다는 사실을 역사적 기록들을 통해 찾을 수 있다. ≪한서(漢書)·유협전(遊俠傳)≫에 보면, 전국(戰國)시대 열국에 공자들이 있었는데 위(魏)나라의 신릉(信陵), 조(趙)나라의 평원(平原), 제(齊)나라의 맹상(孟嘗), 초(楚)나라의 춘신(春申) 등 사공자(四公子)가 다투어 유협(遊俠)이 되었고 천하에 이름을 널리 드러내게 되었다. 사마천(司馬遷)도 ≪사기(史記)·유협열전(遊俠列傳)≫에서 전국시대 사공자 외에도 한나라의 주가(朱家)·전중(田仲)·왕공(王公)·극맹(劇孟)·곽해(郭解) 등을 유협으로 들고 있다.

사마천은 ≪사기·유협열전≫에서 우리에게 협객에 대한 중요한 시각 하나를 제공한다. 그는 한비자(韓非子)가 "유가들은 문장으로써 법을 어지럽히고 협객은 무력으로써 금령(禁令)을 범한다.(儒以文亂法, 而俠以武犯禁.)"고 말한 부분에 주목하였다. 사마천은 세상 사람들이 유가들을 협객에 비해 훨씬 좋게 평가하는 것에 동의하지 않고 그들과는 정반대로 협객을 옹호하면서 다음과 같이 말하였다.

> 지금 유협의 경우는 그들의 행위가 비록 정의에 합치되지는 않았지만 그러나 반드시 자기가 한 말은 지켰고, 자기의 행동에 책임을 졌으며, 한번 승낙한 일은 성의를 다해 몸을 아끼지 않았으며, 재난과 곤경에 처한 선비에게 가서 돌봐주면서도 자신의 생사존망은 아예 무시하고 만다. 그러나 자기의 능력을 뽐내지 않고 자기의 덕을 자랑하는 것을 부끄러워한다. 이런 점에서 그들에게도 충분히 칭찬할 점이 있다. 더구나 위급한 일이 어느 때 누구에게 밀어닥칠지 모르니 말이다.(今游俠, 其行雖不軌於正義, 然其言必信, 其行必果, 已諾必誠, 不愛其軀, 赴士之阨困, 旣已存亡死生矣, 而不矜其能, 羞伐其德, 蓋亦有足多者焉. 且緩急, 人之所時有也.)

사마천은 신의에 충실하고 죽음도 불사하며 위급한 사람들을 도와주는 사나이로서 협객은 분명 칭찬을 받을 점이 있다고 보았다. 사마천은 "선비는 자신을 알아주는 사람을 위해서 관직에 나가 재능을 사용하고, 여인은 자신을 기쁘게 해주는 사람을 위해서 얼굴을 단장한다.(士爲知己者用, 女爲悅己者容.)고 말하기도 하였다. 자신을 인정해주는 사람이라면 목숨도 초개같이 버리면서 물불을 가리지 않고 뛰어드는 사람들, 그들이야말로 진정한 사나이일지도 모른다.

중국 역사에서 의리의 사나이를 들라하면 가장 먼저 형가(荊軻)를 들 수 있을 것이다. 형가는 전국시대 위(衛)나라 사람으로 평소 독서와 검술을 좋아했는데, 진(秦)나라에 의해 조국이 망하자 연(燕)나라로 도망쳐 왔다.

이때 진나라는 이미 한(韓)과 조(趙) 두 나라를 병탄하였기 때문에 연나라의 태자 단(丹)은 진나라의 위세에 위협을 느껴 당시 진왕이었던 진시황(秦始皇) 정(政)을 암살함으로써 군웅할거의 정국을 계속 유지하고자 하였다. 암살자로 적임자를 찾던 중, 전광(田光)이란 사람이 형가를 추천하였다. 이에 단은 형가를 상경(上卿)으로 모시고 관사에 머물게 하면서 극진히 대접하였다. 당시 진나라에서 반란을 일으켰다가 탈출하여 연나라로 도망쳐온 번어기(樊於期) 장군이 있었다. 형가는 번어기 장군의 목과 연나라의 기름진 땅인 독항(督亢)의 지도를 바친다고 하면 진시황을 만날 수 있으니, 그때 그를 암살하겠다는 계획을 세운다. 번어기 장군은 이런 계획을 듣고 자기 목을 스스로 형가에게 내어주었다. 이리하여 형가는 진시황을 만날 수 있었고 그에게 먼저 번어기의 목을 먼저 바쳤는데, 진시황이 거기에 만족하고 있는 사이 독항의 지도 속에 숨긴 날카로운 비수를 꺼내서 진시황을 베고자 하였으나 결국에는 실패하고 만다.

형가가 연나라 태자 단과의 의리와 정분을 지키려 진시황을 살해하러 떠날 때, 연나라 태자 단은 지금 하북성에 있는 역수(易水)까지 따라와 그를 전별하였다. 형가는 암살이 불가능하다는 것을 이미 알고 있었기에 비장한 각오로 역수를 건너며 <역수가(易水歌)>를 부른다.

風蕭蕭兮易水寒,	바람 쓸쓸히 부니 역수 차가운데,
壯士一去兮不復還.	사나이 한번 떠나면 다시 돌아오지 못 하리라!

쓸쓸히 불어오는 바람에 역수가 매우 차갑다. 이제 장사는 한 번 떠나면 다시 돌아오지 못 할 길을 간다. 사나이를 알아준 사람을 위해 그와의 의리를 지키고자 목숨도 도외시하게 된 것이다. 협객의 마음을 이토록 사로잡아 죽음도 불사하게 만든 것은 무엇일까? 아마도 그를 알아주고 인정을 베풀어준 데 있을 것이다. 알아준다는 것은 곧 '지(知)'의 행위이다. 사마천이 말

했듯이 사나이는 자기를 알아주는 사람[知己者]을 위해 재능을 쓰는 것이다. 한편, 우리가 앞장에서 이미 거론한 적이 있던 백아와 종자기의 고사에서도, 백아는 자기의 연주소리를 알아주는[知音] 종자기가 죽자 금줄을 끊고 더 이상 연주를 하지 않았었으니, 이것도 결국은 같은 맥락 속에서 생각할 수 있을 것이다. 결국 사나이들은 자기를 알아주는 사람을 필요로 하는 것이다.

명대 왕방기(王邦畿)는 <과역수(過易水)>에서 형가를 찬미하고 있다.

地入幽州白日沉,	유주 땅에 들어서니 해가 가라앉으며,
寒雲莽莽水陰陰.	찬 구름 아득하고 역수는 어둡다.
亦知匕首無成事,	그 역시 비수로는 성공할 수 없음을 알고 있었으니,
只重荊軻一片心.	형가의 한 조각 마음만은 소중할 뿐이다.

유주는 연(燕)나라 땅으로서 지금의 요녕(遼寧)성 일대를 가리킨다. 이 시는 시인이 역수를 지나면서 형가를 회상하고 거기에 대한 감회를 읊고 있다. 유주 땅에 들어서니 해가 지면서 아득히 찬 구름이 떠 있고 역수는 어둡다. 암살이 성공할 수 없을 줄을 이미 알고서도 떠났던 형가의 마음은 너무 순수하고 의리가 넘치기에 그 붉은 마음이 너무 소중할 따름이다.

다음은 이백의 <소년행(少年行)> 시를 감상해 보자.

擊筑飮美酒,	축을 켜며 좋은 술 마시고,
劍歌易水湄.	역수 물가에서 검잡고 노래 부르네.
經過燕太子,	지나던 연나라 태자 단이,
結託并州兒.	병주 사나이와 결탁하였네.
少年負壯氣,	청년은 장렬한 기개 지녔으니,
奮烈自有時.	세차게 떨칠 때가 절로 있을 거라네.
因聲魯句踐,	노구천에게 당부하노니,
爭博勿相欺.	쌍륙을 다투며 상대를 속이지 말라.

병주는 북방지역으로서 지금의 하북(河北)성과 산서(山西)성 일대를 가리킨다. 유주(幽州) 사람들과 더불어 용감하고 의협심이 강해서, 예로부터 유병(幽并)은 호방하고 의협심 강한 기상을 대신 가리켜왔다.

노구천은 형가가 만났던 인물로서 함께 도박을 하다가 규칙문제로 다투게 되었는데, 노구천이 험악한 말로 고함을 지르자 형가는 아무 말도 하지 않고 그 자리를 뜬 일이 있었다. 그러나 형가는 나중에 노구천과 친분을 맺고, 진시황을 암살하려고 할 때 그를 부장으로 데려갈 생각을 하기도 하였나.

이 시는 연나라 태자 단이 병주의 용감한 사나이인 형가를 알고 그와 인연을 맺은 것을 얘기하고 있다. 장렬한 기개를 지녔으니 언젠가는 반드시 세차게 떨쳐 일어날 때가 있다고 하고 있다.

위(魏)나라 신릉군(信陵君)은 유협(遊俠)으로서 어질어서 식객이 3천여 명에 이르렀다. 그에겐 병사를 통솔할 수 있는 신표인 병부(兵符)를 훔쳐 조나라를 도왔다는 유명한 절부구조(竊符救趙)의 일화가 전해지고 있다.

진나라 소왕(昭王)이 조나라에 쳐들어오자 조나라는 위나라에 원병을 요청하였는데 당시 조나라 왕의 동생인 평원군의 부인은 곧 신릉군의 누나였다. 신릉군은 자신의 문객(門客)들과 가지고 있는 전차 백여 대를 동원하여 개인적으로 조나라를 돕고자 하였다. 그러나 당시 문객으로 있던 후영(侯嬴)이라는 사람이 그건 스스로 죽음의 길을 택하는 행위라고 하면서 위나라 왕이 사랑하는 왕비인 여희(如姬)를 이용하여 침실에 있는 진비(晉鄙) 장군의 병부(兵符)를 훔쳐서 지휘권을 받아 군사를 이끌고 조나라를 지원하는 게 상책이라고 했다.

병부를 훔친 신릉군이 진비 장군을 찾아 가려는 데 후영은 그렇게 하면 안 된다고 하면서 가려면 당시 유명한 역사(力士)인 주해(朱亥)를 데리고 가, 진비가 병부를 보고도 병권을 내놓지 않을 경우 주해로 하여금 진비를 격살하게 해야 일을 성사시킬 수 있다고 했다. 이처럼 후영과 주해는 모두 비천한 사람들이었는데 신릉군이 예우를 해 줌으로써 그의 문객으로 된 사람들로 수시로 그를 위해 목숨을 바칠 수 있는 사람들이었다. 결국 신릉군은 진비 장군을 죽이고 병사를 출동시켜 조나라의 수도인 한단(邯鄲)을 구해낼 수 있었다.

이백은 <협객행(俠客行)>에서 신릉군과 그를 도운 후영·주해에 대해 노래하고 있다.

…(前略)…
十步殺一人, 열 걸음에 사람 하나 죽이고,
千里不留行. 천 리에 종적 남기지 않는다네.
事了拂衣去, 일 마치면 옷을 털고 떠나서는,
深藏身與名. 몸과 이름 깊이 감추어 버린다네.
閑過信陵飮, 한가로이 길 지나던 신릉군은 술 마시며,
脫劍膝前橫. 검 벗어 무릎 앞에 비끼어 놓았네.
將炙啖朱亥, 고기 구워 주해에게 안주 삼게 하였고,
持觴勸侯嬴. 술잔 들고 후영에게 권하였네.
三杯吐然諾, 석 잔 술에 기꺼이 몸을 의탁하겠다고 하는데,
五岳倒爲輕. 오악이 오히려 가볍게 여겨졌네.
…(中略)…
救趙揮金鎚, 조나라 구원하려 쇠망치 휘두르니,
邯鄲先震驚. 한단이 먼저 깜짝 놀랐다네.
千秋二壯士, 길이길이 두 장사는,
烜赫大梁城. 대량성에 환히 빛나리라.
…(後略)…

이백은 협객의 풍모에 대해서 정의하고 있다. 열 걸음을 걸을 짧은 시간에 사람을 죽일 수 있고, 그러면서도 천 리에 걸쳐 종적을 찾을 수 없게 만든다. 일이 성공하면 자기 이름을 내세우지 않고 몸을 완전히 숨겨버린다. 이제 신

릉군은 술을 마시며 주해와 후영이라는 인물을 얻었다. 그들은 기꺼이 신릉군에게 몸을 의탁하겠다고 하는데, 그들의 장중한 기개에 오악이 오히려 가볍게 여겨질 정도였다.

그들은 이윽고 진비 장군을 움직일 수 있는 신표인 병부를 훔쳤고, 병부를 믿지 않는 진비를 죽인 다음 병사를 출동시켜 조나라의 한단을 구할 수 있었다. 그러니 그들의 위세는 한단을 진동시킬 수밖에 없었다. 주해와 후영 두 장사의 이름은 위나라의 수도인 대량성에 길이길이 빛이 날 것이다. 그런데 그들의 능력을 인정하고 활용한 유협 신릉군의 안목과 역량은 더욱 빛이 날 것임은 명약관화하다 하겠다.

유협 맹상군(孟嘗君)은 (齊)나라의 왕공으로서 수하에 식객 3천명을 거느렸던 인물이다. 한 번은 진나라의 소왕(昭王)이 맹상군을 인질로 연금한 일이 있었다. 그런데 맹상군의 식객 중에는 개를 도둑질하길 잘하는 구도(狗盜)가 있었고, 닭의 울음소리 흉내를 잘 내는 계명(鷄鳴)이 있었는데, 평소 능력이 없다고 여겨진 식객들이었지만 그들은 굳이 우겨서 진나라를 가는데 맹상군과 동행하게 되었다. 맹상군이 연금되니 이제 이 둘이 자신의 능력을 발휘하겠다고 나선 것이다. 먼저 개도둑 구도는 값 비싼 여우 갖옷 호구(狐裘)를 훔쳐 진 소왕의 애첩에게 바쳐서 그녀로 하여금 그들을 풀어주게 하였다. 이에 맹상군 일행은 혹시 진나라왕의 마음이 변할지도 몰라 새벽같이 성을 빠져나오려고 하였는데 그들이 함곡관(函谷關)에 당도하니 아직 관문이 열리지 않은 채로 있었다. 이때 식객 중에 닭 울음소리를 잘 내는 계명이 닭의 울음소리를 내니 모든 닭이 울기 시작하였다. 그러자 관문의 병사가 문을 열게 되었고 그로써 일행은 무사히 관문을 빠져 나올 수 있었다고 한다.

명나라 마세기(馬世奇)가 맹상군에 대해 회고한 영사시 <맹상군양사처(孟嘗君養士處)>란 시를 감상해 보자.

俠氣千年大海東,	협객의 기상은 천년토록 큰 바다 동쪽에 있는데,
猶將鄒魯薄齊風.	추·노의 유풍은 오히려 제나라의 기풍을 가벼이 여기네.
卽今飽食官廚者,	설사 지금 관가의 녹을 배불리 먹는 자들이라 하더라도,
幾似鷄鳴狗盜雄.	계명·구도의 영웅들과 비슷해지길 바랄 수 있겠는가?

큰 바다 동쪽이란 곧 제(齊)나라를 가리키고 구체적으로는 맹상군이 살던 나라이기도 하다. 따라서 제나라의 기풍이란 곧 호방한 협객을 숭상하던 그런 기풍이라고 할 수 있다. 공자는 노(魯)나라 사람이었고, 맹자는 추(鄒)나라 사람이어서 추로(鄒魯)의 유풍은 곧 인의(仁義)의 기풍을 대변한다.

천년의 오랜 세월 동안 협객의 기풍은 바다 동쪽 제나라 땅에 전해지고 있다. 그렇지만 인의의 기풍을 숭상하는 자들은 도리어 이런 협객의 기풍을 경시한다. 그런데 설사 관가의 녹을 배불리 먹고 있는 지금의 고관대작이라고 할지라도 계명·구도와 같은 작은 재주를 지닌 사람들을 따라갈 수 있을까? 시인은 전국시대 맹상군과 계명·구도의 이름을 빌려 명나라 말기 부패할 대로 부패하여 오직 나라의 녹만 축낼 뿐인 고관대작들이 도리어 맹상군 휘하에서 말기(末技)를 지녔던 계명·구도에게조차도 미치지 못 한다고 신랄하게 비판하고 있다.

유협 평원군(平原君)은 조(趙)나라의 왕공이었다. 진나라의 군대가 조나라의 수도 한단(邯鄲)을 포위하자, 조나라는 평원군에게 초나라에 가서 원군을 청해 올 것을 요청하였다. 그러자 평원군은 자신의 수천 명이나 되는 식객 중에서 문무를 겸비한 유능한 인재 20명을 선발하고자 하였다. 그런데 이 조건에 부합한 사람이 19명뿐이었는데 그 때 식객 중 모수(毛遂)란 사람이 스스로를 추천하였다. 이를 모수자천(毛遂自薦)이라고 한다.

그러자 평원군이 "어질고 유능한 사람이 세상을 사는 것은 마치 송곳을 주머니 속에 넣으면 밖으로 삐져나오는 것과 같은 법인데 너는 내 밑에 3년 동안 있었지만 너에게 무슨 재간이 있는 지를 보지도 듣지도 못하였다."고

하였다. 여기서 낭중지추(囊中之錐)란 고사성어가 나왔다. 한편 평원군의 말에 모수는 "만일 제가 좀 더 일찍 자루 속에 들 수 있었다면 벌써 밖으로 삐져나올 수 있었을 것입니다."고 적극적으로 자신을 설명하였다.

이리하여 모수는 평원군을 따라 초나라에 가서 날카로운 변설로 초나라가 조나라와 합종책(合縱策)을 맺는데 동의하도록 만들어 결국 진나라 군대를 격파할 수 있었다.

명나라 말기에 손지울(孫枝蔚)이 평원군과 모수를 회고한 영사시 <평원군(平原君)>을 감상해 보자.

豊草猶能蔽豫章,	더부룩한 잡초 오히려 아름드리 교목을 가릴 수 있고,
高才多困衆人旁.	뛰어난 인재 많이들 뭇 필부 곁에서 고생한다네.
平原亦是佳公子,	평원군 역시 뛰어난 공자였음에도,
毛遂三年未處囊.	모수는 3년 동안 자루 속에 들 수 없었다네.

여기서도 결국 능력을 알아주는 지(知)의 문제가 논의되고 있다. 잡초가 아름드리 교목을 가릴 수 있듯이, 뛰어난 인재들이 범부들 곁에서 알려지지 않고 고생을 하고 있는 경우가 너무 많다. 심지어 평원군처럼 인재를 볼 줄 아는 안목이 있고, 또 인재를 우대하는 사람조차도 모수 같은 인재를 알아보지 못 하였으니 더 말할 게 없다. 그리하여 모수는 3년 동안 자신의 능력을 발휘할 수 없었던 것이다.

세상에 천리마는 많다. 그러나 천리마를 알아볼 줄 아는 백락(伯樂) 같은 인물은 흔치 않은 것이다. 그래서 한유(韓愈) 같은 사람은 "세상에 백락이 있고 나서 그런 뒤에 항상 천리마가 있게 되었다.(世有伯樂, 然後常有千里馬.)"(<잡설(雜說)>)고 하였던 것이다.

천리마야 항상 있었겠지만 그러나 그 천리마를 천리마답게 하는, 즉 천리마를 천리마로 인정해주는 백락 같은 사람이 없다면 그 천리마는 뭇 말들 곁에서 똑같이 갖은 오욕을 뒤집어쓰고서 평생을 살아가야 할 것이다.

그런데 어디 백락 같은 존재가 흔하게 있던가? 그러니 이백이 <고풍(古風)>에서 "많은 모래 밝은 구슬 더럽히고, 뭇 잡풀들은 외로운 향초 능멸하는구나.(群沙穢明珠, 衆草凌孤芳.)"라고 노래할 수밖에 없었던 것이다. 이렇게 세상은 전도(顚倒)되고 도착(倒錯)되어 있는 것이다. 능력 있는 자가 자기의 능력대로 반드시 인정받지는 못 하는 세상, 그것은 예나 지금이나 마찬가지라고 해야겠다.

다시 능력을 알아주는 행위로서 '지(知)'의 문제로 돌아와 보자. 백아는 종자기를 지음(知音)이라 여겼고, 사마천은 대장부는 지기자(知己者)를 위해서 자기 능력을 발휘한다고 하였다. 또 한유는 백락(伯樂)이 있어야 비로소 천리마가 가려질 수 있다고 보았다. 지음, 지기자, 백락은 모두 동일한 맥락 속에 있다. 모두 누군가를 인정하는 행위와 관련이 있다. 우리 인간의 기본 욕구 속에 인정 욕구가 있다는 것을 절대 간과해서는 안 된다. 이처럼 인간이라면 모두 다 인정받고 싶어 하지만, 그러나 제대로 인정해줄 수 있는 사람은 많지 않다는 데 진짜 문제가 있다. 그 사람은 일단 그릇과 배포가 커서 상대방을 받아들일 수 있어야 비로소 남을 인정할 수 있고, 또 제대로 된 식견과 능력이 있어야 상대방의 능력을 간파하여 발탁할 수 있을 것이며, 나아가 가장 중요한 것은 그가 현직에서 권력을 지니고 있어야 그가 인정한 사람을 발탁할 수 있는 객관적 상황이 만들어질 것이다.

오늘도 모래알 속에서 더럽혀지고 있을 진주, 잡풀들에 의해 능멸 받으며 가려져 있을 향초, 더부룩한 잡초에 오히려 뒤덮여 있을 아름드리 교목, 뭇 말들에 의해 조롱 받고 있을 천리마, 소인배들의 손가락질을 받고 있을 군자, 그들과 한 마음이 되어 그들에게 특별히 심심한 위로의 말을 건넨다. 참으시게, 그래도 세상은 견딜 만하니!

제15장 한시의 미의식

15.1. 조화와 미

인간을 둘러싸고 있는 자연과 사회 속에서 인간과 자연, 개인과 사회 간에 조화가 존재하지 않는다면 거기에는 사실상 미가 존재할 수 없다. 이 세상의 미는 대부분 인간과 자연, 개인과 사회가 조화를 이룬 모습 속에 존재한다고 해도 과언이 아닐 것이다.

주(周)나라 때에 이르러 완성된 종법(宗法)사회는 신을 무조건적으로 경외하거나 숭배하지는 않음으로 말미암아 인간의 위상은 차츰 긍정받기 시작하였고, 인간의 자연에 대한 이성적 탐색도 가능하게 되어 비로소 인간과 자연이 조화를 이룰 가능성도 생기게 되었다. 또한 당시의 사회와 국가 전체는 씨족 혈연관계를 바탕으로 조직되어 있었기 때문에, 씨족 혈연에 기초한 관념은 개인과 사회의 관계를 서로 배타적인 것으로 보지 않고 본질적으로 통일된 것이라고 인식하였다. 사람들은, 음양(陰陽)의 두 기운은 질서와 규율에 합치되게 운행되며, 쌍방이 조화·통일 속에 놓여 있어서 자연과 사회를 포함한 우주 전체는 일종의 조화롭고 아름다운 상태를 드러낸다고 생각하였고, 또한 자연의 규율은 인간 사회의 규율과 서로 통하는 것이라 여겨서, 천지의 기는 그 질서를 잃지 않는데, 만약 기가 질서를 잃게 되면 백성들은 혼란에 빠지게 된다고 생각하였다.

대립면의 조화·통일은 우주자연의 본성이라는 사실을 인지하고 있었기에, 인간 세상에 존재하는 모든 현상들을 파악하고자 할 때도, 사람들은 잡다한 현상 속에서 각종 대립적인 요소들을 파악한 다음 이들을 조화·통일시키고자 하였다. ≪좌전(左傳)·양공(襄公)이십구년(二十九年)≫에 계찰(季札)은 악공이 연주하는 송시(頌詩)를 감상하면서 이렇게 찬미하였다. "강직하면서도 거만하지 않고, 완곡하면서도 비굴하지 않고, 친근하면서도 아주 가까이 하지 않고, 먼 듯하면서도 떨어지지 않고, 옮는다 하더라도 도를 벗어나지 않고, 반복적인데도 싫증나지 않고, 슬퍼하면서도 우수에 젖지 않고, 즐거워하면서도 지나치지 않고, 쓰되 다 쓰지 않고, 속마음 넓어도 떠벌리지 않고, 남에게 혜택 베풀면서도 낭비하지 않고, 손에 넣더라도 탐욕부리지 않고, 편안히 거처하더라도 그것에만 멈추어 있지 않고, 앞을 향해 나가더라도 딸려 나가지 않는다."고 하였다. 이러한 찬미는 모두 음악이 표현한 정감 중 각종 대립적인 요소들을 적절하게 통일시킨 데 집중되고 있다.

서주(西周)시대에 형성된 이러한 인식론들은 철학사상은 물론이고 심지어 심미적 사유규범이 형성되는 데도 많은 영향을 주었다. 사상가들은 처음부터 자연과 인간, 개인과 사회의 조화·통일[和]을 자신의 철학적 전제로 삼게 되었고, 아울러 이러한 통일 속에서 미를 인식하게 되었다. 자연의 신비로운 질서는 인간을 압도하였고 모든 가치와 의미의 근원이 되었다. 다시 말하면 인간 행위의 준칙과 사회적 질서는 자연이 스스로의 길을 통해 예비하고 있고, 인간에게 보여주고 있다고 인식하였다. 유가와 도가는 이 전제를 근본적으로 의심한 적이 없다. 그들의 철학과 심미적 사유규범이 서로 갈라졌던 것은 자연이 지시하고 있는 이념의 구체적 내용과 이를 실행에 옮기는 방식에 관한 것이었다.

공자(孔子)를 비롯한 유가는 인간의 도덕적 본질에 주의하면서 자연[天]을 통해 숨겨진 뜻을 확인하고 그것과 일치되고자 했다. 인간의 도덕원리는 또한 자연의 형이상학적 원리이기도 하였다. 유가는 인간의 윤리·도덕적 정신생활과 자연 규율 간에는 일종의 내재적 긴밀한 관계가 있어서, 양자 사이에는 본질적으로 서로 침투되고 협조되어 상호 일치되고 있음을 의식했기 때문에, 한걸음 나아가 사회 윤리·도덕과 인간의 감정·욕구 간의 화해·통일을 추구하였다. 그래서 그들은 자기 마음을 극진히 한 사람은 자기 본성을 알고, 자기의 본성을 아는 사람은 하늘을 안다고 하였고, 자연의 영원한 질서는 하늘의 길이고, 그 길을 본받는 것은 인간의 길이라고 하였다.

이러한 유가의 인간 개인과 사회도덕 간 조화·통일을 중시하는 관점은 필연적으로 이 양자가 조화를 이룬 모습에서 미를 발견하는 심미적 사유규범으로 작용하게 된다. "예를 시행하는 데는 조화[和]가 귀중하니, 선왕의 도는 이것을 아름다움이라 여겼다.(禮之用, 和爲貴, 先王之道, 斯爲美.)"(≪논어(論語)·학이(學而)≫)고 했으니, 예의 작용을 통해서 인간과 사회로 하여금 조화와 통일에 이르게 하는 것이 아름답다고 여긴 것이다.

도가는 인간의 생명과 가치를 결코 부정하지는 않았지만, 자연 앞에서 인간의 인위적이고 주관적인 작용을 부정하면서 절대 자유인 자연 자체의 높은 경계에 진입하고자 하였다. 노자(老子)는 "사람은 땅을 본받고, 땅은 하늘을 본받고, 하늘은 도를 본받고, 도는 자연을 본받는다.(人法地, 地法天, 天法道, 道法自然.)"(≪노자(老子)≫제25장)고 하였다. 여기서 자연은 도의 상위 개념으로서의 대자연을 가리키는 것이 아니라 도의 특성인 '스스로 그러함[自然]' 내지는 무위(無爲)의 특성을 가리킨다고 보아야 할 것이다. 결국 인간이 본받고 조화·통일되어야 할 대상은 도의 특성인 자연 내지는 무위인 것이다.

장자(莊子)는 문명을 부정하였고, 문명을 통해 초래된 인간의 비본질적 소외를 극복하여 자유를 획득하고자 하였다. 이러한 자유 경계에 도달하기 위한 방법은 인간의 사회 속에서는 찾을 수 없고 반드시 자연과 조화를 이루어야 한다고 보았다. 그래서 "천지자연의 덕에 밝다는 것, 그것을 세상 모든 일의 근본이라 한다. 그것은 바로 하늘과 조화가 된다. 그리고 천하를 조절하며 사람과 조화되는 원인이 되기도 한다. 사람과 조화[人和]되면 사람의 즐거움이라 하고 자연과 조화[天和]되면 하늘의 즐거움이라 한다"고 하였다.

종합하면, 그것이 개인과 사회도덕 간의 조화이든, 아니면 인간과 도의 특성인 자연 간의 조화이든 간에 결국 '화(和)'를 미의 본질로 간주하는 심미적 사유규범은 유·도 양가의 심미 관념을 주도하였고, '화' 속에 미의 이상이 가상 선형식으로 체현되어 있는 것으로 인식하게 하였다고 말할 수 있다. 그런데 '화'라는 심미표준은 이미 서주시대부터 내려온 전통적인 심미관념에 기인한 것이긴 하지만, 유·도 양가의 '화'의 대상과 목표가 서로 달랐던 이유는 역시 당시 시대에 대응한 시대정신의 근본적인 차이에 기인하였다고 말할 수 있다.

15.2. 개인의 사회에로의 통일 — 인격미

공자의 심미적 사유의 출발점이자 중심은, 예술이 인(仁)의 정신경계에 도달하기 위한 인격수양에 특수한 역할을 할 수 있다고 본 데 있으며, 또한 그것이 사회의 정치·풍속과 중요한 내적 연계가 되어 있어서 정치교화에 중요한 작용을 할 수 있다고 인식한 데 있다.

덕치로 인심을 감화시키고 예로써 사람들의 행동을 규제하려 했던 공자는 예술이 인심을 감화시키고 즐겨 인을 행하게 한다고 보았다. "시는 감흥을 일으킬 수 있다.(詩可以興.)"(≪논어(論語)·양화(陽貨)≫)고 하여, 시가 예술적 형상을 통해 성정을 함양시킬 수 있다고 보았다. 또한 군자의 수신은 시의 학습에서 시작하여 음악에 의해 완성된다고 보고서, "시에서 뜻을 흥기시키고, 예에 홀로 서며, 음악에서 완성한다.(興於詩, 立於禮, 成於樂.)”(≪논어(論語)·태백(泰伯)≫)고 하였다. 음악이야말로 인간의 성정을 함양하고 정화시켜 학문과 인격을 완성하는 데 도움을 준다고 보았던 것이다.

공자는 “도에 뜻을 두고, 덕을 굳게 지키며, 인에 의지하고, 예(藝)에 노닐어야 한다.(志於道, 據於德, 依於仁, 游於藝.)”(≪논어(論語)·술이(述而)≫)”고 하였다. 이는 사람이 마땅히 어떻게 자신의 인격을 완성시켜 나가야 하는지, 그 실천방법에 관해 언급한 것이다. ‘예’는 육예(六藝), 즉 예(禮)·악(樂)·사(射)·어(御)·서(書)·수(數)로서 후세에서 말하는 예술과 동일하지는 않지만 예술의 의미를 일부 포함하고 있다. 또한 ‘游於藝(유어예)’의 ‘游(유)’는 사회생활에 필요한, 음악을 포함한 각종 기예를 숙련되게 익힘으로써 획득하는 자유로운 감각을 가리킨다. 마치 그가 학문완성의 최종 단계로 설정한, “마음이 하고자 하는 바를 좇아도 법도를 넘지 않았다.(從心所欲不踰矩.)”(≪논어(論語)·위정(爲政)≫)고 하는 경지와 비슷하다. 따라서 ‘유어예’는 인격·도덕과 심미가 한 데 어우러진 명제로서, 예술이 인간에게 인격완성을 실현시켜 줄 수 있다는 심미적 사유의 표명이다.

그런데 미와 예술이 자신의 역할을 적극적으로 수행할 수 있게 하기 위해서는 반드시 먼저 인과 도덕상의 요구에 부합되어야 한다는 전제 조항이 필요하였다. 공자는 소악(韶樂)을 듣고 3개월 동안 고기맛을 몰랐다고 고백할 정도로 심미적 체험과 정신적인 즐거움을 맛보았는데, 소악이 어떻게 이러한 미감을 자아낼 수 있었는지를 미와 선의 통일을 통해 설명하였다. 소악이 지극히 아름답고 또 지극히 선하여 형식미의 요구에 부합할 뿐만 아니라 도덕상의 요구에도 부합하였기 때문이다. 그에 비해 무악(武樂)은 지극히 아름답기는 하지만 지극히 선하지는 못하여 도덕상의 요구에 완전히 부합하지는 않았다. 이로 보건대, 공자는 미와 예술이 반드시 인과 도덕상의 요구에 부합되어야 비로소 미감을 자아낼 수 있고, 미적 의의를 지닌다고 보았다. 그래서 미와 선의 통일 내지는 미의 선에로의 통일을 강조한 것이다.

미와 선의 통일이란 어느 의미에서 형식과 내용의 통일로서, 예술의 형식은 마땅히 미적이어야 하고, 내용은 마땅히 선해야 한다는 것인데, '문질빈빈(文質彬彬)'의 명제는 바로 이런 관점이 진일보된 견해이다. '문질빈빈'은 원래 군자의 수양을 가리키는 것으로서, '질'은 사람의 내재적 도덕을 의미하고, '문'은 사람의 외재적 문식(文飾)을 의미한다. 문과 질의 통일은 결국 미와 선의 통일이라고 할 수 있다. 이러한 미와 선의 통일이란 관점에 근거하여, 공자는 "즐거우면서도 지나치지 않고, 슬프면서도 화(和)를 해치지 않는다.(樂而不淫, 哀而不傷.)"(≪논어(論語)·팔일(八佾)≫)는 예술의 심미표준을 제시하였다. 즉, '화'를 심미의 표준으로 삼아서, 예술 속에 담긴 정감을 반드시 절제와 한도를 지킨, 사회성 있는 정감으로 만들어야 한다는 것이다. 공자가 자신의 인학(仁學)에서 출발하여 미와 예술의 가치를 인정하면서도 미와 선의 통일을 요구하는 방향으로 자신의 심미적 사유를 규범화한 것은 결국 개인의 감성·심리 욕구와 사회적 이성·도덕·규범과의 화해와 통일을 핵심적인 목표로 삼고 있었기 때문이라고 말할 수 있다.

맹자(孟子)는 개인의 인격미의 의의와 가치를 최대한 강조하는 심미적 사유관점을 지녔다. 맹자는 인간들의 공통적인 심미대상인 미(味)·성(聲)·색(色)이 인간의 입·귀·눈에 맞아 즐거움을 주는 것과 마찬가지로 인간의 도덕·인격 정신 역시 심미대상이 되어 인간의 마음에 즐거움을 줄 수 있다고 보았다. "그리하여 마음에 이르러서만 홀로 똑같이 옳게 여기는 바가 없겠는가? 마음에 똑같이 옳게 여긴다는 것은 어떤 것인가? '이(理)'와 '의(義)'를 말한다. 성인은 우리 마음에 똑같이 옳게 여기는 바를 먼저 아셨다. 그러므로 '이'·'의'가 우리 마음을 즐겁게 함은 소·양과 개·돼지의 고기가 우리 입을 즐겁게 함과 같은 것이다"고 하였다. '이'·'의'와 같은 인간의 도덕 정신도 심미적인 성질을 갖추고 있으며 따라서 심미적인 즐거움을 불러일으킬 수 있다고 본 것이다. 그리고 이러한 도덕 정신은 맹자에게 있어서 어느 면에선 삶 자체보다도 더 가치와 의미가 있는 주제였다.

양기(養氣)는 맹자가 제시한 일종의 수양방법이다. 인간 개인의 선을 실현시키고자 하는 노력과 관련시켜 그가 제시한 '호연지기(浩然之氣)'는 인의(仁義)의 도에 배합되어 길러져야만 획득할 수 있는 개인의 정신역량이었다. 따라서 호연지기는 인간 개인의 정감·의지와 그가 추구하는 윤리·도덕 목표가 상호 융화되어 드러난 정신상태의 일종이라 볼 수 있다. 이는 물론 도덕 수양의 문제에 속하는 것이긴 하지만 한편으로는 정신미 내지는 인격미와도 밀접한 관련이 있는 말로서, 맹자는 인격미가 인간 개인에 내재한 정감·의지와 사회의 윤리·도덕과의 통일에 있음을 인식한 것이라 할 수 있다.

순자(荀子)는 미에 대한 요구가 사람의 본성으로부터 나오는 일종의 욕망이라 했고, 미에 대한 감수 능력은 사람의 감각 기관이 나면서부터 본래 갖추고 있는 것이라고 지적하였다. 그러나 그는 미적 욕망을 포함한 인간의 모든 욕망의 만족은, 다만 그것이 예(禮)에 부합되고, 윤리 도덕의 요구에 부합될 때에야 비로소 합리적이고 사람의 생존에 유익한 것으로 보았다. 이는 기본적으로 공·맹의 미적 관점과 서로 일치되는 부분이다.

순자는 음악의 가장 중요한 역할은 사람의 욕망을 예의로 이끄는 데 있음을 지적했다. 옛 성왕들이 아(雅)·송(頌)의 음악을 제정한 동기도 바로 여기에 있다고 하였다. 이는 결국 음악이 인간들의 정감을 도야·변화시키는 역할을 할 수 있다고 보았기 때문이다. 음악은 성인이 즐긴 것으로서, 이것으로 백성을 선하게 할 수 있었으니, 사람을 깊이 감동시키고, 풍속을 쉽게 변화시켜서이다. 순자는 또한 음악이 사람들의 마음에 작용하여 사회관계를 조화롭게 유지하게 하며, 천하를 크게 조화·통일시키는 '화'의 작용이 있음에도 주목하였다.

종합하면, 공·맹은 모두 도덕상의 선을 미의 위에 놓고, 미는 반드시 선에

속해야 하며, 미와 예술은 반드시 사회의 정치·윤리의 목적을 위해 봉사해야 함을 강조했는데, 이점은 순자도 마찬가지였다. 다만 순자는 물질적인 욕망의 만족을 강조한 것이 차이점이었다. 결국 유가의 심미적 사유는 인간의 개인 감성·인격과 사회의 윤리·도덕을 둘러싸고 진행된 것이었으며, 미의 실질은 사회도덕에 있고, 오직 사회도덕이 양육하고 변화시킨 개인의 감성·인격만이 비로소 미를 이룬다는 관점을 사유규범으로 세웠다고 할 수 있다. 때문에 인간 개인과 사회의 통일이란 유가의 사유규범은 실제로는 개인을 사회에로 통일시킨 것으로서 '개인의 주관적 감성의 사회 윤리도덕화'라고 할 수 있으니, 여기서 인간 개개인의 자유로운 감성·욕구는 경시되거나, 심지어는 없애야 할 대상으로 간주될 수밖에 없었다. 그것은 종법사회의 이상적 질서 회복이란 시대정신에 의해 필연적으로 가야만 했던 방향이었다.

중국학자 이택후(李澤厚)는 유가의 인학(仁學)을 '자연의 인간화'란 명제로 정의하기도 하였는데(≪화하미학(華夏美學)≫), 필자는 생각이 좀 다르다. 유가가 자연의 질서를 통해 인간행위의 준칙과 질서를 발견했다는 점에 있어서 이 정의는 타당하다 하겠으나, 그러나 유가의 최종 목표는 인간 개인의 감성을 사회의 질서에로 통일시키려 한 점에 있었으니, 이런 점에서 보자면 이택후의 정의는 완전하지 못하다고 생각된다.

15.3. 인간의 자연에로의 합일 — 자연미

도가 사상의 중심범주이자 최고범주인 도(道)는, 대자연을 관찰하는 중에 자연은 의도적으로 무엇인가를 추구하거나 달성하려고 하지 않지만 어느새 모든 것을 성취하고, 모든 사물의 발생과 변화는 무의식적이고 목적이 없음에도 목적에 합당하게 이루어는 현상에서 깨달아낸 것이었다. 도는 비록 만물을 창조하지만 의지나 목적을 지닌 주재자가 아니었다. 바로 도의 가장 근본적 특징인 '무위자연(無爲自然)'의 원칙으로서, 이는 도가의 심미적 사유의 출발점이자 이론적 토대가 되기도 하였다.

노자의 미에 대한 생각은 당시 일반인들의 생각과는 좀 달랐다. 세상 사람들이 모두 아름답게 보이는 것을 아름답다고 여기고 있지만 그것은 추한 것일 수도 있다고 하여, 세속에서 추구하는 미는 추(醜)와 상대적으로 존재할 뿐으로 그러한 미는 본질적인 미가 아니라고 부정하였다. 때문에 그는 미에 대해 그다지 언급하지 않았고, 미의 개념에 대해서도 구체적으로 정의를 내리지 않았다. 그런데 그가 이상으로 여겼던 소국과민(小國寡民)의 사회에서 생활하는 소박한 삶을 얘기할 때 아무 옷이나 아름답게[美] 여겼던 데서 그가 추구하는 미의 본질에 대한 단서를 발견할 수 있다. 그것은 '무위자연'에서 오는 소박미이다. 모든 작위와 문명을 부정하고 순박한 삶을 강조하여 "본래의 바탕[素]을 드러내고 나무둥치 그대로의 마음[樸]을 지닌다."고 말한 언급 속에서, 그리고 성군의 무욕을 강조하여 "내가 욕심이 없으니 백성들이 저절로 순박해진다[樸]"고 말한 언급 속에서도 노자의 미의 본질에 대한 관점을 읽을 수 있다.

이른바 '박(樸)'은 도가가 말하는 도의 특징이기도 한데, 도가의 미에 대한 사유관점은 이처럼 일반적인 미에 대한 언급 속에서가 아니라 그들의 도에 대한 견해 속에서 찾을 수 있다. 도는 세상 모든 것의 유일한 근본이다. 그 속에 진정한 아름다움이 있는 것이다.

노자는 말했다. "하늘은 하나[一]를 체득하여 맑아졌고, 땅은 하나를 체득하여 편안해졌으며, 신은 하나를 체득하여 영묘해졌고, 골짜기는 하나를 체득하여 가득 차게 되었으며, 만물은 하나를 체득하여 생겨나게 되었고, 임금은 하나를 체득하여 천하를 올바르게 다스리게 되었다." 도를 체득하여 실행에 옮기기만 하면 온 천하가 화평하게 되며 모든 사람들이 행복하게 되니 그 속에 선도, 그리고 미도 존재하는 것이다.

장자는 대자연 속에 존재하는 커다란 아름다움을 발견하였다. 대자연의 원초적인 아름다움에 근원을 두고 만물의 이치에 통달한다면 성인과 지인이 될 수 있다고 보았다. 그렇다면 대자연에 존재하는 미의 본질은 무엇인가? 그것은 대자연이 덕성으로 지닌 무위에 있으니, 곧 도의 특성이기도 하다. 무위는 작위가 없는 것으로서 자기를 주장하지 않고 모든 것을 자연에 맡기는 행위인데, 무심의 고요함으로 안성을 지키고 그윽한 적막함 속에 있으며 작위가 없는 것이야말로 천지자연의 기준이 되고, 만물의 근본이 된다. 때문에 "작위가 없으면[無爲] 고귀해지고, 소박한 본질을 그대로 유지하고 있으면[樸素] 천하에 그와 더불어 미를 다툴 자가 없게 된다.(無爲也而尊, 樸素而天下莫能與之爭美.)"(≪장자(莊子)·천도(天道)≫)고 하였다. 무위와 소박이야말로 세상에서 가장 아름다운 미라는 얘기다. 무위는 또한 세속 사람들이 누리는 즐거움과는 전혀 차원이 다른 지극한 즐거움을 누리는 관건이 되기도 한다. 그래서 지극한 즐거움과 몸을 살리는 방법은 다만 무위일 때만 얻어진다고 하였다.

장자는 무위를 이루고 자연에 자신을 맡긴 사람을 가리켜 '나를 잃어버린'[吾喪我] 사람이라 하였다. '아'는 현실과 외물의 지배를 받는 나이다. 때문에 '아'에겐 기쁨과 노함, 슬픔과 즐거움, 걱정과 후회, 주저와 공포가 번갈아 찾아온다. 인간의 비극은 오직 '아'가 자신의 의지로 자연의 과정에 개입하려는 데서 비롯되었다. 이는 마치 쇠붙이가 대장장이에게 나는 꼭 막야검이 되겠소라고 하는 격이다. 도는 천지를 운행시키고 만물을 지배하는 주재자로서 그 스스로 있는 자[自然]다. 때문에 '아'를 버리고 도의 과정에 몸을 실어야 한다. 인간이 자아의식을 버리고 초월하여 자연과 하나가 되면, 비로소 '아'와 외물은 서로 대립하던 형국에서 하나가 됨으로써 주체와 대상이라는 대립도 소멸되게 된다. '卽物卽我(사물이 곧 나, 내가 곧 사물)' 내지는 '無物無我(사물도 나도 없음)'의 물화(物化)의 경지이다. 이것이 바로 자연과 조화되는 길이니 이렇게 되면 '하늘의 즐거움'을 얻게 된다. 또 그 하나의 입장으로서 절대적인 자연의 무리가 된다.

장자는 이처럼 인간이 천지자연의 덕으로 회귀하여 천지 만물과 일체가 될 것을 요구하였다. 그리고 만물의 시초에서 마음을 노닐게 할 것을 요구하였다. 천지의 무위자연의 도를 체득하고 실행하며 자유의 인생 경계에 도달한 지인(至人)·진인(眞人)·신인(神人)은 천지 본연의 모습을 따르고 자연의 변화에 순응하여 무한의 세계에 노니는 자이며, 조물자와 벗이 되어 천지의 근원인 일기(一氣)에서 노닐려 하는 자로서 무엇에도 구애되지 않는 모양으로 속세 밖을 유유히 돌아다니며, 무위자연의 경지에서 한가로이 노니는 자이다. 이들은 어떤 구속도 받지 않고 자유자재로 소요하여 최대의 자유에 도달할 수 있다. 장자는 이러한 지인·진인·신인의 모습을 참다운 자유의 인생경계이자 가장 아름다운 미적 경지로 간주한 것이라 말할 수 있다.

종합하면, 도가의 시대상황 인식은 문명사회에 대한 부정과 비인간화의 극복이라는 시대정신으로 구체화되었기 때문에 그들은 현실사회의 문명성과와 인간 세상에 결코 의미와 가치를 부여할 수 없었다. 그들의 눈은 결국 인간을 둘러싸고 있는 대자연의 세계로 향할 수밖에 없었고, 그곳에서 파악해낸 우주자연의 운행질서로서 도, 곧 자연과 합일되고자 했다. 이러한 철학정신은 곧 심미적 사유관점에도 작용하여 인간을 자연에로 합일시키는 데서 미적 가치와 의의를 발견하는 방향으로 규범화되었다. 그리고 그러한 심미적 사유가 형상화시킨 미는 소박미와 자연미였으며 구속 없는 자유로운 인생 경계였다. 그런데 도는 무위자연의 특성을 지니고 있기 때문에 인간이 자연과 합일되기 위해서는 자신의 주관적인 자아의식까지도 철저하게 버릴 것이 요구되었다. 이로 보건대, 도가의 심미적 사유규범으로서 '인간의 자연에로의 합일'은 좀더 구체적으로 말하자면 '인간의 주체적 자아의 무위자연화'라고 말할 수 있겠다.

이택후는 노장사상을 '인간의 자연화'란 명제로 정의하였는데(≪화하미학(華夏美學)≫), 이러한 정의는 실상을 다소 모호하게 만드는 결과를 초래할 수도 있다고 필자는 생각한다. 노장은 인간과 자연의 단순한 합일이 아니라 인간이 주체적 자아까지도 철저히 버림으로써 무위자연화(無爲自然化)되어야 한다고 보았기 때문이다.

<부록>

중국 문인의 선시

● 장열(張說 : 667~730)

<산에서 밤에 종소리를 듣다(山夜聞鐘)>

밤에 누워 종소리를 듣는데,
고요한 밤이라 산이 더욱 울린다.
서리 바람이 차가운 달에 불어오니,
종소리가 그윽하게 허공 위로 솟아오른다.
앞소리는 벌써 사라졌는데,
뒷소리가 다시 흔들거리며 들려온다.
들을 적엔 볼 수 있을 것 같아,
찾았지만 결국 자취가 없다.
본래 다 비었음을 진실로 알겠나니,
부질없이 생멸(生滅)의 망상을 품었구나.

夜臥聞夜鐘, 夜靜山更響.
霜風吹寒月, 窈窕虛中上.
前聲旣舂容, 後聲復晃蕩.
聽之如可見, 尋之定無像.
信知本際空, 徒挂生滅想.

* 窈窕(요조) : 깊숙하고 고요하다.
* 舂容(용용) : 침착하고 조용한 모양.
* 晃蕩(황탕) : 흔들거리다.
* 生滅(생멸) : 모든 물체의 생김과 없어짐.

▶ 장열은 초당 시인으로 무측천·중종·예종·현종 등 4대 동안 재상을 지냈다. 이 시는 투명하고 비어 있으면서 생동적인 종소리의 공령(空靈)한 모습을 통해 공(空)의 실상을 잘 보여주면서 동시에 생멸(生滅)에 대한 인간들의 망상을 경계하고 있다. 고대 선시(禪詩)에서 종소리를 소재로 한 시는 1,000여 수가 넘는다고 한다. 시에서 과연 소리는 어떤 역할을 하기에 시인들이 좋아하는 소재가 되었을까? 첫째, 그 소리가 유장하게 울려 퍼져 듣는 이의 심금을 울리면서 깨어 있게 한다. 그리하

여 깨달음으로 쉬이 이끌어주기 때문이다. 둘째, 소리는 느낄 수는 있으나 손으로 잡거나 눈으로 볼 수 없다. 실체는 있으나 보이지 않는 것, 즉 있다고도 할 수 없고, 없다고도 할 수 없는 공(空)과 적멸(寂滅)의 세계를 잘 상징해주기 때문이다. 셋째, 소리는 계곡물이 흐를 때도, 비가 올 때도 들을 수 있지만 그 소리는 젖지 않는다. 다시 말해서 더럽고 때 묻은 주변 상황에서도 전혀 물들지 않고 청정심(淸淨心)을 유지할 수 있기 때문이다.

● 맹호연(孟浩然 : 680~740)

<대우사 의공의 선방을 시로 짓다(題大禹寺義公禪房)>

의공이 선을 익히는 선방은,
텅 빈 숲 속에 지었다.
문 밖에 봉우리 하나 우뚝하고,
섬돌 앞에 여러 골짜기들은 깊다.
석양에 연이어 내리는 비 흡족하고,
숲의 비취빛 기운은 뜰 그늘에 떨어진다.
깨끗한 연꽃을 취하여 보니,
비로소 물들지 않은 마음을 알겠다.

義公習禪處, 結構依空林.
戶外一峰秀, 階前群壑深.
夕陽連雨足, 空翠落庭陰.
看取蓮花淨, 方知不染心.

* 義公(의공) : 대우사의 고승. 그의 사적(事迹)은 알려지지 않는다.
* 空翠(공취) : 수목이 울창한 산중의 기운.
* 不染心(불염심) : 마음이 속세의 티끌에 더럽혀지지 않다. 이는 곧 의공의 선심(禪心)의 고결함을 가리킨다.

▶ 이 시는 <제의공선방(題義公禪房)>으로 불리기도 한다. 대우사의 옛 터는 지금의 절강성(浙江省) 회계산(會稽山)에 있었다. 이 시는 먼저 선방의 위치와 외부 환경에 대한 정경 묘사로 시작하고 있다. 텅 빈 숲에 위치한 선방, 앞에 산봉우리 하나 우뚝 솟아 있고 주변에는 무수한 깊은 골짜기들이 있어 깊고 깊은 산중의 고요함과 적막감을 두드러지게 한다.

이 시의 눈[眼]은 불염심(不染心)에 있다. 더러운 곳에 있으면서도 항상 깨끗한[處染常淨] 모습을 유지하는 연꽃을 통해 어떤 것에도 물들지 않고 청정심을 유지하고 있는 고승의 형상을 비유하고 있다. 명경지수(明鏡止水)와 같은 마음을 유지할 수 있다면 때와 먼지가 끼어들 틈과 여지가 없을 것이니 항상 빈 마음을 지닐 수 있을 것이다.

● 왕유(王維 : 701~761)

<새가 여울에서 울다(鳥鳴澗)>

한가로운 사람, 떨어지는 계수나무꽃,
고요한 밤, 텅 빈 봄 산.
달 오르자 산새들 놀라게 하여
때때로 봄 여울 가운데서 운다.

人閑桂花落, 夜靜春山空.
月出驚山鳥, 時鳴春澗中.

* 鳥鳴澗(조명간) : 운계(雲溪) 풍경 가운데 하나.
* 春山空(춘산공) : 꽃들이 봄산에 절정을 이루고 있지만 그러나 어떤 소리도 들리지 않아 마치 텅 비어 아무 것도 없는 듯이 고요하다.
* 月出(월출)구 : 산과 여울의 고요가 지극한 정도에 이르니 심지어 달이 무심히 떠올라도 보금자리에 있는 산새들을 놀라게 한다.

▶ 이 시는 역설이 주요 어조이다. 그런데 선사들의 화두가 진리의 실상을 왜곡시키지 않기 위해 늘상 역설과 반어법, 언어도단으로 이루어진다는 것을 상기한다면 이 시가 의도하는 있는 목표를 어림짐작할 수 있다.

이 시는 꽃이 지고, 달이 떠오르고, 산새가 놀라서 울고 하는 동태적인 모습을 통해 역설적으로 텅 비어 있는 봄산의 밤의 고요를 더욱 두드러지게 부각시켜 주고 있다. 또한 이것은 시인의 선을 닦는 마음이 고요하고 그윽함을 상징적으로 비유한 말이기도 하다.

우리는 고요와 화평을 그 자체로 누리지 못 하고, 오직 고요와 화평이 깨질 때에 이르러서야 비로소 그것들의 존재와 소중함을 알게 된다. 그러니 이런 우리에게 역설적으로 봄새의 울음소리와 같은 불편한 실체를 존재하게 해야만 비로소 고요와 화평을 진정으로 누릴 수 있을지도 모른다. 장강의 물이 동쪽으로 흘러간다는 것을, 그리고 우리나라의 한강물이 서쪽으로 흐른다는 사실을 알 수 있는 것은 바로 그 강물을 거스르는 존재가 있어서 흐르는 물결의 방향을 표시해주기 때문이다. 불편함과 고통을 주는 실체를 방향 지시등으로 삼아 고요와 화평을 내 마음속에 가꾸어볼 일이다.

<장소부에게 응답하여(酬張少府)>

만년에 오직 고요함이 좋아,
만사에 마음을 두지 않는다.
스스로를 돌볼 좋은 계획은 없고,
그저 옛 숲 속으로 돌아갈 줄만 알 뿐이다.
솔 사이로 불어온 바람은 허리띠를 풀어주고,
산 위로 오른 달은 금 타는 이를 비추어준다.
그대가 삶의 이치를 물으셨는데,
어부의 노래 소리가 포구 깊숙히 들려온다.

晩年惟好靜, 萬事不關心.
自顧無長策, 空知返舊林.
松風吹解帶, 山月照彈琴.
君問窮通理, 漁歌入浦深.

* 長策(장책) : 좋은 계획.
* 窮通(궁통) : 궁달(窮達)의 뜻으로, 빈궁(貧窮)과 영달(榮達). 뜻을 이룸과 못 이룸.

▶ 이 시는 시인이 은거를 하면서 청정한 내심과 자유로운 정신세계를 추구하는 모습을 노래하고 있다.

시인은 세상만사에 관심이 없고, 그렇다고 훌륭한 인생 계획을 갖고 있는 것도 아니다. 오직 솔바람과 산달을 벗 삼아 금을 타고 즐길 뿐이다. 사람이 곤궁에 처했을 때, 그리고 현달했을 때 어떻게 처세해야 하는가, 그 이치와 방법을 아는 것은 굉장히 중요한 일이다. 맹자는 여기에 대해 "곤궁하면 혼자서 자기 몸을 잘 수양하고, 현달하면 세상을 두루 잘 다스려라(窮則獨善其身, 達則兼善天下)"라고 자기 생각을 얘기하였다. 그러나 시인은 도무지 이런 현실적인 일들에 관심이 없다. 때문에 뜬금없이 어부의 노랫소리를 거론하면서 즉답을 회피할 수밖에 없다.

즉답을 피하고 침묵한다든지, 또는 에둘러서 표현하는 수법 또한 선가의 문답 방식 중 하나이다. 달마 조사께서 서쪽에서 오신 뜻이 무엇인지[祖師西來意] 알고 싶은 제자에게 스승은 딴전을 피울 수밖에 없다. 말하는 순간 진리의 실상에서 어그러지기 때문이다. 그러니 도연명도 "여기에 참된 진리가 담겨있지만, 분별하고자 하여도 이미 말을 잊었다.(此中有眞意, 欲辨已忘言)"(<음주(飮酒>)고 하면서 말을 회피한 것이나, 이백이 "무슨 일로 푸른 산에 사시는가 나에게 묻는데, 웃으면서 대답하지 않지만 마음은 절로 한가롭다네.(问余何事棲碧山, 笑而不答心自閑)"(<산중문답(山中问答)>고 하여 웃음으로 대답을 대신한 것이다. 그런데 말은 하지 않지만 이들의 마음속에는 이미 진리에 대한 실체가 선명하게 새겨져 있다. 굳이 언어로 표현하려들지 않을 뿐이다.

● 유장경(劉長卿 : 709~790?)

<영철 상인을 전송하며(送靈澈上人)>

대나무숲 울창한 절에서,
아득히 퍼지는 저녁 종소리.
연꽃 삿갓 쓰고 석양빛 받으며,
청산으로 홀로 멀리 돌아간다.

蒼蒼竹林寺, 杳杳鐘聲晚.
荷笠帶夕陽, 靑山獨歸遠.

* 蒼蒼(창창) : 울창하다.
* 杳杳(묘묘) : 아득히 멀다. 깊은 모양.

▶ 이 시는 <봉설숙부용산주인(逢雪宿芙蓉山主人)>과 함께 유장경의 5언시 중 대표작이다. 영철상인은 중당 때의 유명한 시승(詩僧)이다. 이 시는 첩자를 절묘하게 구사하여 울창한 대나무숲과 아득히 퍼지는 종소리의 이미지를 더욱 선명하게 해주고 있다. 삿갓 쓰고 석양 노을빛을 받으며 멀리 청산을 향해서 혼자 떠나가고 있는 스님의 모습은 자못 고즈넉하고, 속세의 명리를 떠난 청정(淸淨)한 풍도를 느끼게 한다. 모든 세상의 정리를 내려놓고 떠나야 할 때를 알고 떠나는 사람의 뒷모습은 얼마나 아름다운가!

● 교연(皎然 : 730~799)

<종소리를 듣다(聞鐘)>

차가운 산 위의 옛 절에서,
종소리는 좋은 바람 따라 멀리 퍼져간다.
여운이 달 속 계수나무를 울리다가,
서리 내리는 하늘에서 사그러든다.
긴 밤 한 선승이,
맑고 깨끗한 심경 속에 든다.

古寺寒山上, 遠鐘揚好風.
聲餘月樹動, 響盡霜天空.
永夜一禪子, 泠然心境中.

* 月樹(월수) : 달 속 계수나무.
* 禪子(선자) : 스님.
* 泠然(영연) : 맑은 모양. 시원한 모양.

▶ 이 시는 종소리의 효과에 대해서 아주 잘 묘사하고 있다. 산 위의 오래된 절에서 때마침 불어오는 바람을 타고 멀리 퍼져간다. 여운은 달 속 계수나무까지 울릴 정도인데, 그 소리가 이윽고 서리 내리는 하늘가에서 사그러든다. 그러나 선정에 든 스님에게 이 소리는 깨달음을 부추겨 그로 하여금 맑고 깨끗한 청정의 심경 속으로 들어가도록 만들고 있다.

● 두순학(杜荀鶴 : 846~904)

<오공상인의 절에서 여름에 쓴 시(悟空上人院夏日題詩)>

삼복에도 문 닫고 승복 하나 걸쳤는데,
불당과 곁채를 가려줄 송죽조차도 없다.
선정에 편안히 드는 데 꼭 산수가 필요하지는 않으니,
생각을 여의고 버리면 불은 저절로 식혀지는 것을.

三伏閉門披一衲, 兼無松竹蔽房廊.
安禪未必須山水, 滅却心頭火自涼.

* 房廊(방랑) : 불전(佛殿)과 주거 가옥.

▶ 두순학은 두목(杜牧)의 서자로서 46세 때에 비로소 진사에 급제하였다. 그의 시는 당말의 암흑적인 사회상과 민생의 고난을 잘 반영하고 있다고 평가된다.
스님은 불당을 가려주는 나무 그늘 하나 없어 더욱 찌는 듯 한 삼복더위 속에서도 문을 닫아걸고 승복 하나만 걸친 채 용맹 정진하고 있다. 그런데 참선의 중요성은 마음을 깨끗이 하는 데 달려 있다. 그가 편안하게 선정에 드는 데 시원한 날씨와 아름다운 산수가 꼭 필요한 것은 결코 아니다. 망념과 욕망을 제거하고 무심한 경지에 들어가면 곧 영원히 청정(淸淨)함을 얻어서 모든 세상의 번뇌로부터 해탈할 수 있다. 이 시는 무심과 청정한 심경의 관계를 잘 언급하고 있다. 백거이도 "다만 마음을 고요하게 할 수 있다면 몸은 곧 청량함을 얻으리라(但能心靜卽身凉)"라고 말한 바 있다.

● 왕안석(王安石 : 1021~1086)

<정림사의 거처(定林所居)>

집은 굽이진 시내에 둘러싸져 있고 대나무는 산을 에워쌌는데,
시내와 산은 도리어 흰 구름 속에 있다.
시내에 다다라 거룻배를 대어놓고 산에 기대어 앉으니,
시내의 새와 산의 꽃이 나와 함께 한가롭다.

屋繞灣溪竹繞山, 溪山卻在白雲間.
臨溪放艇依山坐, 溪鳥山花共我閑.

* 定林(정림) : 정림사(定林寺). 종산(鐘山) 근처에 있었으며, 왕안석이 노년에 은거했던 장소와 그리 멀지 않다. 정림사 측에서는 그에게 집을 한 채 제공했는데, 왕안석은 그곳에서 책을 읽고 저술에 몰두하거나 손님을 맞이하곤 했다.
* 艇(정) : 거룻배.

▶ 이 시는 한적하고 편안한 심경을 잘 표현하고 있다. 특히 시내와 산을 매구마다 대조시키고 있다. 시내가 집을 둘러싸고 있고, 산은 대나무숲에 의해 둘러싸져 있다. 그런데 둘 다 모두 흰 구름 속에 있다. 시내에 배를 정박시키고 산을 기대고 앉았다. 그러니 시내를 나는 새와 산에 피는 꽃들이 저마다 한가로워 내 마음을 흡사 대변하고 있는 듯하다. 나와 자연이 함께 융합되어 깨달음의 기쁨인 법열(法悅)의 경계에 들어선 모습이다. 마음에 만족스럽게 여기면서 즐거워하는 이연자득(怡然自得)의 경지를 느낄 수 있다.

<종산에서 노닐며(游鐘山)>

종일토록 산을 보아도 산이 싫지가 않아,
끝내 산을 사서 산 속에서 늙어간다.
산의 꽃 다 떨어져도 산은 늘 그대로 있고,

산의 개울물은 그저 흘러가고 산은 저절로 한가롭다.

終日看山不厭山, 買山終得老山間.
山花落盡山長在, 山水空流山自閑.

* 鐘山(종산) : 자금산(紫金山). 지금 강소성 남경시에 있다.

▶ 이 시는 종산과 일체가 된 안한(安閑)의 심경을 묘사하고 있다. 마치 이백이 "서로 좋아하며 둘이 싫증내지 않는 건, 오직 경정산뿐이로다.(相愛兩不厭, 唯有敬亭山)" 라고 노래한 심경과 비슷하다.
우뚝 솟은 산은 흔히 한가로우면서 스스로 만족스럽게 여기는 유연자득(悠然自得)한 존재를 비유하기에 또한 불성(佛性)과 선심(禪心)을 상징하기도 한다. 개울물은 어떤 의도도 없이 그저 흘러갈 뿐이고 산은 무얼 한다고 분주하지 않고 저절로 한가로운 모습을 유지한다. 몸은 한가하고 마음이 깨끗할 때 바로 불성을 깨달을 수 있는 것이 아니겠는가? 그래서 <증승(贈僧)>시에서도 "또한 마음은 가을물처럼 깨끗하게 해야 하고, 몸은 산봉우리에 떠있는 구름처럼 한가로워야 한다네.(亦欲心如秋水淨, 應須身似嶺雲閑.)"라고 강조하였던 것이다.

<종산에서 감흥이 떠올라(鐘山即事)>

시냇물은 소리 없이 대숲을 감돌며 흐르고,
대숲 서쪽 화초들은 봄에 부드러운 자태를 가지고 논다.
초가 처마에서 종산을 마주하고 종일토록 앉아 있는데,
새 한 마리도 울지 않아 산은 더욱 조용하다.

澗水無聲繞竹流, 竹西花草弄春柔.
茅檐相對坐終日, 一鳥不鳴山更幽.

* 即事(즉사) : 눈앞의 경물에 감흥이 일어 이를 바로 시에 묘사하는 것을 가리킨다.
* 弄春柔(농춘유) : 봄의 기운 속에서 부드러운 자태를 가지고 놀다.
* 茅檐(모첨) : 띠풀집의 처마. 초가집의 처마.

* 相對(상대) : 종산을 마주하고 있다.
* 幽(유) : 그윽하고 고요하다[幽靜]. 그윽하고 한가롭다[幽閑].

▶이 시는 종산에 올라 즉흥적으로 떠오른 감흥을 노래하고 있다. 시냇물이 대숲을 휘돌아 흐르는데 진한 봄기운 속에서 꽃들은 저마다 아름다운 자태를 뽐내며 희롱하고 있다. 종산이 좋아서 종산을 바라보며 종일토록 앉아 있는데, 새 한 마리도 울지 않아 산이 더욱 그윽하다. 고요하고 평온한 정밀(靜謐)의 모습이 산에 가득하다. 산새가 이따금 울어대는 것이 더욱 산중의 고요함을 느끼게 할까? 아니면 새 한 마리도 울어대지 않을 때 더욱 산중의 고요를 느낄 수 있을까? 남조 양(梁)대의 시인 왕적(王籍)은 "매미 우니 숲은 더욱 조용하고, 새 우니 산은 더욱 고요하다(蟬噪林逾靜, 鳥鳴山更幽)"(<과약야계(過若耶溪)>)라고 한 데 비해, 송대의 왕안석(王安石)은 이와 반대로 "새 한 마리도 울지 않으니 산은 더욱 고요하다.(一鳥不鳴山更幽)"라고 하였다. 그는 언젠가 황정견(黃庭堅)에게 "고시의 '조명산경유(鳥鳴山更幽)'는 '불명산경유(不鳴山更幽)'만 못 하다."고 비교한 적도 있다.
만약 논리적으로 말한다면, 새가 우는데 산이 고요하다고 할 수는 없는 법이니 새가 한 마리도 울지 않아야 비로소 고요하다고 할 수 있을 것이다. 그러나 시적으로 보자면 이따금 우는 새가 있어야 오히려 산의 고요함과 적막감을 더 느낄 수 있다고 할 수 있겠다. 오직 고요함으로만 일관한다면 도리어 고요함을 못 느끼고 단조로움에 사로잡히기 쉽기 때문이다.

● 소식(蘇軾 : 1037~1101)

<여산의 안개비(廬山煙雨)>

여산의 안개비와 전당강의 조수,
가보지 못 할 적에는 온갖 한스러움이 사라지질 않았다.
이제 갔다가 돌아오니 특별히 다른 게 없었고,
여전히 여산의 안개비와 전당강의 조수였다.

廬山煙雨浙江潮, 未到千般恨不消.
到得還來無別事, 廬山煙雨浙江潮.

* 浙江(절강) : 여기서는 전당강(錢塘江)을 가리킨다.
* 千般(천반) : 온갖. 갖가지. 각종 각양.

▶ 이 시는 깨닫기 전과 깨달은 뒤의 경계를 비유적으로 묘사한 시이다.
여산의 안개비와 전당강의 조수는 모두 매우 유명한 경관들이다. 그래서 그곳들을 직접 가보지 못 해서 마음 속에는 온갖 한스러움들로 가득 차 있었다. 그러다가 오랜 바람 끝에 결국 그 유명한 경관들을 직접 보고 돌아왔는데, 이제 내가 봤던 유명한 경관들은 그저 있는 그대로의 여산의 안개비와 전당강의 조수였을 뿐이었다.
이 시는 청원유신(靑原惟信) 선사가 한 말과 같은 3단계의 경계를 보여준다. 첫 단계에서 아무런 지식이 없을 때는 산은 산이요, 강물은 강물이었을[見山是山, 見水是水] 뿐이다. 그러다가 일정한 지식을 갖추고 자꾸 분별하게 됨으로 인해서 그 산들이 그저 산이 아니고, 강물이 단순한 강물이 아닌 것을 알게 되었다.[見山不是山, 見水不是水] 마지막으로 지식이 깊어져서 오히려 지식을 완전히 내려놓게 되었을 때, 산은 그저 산일뿐이요, 강물은 그저 강물이었음[見山只是山, 見水只是水]을 깨닫게 되었다.
그런데 이 시에서 여산의 안개비와 전당강의 조수와 같은 승경은 곧 불성(佛性)을 빗댄 것이라고 할 수 있다. 승경을 보지 못 한 한스러움이 가득 찬 것은 바로 제2단계의 경지로서 온갖 망념과 사려로 불성을 찾을 수 없는 그런 단계이다. 이제 안개비는 그저 안개비로 보이고, 조수는 그저 조수로 보이는 경계는 제3단계로서 있는 그대로인 불성을 파악할 수 있는 최고이자 최후의 경계라고 할 수 있다.

<동림 총장노에게 바치다(贈東林總長老)>

계곡물 소리가 바로 부처님의 훌륭한 말씀이요,
산색은 어찌 부처님의 청정한 법신이 아니더냐?
밤새 쏟아내는 팔만 사천 종의 법문을 깨달았으니,
다른 날에 어떻게 다른 사람에게 거론하며 설명할 수 있을까?

溪聲便是廣長舌, 山色豈非淸淨身.
夜來八萬四千偈, 他日如何擧擬人.

* 廣長舌(광장설) : 장광설(長廣舌). 부처님의 32상(相)의 하나. 넓고 긴 혀라는 뜻으로 극히 교묘한 웅변을 비유하는 말이다.
* 擧擬(거의) : 들어 비교하다. 들어 헤아리다.

▶ 계곡의 물소리는 부처님의 오묘한 말씀이요, 산색은 곧 부처님의 청정한 법신이라고 묘사하고 있다. 계곡 물소리는 맑고 투명하며[淸澈] 산색은 밝고 고우니[明麗] 바로 불성(佛性)의 또 다른 표현들인 것이다. 그러니 깨달은 사람의 마음으로 이것들을 보고 듣는다면 곧 현묘한 팔만 사천 가지의 법문을 말하고 있음을 깨우칠 수 있을 것이다. 다만 진리란 문자언어를 통해서 전달할 수 없고[不立文字, 不可言傳], 오직 마음에서 마음으로 깨달을 수 있을 뿐이다[只可意會]. 오직 자기 스스로가 진리를 증명해내야지[只可自證], 타인의 도움을 받아 그것을 구할 수는 없는 것이다.

<금시(琴詩)>

금 위에서 금소리가 난다고 한다면,
갑 속에 넣어두면 왜 울리지 않는가?
손가락 끝에서 금소리가 난다고 한다면,
그대 손끝에서는 어찌하여 들리지 않는가?

若言琴上有琴聲, 放在匣中何不鳴.
若言聲在指頭上, 何不于君指上聽

* 匣(갑) : 금을 보관하는 갑.

▶ 소리란 감지할 수는 있으나 본래 실체가 없는 존재이다. 반드시 금과 손가락이 스쳐 야만 소리가 난다. 금갑 안에 두거나 또는 손가락만 튕긴다면 금의 소리를 들을 수 없는 것이다.
이처럼 감지할 수는 있으나 실체는 없는 존재, 예를 들어 허공속의 소리[空中之音], 형상 속의 빛깔[相中之色], 거울 속에 비친 꽃[鏡中之花], 물 속에 비친 달[水中之月] 등은 모두 불가에서 이른바 자성(自性)을 비유할 때 흔히 인용하는 말이다.
또한 모든 존재하는 것들의 특징은 공(空)에 있다. ≪능엄경(楞嚴經)≫에서는 "비록 아름다운 소리가 있어도 훌륭한 손이 없다면 결국 발할 수 없다.(雖有妙音無妙

指, 終不能發.)"고 했고, 게(偈)에서는 "소리가 없다 해도 이미 완전히 소멸된 것이 아니요[無滅], 소리가 난다 해도 또한 새롭게 생긴 것이 아니다[非生] (聲無旣無滅, 聲有亦非生)"이라고 하였다. 새로 생기는 것도 아니고 완전히 소멸된 것도 아닌 무생무멸(無生無滅)만이 비로소 공(空)의 본래면목(本來面目)인 것이다.

● 당인(唐寅 : 1470~1524)

<어찌할 바를 몰랐었지(悵悵詞)>

실의에 빠져 어찌할 바를 몰랐던 소년시절을 탓하지 말게,
정이란 긴 거미줄에 걸려들기 쉽다네.
어느 해에 봄을 맞이하면 슬퍼하지 않았고,
어디에서 정을 만나면 사랑할 수 없었던가!
두곡의 배꽃은 잔 위에 눈처럼 내리고,
파릉의 방초는 꿈 속의 안개로구나.
이전 살아온 일들 생각하니 두 소매에 누런 눈물 흘리고,
삼생의 화두 참구하여 인생은 본래 공허함을 깨달았네.
잘 헤아려서 늙은 뒤에는 후회가 없도록 해야 하니,
승복 입고 선원 문 앞에 등잔 들고 섰네.

悵悵莫怪少年時, 百丈游絲易惹牽.
何歲逢春不惆悵, 何處逢情不可憐.
杜曲梨花杯上雪, 灞陵芳草夢中煙.
前程兩袖黃金淚, 公案三生白骨禪.
老後思量應不悔, 衲衣持盞院門前.

* 悵悵(창창) : 어찌할 바를 모르는 모양.
* 游絲(유사) : 섬세한 거미줄 따위의 실.
* 杜曲(두곡) : 지명으로, 지금 섬서성(陝西省) 서안(西安)시 동남쪽에 있다. 번천(樊川)과 어숙천(御宿川)이 그 사이를 지나며 흐른다.

* 灞陵(파릉) : 옛 지명. 지금의 섬서성(陝西省) 서안(西安)시 동쪽에 있다.
* 公案三生(공안삼생) : 공안은 선가의 화두(話頭)로서 교의(敎義)를 암시해주는 비결. 삼생은 현생(現生)과 전생(前生) 및 내세(來世). 삼생과 관련 있는 화두를 참구한다는 뜻.
* 白骨禪(백골선) : 인생은 본래 공환(空幻)하다는 사실을 깨닫다.
* 思量(사량) : 생각하여 헤아리다.
* 衲衣(납의) : 스님의 옷. 승복(僧服).

▶ 당인은 자가 백호(伯虎)로서 흔히 당백호로 부르기도 한다. 명대의 유명한 화가로서 스스로 강남제일(江南第一)의 풍류재자(風流才子)라고 부르기도 하였다. 그러나 훗날 인생에 대한 깨달음이 있어서 스스로 호를 육여거사(六如居士)로 부르기도 하였다. 인생은 꿈과 같고[如夢], 환상과 같고[如幻], 물거품과 같고[如泡], 그림자와 같고[如影], 이슬과 같고[如露], 번개와 같다[如電]고 생각하였기 때문이다.
이 시는 그의 인생 역정을 잘 보여주고 있다. 젊었을 적에는 혈기 왕성하여 쉽게 정이란 그물과 거미줄에 빠져들었다. 그래서 해마다 봄을 맞이하면 언제나 사랑으로 가슴 아파했고, 또 어디를 가더라도 정든 이를 만나 사랑을 나누었다. 그러나 젊은 시절은 그렇게 꿈 속의 안개처럼 사라져갔으니 그때를 생각하면 누런 눈물이 나서 두 소매로 훔칠 뿐이다. 그래서 현생은 물론이요, 전생과 내세와 관련 있는 화두를 참구하니 인생은 모두 공허하다는 진리를 깨닫게 된다. 그러니 잘 헤아려서 늙은 뒤에는 후회 없이 살도록 해야 한다. 그래서 승복을 입고 선원의 문앞에 등잔 들고 서게 되었다.
그의 <칠십사(七十詞)>는 이런 인생 역정에 대한 감회를 드러내면서 고통을 초월한 달관(達觀)을 잘 묘사하고 있다.

人年七十古稀,	인생 칠십은 예로부터 드물었는데,
我年七十爲奇.	내 나이 칠십이니 기이한 일이다.
前十年幼小,	앞의 십년은 어렸고,
後十年衰老.	뒤의 십년은 노쇠하였다.
中間止有五十年,	가운데 다만 오십년만 있을 뿐인데,
一半又在夜里過了.	또 반절이 밤중에 지나가버렸다.
算來只有二十五年在世,	겨우 이십오 년 세상에 있은 셈이지만,
受盡多少奔波煩惱.	바삐 뛰어다니며 얼마간의 고통이나마 지긋지긋하게 겪었다.

"다만 꽃과 술 사이에서 늙어 죽기를 바랄 뿐, 고관대작의 수레 앞에서 허리 굽히기를 원치 않는다(但願老死花酒間, 不願鞠躬車馬前)"(<도화엄가(桃花庵歌)>)고 하면서 풍류와 기개를 보여주었던 그였지만 결국 세월 앞에서 단련되면서 욕망을 내려놓지 않을 수 없었던 것이다. 그러나 한편으로 생각하면, 젊었을 적에 이런 열정과 고뇌를 경험하였기에 이제 노년에 이르러 비로소 달관을 보이고 깨달음에 이를 수 있지 않았을까 생각해본다. 열정과 고뇌가 없는 젊은이에게 과연 깨달음이 찾아올 수 있을까? 파랑새를 찾아 떠나는 고뇌와 용기, 열정이 있어야 비로소 그의 집에 본래 파랑새가 있었다는 사실을 알아낼 수 있는 것이다. 고뇌와 열정을 지닌 젊은이에게는 역시 시련의 시간이 그를 가장 잘 단련시켜 주는 약이라고 할 수 있다.[時間是最好的考驗]

참고문헌

成百曉 역주, ≪詩經集傳(上·下)≫, 서울, 傳統文化研究會, 1994.

成百曉 역주, ≪論語集註≫, 서울, 傳統文化研究會, 1994.

成百曉 역주, ≪孟子集註≫, 서울, 傳統文化研究會, 1994.

김학주 역해, ≪老子≫, 서울, 明文堂, 1987.

안동림 역주, ≪莊子≫, 서울, 현암사, 1977.

周振甫等 撰寫, ≪唐詩鑑賞辭典≫, 上海辭書出版社, 2001年.

張少康·劉三富, ≪中國文學理論批評發展史≫(上·下), 北京, 北京大學出版社, 1995.

黃永武, ≪中國詩學≫, 巨流圖書公司, 民國69年, 臺北.

周振甫 著, ≪文心雕龍今譯≫, 中華書局, 1986년

李澤厚, ≪華夏美學≫, 서울, 동문선, 1994.

李澤厚·劉綱紀 주편, ≪中國美學史≫, 서울, 대한교과서, 1992.

王國瓔, ≪中國山水詩研究≫, 聯經, 民國81年, 臺北.

李炳漢, ≪漢詩批評의 體例研究≫, 通文館, 1985, 서울.

車柱環, ≪中國詩論≫, 서울大出版部, 1989, 서울.

李炳漢 編著, ≪中國 古典詩學의 理解≫,通文館, 1992, 서울.

劉若愚著, 李章偶譯, ≪中國文學의 理論≫, 同和出版社, 1984, 서울.

劉若愚著, 李章佑譯, ≪中國詩學≫, 汎學圖書, 1976, 서울.

기세춘·신영복 편역, ≪中國歷代詩歌選集(1·2·3·4)≫, 돌베개, 1994.

지영재 편역, ≪中國詩歌選≫, 을유문화사, 2007.

李炳漢·李永朱 譯解, ≪唐詩選≫, 서울대학교출판부, 1998.

정민, ≪한시미학산책≫, 솔출판사,1996.

조용진, ≪東洋畵 읽는 법≫, 집문당, 1997.

韓亨祚, ≪무문관, 혹은 "너는 누구냐"≫, 여시아문, 1999.

진동원 지음, 송정화·최수경 옮김, ≪중국, 여성 그리고 역사≫, 박이정.

송봉모, ≪상처와 용서≫, 바오로딸, 2004.

권석환 주편,≪한중팔경구곡과 산수문화≫, 상명대학교 한중문화정보연구소, 2004.

韓亨祚, <朝三暮四>, ≪신동아≫, 동아일보사, 1997.11.

韓亨祚, <胡蝶之夢>, ≪신동아≫, 동아일보사, 1997.12.

알프레다 머크(Alfreda Murck; 姜斐德), <畵可以怨否?—'瀟湘八景'與北宋謫遷詩畵>, ≪臺灣大學美術史研究集刊≫ 第4期, 1997.

衣若芬, <'瀟湘'山水畫之文學意象情境探微>, ≪中國文哲研究集刊≫ 第二十期, 2002年 3月.

衣若芬, <漂流與回歸—宋代題'瀟湘'山水畫詩之抒情底蘊>, ≪中國文哲研究集刊≫ 第二十一期, 2002年 9月.

졸고, ≪원매의 시학이론 연구≫, 서울대박사학위논문, 1995.

졸고, <의경의 개념 분석>, ≪중국학보≫ 제43집, 한국중국학회, 1999.

졸고, <중국 선진시기 시대정신에 따른 심미적 사유규범의 형성에 관한 연구>, ≪중어중문학≫ 제26집, 한국중어중문학회, 2000.

인용시 찾아보기

저자

최일의(崔日義)

강릉원주대학교 교수
서울대학교 문학박사
臺灣國立大 및 中國遼寧大 방문학자

논문 및 저서

《원매 시와 시론》(신성출판사)
《중국시론의 해석과 전망》(신아사)
〈중국 선진시기 시대정신에 따른 심미적 사유규범의 형성에 관한 연구〉 외 다수

중국시의 세계

거울속의 꽃, 물속의 달 鏡花水月

초판 1쇄 발행 _ 2012년 1월 31일

저　　자 • 최 일 의
발 행 인 • 정 현 걸
발　　행 • 신 아 사
인　　쇄 • 예지인쇄
출판등록 • 1956년 1월 5일 (제9-52호)
주　　소 • 서울특별시 은평구 녹번동 28-36번지 2F
전　　화 • 02)382-6411 · 팩스 02)382-6401
홈페이지 • www.shinasa.co.kr
E-MAIL • shinasa@chol.com

ISBN 978-89-8396-763-3(93820)

정가 *14,000*원